U0448815

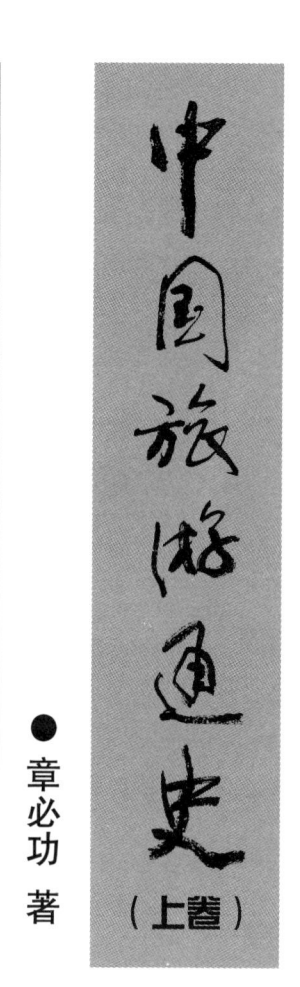

中国旅游通史（上卷）

● 章必功 著

商务印书馆
2016年·北京

内容提要

1992年，章必功教授编撰中国第一本《中国旅游史》（云南人民出版社出版）。2014年，作者重修，仍以朝代分章，而章节多有增补，论述直至当代，文字由30万增至63万，分上下两卷。上卷由原始社会、夏商周、秦汉魏晋南北朝至隋唐五代十国；下卷由宋辽夏金、明清民国至中华人民共和国。全面介绍中国旅游的发展过程、发展状况、发展条件与时代特色，内容涉及政治、经济、文化、文学、历史、地理、民俗、时令、交通、旅馆、饮食、人物等。论述生动，时有发凡。适合高等学校旅游专业教学、旅游研究者参考、旅游爱好者阅读。

赵玉茹 摄

章必功，安徽铜陵人，深圳大学教授、校长（2005年4月至2012年7月），主要研究方向：中国古代文学、中国传统文化。著有《文体史话》、《红楼讲稿》、《中国旅游史》、《元好问及金人诗传》、《古典作业》、《〈天问〉讲稿》及论文《六诗探故》等；译有《意识形态的时代》（英译汉）；主编《华夏人文概览》、《近代岭南散文选注》等。

目录

中国旅游通史（上卷）

序论　　　　　　　　　　　　　　　／I

第一章　原始游踪　　　　　　　　　／1
　第一节　山间流浪　　　　　　　　／1
　第二节　平原迁徙　　　　　　　　／5
　第三节　探幽历险　　　　　　　　／7
　第四节　名山大川　　　　　　　　／11
　第五节　人文景观　　　　　　　　／18
　第六节　初民地理　　　　　　　　／23

第二章　夏商旅游　　　　　　　　　／29
　第一节　射猎山野　　　　　　　　／29
　第二节　千里征婚　　　　　　　　／31
　第三节　举族奔波　　　　　　　　／35
　第四节　踽踽商贾　　　　　　　　／38
　第五节　游乐场地　　　　　　　　／41
　第六节　造舟作车　服牛乘马　　　／43
　第七节　《禹贡》地理　　　　　　／45

第三章　周代旅游　　　　　　　　　／60
　第一节　大叔于田　　　　　　　　／60

第二节　君子游览　　　　　　　　/ 65
　　第三节　天子巡狩　　　　　　　　/ 68
　　第四节　朝聘争路　　　　　　　　/ 70
　　第五节　婚车载道　　　　　　　　/ 72
　　第六节　游学南北　　　　　　　　/ 74
　　第七节　游说纵横　　　　　　　　/ 77
　　第八节　骚人行吟　　　　　　　　/ 79
　　第九节　商贾往来　　　　　　　　/ 80
　　第十节　以文载游　　　　　　　　/ 82
　　第十一节　旅游观念　　　　　　　/ 87
　　第十二节　基本建设　　　　　　　/ 92
　　第十三节　地理学开花结果　　　　/ 112

第四章　秦代旅游　　　　　　　　　　/ 118
　　第一节　始皇巡游　　　　　　　　/ 118
　　第二节　徐福蹈海　　　　　　　　/ 121
　　第三节　基本建设　　　　　　　　/ 123
　　第四节　周秦地图　　　　　　　　/ 130

第五章　汉代旅游　　　　　　　　　　/ 132
　　第一节　汉皇巡游　　　　　　　　/ 133
　　第二节　海上探险　　　　　　　　/ 136
　　第三节　凿空西域　　　　　　　　/ 138
　　第四节　采风万里　　　　　　　　/ 143
　　第五节　常年游宦　　　　　　　　/ 146
　　第六节　以文载游　　　　　　　　/ 150
　　第七节　旅游观念　　　　　　　　/ 156
　　第八节　基本建设　　　　　　　　/ 158
　　第九节　地理图志　　　　　　　　/ 180

目 录

第六章　魏晋南北朝旅游　　/ 183
- 第一节　玄　游　　/ 184
- 第二节　仙　游　　/ 197
- 第三节　佛　游　　/ 203
- 第四节　以文载游　　/ 214
- 第五节　旅游观念　　/ 231
- 第六节　基本建设　　/ 240
- 第七节　编志绘图　　/ 262

第七章　隋代旅游　　/ 267
- 第一节　重视教育　复兴游学　　/ 268
- 第二节　设立科举　复兴游宦　　/ 269
- 第三节　再造两京　游乐两京　　/ 270
- 第四节　修筑大运河　巡游大运河　　/ 272
- 第五节　整理典籍　撰修图志　　/ 275

第八章　唐代旅游　　/ 277
- 第一节　山水田园客来勤　　/ 278
- 第二节　饮马长城窟　　/ 294
- 第三节　放歌纵酒　漫游南北　　/ 300
- 第四节　冶游：陌上寻花　章台问柳　　/ 314
- 第五节　唐僧西游　　/ 322
- 第六节　西人东来　　/ 332
- 第七节　日本游华热　　/ 335
- 第八节　唐人东渡风　　/ 340
- 第九节　以文载游　　/ 344
- 第十节　唐人论游道　　/ 363
- 第十一节　基本建设　　/ 367
- 第十二节　图志增广　　/ 398

第九章　五代旅游	/402
第一节　动乱亦游	/403
第二节　偏安亦游	/405
第三节　美化杭州	/409

序　论

旅游，概指适情适意的旅行游观活动，是人类的一种生活方式。先秦称"游"，《诗·卫风·竹竿》："驾言出游，以写我忧。"南朝称"旅游"，沈约《悲哉行》："旅游媚年春，年春媚游人。"

旅行游观，或专程，或兼程。异地办事，顺道游观，是兼程旅游。

旅游，行程有远有近，时间有长有短[①]。《庄子·逍遥游》："适莽苍者，三餐而反，腹犹果然；适百里者，宿舂粮；适千里者，三月聚粮。"适城郊，一日游；适百里，多日游；适千里，累月游。

旅游，观赏无限。自然山水、人文景观、乡土人情、风俗物产、史迹古墟、欢场舞厅、奇闻轶事、亲友聚会、国计民生等，举凡一切引起游客关注的事物。

旅游，需行需住需食。为旅游者供应生活的行业，是旅游服务业。古代的驿馆、客舍、食店等，提供旅行服务，包含旅游服务。

旅游文化，是人类因旅游创造的物质形态与观

① 1963年，联合国国际旅游罗马大会称：过境24小时以上的游客为旅游者（Tourists），24小时以内不过夜的游客为短期旅游者（Excursionists）。

念形态。物质形态，如景区开发、景观创作、游船游轿、游乐场所、旅游产品；观念形态，如旅游文艺、旅游观念、旅游制度、旅游传统、旅游学科。旅游文化具有强烈的民族特色和地域特色。

　　生民以来，旅游活动的开展，旅游资源的开发，旅游服务的衍生，旅游文化的积淀，旅游与经济、政治、人文、民俗、自然环境、科学技术诸多方面的关系，构成旅游史。

第一章

原始游踪

初民的时代，遥远如梦。所幸考古技术的不断进步，神话与传说的逐渐澄清，推理思维的日益缜密，使我们能够穿越时空，寻找原始人开辟的漫长而崎岖的小路，发掘沧海桑田深深掩埋的古老、神秘的游踪。

第一节 山间流浪

人猿相揖别。从元谋人用火取暖①，到山顶洞人披发戴胜②，神州③大陆的原始人度过了上百万年的山中岁月。

当时的原始人是一群群依山为命、居无定所的流浪汉，多则数百人，少则数十人，手持粗糙的打制石器④，辗转山林，群居穴处。通常，在一处洞穴，他们可能过上一段安稳的日子。白天，男子外出猎兽；妇女留守童稚，或者在山洞周边采摘野果；傍晚，男男女女团聚

---

① 元谋直立人（Homo erectus yuanmouensis），旧石器时代早期古人类，1965年发掘于云南元谋上那蚌村，距今约170万年。

② 山顶洞人（Upper Cave Man），旧石器时代晚期智人，1930年发掘于北京周口店龙骨山山顶洞穴，距今约3万年。参看贾兰坡《"北京人"的故居》。胜，首饰。山顶洞人装饰石珠、红粉。

③ 神州指中国大陆。《史记·孟荀列传》邹衍曰："中国名曰赤县神州。"

④ 打制石器，旧石器时代标志。旧石器时代（Palaeolithic），距今约250万年至1万年，是人类物质文化发展的初级阶段。

营地，点燃篝火，享用食物，然后带着疲倦和满足沉沉入睡。

但是，依靠采集和狩猎谋生的原始经济注定了群居穴处的好景不长。数年之后，附近山区，可供采集的植物寥寥无几，可供猎取的动物销声匿迹。迫不得已，原始人只好放弃住惯了的山洞，离开熟悉的大山，寻求新的洞穴、新的采集地和新的狩猎地。

有时，气候的改变迫使原始人失所流离。距今70万年的秦岭北坡，气候温和，雨量充沛，森林茂密，动植物丰富，养育了中华古人类的一支，著名的蓝田人①。后来，天公作梗，冰川活动的影响，将秦岭北坡的暖色调换成了冷色调②，宜人的景致和富饶的资源遭受破坏，致使穴居蓝田的原始山民远走高飞。

有时，猛兽的攻击、林火的燃烧、地震、山洪的爆发，也使原始人如惊弓之鸟。20万年前，北京人③住过的山洞，考古家爬罗剔抉，辨别了鬣狗遗留的粪便，筛选了洪水堆积的泥沙，就是找不到一块北京人的骨骸，似能说明北京人面临洪水猛兽，三十六计，走为上计。

原始人的群山浪迹，固然不是旅游，却是滋生游心的渊薮。原始人行道迟迟，载渴载饥，忽然遇见淙淙山泉、繁茂果林；或者，行道迟迟，风寒雨冷，忽然目睹阳光普照、层林尽染；劳累的身体会顿时轻松，疲惫的身心会一时悦愉，乃至手舞足蹈，欢呼呐喊。久而久之，走不完看不尽的万水千山，培育了原始人高山仰止的官能快感和身心悦娱，滋生滋长了原始人对自然山水的好奇之心、敬畏之心、憧憬之心。这种原始的好奇之心、敬畏之心、憧

①蓝田直立人（Homo erectus lantianensis）。旧石器时代早期人类，1964年发掘于陕西蓝田县公王岭，1987年测定，距今约115万年到70万年。

②佚名《中国史前时期自然环境的基本特征》。冰川活动，冰川学家认为，全球气候在漫长的地质年代中曾有数次冷暖变化，气候寒冷时，降雪量增加，发育大规模的冰川，引发自然环境的变化。

③北京人，指北京猿人、又称北京直立人（Homo erectus pekinensis）。1927年发掘于北京市房山区周口店龙骨山，距今约20万年以上。

第一章 原始游踪

憬之心就是原始游心。

原始游心集中反映在原始崇拜与原始神话。

原始人相信，"山林川谷丘陵，能出云，为风雨，见怪物，皆曰神"①。《山海经》逢山记神，计有250多位。原始人相信，雄伟险峻、高不可攀的山峰是撑天之柱，四面八方各有一座，称八柱，屈原《天问》："八柱何当？"或称八极，《淮南子·地形训》："八纮之外，乃有八极。"②八极，即八山，维系天地平衡，主导风雨冷热；倒掉一座，天地倾斜，日月滚动，百川奔腾。《淮南子·天文训》：

> 昔者，共工③与颛顼④争帝，怒而触不周之山，天柱折，地维裂。天倾西北，故日月星辰移焉。地倾东南，故水潦尘埃归焉。

原始人相信，神山有天梯，可以上天下地、人神交往。《山海经·海内经》：

> 华山青水之东，有山名曰肇山，有人名曰柏高。柏高上下于此，至于天。⑤

原始人相信西方有不死之山，三危山。《天问》：

> 黑水玄趾，三危安在？
> 延年不死，寿何所止？⑥

这类神山观念，反映了原始人对高山

---

① 《礼记·祭法》。

② 东汉·高诱《淮南子》注："纮，维也。维落之地而为之表。"维，天维，即天纲，维系天地不离不塌的纲。表，地标。八极，八座山。《淮南子·地形训》："自东北曰土之山，曰苍门；东方曰东极之山，曰开明之门；东南方曰波母之山，曰阳门；南方曰南极之山，曰暑门；西南方曰编驹之山，曰白门；西方曰西极之山，曰阊阖之门；西北方曰不周之山，曰幽都之门；北方曰北极之山，曰寒门。凡八极之云，是雨天下；八门之风，是节寒暑。"

③ 共工，神人。宋人罗泌《路史·后纪》引《归藏·启筮》："共工，人面、蛇身、朱发。"也是古帝王。《左传·昭公十七年》："共工氏以水纪，故为水师而水名。"以水为图腾，以水为名号。共，加水为洪。共工是治洪治水的领袖。《管子·揆度》："共工之王，水处什之七，陆处什之三，乘天势以隘制天下。"《汉书·古今人表》列共工为古帝王第三人，仅次于伏羲与女娲。

④ 颛顼，神人，东方鸟氏族少昊氏一脉。《山海经·大荒东经》："东海之外大壑，少昊之国，少昊孺帝颛顼，弃其琴瑟。"也是古帝王。号高阳氏，楚民先祖。屈原《离骚》："余高阳之苗裔兮，朕皇考曰伯庸。"《史记·楚世家》："楚之先祖，出自帝颛顼高阳。"《史记·五帝本纪》列颛顼为上古五帝（黄帝、颛顼、帝喾、唐尧、虞舜）之一，并说颛顼是黄帝之孙、二儿子之子，是将南方楚氏族纳入黄帝圈子。

⑤ 肇山，神山。柏高，神人。

⑥ 玄趾，黑色滩涂。玄，黑。趾，沚，小水州。清人毛奇龄《天问补注》："玄趾，玄沚也，即黑水。""黑水玄趾"意谓黑色的水流，黑色的滩涂。在先人看来，黑水是长寿水，有长寿禾、长寿气、长寿山。《穆天子传》："黑水之阿，爰有木禾，食者得上寿。"《山海经·海内经》又说："流沙之中黑水之间，有山名不死之山。"这"不死之山"大概就是《天问》的三危山。先民想象的地望应在昆仑附近。东汉·王逸《楚辞章句》："黑水出昆仑山。"

峻岭的崇拜与向往。

原始人为崇拜高山、向往高山创作人物与故事。

按黄帝神话，汉民族的祖先黄帝①是一位一生好入名山游的人物。他东登丸山、泰山，西登崆峒山、鸡头山，南登熊山、湘山，北登釜山、逐鹿山：

> 东至于海，登丸山，及岱宗。西至于空桐，登鸡头。南至于江，登熊、湘。北逐荤粥，合符釜山，而邑于逐鹿之阿，迁徙往来无常处。②

最钟意的山有五座，华山、首山、太室山、泰山、东莱山：

> 中国华山、首山、太室、泰山、东莱，此五山，黄帝之所常游，与神会。③

最倚重的山有三座，昆仑山、槐江山、青要山：

> 昆仑之丘，实维帝之下都。槐江之山，实维帝之平圃。④

> 青要之山，实维帝之密都。⑤

黄帝依山谋生，制造弓箭，追猎禽兽。《黄帝弹歌》：

> 断竹，续竹，飞土，逐肉。⑥

①黄帝，古天神。造人，造男女。《淮南子·说林》："黄帝生阴阳。"高诱注："黄帝，古天神也，始造人之时，化生阴阳。"阴阳，男女性别。黄帝又是古帝王。《庄子·胠箧》古帝王排行榜列第七位，《汉书·古今人表》列第二十四位。《史记·五帝本纪》列第二位，尊为华夏大一统始祖。

②《史记·五帝本纪》。丸山，或称凡山，在今山东潍坊临朐县柳山镇。南朝宋人裴骃《史记集解》："《地理志》曰：'丸山在郎邪朱虚县。'"朱虚故县在今之临朐。空桐山，即崆峒山，在今甘肃平凉城西。鸡头山，在今甘肃庆阳镇原县开边镇。熊山，在今湖北神农架。湘山，又名君山、洞庭山，在今湖南岳阳洞庭湖。荤粥(xūnyù)，匈奴。釜山，或在今河北保定徐水县釜山乡。逐鹿山，在今河北张家口涿鹿县。

③《史记·孝武本纪》。华山，在今陕西，即西岳。首山，《史记·封禅书》："黄帝采首山铜，铸鼎于荆山下。"《汉书·地理志》："首山属河东蒲坂（今山西永济），荆山在冯翊怀德（今陕西富平）。"太室山，在河南，即中岳嵩山。泰山，在今山东，即东岳。东莱山，在今山东莱州。

④《山海经·西山经》。昆仑丘，又称昆仑墟，《山海经》、《河图扩地象》、《水经注》均指昆仑在西北。一般看法，上古昆仑指今青海、甘肃、新疆的巍巍群山。下都，下界之都；或云陪都，备用首都。槐江山，在西北，《山海经·西山经》说它"南望昆仑"，"西望大泽"，"北望诸毗"，"东望恒山"。诸毗，连绵起伏的山峦。平圃，平坦的花园。

⑤《山海经·中山经》。青要山，在今河南洛阳新安县。密都，隐蔽静养之所。郭璞注《山海经》："天帝曲密之邑。"曲密，幽深隐蔽。

⑥东汉·赵晔《吴越春秋》。

长期奔波，黄帝登高望远，不免怅然思归。《庄子·天地》：

> 黄帝游乎赤水之北，登乎昆仑之丘，而南望还归，遗其玄珠①。

每有收获，黄帝兴高采烈，讨论沿途的灵异和四方的珍怪。唐人王瓘《轩辕本纪》：

> 帝登恒山，于海滨得白泽神兽，能言，达于万物之情。因问天下鬼神之事。自古精气为物，游魂为变者，凡万一千五百二十种，白泽言之，帝令以图写之。②

这张万物图随后被黄帝雕刻在一个用黄金铸成的大鼎上③，"像龙腾云，百神螭兽满其中"④，是为古人津津乐道的庙堂神器黄帝宝鼎，实即天下博物鼎，而黄帝本人也就无可非议地兼任了汉民族旅游活动与旅游文化的开山大师。

黄帝形象的本质是旧石器时代先民力量和智慧的化身。黄帝旅游群山的神话是原始人对山民生涯的不自觉的艺术总结，⑤是汉族先民游心滋生的标志。

第二节　平原迁徙

大约距今一万年左右，以新石器⑥更换了旧石器的原始人，把活动舞台从山区搬到平原。

考古证明，中国长江、汉水、淮河，特别是黄河流域那高亢平坦的土地上，很早就阡陌纵横，五谷飘香，炊烟袅绕，村落棋布。仅在陕西一省就发现了约八千年之前属于母系氏

---

① 赤水，神话西方之水。《山海经·大荒北经》："西北海之外，赤水之北，有章尾山。"玄珠，黑色明珠。西汉刘向《楚辞·九叹·远逝》："杖玉华与朱旗兮，垂明月之玄珠。"

② 北宋·张君房《云笈七签》引。《云笈七签》，道教典籍。"云笈"者，道教藏书容器。"七"者，概指道书，道书有"三洞四辅"七部。"签"者，验证。

③ 《史记·封禅书》："黄帝作宝鼎三，象天、地、人。"

④ 南朝梁·虞荔《鼎录》。

⑤ 马克思《政治经济学批判导言》神话："是在人民幻想中用一种不自觉的艺术方式加工过的自然界和社会形态。"

⑥ 新石器时代（Neolithic Period），在考古学上是石器时代的最后一个阶段，以使用磨制石器为标志的人类物质文化发展阶段。

族文化仰韶文化的村落遗址五六百处。① 这些村落面积可观，规模初具，或几万平方米，或十几万平方米，修有房屋，挖有窑穴，藏有谷物，养有家禽，② 村民们"日出而作，日入而息"，其乐融融地过上了"刀耕火种"③的农业定居生活。

原始的农业定居并不是一个稳定的结构。

一则，"刀耕火种"的生产水平不能维持土地的肥沃，年复一年，农田贫瘠，庄稼萎缩；也不能抵御严重的自然灾害，只能眼睁睁地看着洪水、泥石流冲毁田园，蝗虫与旱灾吞噬收成；几经反复，深受其害的人们唯有离乡背井，弃旧图新。考古发现，黄河三门峡地段密集的69处村落遗址，并非同期建造，而是某一氏族趋利避害、来回迁移的结果④。

二则，"刀耕火种"的农业经济远胜采集和狩猎，它使人口加速增长，氏族快速壮大，促使原始人忧虑土地的紧缺、环境的狭小，鞭策原始人寻找更新、更广阔的一马平川。

三则，农业生产所需要的土地及其所积累的财富引发了氏族之间的残酷战争。《山海经·大荒北经》的"黄帝擒蚩尤"，闪烁着原始氏族生死搏斗的刀光剑影。毫无疑问，这类"争地以战，杀人盈野"的战争威胁弱小氏族，逼迫弱小氏族东躲西藏。

因此，原始的农业定居仍具有较大的流动性。平原迁徙，时有发生，是新石器时代农业氏族谋求定居环境的重要方式。

按古史，黄帝一族起先定居陕西北部的姬水沿岸（渭水支流，或指今武功县漆水河，或指今黄陵县沮河），自称姬姓；炎帝一族定居于陕西西南部的姜水沿岸（渭水支流，或指今

①中国社会科学院考古研究所《新中国的考古发现与研究》第二章第一节《黄河流域的新石器时代文化》。

②徐旭生《中国古史的传说时代》。

③农季来临，原始人砍掉地里的草木，就地焚烧，就地播种，谓之刀耕火种。

④安志敏《仰韶文化》。

宝鸡岐山古岐水，或指今宝鸡清姜河），自称姜姓①。尔后，姬姓沿洛水南下，东渡黄河，进入山西；姜姓沿渭水东下，顺黄河南岸，进入河南；是为炎黄氏族的平原大迁徙②。《诗·大雅·生民》"诞后稷之穑"，"即有邰家室"，记写周族始祖后稷为寻求农耕环境从出生地迁往有邰（陕西武功），是为周氏族的平原小迁徙③。平原迁徙也算不得旅游，但比山间流浪，有显著变化。山间流浪是被动的无序奔走，平原迁徙是主动的有序行程，具有十分明确的目标，旨在农业定居和氏族发展。平原迁徙，锻炼了原始人考察土地、审美环境的能力，激发了原始人极于四野的愿望。原始游心，于斯增长。

第三节 探幽历险

距今约五六千年，氏族林立的神州大陆插上了部落联盟的旗帜。部落联盟控制广大地盘，中原氏族联盟拥有黄河流域，东夷氏族联盟拥有江淮流域，南蛮氏族联盟拥有江汉流域④。氏族联盟，对内须治理山河，对外须开疆拓土。组织力量，四出探险的新任务、新课题摆上议事日程，重要性关系到领袖继承。古史传闻中两次著名的帝位禅让都把探险作为主要标准。尧禅位于舜，因"舜入于大麓，烈风雷雨不迷，尧乃知舜之足授天下"⑤。舜禅位于禹，因"禹之功为大，披九山，通九泽，决九河，定九州"⑥。

原始探险，被神话与古史津津乐道。著名探险家，有"神人羿"、虞舜、大禹。

"神人羿"是东方有穷氏的先祖传闻⑦。

---

① 《国语·晋语》："黄帝以姬水成，……故黄帝为姬。""炎帝以姜水成，……炎帝为姜。"

② 徐旭生《中国古史的传说时代》。

③ 《诗》记周族迁移有三次。《大雅·生民》记后稷迁邰，时间约在原始后期。《史记·周本纪》："后稷之兴，在陶唐、虞、夏之际。"《大雅·公刘》记公刘迁豳（陕西彬县、旬邑）。公刘，后稷曾孙，时间约在夏代。《大雅·绵》记古公亶父迁岐（陕西宝鸡岐山）。古公，后稷十二代孙，时间应在商代。《诗·鲁颂·閟宫》："后稷之孙，实维大王，居岐之阳，实始剪商。"三次迁徙均在陕西境内。

④ 参看徐旭生《中国古史的传说时代》。

⑤ 《史记·五帝本纪》。

⑥ 《史记·五帝本纪》。

⑦ 羿有多种。《山海经》有俊时羿，俊，帝俊，以太阳鸟为图腾的东夷氏族的祖神；《吕氏春秋》有黄帝时羿；《淮南子》有尧时羿；东汉·许慎《说文》有帝喾时羿，帝喾，黄帝曾孙，实为帝俊之变；所说羿之形象，神人混杂，可概称为神人羿。《左传》又有夏初羿，《襄公四年》："昔有夏之方衰也，后羿自鉏迁于穷石，因夏民以代夏政。"夏初羿，是凡人羿，即夏初摄政的东方有穷氏族的首领后羿。有穷氏是东夷氏族的一支。神人羿与夏初羿的关系是祖先与后裔的关系。

羿的字义，是"羽之旋风"，扶摇凌空①。《山海经》：

> 帝俊赐羿彤弓素矰，以扶下国。羿是始去恤下地之百艰。②

> 羿与凿齿战于畴华之野，羿射杀之。在昆仑虚东。羿持弓矢，凿齿持盾，一曰戈。③

《淮南子·本经训》：

> 逮至尧之时，十日并出，焦禾稼，杀草木，而民无所食。猰貐、九婴、大风、封豨、修蛇，皆为民害。尧乃使羿诛凿齿于畴华之野，杀九婴于凶水之上，缴大风于青丘之野，上射十日而下杀猰貐，断修蛇于洞庭，擒封豨于桑林。④

羿，一个人，一张弓，一把箭，上射十日，下射猛兽，闯荡东西南北，横扫牛鬼蛇神，是一位孤身探险、只手除害的大英雄。其本相应是东夷联盟派遣有穷氏探险天下，经略四方。

虞舜⑤原是东夷氏族首领，后是唐尧⑥的乘龙快婿，接受唐尧的帝位禅让。虞舜之所以博得唐尧的赏识与器重，是因虞舜出色地完成了唐尧安排的考试，尤其是探险的考试。《史记·五帝本纪》：

> 尧曰："吾其试哉。"于是尧妻之二女，观其德于二女。舜饬下二女于妫汭，如妇礼。尧善

①《说文》："羿，羽之旋风。"清·段玉裁注："谓抟扶摇而上之状。"

②《山海经·海内经》。曹魏·张揖《广雅》："矰，箭也。"彤弓素矰，红弓白箭。恤，救济。百艰，种种危难。

③《山海经·海外南经》。凿齿，妖兽。畴华，西方之泽。高诱注《淮南子》："畴华，南方泽名。"高注误。

④《淮南子》改帝俊为帝尧，是中原神话对东夷神话的改造。猰貐，亦作窫窳。《山海经·海内西经》："又北二百里，曰少咸之山，无草木，多青碧。有兽焉，其状如牛，而赤身、人面、马足，名曰窫窳，其音如婴儿，是食人。"九婴，九头怪兽。《淮南子》高诱注："九婴，水火之怪，为人害。"大风，凶猛恶鸟。封豨，大野猪。修蛇，长蛇。凶水，北方之水。高诱注："北狄之地有凶水。"青丘，东方之泽。高诱注："青丘，东方泽名。"洞庭，南方之泽，今湖南洞庭湖。桑林，北方之地，在今河南荥阳市汜水镇。

⑤舜，字义为草。《说文》："舜，舜草也。"舜草开花，故舜名重华，重华即繁花。舜，族姓姚，东方有虞氏首领，故称虞舜。《孟子·离娄》说舜："迁于负夏，卒于鸣条，东夷之人也。"

⑥尧，字义为高。《说文》："尧，高也。"一名放勋。或因居于唐地（今河北唐县）、陶地（今山东定陶县），亦称唐尧，又称陶唐氏。唐·李吉甫《元和郡县志》："尧先居唐，后居陶，故曰陶唐氏。"唐尧是中原部落联盟的领袖。

第一章 原始游踪

之，乃使舜慎和五典，五典能从。乃遍入百官，百官时序。宾于四门，四门穆穆，诸侯远方宾客皆敬。尧使舜入山林川泽，暴风雷雨，舜行不迷。尧以为圣。①

唐尧查问虞舜的行状，"妻其二女"试其品德，"慎和五典"试其典章，"遍入百官"试其管理，"宾于四方"试其外交，"使入山林川泽"试其神通。这"山林川泽，暴风雷雨，舜行不迷"的神通，就是探险。虞舜最有名的探险是江南探险。虞舜渴望南方的资源土地，自编自唱《南风歌》：

> 帝舜弹五弦之琴，以歌《南风》，其诗曰："南风之熏兮，可以解吾民之愠兮。南风之时兮，可以阜吾民之财兮。"②

"南方吹来的和煦的风啊，可以消除人民的忧伤。南方吹来的美丽的风啊，可以增加人民的财产。"执政晚年，虞舜不顾年事已高，离开中原，横渡长江，到达洞庭。《史记·五帝本纪》：

> 舜南巡狩，崩于苍梧之野，葬于江南九疑。③

巡狩是大话，真相是率兵探险，开拓南方，在苍梧山，或病死，或战死④。他的两个妻子娥皇、女英，哀怨痛哭，跳江殉

---

① 二女，娥皇、女英。西汉·刘向《列女传》："有虞二妃，帝尧之二女也，长娥皇，次女英。"虞舜的二位贤内助，《列女传·有虞二妃》说舜："每事常谋于二女。"清·张惠言《七十家赋钞》称"二女兴姚"。饬，教导。下，下嫁。五典，上古先王典籍。西汉·孔安国《尚书序》："伏羲、神农、黄帝之书，谓之'三坟'；少昊、颛顼、高辛、唐、虞之书，谓之'五典'；八卦之说，谓之'八索'；九州之志，谓之'九丘'。"穆穆，庄重。

② 《尸子》。先秦典籍。班固《汉书·艺文志》："（尸子）名佼，鲁人，秦相商君师之。鞅死，佼逃入蜀。"现存《尸子》由唐代魏徵、清代惠栋、汪继培等人辑成。

③ 《山海经·海内经》："南方苍梧之丘，苍梧之渊，其中有九嶷山，舜之所葬。"《山海经·海内南经》："苍梧之山，帝舜葬于阳，帝丹朱葬于阴。"苍梧山，又名九嶷山，在今湖南永州宁远县境。

④ 率兵探险，深入异族，不免交战。中国的南北战争，原始后期，已经激烈。《山海经·大荒北经》"黄帝擒蚩尤"的真实背景是中原氏族与东南氏族的战斗，几经恶战，黄帝斩首蚩尤，南方溃退。尧、舜、禹时，北方征讨南方的战争持续不断。《吕氏春秋·召类》"尧战于丹水（汉水支流）之浦以服南蛮"，接着"舜却苗民，更易其俗"，打到了湖南。《史记·五帝本纪》说舜"葬于苍梧之野"。实际暗示了南征失败。所以，大禹上台接着打。《墨子·非攻》："禹亲把天之瑞令以征有苗。""苗师大乱，后乃遂几"。"遂几"，即有苗衰败。从此奠定了中国古代"北人作主南作客"（元末民谣）的基本军事态势和地理政治。

情。消息传出，万民感动，一个北方男人的冒险南征，因为两个北方女人的哀婉忠贞，化为一个动人的故事流传千古。①

大禹②是虞舜的接班人。尧舜时，"汤汤洪水方割，荡荡怀山襄陵"③，尧命鲧治水，鲧九年不成。舜命禹治水，禹克竟其功。典籍称，大禹治水，探险四方，西至流沙，东至沿海，北至恒岳，南至湘衡④，随山刊木，随川浚川，使九派安流，百川朝宗。又称，大禹治水，考察地理、区划九州，查明物产，令人记录于册，是为《山海经》⑤；并用九州黄铜铸造九只大鼎，雕镂山川，图画万物，排列宫殿门外，指导人们越野探险，是为历代帝王梦寐以求的"大禹九鼎"⑥。如此，大禹探险治水的事迹与贡献实在是前

① 《山海经·西山经》说洞庭之山："帝之二女居之，是常游于江渊。"屈原《九歌》有《湘君》、《湘夫人》。西汉·刘向《烈女传》："有虞二妃者，帝尧之二女也。""舜既嗣位，升为天子，娥皇为后，女英为妃。""舜陟方，死于苍梧，号曰重华。二妃死于江湘之间，俗谓之湘君。"郭璞注《山海经》："天帝之女，处江为神，即《列仙传》所谓江妃二女也。"西晋·张华《博物志·史补》："尧之二女，舜之二妃，曰湘夫人。帝崩，二妃啼，以泪挥竹，竹尽斑。"晋·罗含《湘中记》："舜二妃死为湘水神，故曰湘妃。"南朝·郦道元《水经注》："湘水又北径黄陵亭西，右合黄陵水口，其水上承大湖，湖水西流，径二妃庙南，世谓之黄陵庙也。言大舜之陟方也，二妃从征，溺于湘江。神游洞庭之渊，出入潇湘之浦。"刘向所谓湘君，罗含所谓湘妃，是合而言之，合称娥皇女英。屈原所称湘君、湘夫人，是分而言之，分指娥皇、女英。洪兴祖《楚辞补注》："尧之长女娥皇，为舜正妃，故曰君。其二女女英，自宜降曰夫人也。"

② 禹，源出西羌的氏族首领，受舜禅让，尊称大禹，亦称夏禹。禹的字义，一说是虫。《说文》："禹，虫也。"一说是龙。杨宽《中国上古史导论》说禹字从虫从九，甲骨文九为虬的本字，虬即龙。拙意，禹通鱼，大禹即大鱼，鱼善水，大禹治水。禹是西羌石纽（今四川北川汶川）人。西汉·陆贾《新语·术事》："大禹出于西羌。"西汉·扬雄《蜀王本纪》："禹本汶山郡广柔县人，生于石纽。"父亲是鲧，母亲是有莘氏女嬉。禹的出生场景与石有关。《淮南子·修务训》："禹生于石。"北宋类书《太平御览》引《随巢子》："禹产于石昆石。"疑石昆即石滚，地名，即扬雄所言石纽。该地可能山石垒叠，谓之石纽；常有崩塌，谓之石滚。"禹产于石昆石"，应是禹出生于石纽一地、石崩之时。

③ 《尚书·尧典》。

④ 《尚书·禹贡》。

⑤ 西汉·刘歆《上山海经表》："禹别九州，任土作贡，而益等类物善恶，著《山海经》。"东汉·王充《论衡·别通》："禹主行水，益主记异物，海外山表，无所不至，以所记闻作《山海经》。"东汉·赵晔《吴越春秋·越王无余外传》："（禹）与益、夔共谋，行到名山大泽，召其神而问之，山川脉理、金玉所有、鸟兽昆虫之类，及八方之民俗、殊国异域、土地里数：使益疏而记之，故名之曰《山海经》。"

⑥ 《史记·封禅书》："禹收九牧之金，铸九鼎。"《左传·宣公三年》："昔夏之方有德也，远方图物，贡金九牧，铸鼎象物，百物而为之备，使民知神奸，故民入川泽山林，不逢不若，螭魅罔两，莫能逢之，用能协于上下，以承天休。"

无古人。

大禹、虞舜、"神人羿",是原始人创作的勇于探险、勇于拓张的原始首领的典型形象。大禹探险,尽管说得天南海北,无远不至,实际是"华夏集团"对本部落探险事迹的神化,范围大约在中原及中原周边。羿探险,是"东夷集团"自神其事,范围大约在今之山东、河北、江苏地区,这正是羿、禹探险成功结尾的缘故。不然,闯进异族土地,凶多吉少,这正是虞舜探险江南一去不返的秘密。

原始探险仍然算不得旅游。但是,原始探险组织一支外出长征的队伍,从某一地区出发又回到原来的出发点,是形式完整的长途旅行,也是最早的开拓山川的专门旅行。它所发现的奇山异水、奇产异物、奇风异俗,不断激励人的好奇心和占有欲。原始游心,于斯浓厚。

第四节 名山大川

原始人在山间流浪、平原迁徙、探幽历险的过程中,逐渐形成了对名山大川的共识。

一、巍巍昆仑

中国大西北,今青海、甘肃、新疆,群山巍峨,先民概称为昆仑丘,或昆仑墟。《山海经·海内西经》:"海内昆仑之墟,在西北。"

原始人探险昆仑。《淮南子·览冥训》:"羿请不死之药于西王母。"羿,"神人羿",东方有穷氏首领的化身。西王母,神人,西方氏族首领的化身,居昆仑。《山海

经·大荒西经》：

> 西海之南，流沙之滨，赤水之后，黑水之前，有大山，名曰昆仑之丘。……有人戴胜，虎齿，有豹尾，穴处，名曰西王母。

羿会西王母，固属神话，骨子里折射原始探险，折射东西氏族的交往。

原始人知道昆仑是黄河之源。《山海经·海内西经》：

> 海内昆仑之墟在西北。……河水出东北隅。

《淮南子·地形训》："河水出昆仑东北陬。"河水，黄河之水。

原始人知道昆仑产美玉。屈原《涉江》记上古传闻："登昆仑兮食玉英。"玉英，玉之花。今新疆昆仑山盛产美玉。

原始人知道昆仑寒气阴森。屈原《天问》："西北辟启，何气通焉？"气，西北阴风。

昆仑莽莽，气象万千。先民心存敬畏，神化昆仑。昆仑，门禁森严。《山海经·海内西经》昆仑："面有九门，门有开明兽守之。"昆仑，高不可攀。屈原《天问》："增城九重，其高几里？"增城，昆仑绝顶。《淮南子·地形训》："掘昆仑虚以下地，中有增城九重。其高万一千里百一十四步二尺六寸。"周制，三百步为一里，六尺为一步，一万里大约相当于四千多公里，四百多万米，比珠穆朗玛高四百多倍。昆仑，大帝之居。《淮南子·地形训》：

① 攀登昆仑，上下四境，始登昆仑丘，后登凉风山，继登县圃，再登天帝居。县圃，顾名思义，是"悬空的花园"。《穆天子传》："春山之泽，清水出泉，温和无风，飞鸟百兽之所饮食也。先王所谓悬圃。"《穆天子传》，西晋汲郡（今河南汲县）出土《汲冢书》之一，先秦典籍，六卷，8500余字，前四卷是穆王"西游记"，后二卷是穆王"东游记"。

② "河"称黄河，始见东汉班固《汉书》："黄河为带，泰山为厉。"厉，带之下垂。

③ 谭其骧《"山经"河水下游及其支流考》。

④ 书，《洛书》。乘黄，神马。

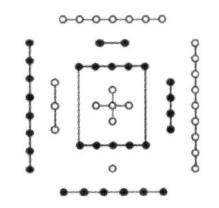

⑤ 如图所示，《河图》图为四方形，用黑点白圈表示阴阳，白为阳，黑为阴。特征是居中方块，黑点上五下五，左右无黑无白，中央白圈五；四周两列，黑白相对，上下是白七黑二对黑六白一，黑白各自的数目是八对八；左右两列，也是黑白相对，右边白九黑四对左边黑八白三，黑白各自的数目是十二对十二。全图合计白圈总数二十五，黑点总数二十五。

　　昆仑之丘，或上倍之，是谓凉风之山，登之而不死；或上倍之，是谓悬圃，登之乃灵，能使风雨；或上倍之，乃维上天，登之乃神，是谓大帝之居。①

登之不死，登之为神，是先民心驰神往的神山圣境。

二、滔滔黄河

　　原始人称黄河为"河"。②《山海经》说"河水出昆仑"，正确指示黄河的发源地在西北雪山。《山海经》记述了黄河走向及支流，今人梳理，考证出最古的黄河下游故道③。

　　黄河神话斑斓。最著名的神话有《河图》、河伯。

　　相传伏羲之时，龙马出河，背负图画，世谓《河图》。《管子·小匡》："河出图，洛出书，地出乘黄。"④《河图》宋之前闻其名不见其图，至宋初陈抟，《河图》始出，是一幅黑点白圈组成的图案。⑤这图案隐藏事物规律，伏羲看懂了，因之作八卦。《易·系辞传》："河出图，洛出书，圣人则之。"《论语》孔安国注："《河图》者，伏羲氏王天下，龙马出河，遂则其文以画八卦。"

　　又相传，黄河有神，神号河伯。河伯的妻子是伏羲之女、洛水之神宓妃，屈原《九歌》有一首《河伯》专写两人的恋爱：

与女游兮九河，冲风起兮水扬波。
乘水车兮荷盖，驾两龙兮骖螭。
登昆仑兮四望，心飞扬兮浩荡。
日将暮兮怅忘归，惟极浦兮寤怀。

鱼鳞屋兮龙堂，紫贝阙兮珠宫。
灵何为兮水中，乘白鼋兮逐文鱼，
与女游兮河之渚，流澌纷兮将来下。
子交手兮东行，送美人兮南浦。
波滔滔兮来迎，鱼鳞鳞兮媵予。

《天问》并有神人羿射瞎河伯、抢夺其妻的故事，"帝降夷羿，革孽夏民，胡射夫河伯，妻彼洛嫔？"

黄河神话，是原始人的黄河遐想。

黄河流程漫长，流域广阔，雄奇险峻，放荡不羁。大禹治河，疏通了三处险要：壶口，龙门，砥柱；建筑了几处拦河堤坝，称积石；确定了一处入海地标，称碣石。

壶口 黄河一险，东临今山西临汾吉县壶口镇，西临今陕西延安宜川县壶口乡。河水至此，两岸峭立，河道收缩，窄如壶口，陡然直下，倾泻成瀑，景象壮观。《水经注》："禹治水，壶口始。"大禹治水，凿开山崖，始有壶口。

龙门 在今陕西韩城，位于壶口而下黄河大峡谷的最狭窄处。[①]《墨子·兼爱》："古者禹治天下，洒为砥柱，凿为龙门，以利燕、代、胡、貊与西河之民。"

砥柱 砥柱山，也作底柱山，在今河南陕县黄河三门峡中。三门峡急流汹涌，直冲砥柱山，而砥柱中流，岿然不动。《水经注》："砥柱者，山名也。昔禹治洪水，山陵当水者凿之，故破山以通河。河水分流，包山而过，山见于水中若柱然，故曰砥柱也。"

积石 《山海经》多次提到"禹所积石之山"。《山海经·大荒北经》：

[①] 一说是洛阳伊阙。

第一章　原始游踪

> 大荒之中，有山名曰先槛大逢之山，河济所入，海北注焉。其西有山，名曰禹所积石。

《山海经·海外北经》：

> 夸父国……禹所积石之山在其东，河水所入。

《山海经·海内西经》：

> 河水出东北隅，以行其北，西南又入勃海，又出海外，即西而北，入禹所导积石之山。

积，堆积。"禹所积石之山"其实是坝，不是山，是大禹治理黄河砌石护坡、堆石为岸的堤坝。其体高大，其状如山，是大禹治河的显著标记，故称"禹所积石之山"。从《山海经》看，大禹积石不是一地一处，而是多地多处，或在西，或在北，所跨地域，大致相当于今天的甘肃到河北。最西边的一处，在今甘肃临夏。① 《尚书·禹贡》说大禹：

> 导河自积石，至龙门，入于沧海。
> 河水出东北隅，以行其北，西南又入渤海，又出海外，即西而北，入所导积石山。

这里积石指的可能是临夏积石。之后临夏积石湮灭，后人就把黄河所经临夏之山称为积石山，把黄河所经临夏峡谷称为积石峡。临夏积石似乎是大禹治水的起点。清人梁份《秦边纪略》："盖黄河入中国，始于河州（今甘肃临夏），禹之导河积石是也。"

---

① 甘肃临夏保安族东乡族撒拉族自治县，有积石山。位于甘肃西南，黄土高原与青藏高原交汇地带。黄河穿山而过，形成峡谷，称积石峡。又，青海有藏名阿尼马卿山，意为黄河之祖，汉名或称积石山。称积石山，积石峡，盖因大禹传闻。

碣石 碣石山，地在今河北昌黎①。《山海经·北山经》：

> 太行之山……又五百里曰碣石之山。

郭璞《山海经》注："或曰在右北平骊城县，海边山也。"《禹贡》：

> 恒、卫既从，大陆既作。岛夷皮服，夹右碣石，入于河。②

又说：

> 导岍及岐，……太行、恒山，至于碣石，入于海。

孔安国传："碣石，海畔山。禹夹行此山之右，而入河逆上。"刘起釪《碣石考》："按《禹贡》作者之意，当是说东北少数民族鸟夷（伪古文误作岛夷）入贡，沿辽东湾西岸向南航行，然后向西转航于渤海北岸之下，最后入于河，碣石正在转角上，所以称为'夹右碣石'。"碣石是黄河入海的地标，也是由海入河的地标。

这三处险要、几处大坝和一处地标，是原始治河的成果，当时必有名声。

三、横卧中条

中条山，位于今山西西南部黄河北岸，运城永济东南。山体东西走向，山势狭长，长约160公里，宽10公里至15公里，海拔1 200米至2 300米。东段称历山，以舜王坪最高，海拔2 322米；西段称中条山，主峰雪花山，海拔1 994米。在东方太行、西方华山之间，形状如条，故名中条。

① 一说在山东无棣。

② 恒，恒水。卫，卫水，滹沱河。从，顺畅。大陆，大陆泽，巨鹿泽。作，治理。岛夷，海岛民族。或云岛夷应为鸟夷，东北民族。皮服，进贡皮具。夹，紧靠。

中条，气候温和，动植物繁盛，适合采集、狩猎；矿物蕴藏以铜为主，利于青铜制造；北面是汾运盆地，南面是黄河谷地，适合农业生产；山北天然盐湖①，提供生活必需；从中条，西渡黄河可达陕西，南渡黄河可达伊洛，北越吕梁可达塞北，东过太行可达山东。

中条是尧、舜、禹的主要根据地。晋人皇甫谧《帝王世纪》："尧都平阳，舜都蒲坂，禹都安邑。"《尚书·夏书》唐人孔颖达疏："尧治平阳，舜治蒲坂，禹治安邑，三都相去各二百余里。"俱在中条山一带。平阳，今山西临汾，在中条山之北。《竹书纪年》②说尧：

> 洪水既平，归功于舜，将以天下禅之，乃洁斋修坛场于河、洛，择良日率舜等升首山，遵河渚。五老游焉。

首山，中条一山。《汉书·地理志》："首山属河东蒲坂。"蒲坂，今山西运城永济，在中条东段。安邑，今山西运城夏县，在中条山西段。现代考古发现的二里头文化，大禹家天下前后的文化遗存，就分布在中条山南北。中条山与华夏民族（中原汉族）具有密切的人山关系。有说，黄河中游，西有华山，东有中条，故中原地区，号称中华。

四、鹤立华山

华山，《山海经》称太华山。《山海经·西山经》：

> 太华之山，削成而四方，其高

---

① 运城盐湖，在今山西西南部运城以南，中条山北麓，距今约5千万年，在新生代第三纪喜马拉雅构造运动中，山出海走湖积，饱含盐类矿物质，是产盐盛地，今长约30公里，宽3至5公里，湖面海拔324.5米，最深处约6米，总面积132平方公里。

② 《竹书纪年》，西晋出土《汲冢书》之一，先秦典籍。

五千仞，其广十里，鸟兽莫居。

郭璞注："仞，八尺也。上有明星玉女，玉浆，得上服之，即成仙。道险僻不通。"位于今陕西渭南华阴，南接秦岭，北瞰黄渭，奇峰险峻，峭壁千仞，扼守大西北进出中原的门户。《尚书》有惇（dūn）物山，北魏郦道元指为华山。《尚书·禹贡》："终南、惇物，至于鸟鼠。"《水经注·禹贡山水泽地所在》："华山为西岳，在弘农华阴县西南，古文之惇物山也。"后称华山，《尔雅·释山》："华山为西岳。"《尚书·舜典》："八月西巡守，至于西岳。"《史记·封禅书》："西岳，华山也。"华山满载神话，《史记·封禅书》说华山是黄帝常游之山、会神之山。

华山，是黄河流域的突出地标，是中原民族的西边地望，或与华夏一词有所关联。原始社会后期，中原各族概称诸夏①，称诸夏，是因大禹受禅，号夏后氏；或称诸华②，称诸华，或因伏羲祖族为华胥氏；或因地近华山，因山而名；章太炎《中华民国解》："夫华本华山，居近华山而固有华之称。"或合称华夏，既指中原民族③，也指中原地区④。

第五节　人文景观

原始人定居，开始了宫室、城邑、高台、墓地的设计与建筑。这些大型建筑因其特定的实用功能和视觉美感，吸引民众的观瞻，是原始的人文景观。

① 《左传·闵公元年》："戎狄豺狼，不可厌也；诸夏亲昵，不可弃也。"许慎《说文》："夏，中国之人也。"即中原之人。《左传》是东周书籍，所记诸夏应由来有自。

② 《左传·襄公四年》："劳师于戎，而楚伐陈，必弗能救，是弃陈也，诸华必叛。"

③ 《尚书·周书·武成》："华夏蛮貊，罔不率俾（lúbǐ）。"周人居西，称中原诸族为华夏，称东南诸族为蛮貊。《尚书》是西周文档，所记华夏亦应由来有自。

④ 《蜀志·姜维传》："公侯以文武之德，怀迈世之略，功济巴汉，声畅华夏，远近莫不归名。"巴汉，巴蜀汉水。华夏，中原地区。

一、起宫室

原始山民原本住在天然洞穴，《易·系辞》："上古穴居而野处。"下到平原，改住人造洞穴，或者构木为巢[1]。人造洞穴，在黄河流域，多为竖穴草顶，或是横穴窑洞，再从竖穴改进到半穴居。北方仰韶文化遗址[2]以半地穴居多，龙山文化遗址[3]有双室套间半地穴。兴隆洼遗址[4]有房址1000余座，住房为半地穴式的方形或长方形，开口在上，排列有序，与《魏书·勿吉传》"筑城穴居，屋形似冢，开口于上，从梯出入"，相似乃尔。半地穴是原始土结构房屋的滥觞。构木为巢，就是筑巢于树，是炎热、潮湿、低洼、虫蛇繁多地区采用的居住方式。由树巢改进为干阑式木巢，原始人创造了木结构房屋建筑的雏形。南方河姆渡文化遗址[5]已发掘的木构房屋长约23米，进深约8米，体量相当可观。在半穴处和干阑式木构的基础上，地表建筑的房屋得以产生。这一发明，《吕氏春秋·勿躬》归之于高元："高元作室。"高元可能是上古一个善于建筑房屋的氏族首领。到原始社会末期，领袖居住的房屋已经与众不同，象形文字"宫"就是屋顶下或有两个空间的房屋。氏族的集会、祭祀也有专门的厅堂。今江苏连云港中云乡龙山文化藤花落遗址[6]有各式房屋35处，最大的一处约110平方米，呈十分对称的回字形，或许是集会和祭祀的公共场所。从先秦神话看，原始的房屋

---

[1]《庄子·盗跖》："古者禽兽多而人民少、于是民皆巢居以避之。昼拾橡栗、暮栖木上，故命之曰有巢氏之民。"《韩非子·五蠹》："上古之世，人民少而禽兽众，人民不胜禽兽虫蛇，有圣人作，构木为巢，以避群害，而民悦之，使王天下，号之曰有巢氏。"《孟子·滕文公》："当尧之时，水逆行泛滥于中国，蛇龙居之，民无所定，下者为巢，上者为营窟。"东汉赵岐注："上者，高原之上也，凿岸而营度之以为窟穴而处之。"朱熹《四书章句集注》："上，高地也。营窟，穴处也。《礼记·礼运》："昔者先王未有宫室，冬则居营窟，夏则居橧巢。"唐人孔颖达疏："冬则居营窟者，营累其土而为窟。地高则穴于地，地下则窟于地上，谓以地上累土而为窟。"《孔子家语·问礼》："昔之王者，未有宫室，冬则居营窟，夏则居橧巢。"曹魏王肃注："掘地而居谓之营窟。有柴谓橧，在树曰巢。"

[2]仰韶文化距今大约7000年，属新石器时代黄河中游地区的文化遗存。1921年发现于河南三门峡渑池县仰韶村。

[3]龙山文化泛指新石器晚期黄河中、下游地区的文化遗存。1928年发现于山东历城龙山镇（今属章丘），距今约4000年之上。

[4]兴隆洼遗址，1982年发现于内蒙古自治区赤峰市敖汉旗宝国吐乡兴隆洼村东南约1.3公里，总面积约6万平方米，属新石器文化，距今约8000年。是目前国内保存最好、规模最大的原始村落遗址。

[5]河姆渡文化遗址，1973年发现于浙江省余姚市河姆渡，属新石器时代文化遗存，距今约7000年。

[6]藤花落遗址，位于江苏省连云港市中云乡西诸朝村南，面积约14万平方米，入选2000年十大考古发现之一。

设计已有一定的讲究。神话说，天如宫阙，九层叠加，一层一道门，九层九道门。屈原《天问》："圜则九重。"①屈原《招魂》："虎豹九关。"东汉王逸《楚辞章句》："言天门凡有九重，使神虎豹执其关闭。"这一想象反映了原始建筑理念对高大、重叠、庄重、威严的追求。

二、筑城邑

原始城邑由村落而起。《史记·五帝本纪》：

> 舜耕历山，……一年而所居成聚，二年成邑，三年成都。

历山，中条山历山。聚，村落。邑，小城。都，大城。原始人起初以壕沟围村，兴隆洼遗址居地，四周有壕沟，有寨门。后因壕沟不足以防寇、防洪，开始修筑城墙。《淮南子·原道训》：

> 夏鲧作三仞之城。一曰黄帝始立城邑以居。

龙山文化藤花落遗址，内外双重城墙结构。外城平面呈圆角长方形，有城墙、城门、城缘，周长1520米，面积约141375平方米；内城平面呈圆角方形，有城垣、城门，城周806米。城墙以土垒之，亦有以石垒之。龙山文化石峁遗址②，由城台、内城、外城组合，东门是石砌城门。

原始城邑，在考古中罕见，在传闻中甚多。尧都平阳（临汾），或都唐，城址在今河北唐县，皇甫谧《帝王世纪》："尧始封于唐。"舜都蒲坂（永济），或都潘，城址在今河北涿鹿

---

① 圜，圆，天体。古人观物取象，日月从东边升起，从西边落下，仿佛在天上画了一道大大的弧形，天应该是个圆的。《易·说卦》："干为天，为圜。"《说文》："圜，天体也。"

② 石峁遗址，位于陕西省榆林市神木县高家堡镇石峁村的秃尾河北侧山峁，面积超4平方公里，入选2012年十大考古发现之一。

县保岱镇。《水经注》:"漯水经潘县故城,或云舜所都也。"禹都安邑(夏县),或都平阳,或都阳城,今河南登封;或都晋阳,今山西太原;《世本》①:"夏禹都阳城,避商均也。又都平阳,或在安邑,或在晋阳。"或都阳翟,今河南禹县。《汉书·地理志》:"禹都阳翟。"既是都城,应是政治经济文化中心,也是公务旅行的中心。《尚书·禹贡》所记贡税之路,条条通向蒲州。蒲州,舜都蒲坂在焉。

三、修坟墓

原始墓葬大约出现于在旧石器时代晚期和新石器时代早期。最初是氏族的集体墓地。在仰韶文化遗址,墓地上,几百个墓坑有序排列,各墓的外在形式无甚差别,大抵"不封(垒土)不树(种树)"②。这种集体墓地一般选址野外高地,大多依山而建,或者筑为山形,如良渚土墩墓③,就是一个大土墩。福泉山遗址④也是一个金字塔型大土墩,东西长94米,南北宽84米,估计土方体积为25 920立方米。大土墩,高大突起,义在崇高。后来,墓地上的单个墓葬从"不树不封"变为有墓有坟。墓,与地齐平的墓葬。《礼记·檀弓》:"古也,墓而不坟。"坟,封土成丘的墓葬。封土成丘,也是义在崇高。可以肯定,在当时,氏族首领的坟墓已是供人敬仰、供人祭拜的庄重场地。所以《山海经》常记领袖与名流墓地。《海外南经》记帝尧、帝喾墓地:

> 狄山,帝尧葬于阳,帝喾葬于阴。爰有熊、罴、文虎、蜼、豹、离朱、视肉。⑤

《海内东经》记颛顼墓地:

---

① 《世本》先秦典籍,清人王谟、秦嘉谟等有辑本。

② 《易·系辞》:"古之葬者,厚衣之以薪,葬之中野,不封不树。"

③ 良渚文化遗址,位于杭州城北余杭区良渚镇。1936年发现,是余杭县的良渚、瓶窑、安溪三镇遗址的总称。遗址总面积约34平方公里,是新石器时代晚期人类聚居地。

④ 福泉山遗址,位于上海青浦区。1979年到1986年的一次试掘和三次发掘,共清理了崧泽文化(早于良渚文化)墓19座,良渚文化墓30座,战国墓4座,西汉墓96座,唐、宋墓各1座。崧泽文化距今约5800年至4900年,属新石器时代。

⑤ 狄山,地望约在今陕西关中地区。水北山南谓之阳,水南山北谓之阴。《谷梁传·僖公二十八年》:"水北为阳,山南为阳。"许慎《说文解字》:"阴,暗也;水之南,山之北也。"唐李吉甫在《元和郡县志》:"山南曰阳,山北曰阴;水北曰阳,水南曰阴。"蜼(wèi),长尾猴。离朱,善视神兽。视肉,食而更生的怪兽。《山海经》郭璞注:"聚肉形,如牛肝,有两目。食之无尽,寻复更生如故。"

汉水出鲋鱼之山①，帝颛顼葬于阳，九嫔葬于阴，四蛇卫之。

《海内南经》记帝舜、帝丹朱墓地：

苍梧之山，帝舜葬于阳，帝丹朱葬于阴。

《海内经》记尧时的舟楫发明家巧倕墓地：

又有不距之山，巧倕葬其西。②

古天文甚至以坟墓命名星座，称"坟墓四星"，象征死、丧、哭、泣③。

四、垒高台

台，《说文》："观四方而高者。"以土垒之，形方、体高、基础厚，无顶无壁，在传统的休闲建筑台阁亭榭④中，造型最简，资格最老。原始人造台。《吕氏春秋·音初》：

有娀氏有二佚女，为九层之台。⑤

有娀（sōng），上古北方氏族，地望疑在古蒲州今山西运城永济县。有娀佚女，指简狄姐妹。简狄是殷商第一个男人契的母亲，是殷商民族的女始祖。简狄姐妹建造有娀高台，事源当在母系社会。

原始人造台，主要目的是祭祀，以高台拉近人神距离，祭天祭神祭祖。《山海经·海内北经》：

帝尧台，帝喾台，帝丹朱台，帝舜台，各二台。台四方，在昆仑东北。⑥

① 鲋鱼之山，一说在今河南清丰县顿丘故城。又名高阳山、青冢山。一说在陕西汉中勉县。

② 《山海经》郭璞注："倕，尧巧工也。"

③ 战国时楚人甘德、魏人石申《甘石星经》："坟墓四星，在危下。"《晋书·天文志》："坟墓四星，属危之下，主死丧哭泣，为坟墓也。"危，二十八宿之危宿，北方玄武第五宿。

④ 阁，一种楼房，可赏景远眺。唐·王勃《滕王阁诗》："滕王高阁临江渚，佩玉鸣鸾罢歌舞。"亭，无台无壁有顶。花园中，道路旁，多有之。李白《菩萨蛮》："何处是归程？长亭更短亭。"榭，土台敞屋，有顶无壁。郭璞注《尔雅·释宫》："无室曰榭。"时或种树，《尚书》孔安国传："土高曰台，有木曰榭。"常临水面，称水榭。榭与台均可用作舞台，南宋·辛弃疾《永遇乐》："舞榭歌台，风流总被雨打风吹去。"

⑤ 佚女，美女，简狄姐妹。《淮南子·地形训》："有娀在不周之北，长女简狄，少女建茨。"

⑥ 丹朱，虞舜之子。尧让舜，丹朱另立中央，《竹书纪年》、《山海经》称帝丹朱。

第一章　原始游踪

帝台，祭祖台，纪念本族已故首领，意义相当于纪念碑。屈原《天问》：

> 简狄在台，喾何宜？
> 玄鸟致贻，女何喜？①

简狄在台，是行高禖②之祭。高禖，崇拜生殖的祭祀。原始高禖，疑由女子在高台之上接受男子的性爱，是郊外野合、无夫生子的仪式，性质等同于古希腊在神庙举行的交配仪式。原始人造台，已经讲究美观好看。《天问》说简狄之台是十层玉台，"璜台十成，谁所极焉？"璜，玉石。极，堆积。积玉成台是夸张之辞，但一定程度的装饰应该是有的。原始之台是原始人审美的对象，是原始人文景观的典型作品。

第六节　初民地理

自从原始人睁大双眼，仰望星空；迈开双脚，走向远方；地理方位逐渐明确，地理视野逐渐扩大，逐步积累起观察世界的感觉和经验，并发挥直觉和幻想，勾勒宇宙模式、天地形状、山河布局。

一、天圆九重　地正四方

原始人以为，天，纵看，是一层一层的垒叠相加，共有九层，《天问》："圜则九重，孰营度之？"③

---

① 喾，中原神话为东方氏族殷商民族的女始祖简狄编造的丈夫。《说文》燕："玄鸟也。"《尔雅》："燕，玄鸟也。"《吕氏春秋·音初》说简狄在台与其妹："作歌一终，曰：'燕燕往飞。'实始作为北音。"燕是春分物候，《左传·昭公十七年》："玄鸟氏，司分者也。"分，春分。《诗毛传》："春分玄鸟降。"春天，是播种的季节，又是嫁娶的季节。郑玄注《礼记·月令》："燕以施生时来巢人堂宇哺乳，嫁娶之象也。"这大概就是商民族热爱燕子的来由。贻，礼物，燕卵。按商民族神话，简狄是无夫生子，送卵致孕者是玄鸟，简狄吞而有孕，生育殷商第一个男人契。《诗经·商颂·玄鸟》："天命玄鸟，降而生商。"夏契之生，母是简狄，父是玄鸟，与帝喾毫不相干。所以，屈原讥讽，简狄在台，帝喾岂能般配？

② 高，高地，高台，高禖就是行于郊外高地或高台的祭祀。《说文》："禖，祭也。从示，某声。祈子之祭也。"清·朱骏声《说文通训定声》："高禖之禖，以脄为义也。"脄，始孕之兆，生殖之义。《汉书·戾太子传》："初，上年二十九乃得太子，甚喜，为立禖。"颜师古注："禖，求子之神也。"立禖，立禖神形象，一般石制，其形，或像男根，或像女阴。高禖，也称郊禖。《广韵》："郊禖，求子祭也。"

③ 圜，圆，天体。观物取象，日月从东边升起，从西边落下，仿佛在天上画了一道大大的弧形，天应该是个圆的。《易·说卦》："干为天，为圜。"《说文》："圜，天体也。"九重，九层。原始神话，天如宫阙，九层叠加，一层一道门，九层九道门。《招魂》："虎豹九关。"王逸《招魂章句》："言天门凡有九重，使神虎豹执其关闭。"《汉书·礼乐志》："九重开，灵之游。"

横看，是一块一块的无缝拼接，也有九块，《天问》："九天之际，安放安属？"①天的立体结构是九九八十一块。这八十一块天像一个圆圆的盖子，四周渐渐下垂，罩住大地；盖子的中心离地面最高，谓之"天极"②。

圆天之下的大地，原始人以为，是一块完整的正方形。《淮南子·地形训》：

> 禹乃使大章步自东极至于西极，二亿三万三千五百七十五步；使竖亥自北极至于南极，二亿三万三千五百七十五步。

《淮南子》说大地的南北间距等于东西间距③，相当靠谱。今天已知，地球的极半径，从地心到北极或南极的距离，约6356.8公里，南北直径12713.6公里；赤道半径，从地心到赤道的距离，约6378.1公里，东西直径是12756.2公里；东西比南北仅仅多出42.6公里，两条直径约略相等。

天圆九重，地正四方，是原始人构思的宏观宇宙模式，扬雄概括为"天圜地方，极植中央"④。曾在先秦时段（春秋

---

① 王逸《楚辞章句》："九天，东方皞天，东南方阳天，南方赤天，西南方朱天，西方成天，西北方幽天，北方玄天，东北方变天，中央钧天。"九天又称九野。《吕氏春秋·有始》："天有九野，何谓九野，中央曰钧天，东方曰苍天，东北曰变天。北方曰玄天，西北曰幽天，西方曰皓天，西南曰朱天，南方曰炎天，东南曰阳天。"《淮南子·天文训》并以二十八宿画出了九天区间："何谓九野？中央曰钧天，其星角、亢、氐；东方曰苍天，其星房、心、尾；东北曰变天，其星箕、斗、牵牛；北方曰玄天，其星须女、虚、危、营室；西北曰幽天，其星东壁、奎、娄；西方曰颢天，其星胃、昴、毕；西南方曰朱天，其星觜嶲、参、东井；南方曰炎天，其星舆鬼、柳、七星；东南方曰阳天，其星张、翼、轸。"天分九野，是解剖天体广度；天叠九重，是解剖天体高度；纵横交错，九九八十一块。

② 天极，天极星，即北极星。北极星，由太子、帝、庶子、后宫、天枢五星组成，帝星最明亮，北极星亦称帝星，又名北辰。《尔雅·释天》："北极谓之北辰。"《论语·为政》："为政以德，譬如北辰，居其所，而众星拱之。"唐·李淳风《观象玩占》："北极星在紫薇宫中，一曰北辰，是天之最尊星。其纽星天之枢也。天运无穷，三光迭耀，而极星不移。故曰：'居其所而众星拱之。'"紫薇宫，即紫薇垣，北极附近天区，由北极东西的两条星列，左八右七，如两弓相合，环抱成垣。垣，宫墙。墙上星均以官职命名。墙内星以后宫及朝廷机构名之。北极常年不动，几乎正对地轴，是确定方位的持久可靠的星座，也是划分五大天区的中央标志，《史记·天官书》谓之中宫天极星。古代天体一分为五，称中宫、东宫、西宫、南宫、北宫。中宫指北极紫微垣及附近星体。四方之宫，指二十八宿的四方七宿：东青龙、西白虎、南朱雀、北玄武。

③ 一说南北间距不到东西间距的一半，是个东西向的长方形。唐·王瓘《轩辕本纪》："帝令竖亥步自东极至于西极，得五亿十万九千八百八步，南北二亿三万一千三百里（步）。"一说南北间距比东西间距长出三分之一，大地是个南北向的长方形。晋·张华《博物志》引《河图》："天地南北三亿三万五千五百里，东西二亿三万三千里。"

④ 西汉·扬雄《太玄经》。极，天极，中宫北极星。

战国），主导天文学、地理学。

二、天倾西北 地倾东南

在苍茫的星空上，日月的东升西落；在广阔的大地上，江河的滔滔东流；引起原始人的揣摩与想象。

起初以为日月是神物，太阳有三足乌，月亮有蟾蜍（chú）。《淮南子·精神训》："日中有踆（qūn）乌，而月中有蟾蜍。"踆乌，三足乌，善飞；蟾蜍，蛤蟆，善跃。一说月亮有兔子，《天问》："顾兔在腹。"顾兔①，即兔子，善跑。后来以为日月东行是神的操作，羲和赶着马车送太阳②，望舒赶着马车送月亮③。再后来，原始人根据日常生活经验，石向山下滚，水往低处流，以为日月星辰之所以移向西北，是因天向西北倾斜；水潦尘埃之所以流向东南，是因地向东南倾斜。天地之所以倾斜，是因支撑天地的天柱倒塌；而天柱之所以倒塌，是因两位大神打架。《列子·汤问》：

> 天地亦物也，物有不足，故昔者女娲氏炼五色石以补其阙；断鳌之足以立四极。其后共工氏与颛顼争为帝，怒而触不周之山，折天柱，绝地维；故天倾西北，日月星辰就焉；地不满东南，故百川水潦归焉。"

《淮南子·天文训》：

> 昔者，共工与颛顼争帝，怒而触不周之山，天柱折，地维裂。天倾西北，故日月星辰移焉。地倾东南，故水潦尘埃归焉。

---

① 顾，顾看，东走西顾是兔的特征，东汉窦玄妻《古怨歌》："茕茕白兔，东走西顾。"月中之兔，顾看人间，称顾兔。

② 屈原《离骚》："吾令羲和弭节兮，望崦嵫（yānzī）而勿迫。"

③ 屈原《离骚》："前望舒使先驱兮，后飞廉使奔属。"飞廉，风神。望舒，月御。御，驾车。《太平御览》引《淮南子》："月御曰望舒，亦曰纤阿。"

"天倾西北，故日月星辰移焉"是错误的判断，"地倾东南，故水潦尘埃归焉"是科学的发现。原始人已经看穿华夏大陆西北隆起而东南低下的特征，已经知道东南方向陆地邻着一望无际的海洋。

三、五藏之山　四方之海

一个世纪又一个世纪，纵横交错的万水千山，丰富多彩的物质资源，八方殊异的民风民俗，使原始人大开眼界，大见世面。他们口耳相传，叙说山峦的远近高低、江河的来龙去脉，叙说身历其境的遭遇、亲眼所见的事物、道听途说的传闻，经过几代、几十代的口头取舍，到周秦间，产生了一部充满神话色彩、勾勒原始地理的著作《山海经》。

《山海经》本来既有文字，又有图画。东晋陶潜《读山海经》："泛览周王传，流观山海图。"始作者传为大禹助手伯益，增补成书不迟于战国①。比起《尚书》中的《禹贡》，《山海经》的内容远为古老。《禹贡》托名大禹治水，反映夏商地理。《山海经》汇集地理神话，反映原始地理②。

《山海经》约三万字，以经名篇，计十八经，分别是《山经》五篇：《东山经》、《南山经》、《西山经》、《北山经》、《中山经》；《海经》八篇：《海外东经》、《海外南经》、《海外西经》、《海外北经》、《海内东经》、《海内南经》、《海内西经》、《海内北经》；《大荒经》四篇：《大荒东经》、《大荒南经》、《大荒西经》、《大荒北经》；另有单列的《海内经》一篇③。

---

① 清·毕沅《山海经新校正序》称《山海经》："作于禹益，述于周秦。"

② 《山海经》神话兼采南北。既有北方中原黄帝、炎帝、尧舜的神话，又有东方帝俊、南楚颛顼的神话。且《山海经》记录东方神人帝俊的活动，多至十六处十六事；记录南楚先祖帝颛顼，多至十七处十四事；风头远超黄帝、炎帝、帝喾、帝尧、帝舜。疑《山海经》编者当为东方或南方人。又，《山海经》也说大禹，说的是大禹神话。

③ 《汉书·艺文志》著录《山海经》十三篇，或疑《大荒经》四篇及单列《海内经》一篇是刘向父子校书所增。《大荒经》四篇是对《海经·海外经》的补充；单列的《海内经》一篇是对《海经·海内经》的补充。

第一章 原始游踪

在《山海经》，大地是大致的方块。《中山经》："天地之东西二万八千里，南北二万六千里。"方块由大陆与大海组成，大陆是中国本土，也是一块大致的方块。本土之中，五山雄峙。一山居中央，四山居四方。中央之山称中山，十二列，一百九十七座，地域或涉今河南、山西。南方之山称南山，三列，四十座，地域或涉今浙江、江西、湖南。西方之山称西山，四列，七十七座，地域或涉今陕西、甘肃。北方之山称北山，三列，八十七座，地域或涉今内蒙、宁夏、河北。东方之山称东山，四列，四十六座，地域或涉今山东、苏北。总计二十六列，四百四十七座，合称"五藏"。本土四周是大海，南海、西海、北海、东海，合称"四海"。"四海"之内称"海内"，"四海"之外还有海，称"海外"，亦称"大荒"。海，套住大陆，海陆的总体形状，仍是大致的方块。是为中国原始民族所谓"五藏之山，四方之海"的地理框架。

《山海经》依经按地，记载"五藏""四海"的国家、人民、物产、怪物、神灵，计国家100多个，民族100多个，金、玉、石、土的产地300多处，怪物，神灵250多尊[①]。特别是《山经》详细说明了每一"藏"的方圆，每一山的花草果木，鸟兽虫鱼，土著风采，神灵鬼怪，山与山的距离，山与水的关系，水与水的关系，是中国地理志的发端。

"五藏之山，四方之海"的原始地理，是原始人试图在方块形大地上安排河山秩序、清理河山眉目的地理蓝图，是原始人山间流浪、

[①] 《山海经》所记怪物、神灵。司马迁以为荒诞不经，《史记·大宛列传》叙："至《禹本纪》，《山海经》所言怪物，予不敢言也。"今人或以为《山海经》所记怪物、神灵是民族图腾。

平原迁徙、探幽历险的文化结晶。

史前社会，人类开发空间的斗争，导源了原始民族登山涉水的旅行活动、乐山乐水的旅行感悟、说山道水的旅行文化。生存之旅，游心萌发。

第二章

夏商旅游

物换星移。公元前21世纪至公元前11世纪，历史先后跨进了两个一统中原的奴隶制王朝，夏王朝（大约前21世纪至前16世纪），商王朝（前16世纪至前11世纪）。夏商家天下，长达千年，役使奴隶，推广牛耕；发明青铜，制作工具[①]；兴修水利[②]，制定历法[③]，利用日影，测量地形[④]；制作木筏，载流横渡[⑤]；生产发展，文明进步。宫廷旅游衍生，民间旅行活跃，游猎之旅、婚娶之旅、商贾之旅，渐成气候，旅游之风开始兴起。

第一节 射猎山野

狩猎是原始谋生的方式，也是原始战争的手段。投掷、棒击、群殴、陷阱、弓箭，都是猎杀野兽、搏杀敌人的技能，尤以弓箭技术为高手段、高技能。因此，擅长狩猎是氏族男

[①] 中国青铜工具始见于夏代二里头文化，地点河南偃师二里头。

[②] 《论语·泰伯》："尽力乎沟洫。"沟洫，指水利灌溉。

[③] 《夏小正》。中国现存最早的汉族农事历书，是夏代历法，出《大戴礼记》。《史记·夏本纪》："孔子正夏时，学者多传夏小正云。"

[④] 《诗·大雅·公刘》："相其阴阳，度其夕阳。"

[⑤] 《诗·大雅·公刘》："涉渭为乱。"清人方玉润《诗经原始》："乱，舟之截流横渡者也。"

子的必需，善于射箭是氏族男子的渴求。传说中的氏族首领无不善射。中原氏族首领黄帝善射，"断竹，续竹，飞土逐肉"。西北氏族首领后稷善射，"凭弓挟矢，殊能将之"①。东方氏族首领"神人羿"善射，"一雀适羿，羿必得之"②。可以判定，射箭、狩猎是氏族教育的必修课程。

夏商宫廷以狩猎习武，也以狩猎为乐。狩猎奔走山林，猎以致乐，谓之游猎。

夏初的宫廷游猎，因政治失修，屡招政变。

太康游猎失国。《尚书·夏书·五子之歌》：

> 太康尸位，以逸豫灭厥德。黎民咸贰，乃盘游无度，畋于有洛之表，十旬弗反。有穷后羿，因民弗忍，拒于河。厥弟五人御其母以从，徯于洛之汭。五子咸怨，述大禹之戒以作歌。……其二曰："训有之，内作色荒，外作禽荒。甘酒嗜音，峻宇雕墙。有一于此，未或不亡。"③

太康是夏后启的儿子，是夏朝第二代君主。太康尸位素餐，不谋其政，沉迷音乐，沉迷游猎④，洛水之猎，一猎一百天，有穷氏后羿（神人羿子孙）乘虚而入，占领夏都斟寻（在今山东潍坊⑤），断其归路，驱其在野，太康亡命，不知所终，史称"太康失国"。

后羿游猎亡身。后羿驱逐太康，挟王室以令诸侯，是不王而王的夏代两朝（太康弟仲康、仲康子相）摄政王。但后羿重蹈太康复辙，"淫游以佚田兮，又好射夫封狐"⑥，而大

① 屈原《天问》。

② 《庄子·桑庚楚》。

③ 逸豫，安乐。《诗·小雅·白驹》："尔公尔侯，逸豫无期。"贰，离心。盘游，游乐。徯，徘徊。色荒，好色。禽荒，贪猎。

④ 《离骚》："启《九辨》与《九歌》兮，夏康娱以自纵。不顾难以图后兮，五子失乎家巷。"沉迷游猎。

⑤ 郦道元《水经注》："北海有斟县。京相璠曰：'故斟寻国，禹后。'"北海，古地名，治所在今山东潍坊。一说在今河南偃师。

⑥ 《离骚》。淫游，滥游。佚，放荡。封狐，日行千里的大狐。《楚辞·招魂》："蝮蛇蓁蓁，封狐千里。"

奸寒浞①，虎视眈眈。《竹书纪年》："夏帝相八年，寒浞杀羿。"

过浇游猎陨首。过浇，寒浞的儿子，与寒浞杀羿杀夏后相，一度称霸中原。但自恃武功，"纵欲不忍"，"康娱自忘"②。游猎无度。夏后相的儿子少康，趁浇游猎，伪装猎人，伏击斩首③，恢复了夏王朝统治。史称"少康中兴"。

商代游猎，热度更超夏代。

罗振玉整理的殷墟卜辞④有诸多田猎记录：

> 壬申允狩，擒。获兕六，豕十又六，兔一百又九十又九。

《史记·殷本纪》：

> 武乙猎于河渭之闲，暴雷，武乙震死。

武乙，第二十七代商王，打猎野外，触雷致命。《竹书纪年》说商纣王：

> 十年夏六月，王畋于西郊。

> 二十二年冬，大搜于渭。

搜，打猎。商纣王，第三十代商王，在渭水大围猎。

第二节　千里征婚

婚姻形态，到夏商，经历了原始无偶婚、族外寻偶婚、家国配偶婚的演变。原始人的两性关系，起初是一种随遇而安的性行为，

---

① 寒浞，后羿的亲信重臣，谋杀后羿的政治阴谋家。《左传·襄公四年》："昔有夏之方衰也，后羿自鉏迁于穷石，因夏民以代夏政。恃其射也，不修民事而淫于原兽。弃武罗、伯困、熊髡、龙圉而用寒浞。寒浞，伯明氏之谗子弟也。伯明后寒弃之，夷羿收之，信而使之，以为己相。浞行媚于内而施赂于外，愚弄其民而虞羿于田，树之诈慝以取其国家，外内咸服。羿犹不悛，将归自田，家众杀而亨之，以食其子。其子不忍食诸，死于穷门。"

② 《离骚》："浇身被服强圉兮，纵欲而不忍。日康娱而自忘兮，厥首用夫颠陨。"被服，穿戴。不忍，不克制。强圉，坚甲。颠，头朝下。陨，掉落。

③ 《天问》："何少康逐犬，颠陨厥首？"逐犬，打猎。颠陨，掉落。厥首，其首，过浇之首。

④ 罗振玉（1866—1940），浙江上虞人，字式如，号雪堂。15岁举秀才。创立农学社，开办农报馆，创办东文学社。后应张之洞之邀，任湖北农务局总监兼农务学堂监督。复受江苏巡抚端方委任，创办江苏师范学堂，任监督。入京，任学部二等咨议官。宣统元年（1909）补参事官兼京师大学堂（今北京大学）农科监督。宣统三年（1911）辛亥革命爆发，避居日本。民国二十年（1931）九一八事变后，参与策划伪满洲国。是甲骨文大家。著有《殷墟书契前编》、《殷墟书契菁华》、《铁云藏龟之余》、《殷墟书契后编》、《殷墟书契续编》等。

族内杂交或族外野合，只有流动的性对象，没有固定的性配偶，是原始无偶婚。其后，原始人明白了"男女同姓，其生不蕃"①的道理，转向族外寻偶。寻偶方式，一是抢夺，武力抢夺；一是交换，以物易人；是原始族外寻偶婚②。家天下后，因财产继承、家庭关系、社会结构的需要，确立了礼法保护、家长包办的一夫嫡妻制或称一夫一妻多妾制③的家国配偶婚。

一夫一妻多妾，在夏商宫廷，为一帝一后多妃。取妃最多者，是商王武丁，一后六十四妃。后妃来自异姓氏族，或索娶，或商娶。索取，沿袭武力寻偶的原始遗俗。商娶，氏族之间，协商通婚。无论索娶、商娶，因男女异族，山川间隔，固有婚娶之旅。

夏桀索娶，兵伐蒙山。夏桀，又称后癸，夏代末帝。蒙山，地在今山东蒙阴，主峰海拔1100多米，为山东第二高峰，素称"亚岱"。蒙山是有施之国。有施，亦称有喜氏，东夷氏族之一。夏桀伐蒙山就是夏桀伐有施。屈原《天问》："桀伐蒙山，何所得焉？"得到美女妹嬉（末嬉）。《国语·晋语》：

> 昔夏桀伐有施，有施人以末嬉女焉。

王逸《楚辞章句》：

> 夏桀征发蒙山之国，而得妹嬉也。

《竹书纪年》说夏桀兵伐岷山，索娶琬、琰：

> 后桀伐岷山，岷山女于桀二人，曰琬、曰琰。桀受二女，无子，刻其名于苕（tiáo）华之玉，苕是琬，华是琰。而弃其元妃于洛，曰末喜氏。④

①《左传·僖公二十三年》。

②原始族外寻偶婚的婚姻组合，先是一夫多妻，后是一夫一妻。黄帝之时，父系初期，一夫多妻。司马贞《史记索隐》："黄帝立四妃，象后妃四星。"四妃是四个妻子，分别象征天上的四个星座。大禹之时，父系后期，一夫一妻。《史记·夏本纪》："禹曰：予娶涂山，癸甲生启。""夏后帝启，禹之子，其母涂山氏之女也。"娶，"取女"，甲骨文中的"娶"为持斧向女状，是武力寻偶。只说大禹娶涂山，不说大禹娶几妃，是一夫一妻的信号。说夏启父为谁，母为谁，是一夫一妻的家庭信号。山东大汶口文化墓地发现了一批一男一女合葬的史前墓穴。证明原始社会末叶的一夫一妻已相当普遍。一夫一妻有利于稳定家庭、保全财产、壮大家族，是后来家国配偶一妻多妾的先河。

③一夫嫡妻制特征：一是丈夫只能娶一个合法的妻子。二是丈夫可以纳妾。三是妻妾身份悬殊。妻为嫡，妾为庶。妻为尊，妾为卑。妻为正娶，受礼法保护；妾可买卖，被礼法允许。最早见于《周易》的夫妻和夫妇一词，指的就是丈夫与嫡妻。四是一夫嫡妻制纳入国家礼法，婚姻组合须经父母之命、媒妁之言，是家庭包办的配偶关系，是受国家和家族保护的配偶关系。

④《太平御览》卷一三五皇亲部。

岷山在四川，其族山戎。夏桀东征蒙山，西征岷山，娶到一后二妃。

夏桀时，商汤索娶，兵伐有莘。商汤，又称成汤，时为商族首领，后为商朝天子。有莘(shēn)，亦作有侁(shēn)，东方一国，故址在今山东曹县。①《吕氏春秋·本味》：

> （伊尹）长而贤，汤闻伊尹，使人请之有侁氏，有侁氏不可。伊尹亦欲归汤。汤于是请取妇为婚。有侁氏喜，以伊尹媵女。

所记美化成汤，说成汤讨伐有莘，原本索要一位身份卑微的小臣②伊尹。有莘不肯，成汤改为请求通婚。结果，有莘既送吉妃，又送伊尹。屈原质疑，《天问》：

> 成汤东巡，有莘爰极。
> 何乞彼小臣，而吉妃是得？

在屈原看来，成汤东巡有莘，原本就是要美女，得到伊尹只是有莘陪嫁的偶然，或者是伊尹的有心投靠③。成汤东巡有莘，如同夏桀兵伐蒙山，是武力索娶。

索娶之旅，去时杀气腾腾，归时喜气洋洋。

商代王公贵族，多为商娶。《诗·大雅·大明》记叙商代周氏族与挚仲氏通婚之旅：

> 挚仲氏任，自彼殷商。
> 来嫁于周，曰嫔于京。
> 乃及王季，维德之行。

商族大任嫁给姬周王季，迎娶的车队从大任

---

① 《左传·僖公二十八年》："晋侯登有莘之虚以观师。"杨伯峻注："据《春秋舆图》，有莘氏之虚在今山东省曹县西北。"《春秋舆图》，清·顾栋高作。一说，有莘在今河南省开封市，旧陈留县东。张守节《史记正义》引《括地志》："古莘国在汴州陈留县东五里，故莘城是也。"

② 小臣，内廷伺奉，地位卑贱，可阉割，《周礼·天官·叙官》："内小臣，奄（阉）上士四人。"可作赏赐品，西周《大克鼎铭》有周王赏赐小臣事；可作殉葬品，《左传》有小臣殉葬景公事；可作试验品，《国语·晋语》："骊姬与犬肉，犬毙。饮小臣酒，亦毙。"有时也用作臣下自谦。《书·召诰》召公自称："予小臣"。

③ 《史记·殷本纪》："伊尹名阿衡。阿衡欲奸汤而无由，乃为有莘氏媵臣。"

的河南老家，开到了王季的京师，陕西岐山。
《诗·大雅·大明》记叙商代周氏族与有莘氏的通婚之旅：

> 文王初载，天作之合。
> 在洽之阳，在渭之涘。
> 文王嘉止，大邦有子，
> 大邦有子，伣(qiàn)天之妹。
> 文定厥祥，亲迎于渭。
> 造舟为梁，不显其光。

女方太姒居家汉水之滨，男方文王从岐山南下，造舟为梁，横渡渭水，迎接新娘。路途遥远，排场隆重。

商娶之旅，去时兴高采烈，归时欢天喜地。

夏商民间，沿袭原始的族外换婚的遗风，寻婚马队满载货物，奔走于途。《易·屯(zhūn)》：

> 屯如，邅如。
> 乘马，斑如。
> 匪寇，婚媾。
> 求婚媾，屯其膏。
> 乘马，斑如。
> 泣血，涟如。

屯如，迟疑的模样。邅(zhān)如，转身的模样。斑如，徘徊状。歌词大意，马迟疑，马转身，马车不敢进；我们不是强盗，我们来求婚；来求婚，卸下满车肥羊肉；马车不肯走，姑娘车上哭，泪水涟涟止不住。隐含的事实大概是，一群男子带着武器，驾着马车，装着肥肉，到族外寻婚。临近别人的部落时，怕人误会，不敢贸然进去，等到说清了来意，送上了肥肉，终于换来了姑娘。

《易·贲(bēn)》：

> 贲如，皤如。白马，翰如。匪寇，婚媾。
>
> 贲于丘园，束帛戋戋。

与上一首意思相同，事情相同。贲如，黄白。皤如，洁白。翰如，飞翔貌。贲，装饰。丘园，高地。戋戋(jiān)，盛多。意思是，白马黄，白马白，白马快如飞；我们不是强盗，我们来求婚；请看山丘上，束帛堆满坡。

《易·睽》：

> 见豕负涂，载鬼一车；
> 先张之弧，后说之弧。
> 匪寇，婚媾。

鬼，陌生人。弧，弓。说，解脱。猪在路上，鬼坐车上；举起弓瞄之，来者莫非是强盗？放下弓迎之，一群外族求婚人。《易经》中，"匪寇婚媾"，如是者三，应是流行的用语和流行的事件。

族外交换婚旅，去时忐忑不安，归时喜笑颜开。

第三节 举族奔波

夏代，氏族迁移仍然发生。

东方的商氏族经常迁移，孔安国《尚书序》："自契至于成汤，八迁。"契，商氏族始祖。

西方的周氏族也数次迁移。夏代，后稷

之子不窋（kū），因夏政轻农，率领氏族离开有邰（今陕西武功），迁居西北外族戎狄之间的空挡。《史记·周本纪》："后稷卒，子不窋立。不窋末年，夏后氏政衰，去稷不务，不窋以失其官而奔戎狄之间。"后稷曾孙[1]，公刘，时当夏末，为谋求安定、安全，由不窋之地迁往豳地（今陕西邠县）。《诗·大雅·公刘》：

> 笃公刘！
> 匪居匪康，乃场乃疆，乃积乃仓。
> 乃裹糇粮，于橐于囊，思辑用光。
> 弓矢斯张，干戈戚扬，爰方启行。[2]

粮草充足，武器齐备，是一次有组织、有计划的迁移。

> 笃公刘！
> 于胥斯原，既庶既繁，
> 既顺乃宣，而无永叹。[3]

发现豳地土肥水美，旅途的疲劳一扫而光。

> 笃公刘！
> 逝彼百泉，瞻彼溥原。
> 乃陟南冈，乃觏于京。
> 京师之野，于时处处，
> 于时庐旅，于时言言，于时语语。[4]

公刘兴致勃勃，观察纵横的流水，打量宽广的荒野，登上高高的山丘，眺望巍巍的远峰，宣布安营扎寨、定居创业，田野上顿时欢声雷动，笑语喧哗。

> 笃公刘！

[1]《史记·周本纪》："不窋卒，子鞠立。鞠卒，子公刘立。"

[2] 笃，忠厚。场，田界。疆，疆界。积，露天堆积。糇粮，干粮。橐，无底口袋。囊，有底口袋。辑，和睦。

[3] 胥，观察。庶，草木盛多。顺，地势顺畅。宣，地势开阔。

[4] 处处，就地休息。庐，草棚。《诗·小雅·信南山》："中田有庐。"旅，通庐。庐旅，即庐庐，野营扎寨。言言、语语，形容欢声笑语。

于豳斯馆，涉渭为乱，取厉取锻。
止基乃理，爰众爰有。
夹其皇涧，溯其过涧。
止旅乃密，芮鞫之即。①

人们建造房屋，制作器具，规划田亩，安居乐业。后来，到商代晚期，后稷十二代孙古公亶父又从豳地迁往岐山（在今陕西宝鸡岐山县一带）。《诗·大雅·緜》：

緜緜瓜瓞，民之初生。
自土沮漆，古公亶父。
陶复陶穴，未有家室。

古公亶父，来朝走马。
率西水浒，至于岐下。
爰及姜女，聿来胥宇。

周原膴膴，堇荼如饴。
爰始爰谋，爰契我龟。
曰止曰时，筑室于兹。②

古公夫妇考察土地，会商族人，占龟卜居，安家周原。

乃召司空，乃召司徒。
俾立室家，其绳则直。
缩版以载，作庙翼翼。

捄之陾陾，度之薨薨。
筑之登登，削屡冯冯。
百堵皆兴，鼛鼓弗胜。

迺立皋门，皋门有伉。
迺立应门，应门将将。
迺立冢土，戎丑攸行。③

① 乱，操舟横渡。厉，砺石，磨刀石。锻，锻造。取来砺石锻造工具。旅，移民。密，居民密集。芮、鞫，水名。即，就，就此安家落户。

② 土，族地。沮漆，豳地一水。复，窑洞。胥，相。膴膴，肥美。堇荼，堇葵与苦荼。止，可以居留。时，动工合时。

③ 捄(jū)，铲土。陾陾(réng)，铲土声。度，填土。薨薨(hōng)，填土声。筑，捣土。登登，捣土声。削，削土。冯(píng)冯，削土声。百堵皆兴，鼛鼓，大鼓。皋门，城门。伉，高大。应门，王宫正门。将将，堂皇。冢土，土地神社。戎丑，军民。

在周原，古公大建宫室，场面震撼。

商王朝也三番五次迁徙王都，最有名的一次是盘庚迁殷。按《竹书纪年》，商朝都城原在亳，今河南商丘北；迁嚣，今河南郑州西北；再迁相，今河南濮阳北；再迁邢，今河北邢台；再迁庇，今山东郓城北；再迁奄，今山东曲阜；直至盘庚迁殷，今河南安阳，始告休止。盘庚，名旬，称子旬，商王朝第二十代天子，都奄城（今山东曲阜）。其时，国势衰落，奄城局促。盘庚决心择地建都，打开局面。他看重中原殷地（今河南安阳）具备良好的自然资源与安全环境，力排众议，率领民众，渡过黄河，迁都于殷。在此，盘庚营造都城①，清明政治，发展经济，稳定天下，实现"星火燎原"②。殷地，从此成为繁荣昌盛的商王朝政治经济中心，"至纣之灭，二百七十三年，更不徙都"③，商朝因此称为殷商王朝。

迁移之旅，始于忐忑的离乡，止于快乐的定居。

第四节　踽踽商贾

家天下之前，相邻氏族已经开始了简单的"以所有易所无，以所工易所掘"④的物物交换。如用家禽交换陶器，用粮食交换兽皮。交换的场合一般选在氏族交界处比较空旷的田野，以利"交易而退，各得其所"⑤。氏族内部的交换，通常发生在人来人往的汲水处，所谓"古人未有市，若朝聚井汲水，便将货物于井边货卖，故曰市井"⑥。

夏禹时，商贸之旅开启。迁有至无，异地交换，运鱼盐到山区，运木材到水乡⑦。这些贩

---

① 1998年春，考古队在河南安阳洹北花园庄附近发现了一座面积达4.7平方公里的都城遗址，命名"洹北商城"，应是盘庚迁殷的遗存。

② 《尚书·盘庚》："若火之燎于原，不可向迩。"

③ 唐·李泰《括地志》，据张守节《史记正义》引《竹书纪年》古本注文。原文为"七百七十三年"。"七百"当为"二百"。《竹书纪年》："汤灭夏至于受，用岁四百九十六年。"

④ 《六韬》，又称《太公六韬》、《太公兵法》，战国兵书。最早著录《隋书·经籍志》，作者托名"周文王师姜望"。姜望即姜太公吕望。

⑤ 《易·系辞》。

⑥ 《史记·平准书》张守节《正义》。

⑦ 《尚书·益稷》禹曰："懋迁有无，化居，烝民乃粒，万邦作乂"。懋，贸，交易。化，古货字。化居，居货为贾。粒，食粮。乂(yì)，安定。《尚书·益稷》孔安国传："勉劝天下徙有之无，鱼盐徙山林，木徙川泽"。

运鱼盐、木材的人，就是最早的鱼盐贩子、木材贩子。

夏代，为方便商旅，方便交换，用黑色海贝作为商品交换的硬通货。《卜辞》有"易（赐）贝"、"取贝"、"囚贝（俘贝、获贝）"；铜器铭文有"赏贝"。桓宽《盐铁论·错币》："夏后氏以玄贝。"贝有计量，十贝一朋，又称朋贝。《易·益》："或益之十朋之龟。"《易·咸》："憧憧往来，朋从尔思。"①

夏代热衷经商的氏族是商氏族。商氏族迁徙河南、山东，热心族外交易，时人因商人重贾，乃称买卖人为"商人"。

夏代最著名的大商贾是商氏族的王亥、王恒。王亥，商族第七代先祖。《卜辞》说商代君臣祭祀王亥，仪式格外隆重，贡品格外丰厚，牺牛用量多达三百。这样恭敬，就是因为王亥"肇牵牛车远服贾"②。王恒是王亥的弟弟。王亥、王恒，一先一后，驾驭牛车，长途经商，从黄河南岸，跑到黄河北岸，有去无回，死于有易（今河北易县）③。死的真相，是有易谋财害命。《山海经·大荒东经》：

> 王亥托于有易、河伯仆牛。有易杀王亥，取仆牛。④

这件公案，被隐括为《易》爻辞：

> 丧羊于易，无悔。⑤

> 旅琐琐，斯其所，取灾。⑥

> 旅即次，怀其资，得童仆贞。⑦

> 旅焚其次，丧其童仆。贞厉。⑧

---

① 憧憧，频繁貌。频繁做贸易，朋贝满心愿。

② 《尚书·酒诰》。

③ 有易，氏族名。《天问》："该秉季德，厥父是臧。胡竟于有扈，牧夫牛羊？""恒秉季德，焉得仆牛？何往营班禄，不但还来？"该，王亥。季，王亥的父亲，商族六代先祖，又名冥。臧，善。有扈，有易之误。恒，王恒。班，布。禄，财。班禄，分利布财。

④ 河伯，氏族名。仆牛，服牛，驾驭牛车。

⑤ 《大壮·六五》。"丧羊于易"，说王亥；"无悔"，说王恒；正合《天问》："该秉季德，厥父是臧。胡竟于有扈，牧夫牛羊？""恒秉季德，焉得夫仆牛？"

⑥ 《旅·初六》。旅，旅行。琐琐，繁乱。斯，到达。所，有易之地。

⑦ 《旅·六二》。即，就。次，茨，茅草屋。贞，正。

⑧ 《旅·九三》。贞厉，正有危险。

旅于处，得其资斧，我心不快。①

巽在床下，丧其资斧。贞凶。②

鸟焚其巢，旅人先笑后号咷。丧牛于易。凶。③

哥哥丧羊，弟弟不悔又远行；风尘仆仆，再到有易，不知灾祸将临头；起初住在茅草屋，怀揣钱财，换得童仆，交易看来很顺利；谁料有人起歹心，烧住所，抢童仆，恶梦开始无休止；清残居，理钱财，钱财虽在心郁闷；黑夜里，凶徒来，洗劫钱财抢牛羊，躲在床底独悲伤；想当初，在旅途，有鸟点火烧鸟巢，好玩又好笑，而今轮到自己哭，丧牛丧羊命难保。由此，激发中国历史上的第一场商业战争，牛羊战争。复仇者是王亥（或王恒）的儿子上甲微。上甲微沿着父亲叔叔开创的"牛羊之路"挥师北上，讨伐有易。有易辩护，王亥私通有易之女，杀之，咎由自取④。上甲微怒上加怒，攻占有易，诛杀国君。《竹书纪年》郭璞注："殷王子亥客于有易而淫焉。有易之君绵臣杀而放之。是故殷主甲微假师于河伯，以伐有易，克之，遂杀其君绵臣。"牛羊战争的胜利，使商民族的势力跨过黄河，笼罩易水。

商代，九州通商。

在河南安阳出土的殷墟文物中，既有渤海岸边的鲸鱼骨、鲟鱼骨、咸水贝、绿松石；又有长江下游的水稻、硬陶、釉陶；还有南方的象骨、龟甲以及大西北新疆一带的玉石；可见商代商人的行踪少说也东到海滨，南至皖浙，北及幽燕，西通陇蜀，遍布九州，即今之陕

① 《旅·九四》。资斧，资财货币，斧，以物易物的硬通货。

② 《巽·上九》。巽，隐伏，躲藏。贞凶，正有凶险。

③ 《旅·上九》。

④ 《天问》："昏微遵迹，有狄不宁。何繁鸟萃止，负子肆情？"昏微，上甲微昏时生，又称昏微。迹，王亥、王恒的足迹。有狄，即有易。不宁，骚动。"繁鸟"两句是有易面对上甲微讨伐的辩解。繁鸟，昼伏夜出的猫头鹰，古称鸱（chī）鸮（xiāo）。《广雅》："繁鸟，鸮也。"《诗·陈风·墓门》用猫头鹰比喻好色之徒："墓门有梅，有鸮萃止。夫也不良，歌以讯之。讯予不顾，颠倒思予。"有易用之，指责王亥、王恒是两只好色鸱鸮。"负子"，《礼记·曲礼》孔颖达疏引班固《白虎通》："天子病曰不豫，诸侯曰负子。"汉人何休《春秋公羊传解诂》："诸侯有疾称负兹。"《尔雅·释器》："蓐谓之兹。"《礼记·曲礼》："君使士试射不能，则辞以疾，言曰，某有负薪之忧。""负子"就是"负兹"，就是"负薪"，就是因病睡草席。"负子肆情"，指王亥、王恒借口生病，睡在草席上诱奸女子。

西、甘肃、河南、河北、山西、山东、湖北、安徽、浙江等地。

商代已有海外贸易①。今藏于上海博物馆的殷商饕餮纹鼎，上面刻有像人担贝于船的铭纹。一个人挑着被商王盘庚称之为"好货"、"宝货"的海贝，乘船远航，想必是海上生意人，这只鼎似乎是海上贸易纪念鼎。

夏商的商贾之旅，充满艰辛、充满危险，也包含快乐。《天问》说王亥旅居有易，承蒙招待，享受夜生活：

> 干协时舞，何以怀之？
> 平胁曼肤，何以肥之？
> 有扈牧竖，云何而逢？②

有易举办舞会，邀请王亥跳舞，安排美女观舞。王亥跳"干协时舞"，一种以盾牌作道具的武舞。大约王亥跳得激情，跳得阳刚，观舞女子眼神爱慕。王亥看中女子靓丽丰满，私下约会。逢，相逢。"金风玉露一相逢，便胜却人间无数"③。这场合，应是后世青楼的滥觞。

商贾之旅，一路坎坷，开拓道路、交通、住宿；顺道浏览，传播景观、风土、人情；是民间旅游的先锋。

第五节　游乐场地

一、夏有洛水

洛水源于华山南麓，今陕西洛南县洛源乡木岔沟。穿行崤山、熊耳山，两岸悬崖陡壁，脱离山区，水面渐宽，在洛阳

---

① 美国芝加哥地理学会妇女会员、法学博士莉埃特·默茨，出版《几近褪色的记录》，力主"中国人于公元前2200年到过美洲"。公元前2200年正值夏代。而她之所以这样认识，大抵根据印第安玛雅族古文化遗址中一些类似中国上古文物的文物，或类似中国上古民俗的民俗，类似中国上古文字的文字。但是仅仅根据这些并不能得出夏人涉足美州的结论。比较谨慎的解释，商代，从中国到美洲之间可能存在一条"接力棒式"的贸易之路，通过这条路的辗转传递，印第安玛雅文化似有中国文化的神秘痕迹。

② 干，盾。协，也是盾，腋下之盾，《管子·幼官》："兵尚胁盾。"干协，亦称干戚，陶潜《读山海经》："刑天舞干戚，猛志固常在。"析言之，干协是干盾与胁盾，是形状不同的两种盾；统言之，概指盾牌。以盾为道具的舞蹈，术称"干舞"。《周礼·春官·乐师》凡舞："有干舞。"《山海经·中山经》："薄山之首，其祠干舞。"干舞，是男性舞蹈。《庄子·杂篇·让王》："孔子削然反琴而弦歌，子路扢然执干而舞。"削然，安静的样子。扢(xì)然，兴奋的样子。时舞，即美舞。时，美好。《诗·周颂·时迈》："我求懿德，肆于时夏。"怀，爱慕。平，平滑，胁，腋下躯肌。平胁，指躯肌平滑。曼，《汉书》颜师古注："泽也。"曼肤，皮肤光泽。肥，丰腴。形容观舞的女子肌肤靓丽，体态丰满。韩愈《杂说》即以"平胁曼肤，颜如渥丹"修饰形貌昳丽者。肥，丰腴。有扈，应为有易。指有易女。竖，小子。牧竖，放牧的小子。《山海经·海外东经》："帝命竖亥步东极至于西极。"《淮南子·地形训》："禹乃使竖亥自北极至于南极。"竖亥，小子王亥。

③ 秦观《鹊桥仙》。

平原左携涧水，右带伊河，又称伊洛河，缓流东进，在今河南巩义洛口汇入黄河，全长453公里，是黄河下游的大支流。

洛水之野是夏王室游猎之地。《尚书·夏书》说夏太康"畋于洛水之表，十旬弗反"。

洛水洋溢神话。最著名的有两则，一是洛书，一是洛妃。

传说大禹之时，神龟出洛，龟背有图，是为《洛书》。《洛书》，宋之前也是闻其名不见其图，至宋初陈抟，《洛书》始出，也是黑点白圈组成的图案。①白圈特征是上九下一，右七左三，中间居五，总数二十五；黑点特征是二四六八，分居四角，总数二十。《论语》孔安国注："《洛书》者，禹治水时，神龟负文而列于背，其数至九，禹遂因而第之，以成九类。"九类，治理天下的九种大法，即"洪范九畴"，载于《尚书·周书·洪范》②。

又传说洛水有女神，称洛妃，又称宓妃。屈原《离骚》："吾令丰隆乘云兮，求宓妃之所在。"洛妃，伏羲的女儿，黄河之神河伯的妻子，传为神人羿抢夺。

《洛书》与洛妃的传闻，表明洛水早在夏代和夏代之前就引起人们的关注，冠以神话，赋予传奇。

二、商有朝歌

朝歌，是商纣王的别都（今河南淇县）。纣王都安阳，久居生厌，南下沬邑（今河南淇县），营造行都，取名朝歌。《史记·殷本纪》：

于是使师涓作新淫声，北里之舞，靡靡之乐。厚赋税以实鹿台之

---

①《洛书》如图所示，为四方形，用黑点白圈表示阴阳，白为阳，黑为阴。

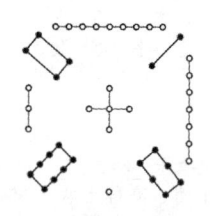

②《洪范》记录箕子向周武王陈述的大禹治理国家的九种大法，即"洪范九畴"："天乃锡禹洪范九畴，彝伦攸叙。初一曰五行（金、木、水、火、土），次二曰敬用五事（貌、言、视、听、思），次三曰农用八政（食、货、祀、司空、司徒、司寇、宾、师），次四曰协用五纪(岁、月、日、星辰、历数)，次五曰建用皇极(皇建有极，为民父母，为天下王)，次六曰乂用三德（一曰正直，二曰刚克，三曰柔克），次七曰明用稽疑（谋及卜筮），次八曰念用庶征(敬畏天时)，次九曰向用五福（寿、富、康宁、攸好德、考终命），威用六极(凶短折、疾、忧、贫、恶、弱)。"洪范，大法。九畴，九类。彝伦，常道。攸，语助。叙，秩序。彝伦攸叙，治国常道，井然有序。

钱，而盈钜桥之粟。益收狗马奇物，充仞宫室。益广沙丘苑台，多取野兽蜚鸟置其中。慢于鬼神。大聚乐戏于沙丘，以酒为池，县肉为林，使男女裸相逐其闲，为长夜之饮。

朝歌有豪华的歌舞台、鹿台；有歌舞团，跳北里之舞，奏靡靡之乐；有大型宫室，收藏珍奇；有沙丘林苑，养飞禽走兽；有酒池、肉林，供男女戏谑，通宵作乐。是商末王室的游乐中心。料想当时，在安阳、朝歌的道路上，王公贵族的马车一定川流不息。

周武革命，纣王在鹿台自焚，朝歌的富贵繁华，骄奢淫逸，烟消云散。今日淇县尚有朝歌镇，镇上有纣王摘心台、纣王宫，算是为朝歌一度的显赫补刻了几处印记。

第六节　造舟作车　服牛乘马

《史记·夏本纪》说大禹治水："陆行乘车，水行乘船。"这车、船或许是原始人制作的极其简陋的独轮车和小木筏。《易·系辞》：

> 黄帝、尧、舜……刳（kū）木为舟，剡（shàn）木为楫。

《墨子·非儒》：

> 奚仲作车，巧倕作舟。

巧倕，尧时工匠①。奚仲，禹时车正②。估计，原始木轮车单靠人力拖挽，难以负重。

夏商，驯服牛马，驾驭牛马拉车，谓之

① 舟的发明者传说不一。《山海经》："帝俊生禺号，禺号生淫梁，淫梁生番禺，是始为舟。"《世本》："黄帝臣共鼓、货狄，刳木为舟。"《吕氏春秋》："虞姁（xū）作舟。"

② 奚仲故里在今山东枣庄薛城。车正，管理制车作坊的职位。《滕县志》奚仲："当夏禹之时封为薛，为禹掌车服大夫。"

"服牛乘马"。《易·系辞》："服牛乘马，引重致远，以利天下。"

服牛，王亥首创。王亥，商族人亥，后尊称王亥，生活夏代，卜辞有载《吕氏春秋·勿躬》：

> 王冰作服牛。

王冰，即王亥。《世本·作》：

> 胲（hǎi）作服牛。

胲，即亥，王亥。服牛是商业旅行的大事。牛，性情温和，容易驯养，力量大，负重多，适宜长途运输。

乘马，不是骑马，而是驾驭马车。《荀子·解蔽》：

> 乘杜作乘马。

乘杜，王亥的祖先，夏代商族人。《竹书纪年》：

> 帝相十五年，商侯相土作乘马，遂迁于商丘（今河南商丘）。

王亥是商族十七世，相土是商族十一世。但马车无论是速度，还是质量都比牛车优越，设使相土乘马，王亥贵为殷侯，何必不坐马车坐牛车？《易·系辞》说"服牛乘马"，不说"乘马服牛"，这一秩序，应有讲究，服牛发明在前，乘马发明在后。服牛发明于夏代，流行与商代。《易·暌》："见舆曳，其牛掣。"乘马，似应发明于商代，用于贵族与军队。《卜辞》马做祭品。河南安阳殷墟考古，发现双轮马车。

第二章 夏商旅游

牛马套车，促进造车。造车在商代已是一门手工行业，所造之车称舆。罗振玉《增订殷墟书契考释》说甲骨之舆："象众手造车之形。"舆，有轮、有车板、或有车厢。

舟船的制作并使用，在夏初有较大进步，可以用于水上战争。夏初，过浇操舟打战，技术高超。《论语·宪问》："羿善射，奡荡舟。"奡(ào)，通浇。荡舟，操舟有方，运舟自如。《天问》："覆舟斟寻，何道取之？"① 拷问过浇如何战胜夏王水军。商代，舟的造型，重视弧度与容积。甲骨舟字，是在两条弯弯的平行曲线中间加上两条横杠，表示船头翘翘的，船底弯弯的，船舱大大的。讲究弧度，意在快捷安全；讲究容积，意在多载多运。估计夏商舟船，划桨撑篙，小型简单。学界有"殷人东渡说"，说周武革命迫使一批国破家亡的殷人东渡大海，经千岛群岛、阿留申群岛，驶抵墨西哥。应属夸张。

第七节 《禹贡》地理

夏商两代，地理观念更新，地理学发展，周初总结，编为《禹贡》②。

《禹贡》在《尚书·夏书》，全文1193字，借用大禹治水，叙说地理，基本符合客观地貌，且不语怪力乱神，比《山海经》突飞猛进。《山海经》是中国地理志的发端之作，《禹贡》是中国地理志的奠基之作、经典之作、垂范之作。

一、东有大海　西有流沙

《禹贡》只说中国东方有海，打破了《山

---

① 覆舟，翻船，指打翻对手船只。夏都斟寻，在今山东潍坊，古有潍水。《竹书纪年》夏后相二十七年："浇伐斟寻，大战于潍，搜其舟，灭之。"一说斟寻在河南偃师。偃师，地处河洛，有伊水、洛水，亦能水战。

② 《禹贡》成文，有"周初说"，王国维《古史新证》说《禹贡》在"文字稍平易简洁，或系后世重编"，"然至少亦为周初人所作"。辛树帜《禹贡新解》："《禹贡》成书时代应在西周的文、武、周公、成、康全盛时代。"另有"春秋说""战国说"。

海经》"四方有海"的地理幻想。顾颉刚说《禹贡》:"已知惟东方有海,故青、徐、扬各以海表州,其结尾全曰东渐于海,舍南西北而不言。此真地理学识之大进步,突破古代之幻想者也"①。

《禹贡》确认中国西北有沙漠:

> 东渐于海,西被于流沙。

东方,濒临大海;西方,覆盖沙漠。西,今甘肃以西。流沙,移动的沙漠。今甘肃仍有敦煌沙漠、武威沙漠。

二、分野九州

《禹贡》把夏商大地,东到今山东、江苏、浙江沿海,西到今甘肃、青海、四川,北到今河北、山西、内蒙,南到今湖北湖南,分为九块,称九州②:

> 禹别九州,随山浚川,任土作贡。

名称是:

> 冀州、兖州、青州、徐州、扬州、荆州、豫州、梁州、雍州。

各州范围,也有勾画。

冀州 《禹贡》:

> 既载壶口,治梁及岐。既修太原,至于岳阳;覃怀厎绩,至于衡漳。③

冀州之地,西至壶口、梁山、岐山;壶口,黄河壶口,在今山西省吉县西北;梁山,在今陕西韩城县西;岐山,在今陕西省歧山县东北。北至太原,山西汾河中上游平原。南至岳阳直到覃怀;岳阳,太岳山之阳(南)④,太岳山即今山西霍

---

① 顾颉刚《五藏山经初探》,载北京大学潜社《史学论丛》,1934年,第1期。

② 州,水中陆地。《说文》:"水中可居曰州。"

③ 厎,达到。绩,治理。

④ 《谷梁传·僖公二十八年》:"山南为阳,水北为阳。"《说文》:"阴,暗也;水之南,山之北也。"

州太岳山，又称霍太山，其南是今临汾、运城地区；覃怀，地名，故地在今河南焦作沁阳、温县。东至衡漳，在今河北邯郸黄河西岸地区；衡，横；漳，漳水；漳水源于山西，流经河北，由西向东，在今河北邯郸，横向汇入由南向北的黄河，故称衡漳。《禹贡》冀州，概指陕甘宁黄河以东、河南黄河以北、山西太原以南、山东、河北黄河以西的广大地区。这一地域是尧舜禹的主要区域，也是夏商王朝的主要区域。所以《禹贡》九州，首列冀州。

兖州 《禹贡》：

济河惟兖州。

济河，济水与黄河。济水，发源河南王屋山，穿行中原东部和华北平原，在山东、华北，与黄河约略平行，济水在上，黄河在下，奔向渤海。①《禹贡》兖州，位于济水、黄河之间，约在今河南东部、山东西部及河北南部。

① 参看本节"济水水道"。

青州 《禹贡》：

海岱惟青州。

孔安国传："东北据海，西南距岱。"海，今渤海；岱，泰山；指渤海至泰山地区，今山东北部、中部、东部。

徐州 《禹贡》：

海岱及淮惟徐州。

海，今黄海。岱，泰山，淮，淮河。指黄海以西、泰山至淮河地区，今山东南部、江苏、安徽北部。

扬州 《禹贡》：

淮海惟扬州。

海,今东海。指东海以西、淮河以南、长江中下游今江苏、安徽、江西、浙江、福建地域。

荆州 《禹贡》:

荆及衡阳惟荆州。

荆,荆山,地在今湖北南漳县;衡阳,今湖南衡阳。荆州,今湖北、湖南。

豫州 《禹贡》:

荆河惟豫州。

指荆山到黄河之间,今湖北东北部、河南中部、南部。

梁州 《禹贡》:

华阳、黑水惟梁州。

华阳,华山之南。黑水,名声古老,本是地理传闻。《山海经》:"流沙之中,黑水之间,有不死山。"世人用之,冠名山水,称甘肃张掖河为黑水河。梁州,东起今陕西华山之南,西至今甘肃黑水之滨,概指今陕西南部、甘肃东南部、四川北部、青海东北部。

雍州 《禹贡》:

黑水西河惟雍州。

黑水,张掖黑水。西河,即河西,今陕甘宁黄河以西。《尔雅·释地》:"河西曰雍州。"概指黑水、黄河区域,今甘肃东部、陕西西部、宁夏地区。

先秦说九州者,并非《禹贡》一家。《容成氏》①、《尔雅》、《周礼》、《逸周书》②等,俱说九州。《容成氏》九州:

夹州、涂州、竞州、莒州、藕

① 容成氏,《庄子·胠箧》列举的古帝王第一人。上海博物馆藏战国《楚竹书》有一篇题为《讼城氏》,有说即《容成氏》。现存完、残简五十三支,两千余字。

② 《逸周书》,《尚书》"周书"的逸篇,西晋出土《汲冢书》之一。

(luǒ)州、荆州、扬州、叙州、虘州。

《尔雅·释地》：

> 两河间曰冀州，河南曰豫州，河西曰雍州，汉南曰荆州，江南曰扬州，济河间曰兖州，济东曰徐州，燕曰幽州，齐曰营州。

《周礼·职方氏》：

> 东南曰扬州，正南曰荆州，河南曰豫州，正东曰青州，河东曰兖州，正西曰雍州，东北曰幽州，河内曰冀州，正北曰并州。

所说九州名称、地域与《禹贡》均有差异。这些差异，或因书不同时，传闻有异；或因时代不同，地界变化①。比较起来，以《禹贡》为古。

《禹贡》九州，舍弃了《山海经》"五方之山"的地理框架，相当具体地划分了中原地区、华北地区、西北地区、黄河流域、淮河流域、江汉流域等九块地域，是夏禹战胜洪水后时人治理疆土、区分地理的概念，是中国最初的地理区划。

三、导引山河

《禹贡》梳理了九州的九条水道，四条山道。

九条水道

其一，黄河水道。《禹贡》：

> 导河积石，至于龙门，南至于华阴，东至于厎柱，又东，至于孟津，东过洛汭，至于大伾。北过降水，至于大陆。又北，播为九河，同为逆

① 或云《禹贡》九州是夏制，《尔雅》九州是商制，《周礼》九州是周制。

河，入于海。

导岍及岐，至于荆山，逾于河。壶口、雷首，至于太岳。厎柱、析城，至于王屋。太行、恒山，至于碣石，入于海。

兖州：九河既道，雷夏既泽，灉、沮会同。

黄河水道，横贯北方。西起甘肃积石，通过晋陕峡谷，接纳陕西岍山（在今陕西扶风）、岐山（今陕西宝鸡岐山）、荆山（今陕西富平荆山）的岍水①，冲开山西壶口，跃过山西龙门，涌流华阴，奔腾雷首山（今山西中条山西南端雷首山）、太岳山（今山西霍县霍太山），向东，冲击中流砥柱（今河南三门峡厎柱山，又称三门山），穿过孟津山下，经过洛汭②，缓行伊洛平原，经析城山（今山西阳城析城山）、大伾山、王屋山（今河南济源王屋山），会同灉水、沮水、③降水（漳水），穿行巨鹿大泽，灌满沿途诸泽，向北，经太行山、恒山，收容九河④，在碣石（在今河北昌黎），流进渤海。

其二，长江水道。《禹贡》：

岷山导江，东别为沱，又东至于澧。过九江，至于东陵。东迤北，会于汇。东为中江，入于海。

（汉水）南入于江，东，汇泽为彭蠡；东，为北江，入于海。⑤

长江水道，横贯南方。起步岷山（今四川松潘县北），下山后，主流向东，一支别流，称沱江⑥，主流再向东，通过澧水地区（今湖南西北桑植、澧县）⑦，再通过众水汇聚的"九江"地

① 岍水入渭河，渭河入黄河。

② 汭（ruì），河流汇合处。洛汭，洛水黄河汇合处，在今河南巩义河洛镇洛口村一带。00今河南封丘西南。

④《书·禹贡》："九河既道。"《尔雅·释水》九河："徒骇、太史、马颊、覆融、胡苏、简、洁、钩盘、鬲津。"

⑤ 此条引文原在《禹贡》汉水一段，"汉水入江"所说长江流向与上条"岷山导江"的流向互文见义。

⑥《诗·召南》："江有沱。"《尔雅·释水》："水自江出为沱。"清人齐召南《水道提纲》："江至灌县曰都江。分为二派。其南流者，正派也。其东流经郫县新繁成都新都金堂，南经简州资阳资县富顺，至泸州复入江者，沱江也。沱江会北来绵雒诸水而南入江曰中水。是首受江，尾入江。"

⑦ 澧水源于今湖南桑植县北部山区。东流，经张家界、澧县等地，在津市市新洲镇流入洞庭湖。

区①，流至东陵（今安徽庐江）②，向北斜行聚为彭蠡泽，即巢湖，尔后东进，称中江，再穿行天下大泽之一的具区（亦称震泽，今江苏无锡太湖），出泽，称为北江③，朝宗东海。

其三，洛水水道。《禹贡》：

> 导洛自熊耳，东北，会于涧、瀍(chán)；又东，会于伊；又东北，入于河。

> 豫州：伊、洛、瀍、涧，既入于河，荥波既猪。导菏泽，被孟潴。……浮于洛，达于河。④

洛水，又称洛河，源出今陕西洛南县洛源乡，主流在河南。洛水水道，从熊耳山（在今河南宜阳县）开始，流向东北，在今洛阳瀍河区，接受瀍水（源出今河南孟津县），在今洛阳市区，接受涧水（源出今河南陕县），在今河南偃师县杨村，接受伊水（源出今河南栾川县），到巩义县洛口汇入黄河。荥波、荷泽、孟潴，是黄河流经的三大湖泽。洛、伊、涧、瀍，四水汇合；荥波、荷泽、孟潴，三泽聚满；中原民众可以"浮于洛，达于河"。

其四，渭水水道。《禹贡》：

> 导渭自鸟鼠同穴，东会于沣，又东会于泾；又东过漆沮，入于河。

> 梁州：西倾因桓是来，浮于潜，逾于沔，入于渭，乱于河。⑤

渭水，又称渭河，是黄河最大支流。渭水水道，穿行关中平原，西起发源地今甘肃鸟鼠同穴山，即鸟鼠山，东流至今陕西咸阳，会合沣水，即

① 一说九江今之洞庭。一说九江指湖汉九条江。

② 《汉书·地理志》："庐江金兰西北有东陵乡。"郦道元《水经注》："江水又东，右得兰溪水口。并江浦也。又东，左得青林口，水出庐江郡之东陵乡，江夏有西陵县，故是言东矣。《尚书》云江水过九江至于东陵者也。"

③ 《周礼·夏官》："东南曰扬州……其川三江"。《汉书·地理志》以今吴淞江为南江，以安徽芜湖、江苏宜兴之间长江入太湖一水为中江，长江下游为北江。郑玄《周礼注》说南江是赣江（纵贯今江西，汇入鄱阳湖）；中江是岷江（发源岷山，在四川宜宾与金沙江汇合后改名长江）；北江是汉江（源于陕西，在今武汉入长江）。盛弘之《荆州记》："长江上游为南江，长江中游为中江，长江下游为北江。"《尚书·禹贡》："淮海惟扬州，……三江既入，震泽底定。"晋·庾阐、顾夷及唐·张守节等，指三江是太湖入海的三条水道，北是娄江，中是松江，南是东江。

④ 荥波，即荥播泽，在今河南荥阳县境。猪，聚。荷泽，在今山东定陶。孟潴，大泽，天下"九泽"之一，在今河南商丘东北、虞城西北。

⑤ 桓，桓水。西倾山之水，即白水，今名白龙江。潜水，汉水支流，在今湖北潜江县。沔水，即汉水。

沣河，源出西安市长安区（原长安县）西南秦岭北坡南研子沟，出沣峪口，北行至高桥入咸阳市境，东流入渭。再东流至今陕西高陵，会合泾水，再东流至今陕西富平，会合漆沮水，在今陕西潼关汇入黄河。渭水是陕西主动脉，沣水、泾水、漆沮水是支动脉。泾水，又称泾河，源于宁夏六盘山东麓泾源县境，流经甘肃平凉、陕西彬县、陕西高陵县，是渭河最大支流。漆沮水，是陕西西部河流。①渭水水道，南有秦岭，北有六盘，西为黄土丘陵，东为关中平原，不仅是雍州、梁州的交通要道，也是西域的交通要道。西域民众可以从西倾山（在今青海东南，亦称西强山、强台山），经由恒水、潜水、汉水，抵达渭水，到达黄河。

其五，济水水道。《禹贡》：

> 导沇水，东流为济，入于河，溢为荥；东出于陶丘北，又东至于菏；又东北，会于汶；又北东，入于海。

> 兖州：九河既道，雷夏既泽，灉、沮会同。……浮于济、漯，达于河。

> 青州：浮于汶，达于济。

济水，先秦"四渎"之一。源于沇（yǎn）水，沇水潜行，从河南王屋山出山，在河南焦作温县涌流成河，称济水②；尔后，潜穿黄河，使黄河水漫，积为荥泽（荥波泽）；继而涌出陶丘（今山东定陶），东流菏泽，再流向东北，在梁山东南，会合汶水，再向东北，奔向渤海。济水是兖州、青州交通枢纽。兖州民众"浮于济、漯③，达于河"，青州民众"浮于汶，达于济"。

① 漆沮，说法不一。《诗·大雅·绵》："自土沮、漆。"《诗·周颂·潜》："猗与漆、沮。"《毛诗诂训传》："漆、沮，岐周二水也。"《古今图志》："漆水出铜川县东北大神山，西南流至耀县。沮水一名宜君水，出县北分水岭，东南会漆水，名石川河，经富平县至临潼交口入渭。"《水经注》谓漆沮是一水，《尚书》孔安国传、清人胡渭《禹贡锥指》，谓漆沮是一水即洛水。

② 《尚书》孔安国传："泉源为沇，流去为济。"东汉·桑钦《水经》："王屋山为沇水，东至温县西北为济水。"

③ 漯水，也称漯河，源出今山东莘县莘城镇南在今山东博兴陈户镇入海。《汉书·地理志》："漯水出东郡东武阳县，至乐安千乘县入海，过郡三，行千二十里。"

第二章　夏商旅游

其六，汉水水道。《禹贡》：

> 嶓冢导漾，东流为汉。又东，为沧浪之水。过三澨，至于大别，南入于江。
>
> 荆州。浮于江、沱、潜、汉，逾于洛，至于南河。①

汉水，也称汉江。汉江水道，穿行秦岭西南和荆楚地区。起于今陕西嶓冢山，称漾水；流经沔县（今湖北勉县）称沔水；流至汉中，称汉水；流至安康、丹江口，称沧浪水；襄阳以下别名襄江、襄水；途经三澨②，到达今湖北大别山，然后南下流入长江。汉水是长江最大支流，与长江围合出沃野千里的江汉平原。这条水道，勾连长江、汉水、沱江、潜水，从汉水之北，可以走向洛伊平原，到达黄河南岸。

其七，淮河水道。《禹贡》：

> 导淮自桐柏，东会于泗、沂(yí)，东入于海。
>
> 扬州：沿于江、海，达于淮、泗。
>
> 徐州：浮于淮、泗，达于河。③

淮河，西起秦岭、大别山之交（今安徽、湖北、河南三省交汇处）的桐柏山，东流途中，会合泗水、沂水，④在今江苏阜宁县注入黄海。淮河水路为徐州、扬州提供了交通便利，徐州船只可以"浮于淮、泗"，达于菏泽，扬州船只也可以"沿于江、海，达于淮、泗"。

其八，弱水水道。《禹贡》：

> 导弱水，至于合黎，馀波入于流沙。

---

① 沱水，长江支流，在今湖北枝江县。潜水，《汉书·地理志》谓潜水有二，一指汉江支流，源出陕西城固县南；一指嘉陵江，长江支流。南河，黄河南岸。

② 句澨、雍澨、蓳澨(wěishì)，在今湖北宜城。澨，水边地。《左传》文公十六年："楚军次于句澨。"定公四年："左司马戌败吴师于雍澨。"昭公二十三年："司马蓳越缢于蓳澨。"

③ 蒙，蒙山，在山东蒙阴县西南。羽，羽山，在今江苏赣榆县西南。峄，峄山，在今江苏邳县。"达于河"，《古文尚书》作"达于菏"。《说文》引《书》作菏。荷，荷泽。

④ 泗水，又称泗河，发源新泰太平顶山，由东往西，流经今山东、安徽、江苏三省，是淮河大支流。沂水，源出山东省曲阜县东南的尼山，西流至滋阳县合于泗水，泗水流入淮河。

弱水，本是神话水名，《山海经·大荒西经》昆仑之丘："其下有弱水之渊。"《禹贡》弱水实指雍州西北今甘肃西北张掖黑水河的一条支流①。合黎，甘肃河西走廊中部的合黎山。流沙，沙漠。今合黎山北是内蒙古腾格里沙漠、巴丹吉林沙漠，汉人称居延泽。郑玄引《地理志》："流沙在居延西北，名居延泽。"②《禹贡》弱水，西出雍州，流入沙漠，通往西域，传闻通筏不通船。

其九，黑水水道。《禹贡》：

> 导黑水，至于三危，入于南海。

> 雍州：三危既宅，三苗丕叙。浮于积石，至于龙门、西河，会于渭汭。织皮、昆仑、析支、渠搜，西戎即叙。③

黑水，源流是今甘肃张掖河。三危④，在今甘肃敦煌。南海，今青海青海湖。东汉桑钦《水经》："黑水出张掖鸡山，南流至墩煌，过三危山，南流入于南海。"黑水水道，穿行甘肃，南下青海，接通黄土高原和青海高原。途径三危山，旅人也可以折向东北，"浮于积石，至于龙门、西河"，再向西，"会于渭汭"，抵达今陕西高陵县境。

四条山道

其一，西北山道。《禹贡》：

> 雍州：荆、岐既旅，终南、惇物，至于鸟鼠。原隰(xí)底绩，至于猪野。三危既宅，三苗丕叙。⑤

东起荆山（陕西富平）岐山（陕西宝鸡），向

①一说上游是今甘肃山丹河，下游是山丹河与甘州河合流后的黑河，进入内蒙，称额济纳河。

②居延故址在今内蒙古自治区额济纳旗东南。地处今弱水三角洲。东邻巴丹吉林沙漠，西界马鬃山地，南通河西走廊，北近中蒙边界。

③宅，居居安定。叙，归附有序。西河，黄河的陕西、山西河段称西河。渭汭，泾水渭水汇合处，在今陕西西安高陵县榆楚乡。《禹贡》："泾属渭汭。"织皮、昆仑、析支、渠搜，西域诸族。一说诸山名。

④三危之名，与黑水之名，同出神话，屈原《天问》："黑水玄趾，三危安在？"

⑤终南、惇物、鸟鼠，《尚书》孔安国传："三山名。"原隰，平原湿地。猪野，即休屠泽，在今甘肃民勤县。《汉书·地理志》："休屠泽在东北，古文以为猪壄泽。"

第二章 夏商旅游

西,通过终南山、惇物山、鸟鼠山,穿过平原湿地与休屠泽,到达甘肃敦煌三危山。沿途标记六座大山。

其二,西北与中部山道。《禹贡》:

> 西倾、朱圉、鸟鼠至于太华;熊耳、外方、桐柏至于陪尾。

西起今青海西倾山,经朱圉山(在今甘肃天水)、鸟鼠同穴山(今甘肃渭源鸟鼠山)①。陕西太华山(今陕西华山)、河南熊耳山(在今河南宜阳县境)、河南外方山(今河南嵩山。《汉书·地理志》:"嵩高,在颍川嵩高县,古文以为外方山。")、河南桐柏山(位于今河南、湖北边境秦岭、大别山过渡带),达于湖北陪尾山(在今湖北安陆)②。沿途标记八座大山。

其三,中部山道。《禹贡》:

> 导嶓冢,至于荆山;内方,至于大别。

道起嶓冢,今陕西沔县冢(bō)山,经湖北荆山(地在今湖北漳县)、湖北内方山(今湖北钟祥西南章山,一说今武昌大洪山),抵达湖北大别山。沿途标记四座大山。

其四,西部至南部山道。《禹贡》:

> 岷山之阳,至于衡山,过九江,至于敷浅原。

西起四川岷山(今四川岷山)、越安徽衡山(今安徽潜山县境天柱山古称衡山),过九江(长江及湖汉诸水交汇水域)③,南抵江西敷浅原(在今江西德安县境)④。沿途标记三座大

---

① 《山海经》:"鸟鼠同穴之山,渭水出焉。"《尚书·禹贡》载:"导渭自鸟鼠同穴,东会于沣。"《尚书》孔安国传:"鸟鼠共为雌雄,同穴处此山,遂名山曰鸟鼠,渭水出焉。"

② 《汉书·地理志》:"安陆(今湖北云梦),横尾山在东北,古文以为倍尾山。"一说是今山东泗水县发源泗水的陪尾山,晋人张华《博物志》:"泗出陪尾。"

③ 一说指湖汉九水。《晋太康地记》九江:"刘歆以为湖汉九水(赣江水、鄱水、余水、修水、淦水、盱水、蜀水、南水、彭水)入彭蠡泽也。"

④ 《汉书·地理志》:"豫章历陵县南有博阳山,古文以为敷浅原。"

山。

九条水道，四条山道，勾连38座大山，52条河流。夏商人民，在地理史、水利史、交通史上，筚路蓝缕，居功至伟。

四、任土作贡

《禹贡》"任土作贡"，依据土地，进贡物产。

冀州 田五等，土地白壤，岛夷进贡皮制品。《禹贡》冀州："厥土惟白壤，厥赋惟上上错，厥田惟中中。""岛夷皮服。"①

兖州 田六等，土质黑肥，草茂盛，树修长，种桑养蚕，贡漆和丝、彩绸。《禹贡》兖州："桑土既蚕，是降丘宅土。厥土黑坟，厥草惟繇，厥木惟条。厥田惟中下，厥赋贞。""厥贡漆丝，厥篚织文。"②

青州 田三等，土质白肥，海边盐碱地，莱夷一带可以放牧。进贡盐、细葛布、柞蚕丝、大麻、锡、松、奇石，多种海产品。《禹贡》青州："厥土白坟，海滨广斥。厥田惟上下，厥赋中上。厥贡盐絺，海物惟错。岱畎丝、枲、铅、松、怪石。莱夷作牧，厥篚檿丝。"③

徐州 田二等，土红色，又黏又肥，草木丛生。进贡五色土，羽山山鸡，峄山桐木，泗水磬石，淮夷蚌珠和鱼。黑绸白绢。《禹贡》徐州："厥土赤埴坟，草木渐包。厥田惟上中，厥赋中中。厥贡惟土五色，羽畎夏翟，峄阳孤桐，泗滨浮磬，淮夷蠙珠暨鱼。厥篚玄纤、缟。"④

扬州 田九等，土潮湿泥。草茂盛，树高大。进贡金、银、铜、美玉、美石、小竹、大竹、象牙、犀皮、鸟羽、旄牛尾、木材。沿

① 上上，第一等。错，错杂。《易·系辞传》"错综其数。"上上错，一等为主，辅以二等。中中，第五等。岛夷，海上氏族；或即鸟夷，东北氏族。皮服，皮具制品。谓岛夷（鸟夷）进贡皮服。

② 降，下。宅，居。坟，膏肥。繇，茂盛。条，长。贞，孔颖达《尚书正义》："贞即下下，为第九也。"漆丝，《尚书》孔安国传："地宜漆林，又宜养蚕。"篚，竹器。《尚书》孔安国传："织文，锦绮之属，盛之筐篚而贡焉。"

③ 斥，盐碱地。《说文》："卤，碱地。东方谓之斥，西方谓之卤。"絺，细葛布。错，错杂多种。岱畎，泰山山谷。枲（xǐ），麻。莱夷，今山东莱州、登州地区。檿，山，柞树。

④ 五色土，《尚书》孔安国传："王者封五色土为社，建诸侯则各割其方色土与之。"羽畎，羽山山谷。夏，大。翟，野鸡。峄阳，峄山之南。浮磬，制磬之石。蠙珠，蚌珠。纤，细缯，绸。缟，白缯，绢。

海贝锦、橘柚。《禹贡》扬州："筱簜既敷，厥草惟夭，厥木惟乔。厥土惟涂泥。厥田唯下下，厥赋下上，上错。厥贡惟金三品，瑶、琨、筱、簜、齿、革、羽、毛、惟木。岛夷卉服。厥篚织贝，厥包桔柚，锡贡。"①

荆州 田八等，土是潮湿的泥，进贡羽毛、旄牛尾、象牙、犀皮、金、银、铜、椿树、柘树、桧树、柏树、粗磨石、细磨石、造箭镞的石头、丹砂、美竹、楛木。杨梅、菁茅，彩色丝绸、珍珠、大龟。《禹贡》荆州："厥土惟涂泥，厥田惟下中，厥赋上下。厥贡羽、毛、齿、革，惟金三品，杶、干、栝、柏、砺、砥、砮、丹，惟菌簵、楛，三邦底贡厥名。包匦菁茅，厥篚玄纁玑组，九江纳锡大龟。"②

豫州 田四等，土壤柔软，低地是肥沃的黑土。进贡漆、麻、细葛、苎麻、绸、细绵，制磬玉石。《禹贡》豫州："厥土惟壤，下土坟垆。厥田惟中上，厥赋错上中。厥贡漆、枲、絺、纻，厥篚纤、纩，锡贡磬错。"③

梁州 田七等，黑土疏松，进贡美玉、铁、银、刚铁、镞石、磬、熊、马熊、狐狸、野猫，织皮。《禹贡》梁州："厥土青黎，厥田惟下上，厥赋下中，三错。厥贡璆、铁、银、镂、砮磬、熊、罴、狐、狸。"④

雍州 田一等，土黄色，进贡美玉、美石和珠宝。《禹贡》雍州："厥土惟黄壤，厥田惟上上，厥赋中下。厥贡惟球、琳、琅玕。"⑤

五、区划五服

《禹贡》称夏禹家天下，"中邦锡土、姓"⑥，列土封侯。所封国土，以王畿（王室地区）为中心⑦，五百里为一圈，由近至远，分

①筱(xiǎo)，小竹。簜，大竹。夭，茂盛。乔，高大。涂泥，湿土。金三品，王肃："金、银、铜也。"瑶，美玉。琨，美石。齿，象牙。革，犀皮。羽，鸟羽。毛，旄牛尾。惟，及。卉服，草服。织贝，贝锦。包，包裹。锡贡，即锡。黄式三："锡亦贡也。"

②杶(chūn)，椿树。干，柘木。栝(guǒ)，桧树。砺，粗磨刀石。砥，细磨刀石。砮，石制箭镞。丹，丹砂。菌簵，《尚书》孔安国传："美竹。"楛，楛木，可作箭杆。三邦，《尚书》孔安国传：近泽三国。名，名产。匦(guǐ)，杨梅。菁茅，《管子·轻重篇》："江淮之间，一茅三脊，名曰菁茅。"纁，黄赤色。玄纁，黑黄红相间的彩色丝绸。玑，珠。组，丝带。玑组，珍珠串。

③垆，黑刚土。纻，苎麻。纩，细绵。磬错，治磬玉石。

④三错，上错为七等，下错为九等。璆(qiú)，美玉。镂，刚铁。

⑤球，美玉。琳，美石。琅玕，珠玉。

⑥《禹贡》。中邦，犹中国，锡，赐。土，土地。姓，姓氏。

⑦夏商王畿在中原地区，包括今山西南部、河南北部及山东西部。

为五圈,称五服。所封诸侯,按封地建国,布在五服,各依王室规定,进贡物产,拱卫天子。

甸服 王畿之外五百里称甸服。凡受封甸服,距离国都一百里的诸侯,缴纳连秆的禾;二百里的,缴纳禾穗;三百里的,缴纳带稃的谷;四百里的,缴纳粗米;五百里的缴纳精米。①

侯服 甸服之外五百里称侯服。凡受封侯服,距离甸服一百里的诸侯,服天子差役;二百里的,服国家差役;三百里的,担任军事侦察。②

绥服 侯服之外五百里称绥服。凡受封绥服,距离侯服三百里的诸侯,要推行天子政教;余下二百里的,要发扬武威保卫天子。③

要服 绥服之外五百里称要服。凡受封要服,距离绥服三百里的诸侯,要和平相处;余下二百里的,要约法守法。④

荒服 要服之外五百里称荒服。凡受封荒服,距离要服三百里的诸侯,维系臣属关系;余下二百里的,流动不定,可进贡可不进贡。⑤

《禹贡》说,五服既定,国家东临大海,西盖沙漠;南北达异域,声教达四海。⑥

五服,或云纸上概念,是低估了夏商的政治运作。夏商家天下,行分封制,必有一定的制度。五服应是夏商推行分封、管制国家的政治设计,是中国最早的行政区划⑦。一圈一区,五圈五

① 《禹贡》:"五百里甸服:百里赋纳总,二百里纳铚,三百里纳秸服,四百里粟,五百里米。"胡渭《禹贡锥指》:"五千里内皆供王事,故通谓之服,而甸服则主为天子治田 出谷者也。"铚,孔颖达《尚书正义》:"铚谓禾穗也。"秸服,带稃的谷。

② 《禹贡》:"五百里侯服:百里采,二百里男邦,三百里诸侯。"侯服,江声:"侯之言候,候顺逆,兼司候王命。"采,事,天子差役。男,任。邦,邦国。男邦,担任国家差事。诸侯,《尚书》孔安国传:"同为王者斥候。"孔颖达《尚书正义》:"斥候,谓检行险阻,伺候盗贼。"

③ 《禹贡》:"五百里绥服:三百里揆文教,二百里奋武卫。"绥,绥靖。《尚书》孔安国传说绥服:"安服王者之政教。"为天子做安抚边远外族的事。揆,谋划。

④ 《禹贡》:"五百里要服:三百里夷,二百里蔡。"要,约束。要服,接受王者约束的诸侯,一般是夷族。夷,和平。蔡,法。

⑤ 《禹贡》:"五百里荒服:三百里蛮,二百里流。"荒,远。边远地区称荒服。受封荒服的都是夷族。蛮,《尚书》郑玄注:"蛮者,听从其俗,羁縻其人耳,故云蛮。蛮之言缗也。"缗,维系,维系臣属关系。流,流动不定。《尚书》郑玄注:"流谓夷狄流移,或贡或不。"

⑥ 《禹贡》:"东渐于海,西被于流沙,朔南暨声教,讫于四海。"

⑦ "五服"制在西周仍有延续。《国语·周语》西周穆王朝祭公谋父说:"先王之制,邦内甸服,邦外侯服,侯卫宾服,夷蛮要服,戎狄荒服。日祭、月祀、时享、岁贡、终王,先王之训也。"西周又称"五服"为外服,称王畿为内服。《尚书·酒诰》:"越在外服,侯甸男卫邦伯;越在内服,百僚庶尹;惟亚惟服,宗工,越百姓里居。"又称"五服"为侯、甸、男、采、卫。《尚书·康诰》:"惟三月哉生魄,周公初基作新大邑于东国洛,四方民大和会。侯、甸、男邦采、卫、百工、播民,和见士于周。"

区，加上王畿，全国六大行政区，体现"普天之下，莫非王土，率土之滨，莫非王臣"[①]。

夏商，宫廷游猎是旅游史上最早的旅游活动，商贾之旅是后来民间旅游的开路先锋，《禹贡》是中华民族探险山河、治理山河的结晶。

[①]《诗·小雅·北山》。

中国旅游通史

第三章

周代旅游

公元前11世纪，周灭商。

西周，推行井田制，应用青铜农具，兴修水利，讲究耕作，农业生产进步；陶器、玉器等，制作精良；改进交通，开设市场；制礼作乐，开办学校。东周①，推广铁农具和牛耕，废除井田制，承认土地私有，允许土地买卖；手工工艺发达；商业贸易兴旺，金属铸币流通；各国致力道路，开拓交通；政治上，王室虚名，礼崩乐坏，列国图强，五霸七雄②；思想上，百家争鸣，理性高扬；教育上，私学林立，诸子蜂出；士人之心，普遍高昂。

各种各样的旅游活动，蓬蓬勃勃。

① 前770年，平王东迁，到前476年（元王元年），史称春秋。前476年到前221年，秦灭六国，史称战国。

② 春秋五霸，《史记》指为齐桓公、宋襄公、晋文公、秦穆公、楚庄王。战国七雄，齐、楚、燕、韩、赵、魏、秦。

第一节 大叔于田

西周，天子游猎，习以为常。周武王十三年"狩于管"；周成王六年"大搜于岐阳"；

第三章 周代旅游

周穆王十四年，"夏四月，王畋于军丘"；周夷王六年，"王猎于社林，获犀牛一以归"；周宣王九年，"王会诸侯于东都，遂狩于甫"。①

宣王会猎，规模浩大。《墨子·明鬼》："周宣王会诸侯而田于圃，车数万乘。"宣王会猎，行止精彩。《诗·小雅·车攻》②：

田车既好，田牡孔阜。
东有甫草，驾言行狩。

萧萧马鸣，悠悠旆旌。
徒御不惊，大庖不盈。③

车驰原野，马鸣山岗，旌旗招展，硕果累累。方玉润《诗经原始》说宣王"籍田猎以会诸侯"，是一次显耀武力的政治会猎。

东周，诸侯争行"田狩之事，园囿之乐"④。秦国国君游猎，《诗·秦风·驷驖》⑤：

驷驖孔阜，六辔在手。
公子媚子，从公于狩。⑥

郑国贵族游猎，《郑风·叔于田》：

叔于田，巷无居人。
岂无居人？不如叔也，洵美且仁。
叔于狩，巷无饮酒。
岂无饮酒？不如叔也，洵美且好。
叔适野，巷无服马。
岂无服马？不如叔也，洵美且武。⑦

且驾驭技术和射猎技术高超，《郑风·大叔于田》：

---

① 《竹书纪年》。甫，地名，在今河南中牟。

② 《毛诗序》："宣王内修政事，外攘夷狄，复文、武之境土，修车马，备器械，复会诸侯于东都，因田猎而造车徒焉。"《毛诗》，《毛诗诂训传》，汉人毛亨、毛苌所传《诗经》。《毛诗》各篇题下有序，称《毛诗序》。

③ 阜(fù)，高大肥硕。甫，圃，地名。萧萧，马鸣声。悠悠，飘动貌。徒御，拉车士卒。不，语助。惊，警，机警。大庖(páo)，天子厨房。盈，充满。

④ 《毛诗·秦风·驷驖序》。

⑤ 《毛诗序》："美（秦）襄公也。"秦襄公(？—前766)，嬴姓，名开。西周末，幽王被杀，秦襄公拥载东周平王，受封诸侯，受赐岐山以西之地。是秦国第一位受封君主。

⑥ 驷驖，四匹黑马。

⑦ 叔，原是兄弟排行之一，伯、仲、叔、季，这里指青壮年男子。田，畋，打猎。洵，真正，的确。狩，冬猎为狩，亦概指田猎。服马，驭马驾车。

> 叔于田，乘乘马。
> 执辔如组，两骖如舞。
>
> 叔善射忌，又良御忌。
> 抑磬控忌，抑纵送忌。①

① 组，绸带。磬控，勒马。纵送，纵马。忌、抑，语助。

楚国襄王游猎，《战国策·楚策》：

> 游于云梦，结驷千乘，旌旗蔽日，野火之起也若云蜺，兕虎嗥之声若雷霆，有狂兕戕车依轮而至，王亲引弓而射，一发而殪。王抽旃旄而抑兕首，仰天而笑曰："乐矣，今日之游也"。

场景极其壮观。

游猎，因天子、诸侯的爱好，自西周纳入国家制度。

宫廷开游猎之苑，规定"天子百里，诸侯四十里"②。《孟子·梁惠王》：

② 《毛诗诂训传》。

> 齐宣王问曰："文王之囿，方七十里，有诸？"孟子对曰："于传有之。"曰："若是其大乎？"曰："民犹以为小也。"曰："寡人之囿，方四十里，民犹以为大，何也？"曰："文王之囿，方七十里，刍荛者往焉，雉兔者往焉。与民同之，民以为小，不亦宜乎？臣始至于境，问国之大禁，然后敢入。臣闻郊关之内，有囿方四十里，杀其麋鹿者，如杀人之罪。则是方四十里，为阱于国中，民以为大，不亦宜乎？"

讽刺国君猎苑是国民陷阱，要求开放禁区，与民同猎，与民同乐。

朝堂设狩猎之官，称驺虞。唐人贾公彦《周礼疏》引《韩诗》、《鲁诗》①："驺虞，天子掌鸟兽官。"《召南·驺虞》：

> 彼茁者葭，一发五豝，于嗟乎驺虞！
>
> 彼茁者蓬，一发五豵，于嗟乎驺虞！②

歌唱猎官箭术精湛。

礼法立游猎之规。规定四季行猎，各有方式与目标。《尔雅·释天》：

> 春猎为蒐，夏猎为苗，秋猎为狝(xiǎn)，冬猎为狩。

蒐，搜检，春天幼兽成长，雌兽怀孕，要避开幼兽、孕兽，搜猎其余。苗，庄稼，夏天庄稼成长，狩猎践踏庄稼的动物。狝，猎杀，秋天主杀。狩，围猎，冬天万物收藏，围猎不害其它。规定四季行猎，须待农闲，不得误农。《左传·隐公五年》：

> 故春蒐，夏苗，秋狝，冬狩，皆于农隙以讲事也。

《晏子春秋·谏下》：

> 春夏起役且游猎，夺民农时，国家空虚，不可。

规定游猎禁忌，不准放火烧杀，不捕幼兽，不采鸟卵，不杀孕兽，不杀少兽，不破坏鸟巢，禁用毒箭、毒药。《礼记·王制》：

> 不以火田，不麛③，不卵，不杀

---

① 西汉传《诗》者四家，齐人辕固生、鲁人沈培、燕人韩婴、河间毛亨、毛苌，所传之《诗》，称《齐诗》、《鲁诗》、《韩诗》、《毛诗》。

② 茁，草初生貌。葭，初生芦苇。一发，射满十二箭为一发。五：虚数，表示多。豝，小母猪。驺虞，牧猎官。蓬，蒿。豵(zōng)，小猪，一岁曰豵。

③ 麛(mí)，幼兽。

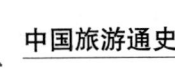

胎，不殀夭，不覆巢。

《周礼·地官·迹人》：

> 禁麛卵者与其毒矢射者。

《荀子·王制》：

> 鼋鼍鱼鳖鳅鳣孕别之时，网罟毒药不入泽，不夭其生，不绝其长也。①

规定围猎要围而不合，放出生路，不能赶尽杀绝。《礼记·王制》：

> 天子不合围，诸侯不掩群。

《礼记·曲礼》：

> 国君春田不围泽，大夫不掩群。

这些规定，约束狩猎，有利于生态保护。

国学行射御之教。《周礼·保氏》：

> 养国子以道，乃教之六艺：一曰五礼，二曰六乐，三曰五射，四曰五驭，五曰六书，六曰九数。②

其中，"五射"与"五驭"既是军事培训，也是游猎培训。"五射"，射箭的五种技术，《周礼》郑玄注引郑众③：

> 白矢、参连、剡注、襄尺、井仪也。

白矢，射箭穿靶，箭头发白，有准度、有力度。剡注，箭速快疾，有速度。襄尺，所立位置让对手一尺，比较水平差距。参连，一箭穿靶，三箭连贯，锻炼难度。井仪，四箭连贯，

---

① 鼋（yuán），鳖科动物体型最大的一种。鼍（tuó），扬子鳄，中国特有的一种小型鳄鱼。鳅（qiū），泥鳅。鳣（lǐ），俗称黑鱼、乌鱼。

② 艺，技艺。"五礼"，五种礼仪：吉礼（祭祀天神、地祇、人鬼的礼仪）、凶礼（悼念、慰问不幸事件的礼仪）、军礼（军队礼仪）、宾礼（天子款待诸侯和使臣的礼仪）、嘉礼（庆祝喜庆和节日的礼仪）。"六乐"，六种经典音乐：云门、大咸、大韶、大夏、大濩、大武。"六书"，六种构字方法：象形、指事、会意、形声、转注、假借。九数，九项算术。东汉郑玄《周礼·地官司徒·保氏》注引郑众："九数，方田、粟米、差分、少广、商功、均输、方程、赢不足、旁要；今有重差、夕桀、勾股也。"大抵类是汉代《九章算术》的内容。

③ 郑众（？—83）、郑玄（127—200），东汉经学家。

四箭一孔，锻炼高难度。"五驭"，驾驭马车的五种技术，《周礼》郑玄注：

> 鸣和鸾，逐水曲，过君表，舞交衢，逐禽左。

鸣和鸾，行车时车轮之声与装饰车马的铃声、玉声交相和应，有节奏感、音乐感。过君表，车经天子表位或遇见君臣贵族能恭行车礼，掌握驾驭礼仪。逐水曲，车驰曲岸，快而不坠，掌握弯道技术。舞交衢，驱车大街，自如奔驰，掌握直道技术。逐禽左，野外驾车狩猎能从左面弯腰捕获猎物，锻炼高超的车技与身手。

私学也重视射御。《礼记·射义》："孔子射于矍相[①]之圃，盖观者如堵墙。"《论语·子罕》："子曰：吾何执？执御乎？执射乎？吾执御矣。"有此教育，游猎之风越发盛行。

宫廷游猎是中国最早的名副其实的旅游项目。始于夏，行于商，盛于周。

第二节　君子游览

周代，时兴游览。游览，游山玩水，观赏风光。

宫廷游览，一般长途。西周初，周成王游卷阿[②]。卷阿，山名，在今陕西宝鸡岐山县凤凰山南麓。从西周京城镐京（今陕西西安）到岐山，路程不短。《诗·大雅·卷阿》就是这次游山的写照：

> 有卷者阿，飘风自南。
> 岂弟君子，来游来歌，以矢其音。

---

① 矍(jué)相，地名，在今山东曲阜。

② 《竹书纪年》"三十三年，王游于卷阿。"卷，卷曲，山形卷曲。阿，大山。《诗》郑玄注："大陵曰阿，有大陵卷然而曲。"

……
> 凤凰鸣矣，于彼高冈。
> 梧桐生矣，于彼朝阳。
> 菶菶萋萋，雍雍喈喈。
> 君子之车，既庶且多。
> 君子之马，既闲且驰。①

写人写景写感受。春秋时，晋平公姬彪（前557—前532在位）游西河。西河是洛水干流，在今陕西渭南澄城县境。从晋国的首都翼城（今山西翼城）到西河，须几天路程。西汉刘向《新序》：

> 晋平公游西河，中流而叹曰："嗟乎！安得贤士与共此乐乎。"

游览不忘思贤，应是游心在国。蔡灵侯姬般（前542—前531在位）游高、蔡。高，高陂，蔡国地名②。蔡，蔡国都城，地在今河南上蔡县。《战国策·楚策》庄辛说蔡灵侯：

> 南游乎高陂，北陵乎巫山，饮茹溪之流，食湘波之鱼，左抱幼妾，右拥嬖女，与之驰骋乎高蔡之中，而不以国家为事。③

驰骋山水，左拥右抱，吃喝玩乐，游而忘政。楚昭王熊壬（约前523—前489）游云梦，刘向《列女传》：

> 楚昭王燕游（闲游），蔡姬在左，越姬参乘，王亲乘驷以逐，登附庄之台，以望云梦之囿，乃顾谓二女曰："乐乎！吾愿与子生若此。"

---

① 飘风，回风。岂弟，平易厚道。矢，陈现，展示。菶(běng)菶萋萋：草木茂盛。雍雍喈喈，鸣声和谐。朱熹《诗集传》："菶菶萋萋，梧桐生之盛也。雍雍喈喈，凤凰鸣之和也。"

② 《元和郡县志》："高陂在（城父）县南五十六里，周四十三里。"即今安徽亳州一带。

③ 蔡国在今河南驻马店、安徽寿县、凤台一带。巫山，在今湖北。茹溪，巫山之溪。光绪《巫山县志·山川志》："茹溪，县东半里许。源出近谷，澄洌甘芳，四时不竭。"湘波，湘水之波。均属楚国。蔡灵侯游巫山、茹溪、湘水，属《战国策》谋士的夸饰之词。

昭王是楚国中兴之主，携美游览，是他张弛结合、调节身心的方式；乐不思归，是他为政紧张、一旦轻松的感慨。齐国邻海，齐景公姜杵臼（约前561—前490）游于海上。西汉韩婴《韩诗外传》：

> 齐景公游于海上，乐之，六月不归。

一游半年，是大海旅游第一人。战国时，魏武侯姬击（？—前370）游西河。《史记·孙子吴起列传》：

> 吴起事魏武侯，武侯浮西河而下，中流，顾而谓吴起曰："美哉乎山河之固，此魏国之宝也。"

魏武侯是位梦想称雄的国君，游览不忘国防。楚顷襄王熊横（前298—前263在位）游而好文，游于云梦，命宋玉、景差作赋助兴。但他游览有致，为政不力。《战国策·楚策》尖锐批评："驰骋乎云梦之中，而不以天下国家为事。"

宫廷之外，民间游览也起而流行。《诗·郑风·溱洧(zhēnwěi)》记述青年男女游览溱洧：

> 溱与洧，方涣涣兮。
> 士与女，方秉蕳兮。
> 女曰观乎？士曰既且。
> 且往观乎？洧之外，洵吁且乐。
> 维士与女，伊其相谑，赠之以勺药。

溱水源出河南密县东北，东南流至新郑县会合洧水。洧水源出河南登封县阳城山。两水交汇处。春水涣涣，芳草萋萋，是郑国（今河南新

郑附近）的游览胜地。《论语·子罕》说孔子观河（黄河）：

> 子在川上曰："逝者如斯夫。不舍昼夜。"

《孟子·尽心》说孔子登山：

> 登东山而小鲁，登泰山而小天下。

东山，今山东蒙山。

第三节　天子巡狩

帝王巡省天下，称巡游，先秦称巡守、巡狩。《孟子·梁惠王》：

> 天子适诸侯曰巡狩。巡狩者，巡所守也。

目的是考察诸侯，观风知俗。据说，巡守，虞舜创之①，夏禹行之②，商汤行之③，至西周，成制度。《礼记·王制》："天子五年一巡守。"巡守，提兵扬威，采诗亲民。《礼记·王制》天子巡守："命大师陈诗，以观民风。"《诗经》"十五国风"，或是巡守采诗的成果。

周王巡守，常载史籍。《竹书纪年》周成王姬诵（约前1055—前1021）十九年："王巡狩侯、甸、方岳。"周康王姬钊（约前1020—前996在位）十六年："王南巡狩，至九江庐山。"《左传·庄公二十一年》周惠王姬阆（前676—前652？在位）"王巡虢守。"直到春秋中叶，诸侯力政，巡守乃止。《孟子·离娄》："王者之迹息而《诗》亡，《诗》亡然

①《尚书·舜典》"岁二月，东巡守。"

②《天问》："禹力献功，降省下土。"《竹书纪年》夏禹："五年，巡狩，会诸侯于涂山。"

③《竹书纪年》商汤二十五年："初巡狩。"

第三章 周代旅游

后《春秋》作。"

周代最著名的巡游天子是周穆王姬满,在位55年(前976—前922)。穆王接受昭王南征死于汉水的教训,搁置周楚争端,把稳定国家、招安异族的重心指向北方、西方和东方,率领军队,北巡守,西巡守,东巡守,视察国土,考察诸侯,逢叛平叛,逢友交友。《竹书纪年》穆王十二年:

> 冬十月,王北巡狩,遂征犬戎。

穆王十四年:

> 西征,次于阳纡(yū)。①

穆王十七年:

> 王北征,行流沙千里,积羽千里。征犬戎、取其五王以东。②

同年:

> 王西征昆仑丘,见西王母。③

穆王三十九年:

> 王会诸侯于涂山(在今安徽怀远)。

穆王巡守,北上河套,西出陕甘,东至江淮,旅程长,行踪广,是西周杰出的远征军统帅兼旅行探险家。成功来去,朝野渲染,美称"周行天下"④。巡守的政治效用是诸侯安宁,外族宾服。十四年:"秋七月,西戎来宾。"十五年:"春正月,留昆氏来宾。"⑤十七年:"西王母来朝,宾于昭宫。"

① 阳纡,山名,约在河套地区。

② 唐·张铣《文选》注:"积羽,地名,方千里,群鸟产乳毻毛之处。"毻(tuò)毛,换毛。

③ 西王母,西北民族首领。神话西王母是酋长西王母的化身。

④《左传·昭公十二年》:"昔穆王欲肆其心,周行天下,降皆必有车辙马迹焉。"

⑤ 留昆,西戎一族。《穆天子传》说留昆献玉百枚。昆仑产玉,留昆地望疑在昆仑地区。

第四节 朝聘争路

西周，朝聘之旅兴起。朝，朝觐，诸侯朝见天子。聘，慰问、访问，王室慰问诸侯，诸侯访问诸侯。《大戴礼记》说周制，诸侯按时觐见天子：

> 千里之内，岁一见；千里之外，千五里之内，二岁一见；千五里之外，二千里之内，三岁一见；二千里之外，二千五百里之内，四岁一见。

天子"时聘以结诸侯之好"，派使节：

> 闲问以谕诸侯之志，归脤以教诸侯之福，贺庆以赞诸侯之喜，致禬以补诸侯之灾。[1]

[1]《大戴礼记》。

诸侯之间每年互派大夫"相问"，谓之"小聘"；每三年互派国卿"相聘"，谓之"大聘"。《大戴礼记·王制》：

> 诸侯交岁相问，殷相聘。

郑玄注："比年小聘，所谓岁相问也。三年大聘，所谓殷相聘也。""小聘使大夫，大聘使卿。"按此，西周宫廷几乎年年月月洋溢着迎来送往的乐曲。《诗·小雅·鹿鸣》：

> 呦呦鹿鸣，食野之苹。
> 我有嘉宾，鼓瑟吹笙。
> 吹笙鼓簧，承筐是将。
> 人之好我，示我周行。

这首诗是王室迎宾，格调欢快，诗意平和，显示朝聘之旅是轻松之旅、快乐之旅。

东周，虽然王权旁落，大小诸国仍要按照制度形式向名义上的天下共主周天子朝聘夕问，并要向称霸诸候请安致礼，践约会盟，还要根据争斗的需要，斡旋外交事务。否则，就要遭受惩罚。齐国的使臣高厚参加晋国招待各国来宾的宴会，因不善表达，不辞而别，坏了会盟的规矩，与会者勃然大怒，宣誓"同讨不庭"①。相反，郑国虽小，但恪守聘问礼仪，交接邻国，毕恭毕敬，行无偏斜，言无冒昧，即"无大国之讨"②。因此，东周的聘问比西周更为繁忙。既有沿袭西周的礼节式朝聘，又有东周特有的外交性聘问。

东周的礼节朝聘，不及西周热闹，却依然优哉游哉。典型一例是季札聘鲁。周襄王十四年（前638），吴国的余祭初登王位，特派季札聘问鲁国，通嗣君之礼。一路上，季札从容不迫地浏览风土，交结朋友。过境徐国时，和徐国国君相见甚欢，后徐君死。季札赠剑于墓，埋下一段"延陵季子兮不忘故，脱千金之剑兮挂丘墓"的后话③。在齐国、卫国、晋国，季札体察民俗民情，了解治乱得失。在鲁国，请观周王室的音乐，仔细欣赏、评论了十五国"乡土之音"，两周"朝廷之音"，王室"宗庙之音"和宫廷舞蹈④。季札聘鲁是观光旅游，文化旅游。

东周的外交聘问，常常肩负重大的政治或军事任务，旅行特征是心情迫切，急如星火。《诗·小雅·皇皇者华》：

> 皇皇者华，于彼原隰。
> 驮驮征夫，每怀靡及。

---

① 《左传·襄公十六年》。

② 《左传·襄公三十一年》。

③ 西汉刘向《新序》。

④ 《左传·襄公二十九年》。吴公子札来聘。欣赏诗歌《周南》等十五国《风》、《小雅》、《大雅》、《周颂》；观赏舞蹈《象箾》、《南籥》、《韶濩》、《韶箾》。这四种舞蹈表演上古的四种舞曲。有说《象箾》、《南籥》，文王时舞曲；《韶濩》，成汤时舞曲；《韶箾》，虞舜时舞曲。曲名字义，或指舞具或乐器。孔颖达疏箾："即箫也。"杨伯峻注篇："形似笛之乐器。"明·朱载堉《律吕精义·内篇》："舜作大韶，执箾秉翟，周人舞象，亦放其制，季札所观《韶箾》、《象箾》是也。箾即箫之别名。"

> 我马维驹，六辔如濡。
> 载驰载驱，周爰咨诹①。

① 诹(zōu)，咨询商议。

使节往往疲于奔命，唉声叹气，《诗经·小雅·四牡》：

> 四牡骓骓，周道倭迟。岂不怀归？
> 王事靡盬，我心伤悲。

道路漫长无尽头，王事忙碌无休止，哪有礼节朝聘的轻松与快乐。

第五节　婚车载道

周代，各国之间，盛行政治联姻，宫廷婚旅，热闹非凡。每到男婚女嫁的春天，宽敞的周道上经常奔走"之子于归，百辆御之"②的新婚车马。

② 《诗·召南·鹊巢》。

周王室与齐国通婚，《诗·召南·何彼襛矣》：

> 何彼襛矣，唐棣之华。
> 曷不肃雍，王姬之车。
> 何彼襛矣，华如桃李。
> 平王之孙，齐侯之子。
> 其钓维何，维丝伊缗。
> 齐侯之子，平王之孙。

周平王的孙女下嫁齐侯之子，仪仗肃穆，宫车豪华，新人靓丽。齐国与卫国通婚，《诗·卫风·硕人》：

> 硕人其颀，衣锦褧衣，
> 齐侯之子，卫侯之妻，
> 东宫之妹，邢侯之姨，谭公维私。

第三章 周代旅游

> 手如柔荑，肤如凝脂，
> 领如蝤蛴，齿如瓠犀，螓首蛾眉。
> 巧笑倩兮，美目盼兮。
> 硕人敖敖，说于农郊。
> 四牡有骄，朱幩镳镳，翟茀以朝。
> 大夫夙退，无使君劳。①

① 褧衣，罩衣。蝤蛴，天牛幼虫，黄白色，长筒形。

新郎是卫庄公，新娘是齐庄公的女儿庄姜。新娘容貌昳丽，举止高贵，车服华美。郑国与齐国通婚，《诗·郑风·有女同车》：

> 有女同车，颜如舜华。
> 将翱将翔，佩玉琼琚。
> 彼美孟姜，洵美且都。
> 有女同行，颜如舜英。
> 将翱将翔，佩玉将将。
> 彼美孟姜，德音不忘。

郑国太子迎娶齐国庄姜，兴高采烈，一路欢畅。

宫廷婚旅最具旅游性质。它以舒适的旅行条件，欢闹的旅行气氛，新郎新娘的柔情蜜意，玉成了载欣载奔、将翱将翔的意境。

与宫廷婚旅配套而动的旅行是宫廷后妃的"归宁"之旅。远嫁异国的后妃、夫人，怀乡思亲。《诗·邶风·泉水》：

> 毖彼泉水，亦流于淇。
> 有怀于卫，靡日不思。
> 娈彼诸姬，聊与之谋。
> 出宿于泲，饮饯于祢。
> 女子有行，远父母兄弟。
> 问我诸姑，遂及伯姊。②

② 毖，泉水涌流。西晋·左思《魏都赋》："温泉毖涌而自浪。"

为此，周代特地制定了"归宁"即探亲的制

度。凡天子后妃，诸侯夫人，若父母健在，可按时回家探望，称为"归宁"、"来归"①。《诗·齐风·南山》：

> 南山崔崔，雄狐绥绥。鲁道有荡，齐子由归。

描写鲁桓公之妻、齐襄公之妹文姜"归宁"齐国。"归宁"定时定点，有来有去，是长途旅游。

① 《谷梁传·隐公二年》："妇人谓嫁曰归，反曰来归。"《左传·庄公二十七年》："凡诸侯之女归宁曰来。"

第六节 游学南北

东周，"王官失业，雅颂失错"②，礼崩乐坏，文化下移，官学衰而私学兴，学生争相投师，老师互相问学，不辞远近，来来往往，是为游学。

② 《汉书·礼乐志》。"王官失业"指朝廷掌教文化的官员风流云散，"雅颂失错"指官府的文化典籍流失散乱。

春秋，游学热土是鲁国洙泗，老师孔丘（约前551—前479）。洙泗，洙水和泗水，流经曲阜，洙水在北，泗水在南。孔子在洙泗之间，聚徒讲学，学生慕名而来，累计三千。公冶长、樊须等，来自齐国；叔仲会等，来自晋国；颛孙师等，来自陈国；卜商等，来自卫国；仲田等，来自卞国；秦祖等，来自秦国；司马耕等，来自宋国；言偃等，来自吴国；公孙龙等，来自楚国；南宫适、曾参等，来自鲁国；……三江五湖，四面八方。

战国，游学之地与教授之师分布南北。墨翟（约前468—前376）在鲁，"弟子徒属满天下"③。李悝（约前455—前395）在魏，鬼谷（约前400—前320）在卫，孙膑（约前379—前316）在齐，列御寇在郑，邹衍（约前305—前240）在齐，孟轲（约前372—前289）在邹

③ 《吕氏春秋·有度》。

（邹国，今山东邹城），庄周（约前369—前286）在宋，许行（约前372—前289）在楚，荀况（约前313—前238）在赵，韩非（约前281—前233）在韩，吕不韦（约前292—前235）在秦，……莘莘学子，趋之若鹜。也有转学各地、转益多师者，楚国人陈相，"悦周公、仲尼之道"，涉江渡淮，游于今陕西、河南、山西、山东等地①，遍寻儒门师友。名师出高徒，鬼谷门下，有纵横家苏秦、张仪；荀子门下，有法家韩非，秦国名相李斯。

老师之间，也时常走动。

孔子从曲阜旅行洛邑（今河南洛阳洛水北岸），问学老子。《史记·老子列传》："老子者，楚苦县厉乡曲仁里人也，姓李氏，名耳，字聃，周守藏室之史也。"② "修道德，其学以自隐无名为务。"不喜张扬，不招学生，是位大隐隐于朝的高人。孔子见老子，深受启迪，深为敬仰：

> 鸟，吾知其能飞；鱼，吾知其能游；兽，吾知其能走。走者可以为罔，游者可以为纶，飞者可以为矰。至于龙，吾不能知，其乘风云而上天。吾今日见老子，其犹龙邪。③

有此一见，孔子名气增长，投奔孔子的学生与日俱增。《史记·孔子世家》："孔子自周反于鲁，弟子稍益进焉。"

庄子在宋国，与惠子④比肩出游，论道山野。《庄子·秋水》：

> 庄子与惠子游于濠梁之上。庄子曰："鯈鱼出游从容，是鱼之乐

① 《孟子·滕文公》。

② 苦县，今河南鹿邑。守藏室之史，犹国家图书馆馆长。

③ 《史记·老子列传》。

④ 惠子，惠施（前390—前317），战国时宋国（今河南商丘）人，是名家创始人。

也。"惠子曰："子非鱼，安知鱼之乐？"庄子曰："子非我，安知我不知鱼之乐？"惠子曰："我非子，固不知子矣；子固非鱼也，子之不知鱼之乐全矣！"庄子曰："请循其本。子曰'汝安知鱼乐'云者，既已知吾知之而问我。我知之濠上也。"①

惠子相梁，庄子又专程游梁，笑谈"鸱得腐鼠"。惠子死，庄子以"郢人运斤"的寓言，高度评价这位辩论的对手与知己②。

老师游学，也有中心。这中心就是齐国的稷下。春秋战国，齐国在首都临淄的稷山山下，营造宫室，开设稷下学宫，招徕诸子，争鸣辩论。人称稷下诸子为稷下先生、稷下学士。最多时，有千余人。知名者，有宋鈃、尹文、邹衍、鲁仲连、孟子、荀子等。《史记·孟子荀卿列传》："邹衍与齐之稷下先生，如淳于髡、慎到、环渊、接子、田骈、邹奭之徒，各著书言治乱之事。"稷下学宫，缘起齐桓公纳贤，盛于齐宣王养士。《史记·田完世家》："齐宣王喜文学游说之士，自如邹衍、淳于髡、接子、环渊之徒七十六人，皆赐列第，为上大夫，不治而议论。是以稷学士复盛。"

游学之旅，条件简陋。孔子游学洛邑，苦于山川间隔，请鲁昭公资助马车一辆，书僮一名。《史记·孔子世家》："鲁君与之一乘车，两马，一竖子俱，适周问礼，盖见老子云。"以孔子的名头，游学尚需援手，一般"君子固穷"③的读书人只能安步当车，积跬步以致千里了。

① 濠梁，濠水桥梁。濠水在今安徽凤阳，北流至临淮关入淮。

② 《庄子·徐无鬼》："庄子送葬，过惠子之墓，顾谓从者曰：'郢人垩慢其鼻端，若蝇翼，使匠人斫之。匠石运斤成风，听而斫之，尽垩而鼻不伤，郢人立不失容。宋元君闻之，召匠石曰："尝试为寡人为之。"匠石曰："臣则尝能斫之。虽然，臣之质死久矣！"自夫子之死也，吾无以为质矣，吾无与言之矣。'"

③ 《论语·卫灵公》。

第七节　游说纵横

春秋战国,"王室衰微,诸侯力政"①。治国平天下是诸子百家,无论儒、墨、道、法共同研究的课题;纳贤养士是"好恶殊方"②的时君世主,无论强国、弱国,争相标榜的风尚;"学而优则仕"③又是"疾没世无闻"④的读书人,无论老师、学生,普遍奉行的原则。"是以九家之术蜂出并作,各引一端,崇其所善,以此驰说,取合诸侯"⑤。掀起了"周游列国""朝秦暮楚"的游说热潮。

游说始兴于春秋后期。孔子一马当先。

孔子的第一次游说大约在35岁。鲁国内乱,孔子入齐。一面向齐太师学习"韶乐",心痴神迷,"三月不知肉味"⑥。一面向齐景公宣传"君君臣臣,父父子子"和"政在节财"等儒家道理。但景公以年老为借口不用孔子,孔子遂由齐返鲁。此后十余年,一直在鲁国教书。51岁时,鲁定公先请他当都宰,接着请他当司空,继而又请他当司寇。是为孔子政治上最得意的几年。第二次游说从56岁开始到70岁结束,旅行14年,游说七国,卫国(今河南滑县地区),郑国(今河南新郑地区),曹国(今山东定陶地区),宋国(今河南商丘地区),陈国(今河南淮阳地区及安徽部分地区),蔡国(今安徽凤台地区),楚国(今湖北江汉地区)。宣扬仁政爱民,不顾风霜雨雪,以垂暮之年,率彼旷野,长征不息。

孔子之后,游说之士,以墨翟、孟轲、苏秦、张仪,事迹突出。

墨翟,鲁国人,开创墨家学派。步孔子

①《汉书·艺文志》。

②《汉书·艺文志》。

③《论语·子张》。

④《论语·卫灵公》。

⑤《汉书·艺文志》。

⑥《论语·述而》。

后尘，四处奔走，交结诸侯，往来于鲁、齐、梁、楚，推销"兼爱"、"非攻"。但孔子远行靠车马，墨子贵俭节用，徒步长征。为制止楚国进攻宋国，墨子"自鲁趋而往，十日十夜至于郢"①。郢在今湖北江陵，与鲁国的直线距离有1500里左右，墨子每天至少疾趋150里，是先秦诸子中最善竞走的游说家。

孟轲，邹国人，一生行事极似孔丘，"始而设教，继而周游，终而归老"②，号称孔门"亚圣"③。人过四十，游说六国，齐国、宋国、滕国（今山东滕县地区）、梁国、薛国（今山东微山地区）、鲁国。当时各国盛行养士，招待孟子礼节周到，捃送时每每馈赠黄金。孟子因而"后车数十乘，侍从数百人"，舒舒服服，传食诸侯20年，打破了孔丘游说列国14年的记录。

苏秦（前337—前284），字季子，周畿洛阳（今河南洛阳）人。年轻时游学陕西鬼谷，向鬼谷子学了一套"合纵连横"④的外交策略。学成，游说周显王，碰壁；西投秦国，又碰壁；转而向东，至赵国、燕国、韩国、魏国、齐国、楚国，鼓吹"合纵"，"于是六国纵合而并力"，使"秦兵不敢窥函谷关十五年"⑤。

张仪（？—前310），魏国人，与苏秦同师鬼谷子。出道后，凭三寸不烂之舌，危言耸听之辞，南至楚国，楚不用；北至赵国，赵不用；乃西至秦国，鼓吹"连横"，为秦国离间诸侯，跑遍了魏、楚、齐、燕、赵，极尽破坏"合纵"、勾结"连横"之能事⑥。张仪、苏秦并称乱世纵横、朝秦暮楚的拔尖人物。

游说，是东周布衣文人交结诸侯、谋划国事的政治旅游。

① 《淮南子·修务训》。

② 蒋伯潜《诸子通考》。蒋氏并云："孟子四十以前设教，四十以后周游，六十以后归老。"

③ 《中论·序》。序文作者未知，疑与《中论》作者魏人徐干为同时代人。

④ "合纵"之术主张燕、赵、楚、齐、韩、魏联合抗秦。"连横"之术主张秦国联合一些国家逐个打击被孤立的国家。

⑤ 《史记·苏秦列传》。

⑥ 《史记·张仪列传》。

第八节　骚人行吟

战国旅游，形式独特者，是南方楚国的流放。流放是南楚的一种政治处罚，赶出京城，远逐他乡，大致方位，或有约束，具体地点，并无限制，也无看管，人身终归自由。范仲淹《岳阳楼记》："迁客骚人，多会于此，揽物之情，得无异乎？"这里的"迁客骚人"就是自由人，而原型正是南楚流放造就的诗人旅游家屈原。

屈原（约前340—前277），名平，出生楚国贵族。因"博闻强记，明于治乱，娴于辞令"①，深得楚怀王信任，后因群小诬陷，遭遇流放。怀王时一次，顷襄王时一次。②

楚怀王二十五年（前294）秋天，屈原首次流放，离开楚都郢都（今湖北江陵），北渡汉水，辗转汉北。《抽思》："有鸟自南兮，来集汉北。"

楚顷襄王十三年（前286）春天，诗人再次流放，离开郢都，取道夏水，逆水行舟，经由夏首③，进入长江，前往陵阳（今安徽青阳县境）。在夏首江面，屈原特地运舟西上，寻觅郢都（今湖北荆州），《哀郢》："过夏首而西浮兮，顾龙门而不见。"④失望之极，屈原顺流漂泊，至于陵阳。几年后，诗人从陵阳溯江，在鄂渚（今湖北武昌县境）登岸，改走陆路，南下湖南，来到沅水⑤岸边的一个小镇方林。接着，又走水路，"朝发枉渚"、"夕宿辰阳"⑥，走进了湘西南溆浦（今湖南溆浦）一带莽莽群山。盘桓一阵，屈原舟行沅水，北上洞庭，再由洞庭转入湘江，到达生命的最后一站，长沙（今

---

① 《史记·屈原贾生列传》。

② 《史记·屈原贾生列传》说楚怀王"怒而疏屈平"；又说"屈平既嫉之，虽放流，眷顾楚国，系心怀王，不忘欲反"；放流，即流放，区域是汉北。又说楚顷襄王放逐屈原，"怒而迁之"，迁，迁徙，即流放，区域是江南。

③ 夏首，即夏水口，是夏水源于长江处。地在今湖北荆州东南。荆州，古称江陵。《汉书·地理志》云："夏水，首受江，东入沔，行五百里。"沔水即汉水。《水经》："夏水出江，流于江陵县东南，又东出华容县南，又东至江夏云杜县，入于沔。"

④ 西浮即西行。龙门，郢都南门，《楚辞补注》引《江陵志》："郢都南关三门，一名龙门，一名修门。"屈原船过夏首，原本应该东去陵阳，但他心存眷念，不忍"去终古之所居"，乃运舟西上，寻觅郢都。

⑤ 沅水，今称沅江，湖南西部河流。源于贵州都匀市云雾山鸡冠岭。

⑥ 《涉江》。枉渚，枉水流入沅水的水湾，在今湖南常德市南。北魏郦道元《水经注·沅水》："沅水又东历小湾，谓之枉渚。"辰阳，在今湖南辰溪县潭湾镇。

湖南长沙）汨罗江。在汨罗江边，诗人闻知秦兵破楚，复兴无望，怀沙自沉，悲壮结束了历时九年、历经鄂赣皖湘的长途流放。

流放，固然痛苦，但收获极为丰硕。屈原深入民间，切身感受了社会弊端、民生苦难，领略了南方楚国绚丽多姿的山水、古朴浪漫的民风、历史悠久的文化以及丰富的神话传说，陶冶了情操，增长了才情，催生了作品。他最优美的一组祭诗《九歌》是流放途中的浅吟低唱；最奇特的一首问难诗《天问》是流放途中的深沉思考；最伟大的一首政治抒情诗《离骚》是流放途中"哀民生之多艰"、"恐皇舆之败绩"的慷慨悲歌；他的另一组人称"小离骚"的《九章》，除《桔颂》作于流放之前，其他如《抽思》、《哀郢》、《涉江》、《思美人》、《怀沙》等，都是流放途中触景生情、感物吟志、纪行抒怀的咏叹。这些写于流放的作品，使屈原成为伟大诗人；这种浪迹江湖的流放，使屈原成为旅游家。

第九节　商贾往来

周代，发扬殷人重贾的传统，"治产业，力工商，逐什二以为务"①，行商客贾，争利于市，所谓"天下熙熙，皆为利来；天下攘攘，皆为利往"②。

在东方齐国，商贾以"文采布帛鱼盐"，南至吴楚，北抵燕赵，西贾郑卫。在北方燕国，商人以"鱼盐枣栗之饶"，"南通齐赵"，"北邻乌桓，夫余，东绾秽貉，朝鲜，真番之利"③。在西方秦国，商贾以卮、姜、丹沙、石、铜、铁、竹、木器，"北却戎翟，东

① 《史记·货殖列传》。

② 《史记·货殖列传》。

③ 《史记·货殖列传》。

通三晋"①。在南方楚国，商人以皮革，黄金，珠玑，玳瑁，水果，玉，锡等，东驶闽越，南下番禺，西进巴蜀，北上秦晋。而晋国的商人尤其喜欢与楚国的商人打交道，大量购进南方楚地的货物，"如杞，梓，皮革，自楚往也。虽楚有材，晋实用之"②。贸易渠道甚至蜿蜒曲折地伸向欧洲。公元前四五世纪，一种称之为"赛里斯"的中国丝绸，进入古希腊城邦③。近年，西德考古学家乔格彼尔在联邦德国南部，距离斯图加特尔20公里处，发现了一座距今2500多年的凯尔特王族遗址，并在死者的衣物上发现了色彩鲜艳的中国丝绸镶边④。这一奇迹自应归功于那些不顾"关梁之难，盗贼之危"⑤的中外旅行商。

周代商贾，身份多样。《诗·卫风·氓》"氓之蚩蚩，抱布贸丝"，是农民做买卖。《诗·大雅·赡卬》"如贾三倍，君子是识"，君子者，或官员，或贵族，或书生。春秋时，范蠡协助勾践灭吴，功成身退，退居齐国定陶，收集物产，囤货居奇，"遂至巨万"⑥，是退隐官员做买卖。战国时，魏惠王属下大臣白圭，提出并实行一套"人弃我取，人取我与"的经商策略，人称治生之祖，是在职官员做买卖。孔丘的弟子端木子贡（前520—前446），经商有道，财源滚滚，"国君无不分庭与之抗礼"⑦，是学士做买卖。有些商人，商而优则仕。齐国大臣管仲、鲍叔牙、秦国大臣吕不韦原来都是商人。

商业旅行孕育了游乐愿望与游乐行为。《诗·陈风·东门之枌》：

东门之枌，宛丘之栩。
子仲之子，婆娑其下。

① 《史记·货殖列传》。

② 《左传·襄公二十六年》。

③ 法·戈岱司《希腊拉丁作家远东文献辑录》，耿升译，中华书局，1987年版。

④ 1981年4月23日《北京晚报》。

⑤ 《墨子·贵义》。

⑥ 《史记·货殖列传》。

⑦ 《史记·货殖列传》。

穀旦于差，南方之原。
　　不绩其麻，市也婆娑。
　　穀旦于逝，越以鬷迈。
　　视尔如荍，贻我握椒。①

作者是陈国的一位商人。他从南方行商归来，与姑娘约会跳舞。跳舞时，他娓娓叙说南方之原的富庶和风俗，打算挑一个好日子，再到那个载歌载舞的南方集市做生意，看热闹。旅行念头既有朋贝之思②，又有风情之思。这种旅行也就是我们今天所说的"商业旅游"了。

第十节　以文载游

　　以诗歌、散文、小说等文学样式描写旅游活动、抒发旅游感受、记述旅游见闻的作品，称旅游文学。
　　中国旅游文学源头古老。原始神话有旅游故事，如黄帝游山、女娲游海③、二女游江④、羿、舜探险等。夏商传闻也有旅游故事，如夏启野游⑤、王亥商旅等。
　　周代，文士在途，以文载游，旅游文学蔚为大观。

一、记游诗

　　周代，北方诗歌集于《诗》。《诗》四言记游，篇数多⑥，质量高，特征是触景生情，情景交融。《周南·关雎》：

　　关关雎鸠，在河之洲。
　　窈窕淑女，君子好逑。
　　参差荇菜，左右流之。

①宛丘，陈国都邑，今河南周口淮阳。枌（fén），树名。穀旦，吉日。差，选择。鬷（zōng），多次。荍（qiáo），锦葵。椒，花椒。

②西周也用朋贝为钱财，《诗·小雅·菁菁者莪》："既见君子，锡我百朋。"

③《山海经·北山经》："又北二百里，曰发鸠之山，其上多柘木。有鸟焉，其状如乌，文首、白喙、赤足，名曰精卫，其鸣自詨（xiāo）。是炎帝之少女名曰女娃，女娃游于东海，溺而不返；故为精卫，常衔西山之木石，以堙于东海。"

④《山海经·中山经》："又东南一百二十里，曰洞庭之山，帝之二女居之，是常游于江渊。澧、沅之风，交潇湘之渊，是在九江之间，出入必以飘风暴雨。"

⑤《山海经·海外西经》："大乐之野，夏后启于此儛九代，乘两龙，云盖三层。左手操翳，右手操环，佩玉璜。在大运山北。一曰大遗之野。"儛，舞。九代，骏马。翳，羽毛舞具。

⑥《诗》写游猎，有《周南·兔罝》、《召南·驺虞》、《郑风·叔于田》、《秦风·铁驷》、《小雅·车攻》、《小雅·吉日》；写游观，有《郑风·溱洧》、《郑风·出其东门》、《秦风·终南》、《卫风·竹竿》、《小雅·鹤鸣》；写婚旅，有《召南·何彼襛矣》、《卫风·硕人》、《郑风·有女同车》、《齐风·载驱》、《小雅·车舝》；写隐逸，有《卫风·考盘》；写聘旅，有《鄘风·载驰》、《小雅·皇皇者华》、《小雅·四牡》；写军旅，有《邶风·击鼓》、《豳风·东山》；写迁移，有《大雅·公刘》、《大雅·緜》等等。

窈窕淑女,寤寐求之。
求之不得,寤寐思服。
悠哉悠哉,辗转反侧。
参差荇菜,左右采之。
窈窕淑女,琴瑟友之。
参差荇菜,左右芼之。
窈窕淑女,钟鼓乐之。

这首诗因游即景,因游即人,因游即情。男子游河边,听见河洲上雎鸠歌唱,看见小河中荇菜蔓延,遇见采荇女美丽勤劳,情不自禁,生出一腔爱慕,盼望结成夫妻。是千古传唱的游观遇美抒情诗。《卫风·竹竿》:

籊籊竹竿,以钓于淇。
岂不尔思?远莫致之。
泉源在左,淇水在右。
女子有行,远兄弟父母。
淇水在右,泉源在左。
巧笑之瑳,佩玉之傩。
淇水滺滺,桧楫松舟。
驾言出游,以写我忧。①

① 籊籊(tì),长而尖貌。泉源,水名,在卫之西北,东南流入淇水。瑳(cuō),白玉。傩(nuó),环佩摆动,节奏优美。滺(yōu),荡漾之状。写,泻。

一位女子游于淇水(河南北部黄河支流),钓鱼,泛舟,以游排忧,排解远嫁卫国思念家人的忧愁。《小雅·车舝》:

高山仰止,景行行止。
四牡骙骙,六辔如琴。
觏尔新婚,以慰我心。②

② 舝(xiá),车轴上固定车轮的车键。骙骙,行走不停。辔,缰绳。

仰望高山,行走风景,马蹄嘀嗒,绳音如琴,尽情抒发了迎亲新郎赏心乐事的情怀。所写"高山仰止,景行行止",已是中国旅游的永

恒口碑。

战国，南方诗歌集于《楚辞》①，屈原《九章》有多篇骚体记行诗。《思美人》记行江汉水路（今湖北境内）：

> 开春发岁兮，白日出之悠悠。
> 吾将荡志而愉乐兮，遵江、夏以娱忧。

《哀郢》记行长江水路（今湖北至安徽）：

> 民离散而相失兮，方仲春而东迁。
> 去故乡而就远兮，遵江夏以流亡。
> 出国门而轸怀兮，甲之晁吾以行。
> 发郢都而去闾兮，怊荒忽其焉极？
> ……
> 过夏首而西浮兮，顾龙门而不见。
> ……
> 将运舟而下浮兮，上洞庭而下江。
> 去终古之所居兮，今逍遥而来东。
> ……
> 当陵阳之焉至兮，淼（miǎo）南渡之焉如？

《涉江》记行湖湘旅途（今湖南境内）：

> 哀南夷之莫吾知兮，旦余济乎江湘。
> 乘鄂渚而反顾兮，欸秋冬之绪风。
> 步余马兮山皋，邸余车兮方林。
> 乘舲船余上沅兮，齐吴榜以击汰。
> 船容与而不进兮，淹回水而凝滞。
> 朝发枉陼兮，夕宿辰阳。
> 苟余心其端直兮，虽僻远之何伤。
> 入溆浦余儃佪兮，迷不知吾所如。

① 西汉刘向编辑的南方诗歌集，主要收录屈原骚体诗歌。

宋玉《九辩》也有行旅片段：

> 悲哉秋之为气也，
> 萧瑟兮草木摇落而变衰。
> 憭栗兮若远行，
> 登山临水兮送将归。

《楚辞》记行，景深情浓。与《诗》中记游诗共同奠定了中国旅游诗歌的抒情传统。

二、记游赋

赋，或称辞赋，是一种非诗非文、半诗半文的文体，也是一种以描摹物象、铺陈景观为主的文体。这种文体，名出《诗》义，源出隐语，脱胎楚辞，服务宫廷旅游①。"楚人理赋"②的最初作品，宋玉的《风赋》、《高唐赋》、《神女赋》，都是陪游之作。

《高唐赋》开篇：

> 昔者楚襄王与宋玉游于云梦之台，望高唐之观，其上独有云气，崪兮直上，忽兮改容，须臾之间，变化无穷。王问玉曰："此何气也？"玉对曰："所谓朝云者也。"王曰："何谓朝云？"玉曰："昔者先王尝游高唐，怠而昼寝，梦见一妇人曰："妾，巫山之女也。为高唐之客。闻君游高唐，愿荐枕席。"王因幸之。去而辞曰："妾在巫山之阳，高丘之阻，旦为朝云，暮为行雨。朝朝暮暮，阳台之下。旦朝视之，如言。故为立庙，号曰'朝云'。"
>
> 王曰："朝云始生，状若何也？"玉对曰："其始出也，对兮

---

① 刘勰《文心雕龙·诠赋》："《诗》有六义，其二曰赋。赋者，铺也，铺采摛文，体物写志也。""然赋也者，受命于诗人，拓宇于《楚辞》也。于是荀况《礼》、《智》，宋玉《风》、《钓》、爰锡名号，与诗画境；六义附庸，蔚成大国。遂客主以首引，极声貌以穷文。斯盖别'诗'之原始，命'赋'之厥初也。"

② 刘勰《文心雕龙·诠赋》。

若松椮；其少进也，晰兮若姣姬，扬袂鄣日，而望所思；忽兮改容，偈兮若驾驷马，建羽旗；湫兮如风，凄兮如雨。风止雨霁，云无所处。"王曰："寡人方今可以游乎？"玉曰："可。"王曰："其何如矣？"玉曰："高矣，显矣，临望远矣；广矣，普矣，万物祖矣。上属于天，下见于渊，珍怪奇伟，不可称论。"王曰："试为寡人赋之。"玉曰："唯唯。"①

楚襄王游于云梦阳台，观赏巫山高唐，忘情朝云暮雨，宋玉作赋，铺陈状况。

三、记游文（小说式传记体）

传记，是专记人物事迹的文体。战国无名氏的《穆天子传》是中国最早的富有小说意味的人物传记文，也是最早以人物长征远游为题材的记游文。《穆天子传》描写周穆王西游，率七萃之士②驾八匹骏马③由造父赶车，柏夭向导，从宗周（镐京，今陕西西安）出发，过陇西，出阳关，探险西域，上昆仑山，会西王母：

> 癸亥，至于西王母之邦。吉日甲子，天子宾于西王母。乃执白圭玄璧，以见西王母，好献锦组百纯，口组三百纯，西王母再拜受之。乙丑，天子觞西王母于瑶池之上。西王母为天子谣，曰："白云在天，丘陵自出。道里悠远，山川间之。将子无死，尚能复来。"天子答之，曰："予归东土，和治诸夏。万民平均，吾顾见汝。比及三年，将复而野。"

①椊(zú)，险峻。椮(shí)，树木直立。

②萃，聚。七萃，犹七队。

③八骏：赤骥、盗骊、白义、逾轮、山子、渠黄、骅骝、绿耳。

西王母又为天子吟,曰:"徂彼西土,爰居其野。虎豹为群,于鹊与处。嘉命不迁,我惟帝女。彼何世民,又将去子。吹笙鼓簧,中心翱翔。世民之子,惟天之望。"天子遂驱升于弇山,乃纪丌迹于弇山之石而树之槐。眉曰:"西王母之山"。①

这段文字,基于穆王西征会见西域氏族首领的事实,附会神话,把神话西王母的狰狞面貌②改造为知书识礼、含情脉脉的女王形象,与穆王饮瑶池酒,赋多情诗,作人神恋。"其叙简而法,其谣雅而风,其事侈而核"③。有此一《传》,周穆王事迹传神,名气火爆,历代帝王追慕不已。洪兴祖《楚辞补注》:"后世如秦皇汉武,托巡狩以求神仙,皆穆王启之也。"这"穆王启之",其实是《穆天子传》启之。《穆天子传》以浓厚的文学色彩开创旅游传记文学与传奇体小说。④

第十一节 旅游观念

周代,旅游成为理性认知和文化研究的范畴。

一、"游":旅游之称

原始语言中,是否存在旅游或旅行的符号,只能存疑。《山海经》通篇无"旅",三处用"游"。《北山经》"女娃游于东海",《中山经》有"游戏之山",又说帝尧二女"常游于江渊"。这"游"字,是游乐、游玩、游观之义,应属周人为神话补缀的浪漫字眼。

殷周之际,开始注意旅行的名实。"旅"

---

① 丌(qí),其。眉,题字。
② 《山海经·西次三经》:"西王母其状如人,豹尾虎齿,善啸,蓬发戴胜,是司天之厉及五残。"郭璞注:"主知灾厉五刑残杀之气也。"
③ 明人胡应麟《少室山房笔丛·三坟补遗下》。
④ 与《穆天子传》或先或后,《列子》也有一篇《周穆王》:"周穆王时,西极之国有化人来,……王大悦。不恤国事,不乐臣妾,肆意远游。命驾八骏之乘,右服骝而左绿耳,右骖赤骥而左白。主车则造父为御,㒟为右。次车之乘,右服渠黄而左逾轮,左骖盗骊而右山子,柏夭主车,参百为御,奔戎为右。驰驱千里,至于巨搜氏之国。巨搜氏乃献白鹄之血以饮王,具牛马之湩以洗王之足,及二乘之人。已饮而行,遂宿于昆仑之阿,赤水之阳。别日升于昆仑之丘,以观黄帝之宫,而封之以诒后世。遂宾于西王母,觞于瑶池之上。西王母为王谣,王和之,其辞哀焉。乃观日之所入,一日行万里。王乃叹曰:'放乎!予一人不盈于德而谐于乐,后世其追数吾过乎!'"文字的生动和情趣均不及《穆天子传》的"瑶池会",结尾"曲终奏雅",反省游乐,尤其无味。

因兼具行走、寄居之义成为一般旅行的专称。"旅"本意是军队,甲骨文旅字的字形,是众人在旗下,引申为出征、开拔、行走。"旅"又通"庐",《诗·大雅·公刘》:"于时庐旅"本当写作"于时庐庐";庐,草棚,《诗·小雅·信南山》"中田有庐";旅因庐,引申为寄居①。因而《易经》主讲旅行的卦称"旅"卦。

① 参看清·段玉裁《说文解字注》。

周代,旅行分类逐渐明细。外交之旅,称"聘",婚姻之旅称"归",《诗·周南·桃夭》:"之子于归,宜其室家"。征战之旅称"征",《诗·豳风·破斧》:"周公东征,四国是皇"。天子之旅称"巡",《说文》:"巡,视行也"。迁族或迁都之旅称"迁",《书·盘庚迁》:"盘庚迁于殷。"长途公差,称"役",《诗·王风·君子于役》:"君子于役,不日不月。"

特别是,周人用一个"游"字概指一切有乐身心、有显气派的旅行。《战国策·楚策》说楚王狩猎,"乐矣,今日之游也",是游猎可以称"游"。《庄子·秋水》"庄子与惠子游于濠梁之上,观鱼之乐",是游览可以称"游"。《诗·秦风·驷驖》"游于北园",是游园可以称"游"。《礼记·少牢》"游于艺"、"游于说",是求学、求仕可以称"游"。《诗·邶风·泉水》"驾行出游,以写我忧",是一般出游可以称"游"。

"游"的字义是浮行水中。人能像鱼一样无拘无束、自由自在地"优哉游哉"②,当然是一件快乐的活动。游猎,游览,游园、游学,游说等旅行,虽然形式有异,内容有异,但都是服务情志、自由快乐的活动,统称为

② 《史记·孔子世家》:"优哉游哉,维以卒岁。"

"游",名实相符,形象生动。"游"的提出,表明周人已经有了比较明确的旅游范畴,能够把旅游和商旅、军旅、行役等功利旅行区别开来,为中国文化创制了旅游概念,标志着中国古代旅游的理性自觉。

二、孔子旅游观:外观内省,比德修身

周代出现旅游理论家,一群富有旅游实践的东周诸子。诸子的旅游观点各不相同。影响最大的是孔子旅游观。

孔子倡导旅游,以旅游为结交师友、增长学识的途径。子曰:"有朋自远方来,不亦乐乎。"① 激励学子游学。

孔子倡导旅游,以旅游为学以致用、施展抱负的途径。子曰:"士而怀居,不可以为士矣。"② 鼓励学成游说。

孔子主张非礼毋游,无为不游。《论语·里仁》:

> 父母在,不远游,游必有方。

父母在,儿子应侍奉膝下,不可出门远游,除非有正当的目标。方,正当的目标。反对违反孝道与毫无追求的滥游。

孔子评议旅游是一种独善其身的处世方式。《论语·先进》:

> 子路、曾皙、冉有、公西华侍坐。……"点,尔何如?"鼓瑟希,铿尔,舍瑟而作,对曰:"异乎三子者之撰。"子曰:"何伤乎?亦各言其志也。"曰:"暮春者,春服既成,冠者五六人,童子六七人,浴乎沂,风乎舞雩,咏而归。"夫子喟然叹曰:"吾与点也。"

① 《论语·学而》。

② 《论语·宪问》。

孔子问学生志向，子路、冉有、公西华表达政治抱负，曾皙回答春游水滨，孔子赞成曾皙。曾皙是个旷达之士，不仕不官，以春游之答，表示抛弃政治，独善其身。孔子是热心从政并且做过大官的人，他说"吾与点也"，表示政治不达，退而悠游。意思等同《论语·公冶长》"道不行，乘桴浮于海"。

孔子论说游观山水是外观内省、比德修身的方式。《论语·雍也》：

> 子曰："知者乐水，仁者乐山。知者动，仁者静。知者乐，仁者寿。"

智者心思活跃，如水之流动；仁者心静无欲，如山之安然；智者观水比动而乐，仁者观山比静而寿。西汉刘向《说苑·杂言》：

> 子贡问曰："君子见大水必观焉，何也？"孔子曰"夫水者，君子比德焉；遍予而无私，似德；所及者生，似仁；其流卑下句倨皆循其理，似义；浅者流行，深者不测，似智；其赴百仞之谷不疑，似勇；绵弱而微达，似察；受恶不让，似包蒙；不清以入，鲜洁以出，似善化；至量必平，似正；盈不求概，似度；其万折必东，似意。是以君子见大水，观焉尔也。"

旧题西汉伏胜《尚书大传》：

> 子张曰："仁者何乐于山也？"孔子曰"夫山者，岿然高。""岿然高，则何乐焉？""夫山，草木生

焉，鸟兽蕃焉，财用殖焉，生财用而无私为，四方皆伐焉，每无私予焉，出云风以通乎天地之间，阴阳和合，雨露之泽，万物以成，百姓以飨。此仁者之所以乐于山者也。"

肯定自然美同质人格美，肯定自然山水的品格特征如同仁人君子的品格特征，是君子为人的榜样，是君子乐见山水的原因。由此，形成了儒家旅游观的重要观点：君子比德，乐山乐水。

君子比德，乐山乐水，体现了儒家旅游观的基本精神，外观内省，比德修身。对于后代旅游活动和旅游理论极具影响。

三、庄子旅游观：外观内悟，得道逍遥

先秦，与儒家旅游观唱对台戏的是道家大师庄周。庄子，战国时宋国蒙地人。一生穷困潦倒，思想深邃奇妙，文章深邃奇妙。

一本《庄子》"寓言十九"，大宗寓言是旅游寓言，《知北游》，以游问道；《逍遥游》，以游阐道；表达庄子哲学观，体现庄子旅游观。

庄子热爱自然，爱好旅游。《知北游》："天地有大美而不言，四时有明法而不议，万物有成理而不说。""山林与，皋壤与，使我欣欣然而乐与。"

庄子审美自然与孔子异趣。孔子乐水，欣赏流动，"逝者如斯夫！不舍昼夜"。[①] 庄子乐水，欣赏静止，"水静犹明"[②]，"止于止水"[③]。孔子欣赏树，欣赏坚贞不屈，"岁寒然后知松柏之后凋也"[④]。庄子欣赏树，欣赏奇形怪状，"吾有大树，人谓之樗。其大本臃肿而不中绳墨，其小枝卷曲而不中规矩"[⑤]。

① 《论语·子罕》。
② 《庄子·天道》。
③ 《庄子·德充符》。
④ 《论语·子罕》。
⑤ 《庄子·逍遥游》。

庄子思考旅游比孔丘深奥。

庄子说，旅游应该不带任何欲望与功利。《在宥(yòu)》："浮游不知所求。"

庄子说，旅游的唯一目的是认知自然之道，即万事万物的规律。《知北游》游而问道："何思何虑则知道？何处何服则安道？何从何道则得道？"

庄子说，旅游得道须外观宇宙，内知太初。《知北游》："外不观乎宇宙，内不知乎太初。是以不过乎昆仑，不游乎太虚。"外不看宇宙形象，内不知事物本源，眼界高不过昆仑（有形之境），心机触不到太虚（无形之境），如何觉悟自然之道？《天下》："飞鸟之景，未尝动也。"就是庄子外观有悟的例子。

庄子说，得道旅游方能达到旅游的最高境界：无拘无束，自由自在。《逍遥游》："若夫乘天地之正，而御六气之辩，以游无穷者，彼且恶乎待哉？"意思是顺乎自然，任意而游。

约而言之，庄子旅游观主张外观内悟，得道逍遥。这和孔子的外观内省、比德修身，大相径庭。两者如双峰对峙，二水分流，是指导中国古代旅游的两种主要思想。

第十二节　基本建设

一、周道如砥

周代王室重视道路。设置司空，《周秩官》："司空视涂。"[①]负责水陆道路的管理、建设与维修。颁布"列树以标道，立鄙食以守路"、"雨毕而除道，水涸而成梁"的制度，把陆路的"道路若塞"、水路的"川无舟梁"斥为"废先王之教"[②]。

[①]《周秩官》，先秦书籍。涂，途。

[②]《国语·周语》。

周制,分陆路五等。《周礼·遂人》郑玄注:

径容牛马,畛容大车,深容乘车一轨,道容二轨,路容三轨。

牛马走径,大车走畛,主要服务民间。深、道、路,主要服务官方,统称周行。《小雅·鹿鸣》:"人之好我,示我周行。"周行,路面正直、宽敞、平整。《小雅·大东》:"周道如砥,其直如矢。"

周代诸侯也重视道路。晋文公称霸,轻关,易道,通商,要求各国放松关卡,平整道路,通行商贸。公元前651年,齐桓公大会诸侯,签定"葵丘之盟",五条盟约有两条专讲商旅。一条是"毋忘宾旅"[1],不能拒绝招待各国商贾;一条是"毋遏籴"[2],不能阻止各国商人的粮食贩卖。孟子提倡的"王天下之道",五条中也有两条专讲商旅:"天下之商皆悦而愿藏于其市","天下之旅皆悦而出于其路"[3]。

东周诸侯开发陆路的艰难工程是秦国至蜀国的山中栈道。栈道,盘旋山崖,悬置峭壁,或凿壁垫石,或桩木支板。秦惠王更元年间(前338—前311),为开发陕南,修筑褒斜栈道,起于斜谷(今陕西宝鸡市眉县),至于褒谷(今陕西汉中市);为侵吞巴蜀,又延伸褒斜栈道,修筑金牛栈道,起于汉中,止于剑阁(今四川剑阁),或称南栈道、石牛道、五丁道、剑阁道。《史记·蔡泽列传》说秦昭王时:"栈道千里,通于蜀汉,使天下皆畏秦。"今天犹在的南栈道,"自沔县(汉中沔县)而西,南至四川剑阁县的大剑阁,据说就是金牛道故道"[4]。

[1]《孟子·告子》。
[2]《孟子·告子》。籴(dí),买进粮食。
[3]《孟子·公孙丑》。
[4] 白寿彝《中国交通史·先秦时代之交通》。

开发水路的突出成绩是修筑运河。《史记·河渠书》说，楚国开渠，沟通汉水、云梦；吴国开渠，沟通三江五湖①；齐国开渠，沟通菑水、济水；蜀国开渠，导水穿流成都；最大的一条是鸿沟，西起荥阳（今河南荥阳），东流大梁（今河南开封西北），再东南流入淮水，沿途会合了济、汝、淮、泗诸水，历经宋、郑、陈、蔡、曹、卫诸国，是一项浩大的沟通南北水系的跨国工程，应是六国合作，通力建造。

二、车辚辚　舟摇摇

周代，常见舟船。

民间小型舟筏。《诗·邶风·二子乘舟》："二子乘舟，泛泛其景。"《诗·卫风·河广》："谁谓河广，曾不容刀。"舟、刀，小船。《诗·邶风·谷风》："就其深矣，方之舟之。"《尔雅》："庶人乘泭。"《论语·公冶长》："道不行，乘桴浮于海。"方、泭、桴，是木筏或竹筏。

官府有大型舟船。《史记·张仪列传》：

> 秦西有巴蜀大船，积粟起于汶山，浮江以下，至楚三千余里，舫船载卒，一舫载五十人与三月之食。下水而浮，一日行三百余里。里数虽多，然而不费牛马之力，不至十日而距扶关。

大船的制作与应用，为内河航运灌注了巨大能量。

拥有舟船，就是富人。《诗·小雅·大东》："舟人之子，熊罴是裘。"

周代，马车激增。

① 《周礼·夏官·职方氏》："东南曰扬州……其泽薮曰具区，其川三江，其浸五湖。"三江：东南三江。《国语·越语》韦昭注，吴江、钱塘江、浦阳江。陆德明《经典释文》引《吴地记》，松江、娄江、东江。《汉书·地理志》颜师古注，长江的北江、中江、南江。五湖：东南湖区。指太湖。《国语·越语》韦昭注："五湖，今太湖。"《文选》李善注引张勃《吴录》："五湖者，太湖之别名也。"或指太湖及附近四湖。汉赵晔《吴越春秋·夫差内传》徐天佑注引韦昭曰："胥湖、蠡湖、洮湖、滆湖，就太湖而五。"郦道元《水经注·沔水》："五湖谓长荡湖、太湖、射湖、贵湖、滆湖也。"

军队用马车，大贾行商也用乘马。《史记·货殖列传》说端木子贡逐利鲁宋，"结驷连骑"。《史记·苏秦列传》说魏国："车马之多，日夜行不绝，輷輷(hōnghōng)殷殷，若有三军之众。"这般车水马龙，既然不是军队，应是商流客流。

三、馆舍俨然　宾至如归

夏商有无旅馆，文献无征。想来，旅行居住，一是借宿，一是野宿。野宿，搭草棚。《易·旅》："旅即次，怀其资斧。"次，茨，茅棚。资斧，财物。抱着资财，夜宿茅棚。

周代似有旅馆建设的规划。《周礼·地官·遗人》：

> 凡国野之道，十里有庐，庐有饮食；三十里有宿，宿有路室，路室有委；五十里有市，市名侯馆，侯馆有积。①

① 委，积，委积的生活材料。意思是供吃供住。侯馆，官府的宾馆。

十里有饭馆，三十里有旅馆，五十里有宾馆。过于理想，写得出，做不到。可以证实的是，周代旅馆确有一定的布局与经营。

周代旅馆，两类四种。一类是国家开办的宾馆和邮传，一类是私人开办的传舍和客舍。

宾馆，朝廷和各国诸侯为接待外交宾客专门设置的馆舍。初建于西周，通常称馆，负责的官员称司里。《国语·周语》："司里授馆。""司里不授馆，国无寄寓，县无旅舍。"宾馆修缮阔绰，建如宫室。《左传·襄公三十一年》晋文公重耳"崇大诸侯之馆"，"高其闳闳(hànhóng)，厚其墙垣"，"馆如公寝，库厩缮修"，侍从众多，各瞻其事；夜

晚，火炬高照，仆人巡逻；来宾车马有安顿，随从有照料；务使客人"宾至如归，无宁灾患，不畏寇盗，而亦不患燥湿"。

邮传，国家为传递消息与文书设置的接力站。《孟子·公孙丑》："邮，境上传书舍也。"每隔一段设置一个，邮传备有快马，传命者换马不换人，又称驿站。《说文》："驿，置骑也。"是比较可靠、快捷的信息传递系统。孔子用它打过比方："德之流行速于置邮而传命。"① 邮传即驿站也为过路官员、过路贵族提供住宿，相当于官府招待所。《国语》说晋文公乘"驿"会秦伯于王城（今河南洛阳）。《左传》说楚武王乘"驿"会师于临品（今湖北丹江口）。驿，邮传之马。楚武王既乘驿马，必住驿站。

传舍，战国豪门私家开办的用于招才养士的宾馆。当时热衷养士的贵族，著名者有"战国四公子"：齐国孟尝君田文（？—前279）、赵国平原君赵胜（约前308—前251）、魏国信陵君魏无忌（？—前243）、楚国春申君黄歇（前314—前238）。这四人收罗四方游士，门下食客数以千计，传舍之大，可想而知。《史记·孟尝君列传》有一段传舍故事：

  初，冯谖闻孟尝君好客，蹑履而见之。孟尝君曰："先生远辱，何以教文也？"冯谖曰："闻君好士，以贫身归于君。"孟尝君置传舍十日，孟尝君问传舍长曰："客何所为？"答曰："冯先生甚贫，犹有一剑耳，又蒯缑。弹其剑而歌曰：'长铗归来乎，食无鱼。'"孟尝君迁之

① 《孟子·公孙丑》。

幸舍，食有鱼矣。五日，又问传舍长。答曰："客复弹剑而歌曰：'长铗归来乎，出无舆。'"孟尝君迁之代舍，出入乘舆车矣。五日，孟尝君复问传舍长。舍长答曰："先生又弹剑而歌曰：'长铗归来乎，无以为家。'"孟尝君不悦。居期年，冯谖无所言。孟尝君时相齐，……齐王惑于秦、楚之毁，……遂废孟尝君。诸客见孟尝君废，皆去。冯谖曰："借臣车一乘，可以入秦者，必令君重于国而奉邑益广，可乎？"孟尝君乃约车币而遣之。冯谖乃西说秦王，……秦王大悦，乃遣车十乘黄金百镒以迎孟尝君。冯谖辞以先行，至齐，说齐王，……召孟尝君而复其相位，而与其故邑之地，又益以千户。

孟尝君把自家的传舍分为三等，上等的叫"代舍"，有鱼吃，有车坐；中等的叫"幸舍"，有鱼吃，无车坐；下等的叫"传舍"，无鱼无车，粗茶淡饭。凡有士投靠，孟尝君因材施舍。冯谖始住"传舍"不满，改住"幸舍"不满，再住"代舍"仍不满，孟尝君不高兴，以为冯谖得陇望蜀，贪得无厌。不知冯谖的确是位不同流俗的高人义士。

私家传舍，有时招待国宾。赵国蔺相如出使秦国，秦昭王"舍相如广成传"[①]。这"广成传"就是咸阳城中的贵族传舍。与国家办的宾馆、邮传相比，私家传舍的住客稳定性较大，流动性较小，宿舍的意味重，旅馆的意味轻。三者的共同点是：不收费，不营利，不接一般

① 《史记·蔺相如列传》。

旅客，性质上属于政治旅馆而非商业旅馆。

客舍，亦称"逆旅"，民间商业旅馆。春秋已有，战国渐多。《左传·僖公二年》："今虢为不道，保于逆旅。"杜预注："逆旅，客舍也。"① 《韩非子·说林》：

① 保于逆旅，保，堡，以客舍为堡。

> 杨子过于宋东之逆旅，有妾二人，其恶者贵，美者贱。杨子问其故，逆旅之父答曰："美者自美，吾不知其美也，恶者自恶，吾不知其恶也。"

杨子，杨朱，战国诸子，与墨翟并称"杨墨"。他在宋国投宿的这家"逆旅"，由丈夫做主人，由双妾做帮手，开家庭旅馆。

民间旅馆在秦国已有法令约束。秦国商鞅（约前395—前338）施政，认为经营旅馆，涣散务农，奸人托庇，主张禁止及管制。《商君书·垦令》："废逆旅，则奸伪、躁心、私交，疑农之民不行。逆旅之民无所于食，则必农。农则草必垦矣。"法令客舍接客，须验明身份，否则，一旦出事，客舍连坐。《史记·商君列传》：

> 公子虔之徒告商君欲反，发吏捕商君。商君亡至关下，欲舍客舍。客人不知其是商君也，曰："商君之法，舍人无验者坐之"。

商鞅既为客舍立法，说明秦国客舍已成事业。东周客舍，是中国最早的商业旅馆。

四、开张妓院

妓院是东周一种特殊的客舍。东周襄王时，齐桓公（？—前643）在临洮王宫开设女闾，为自己提供淫乐，是妓院发端。《战国策·东周策》："齐桓公宫中七市，女闾七百。"① 之后，勾践也开妓院，为士人、士兵提供性事。《吴越春秋》："越王勾践（约前520—前465）输有过寡妇于山上，使士之忧思者游之，以娱其意。"《越绝书》："独妇山者，勾践将伐吴，徒寡妇置山上，以为死士，未得专一也。"战国时，通都大邑，如赵国邯郸、郑国新郑均有面向民众的商业性妓院。《史记·货殖列传》：

> 若夫赵女郑姬，说形容，揳鸣琴，揄长袂，蹑利屣，目挑心招，出不远千里，不择老少，奔富厚也。

赵国、郑国的妓女形象好，善文艺，善挑逗，只要来客富贵，不择老少，不远千里，相随而去。妓院，自东周起，代代经营，留宿顾客，直到民国。

五、旅游城

周灭商，天子打造京城，诸侯建设国都，一批通都大邑先后崛起。按《周礼·考工记》，市政建设有规范。"匠人营国，方九里，旁三门，国中九经九纬，经涂九轨。左祖右社，面朝后市，市朝一夫。"② 营造国都，城方九里，开门三座；城内道路纵横，南北为经，东西为纬，各有九条；经涂宽阔，九车并行；王宫的左边是祖庙，右边是社稷，正面是朝廷，后面是市场；朝廷和市场的面积各方百步。是一种方方正正、均衡对称、突出政治、兼顾商业的城建模式。

丰邑 周族国都原在岐山，西伯伐崇③，占领今陕西西安一带。在陕西沣水的西岸，今陕

① 七百，七百人。有说，按《周礼》五家为比，五比为闾，一闾二十五家。女闾七百，为一万七千五百家，绝不可信。

② 一夫，《周礼》郑玄注："方各百步。"

③ 西伯，商王赐周文王封号。

西西安长安区，修筑新都，称丰邑。《诗·大雅·文王有声》："既伐于崇，作邑于丰。"《史记·周本纪》西伯：

> 伐崇侯虎，而作丰邑，自岐下而徙都丰。

丰邑，筑有城墙，环绕护城河。《文王有声》："筑城伊淢，作丰伊匹。""王公伊濯，维丰之垣。"①

镐京 丰邑落成，文王死，武王灭纣，即天子位，亲自占卜，选定沣水东岸，今陕西西安长安区，修筑西周京城，称镐京，又称宗周②。《文王有声》：

> 考卜维王，宅是镐京。
> 维龟正之，武王成之。
> 镐京辟雍，自西自东，
> 自南自北，无思不服。③

镐京与丰邑一水之隔，武王常居镐京，也常去丰邑办公。丰邑主祭祀，镐京主行政，名为两城，实为一都，合称丰镐。丰镐是当今西安的基础。

洛邑 武王死，成王年幼，周公摄政。成王五年，周公东征，平定武庚和"三监之乱"④，在瀍水西，今河南洛阳地区，用时半年，建造新城，称成周，作为殷商遗民的集中地。《汉书·地理志》："洛阳，周公迁殷民，是为成周。"成王七年，考虑到河洛是"天下之中，四方入贡道里均"⑤，又在瀍水东，今河南洛阳地区，修建陪都，至成王十四年完工⑥，称王城。《汉书·地理志》："河南，故郏鄏地。周武王迁九鼎，周公致太平，

① 淢（xù），洫，护城河。匹，般配。濯，洗涤，引申光大。

② 丰邑建在文王死前一年。武王伐纣在文王死后一年。镐京建在武王元年，文王死后第二年。沣水两岸，三年内连起两座新城。

③ 辟雍，宫室。

④ 武庚，商纣王之子，周初受封商王畿地区（河南安阳附近）。武王设三监管理武庚封地。三监武王弟管叔、蔡叔、霍叔。武王病逝，周公摄政，武庚挑唆三监作乱。周公东征，诛武庚，杀管叔而放蔡叔，废霍叔为庶民。

⑤ 《史记·周本纪》。

⑥ 《竹书纪年》成王七年"三月，召康公如洛（成周）度邑（王城）。""十四年……冬，洛邑（王城）告成。"

营以为都,是为王城。"① 成周、王城,实为一水一城两区。《尚书·洛诰》"涧水西,惟洛食","涧水东,亦惟洛食",合称洛邑。洛邑是当今洛阳的基础。

邯郸 今河北邯郸。邯郸城建,起于殷商。唐人李泰《括地志》引《竹书纪年》古本注文:"纣时稍大其邑(殷都安阳),南距朝歌,北据邯郸及沙丘,皆为离宫别馆。"西周,邯郸是卫国领地。东周,邯郸为赵国国都。赵都邯郸,是商贾名城,也是游乐名城,特盛艺妓歌舞。秦国李斯《谏逐客书》说赵国艺妓,"随俗雅化,佳冶窈窕"。《史记·吕不韦传》说吕不韦贾于邯郸,"取邯郸诸姬绝为善舞者与居"。

临淄 齐国国都,今山东临淄县。东周时,因鱼盐丰饶,丝织精美,商贾云集,繁华富庶。苏秦说:

> 临淄之途,车毂击,人肩摩,连衽成帷,兴袂成幕,挥汗成雨,家敦而富,志高而扬。②

车马塞道,人山人海,生活富足,意气风发。临淄也是一座娱乐城。《战国策·齐策》:

> 临淄甚富而实,其民无不吹竽鼓瑟,击筑弹琴,斗鸡走犬,六博蹹鞠者。

六博,又作陆博。博,博采。博者双方各有六枚棋子,掷采行棋。隋代鲍宏《博经》:"用十二棋,六棋白,六棋黑,所掷头,谓之琼。每人六棋,局分十二道,中间横一空间为水,放鱼两枚。博时先掷采,后行棋。棋到水处

① 河南,黄河之南。郏鄏,洛邑古地名。

② 《战国策·齐策》。

则食鱼，食一鱼得二筹。"踢鞠又名蹴鞠（cù jū）。踢、蹴，脚踢。鞠，皮制圆球。是一项踢球运动。

郢都 楚国国都，遗址在今湖北荆州纪南城。城建规模大。1965年湖北文物部门测绘，遗址城东至城西长4450米，城南至城北阔3588米，周长15 506米，有七座城门，四条城内河道。宫殿华丽，园林优美。屈原《招魂》：

> 高堂邃宇，槛层轩些。
> 层台累榭，临高山些。
> ……
> 川谷径复，流潺湲些。
> 光风转蕙，氾崇兰些。
> ……
> 坐堂伏槛，临曲池些。
> 芙蓉始发，杂芰荷些。
> ……
> 兰薄户树，琼木篱些。

农业、手工业、商业发达。桓谭《新论》："楚之郢都，车毂击，民肩摩，市路相排突，号为朝衣鲜而暮衣弊。"《战国策·楚策》："苏秦之楚三日乃得见乎王，……曰：'楚国之食贵于玉，薪贵于桂。'"食、薪昂贵，而车辆拥挤，正显人口密集、市场繁荣。《史记·货殖列传》："江陵故郢都，西通巫、巴，东有云梦之饶。"西通巫巴，交通便利；云梦之饶，物产丰富。

六、景观名胜

文王苑囿

周代苑囿，名气最大的是周文王苑囿，地在今甘肃平凉市灵台县境。① 文王一生做过商

---

① 一说地在今陕西西安户县原称鄠县，裴骃《史记集解》引徐广曰："丰在京兆鄠（hù）县东，有灵台。"

朝西伯，并没有做过周朝的天子，文王是灭商之后追赠的谥号。因此文王苑囿其实是西伯苑囿。《孟子·梁惠王》说文王苑囿占地七十里，比商朝规定的诸侯四十里，僭越一倍，是违规用地。文王苑囿，又称灵囿。苑中有高台，称灵台，观天之台①。苑中有湖泊，称灵沼。苑中有宫室，称辟雍②。苑中有钟鼓，苑中有安详的麋鹿、飞舞的白鸟和跳跃的鱼。《诗·大雅·灵台》：

> 经始灵台，经之营之。
> 庶民攻之，不日成之。
> 经始勿亟，庶民子来。
> 王在灵囿，麀鹿攸伏。
> 麀鹿濯濯，白鸟翯翯。
> 王在灵沼，于牣鱼跃。
> 虡业维枞，贲鼓维镛。
> 于论鼓钟，于乐辟雍。
> 于论鼓钟，于乐辟廱。
> 鼍鼓逢逢，蒙瞍奏公。③

文王深得民心，民众甘心筑台，王在苑囿，生物欣然④，钟鼓悠然。

五岳四渎

周代自然景观，崇敬"五岳四渎"。岳，高山。渎，河川。

五岳。《左传·昭公四年》称四岳：

> 四岳、三涂、阳城、太室、荆山、中南、九州之险也。⑤

《尚书·舜典》也称四岳：

> 岁二月，东巡守，至于岱宗，柴。望秩于山川。……五月南巡

---

① 《诗》郑玄注："天子有灵台者所以观祲象，察气之妖祥也。"祲象，日色凶吉。今灵台县"灵台"，今人重修，坐北朝南，底宽18米，高33米。台体分三层，顶层大殿塑周文王像，两边墙壁绘大型壁画，再现当年周文王征战的壮阔场面，底部回廊为碑林。

② 辟雍(bìyōng)，《诗》郑玄注："筑土雍水之外，圆如璧，四方来观者均也。"这里代指离宫别馆。一说太学。戴震《毛郑诗考证》："此诗灵台、灵沼、灵囿与辟廱连称，抑亦文王之离宫乎？闲燕则游止肄乐于此，不必以为太学，于诗辞前后尤协矣。"

③ 亟，急。形容开工从容，民工乐意。麀(yōu)鹿，母鹿。濯濯(zhuó)，肥壮。翯(hè)翯，洁白。于(wū)，叹美。牣(rèn)，满。虡(jù)，悬钟木架。业，虡上横板。枞(cōng)，虡上悬钟之钉。贲(fén)，鼖，大鼓。论，伦，次序。辟廱(bìyōng)，离宫。鼍(tuó)，扬子鳄。鼍鼓，鳄皮鼓。逢(péng)逢，鼓声。蒙瞍，盲人。公，功。

④ 陈子展《诗经直解》引明人孙矿语："鹿善惊，今乃伏；鱼沉水，今乃跃。"

⑤ 三涂，山名，三涂山，在今河南嵩县。阳城山，地在今河南巩义、荥阳、登封、新密市西北交界处。太室山，在今河南登封，是嵩山东峰。荆山，在今陕西富平。中南山，即终南山，在今陕西眉县至蓝田一带。

守,至于南岳,如岱礼。八月西巡守,至于西岳,如初。十有一月朔巡守,至于北岳,如西礼。①

四岳,四座名山②。《史记·封禅书》:"岱宗,泰山也。""南岳,衡山也。""西岳,华山也。""北岳,恒山也。"岱宗,东岳泰山,今山东泰山。西岳华,今陕西华山。北岳恒,今山西恒山。南岳衡,不是今湖南衡山而是今安徽天柱山。天柱山又名霍山,其地古有衡山国,亦称衡山。《史记·秦始皇本纪》:"西南渡淮水,之衡山、南郡。"所说南郡,治所江陵,今湖北荆州;所说衡山,即安徽天柱山。《周礼·春官》增为五岳:

以血祭祭社稷、五祀、五岳。③

所增一岳,是嵩山。《诗·大雅·崧高》:"崧高维岳,峻极于天。"《尔雅·释山》:

泰山为东岳,华山为西岳,霍山为南岳,恒山为北岳,嵩高为中岳。

《史记·封禅书》:"昔三代之君皆在河洛之间,故嵩高为中岳,而四岳各如其方。"五岳布局均衡,四岳在四方,象征东南西北;嵩山居其中,左岱右华,北恒南霍,象征天下中央。

四渎。《尔雅·释水》:"江、淮、河、济为四渎,四渎者,发源注海者也。"黄河不须说,长江、淮河、济水,在上古也是出名的河流。《诗》歌咏长江。《周南·汉广》:"汉之广矣,不可泳思。江之永矣,不可方思。"《小雅·四月》:"滔滔江汉,南国之纪。"《召南·江有汜》以长江起兴:"江有

① 柴,烧柴祭天。望秩,按等级望祭山川。秩,等级秩序。

② "四岳",亦是官名,处理四方氏族事务的官员。《史记·齐太公世家》:"先祖尝为四岳,佐禹平水土。"

③ 血祭,以牲畜之血祭祀。社稷,土神和谷神。五祀,祭五行之神。《周礼》郑玄注:"此五祀者,五官之神。"《左传·昭公二十九年》:"故有五行之官,是谓五官。实列受氏姓,封为上公,祀为贵神。社稷五祀,是尊是奉。"《太平御览》卷五二九引《汉书议》:"祠五祀,谓五行金木水火土也。木正曰句芒,火正曰祝融,金正曰蓐收,水正曰玄冥,土正曰后土。皆古贤能治成五行有功者,主其神祀之。"

汜，之子归，不我以。"《诗》写到淮河，《大雅·常武》："铺敦淮濆，执彼丑虏。截彼淮浦，王师之所。"周人并以淮河冠名东方夷族。《大雅·江汉》："匪安匪游，淮夷来求。""匪安匪舒，淮夷来铺。"济水，源于今河南济源市王屋山，流经山东、河北，入于海，《禹贡》有载，今堙废。山东城市称济南、济阳，皆攀附济水。

五岳四渎，礼遇高贵。《礼记·王制》：

> 天子祭天下名山大川，五岳视三公，四渎视诸侯，诸侯祭名山大川之在其地者。①

① 三公，辅弼大臣太师、太傅、太保。

朝廷规定，祭奠名山大川，"五岳"的礼遇视同三公，"四渎"的礼遇视同诸侯，凸显"五岳四渎"的崇高地位。

溱洧

溱洧，溱水、洧水。溱水，源出今河南新郑市郑韩故城（古郑县）。东汉桑钦《水经·潧（溱）水》：

> 潧（溱）水出郑县西北平地，东过其县北，又东南过其县东，又南入于洧水。

洧水，源出今河南郑州新密市西南。桑钦《水经·洧水》：

> 洧水出河南密县西南马岭山，东南过其县南，又东过郑县南，潧水从西北来注之。

洧水、溱水在新密交汇，称双洎河，尔后流经鄢陵、扶沟两县南至西华县注入颍水②。溱洧流

② 颍水，又称颍河，源于中岳嵩山，流经河南登封、禹州、许昌、临颍、周口、阜阳、颍上，汇入淮河，今全长619公里，为淮河第一大支流。

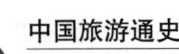

域就是溱水、洧水穿行的今河南中部的新郑、新密地区。

溱洧，风景优美。《诗·郑风·溱洧》："溱与洧，方涣涣兮。"涣涣，河道水满，水波荡漾。"溱与洧，浏其清矣。"水光浏亮，河水清澈。西周时，周穆王游溱洧。《穆天子传》："是日也，天子饮许男于洧上。"① "夏庚午，天子饮于洧上。"东周时，当地的民间青年男女，每到春天，成双成对，到溱洧水滨踏青嬉春。《郑风·溱洧》就是一首相约出游、游于溱洧的恋歌。

① 许男，许国国君，男爵。

溱洧，城郭高耸。溱洧一带，原有虢国、郐国。东周初，由陕西棫林（今陕西凤翔）迁移到嵩山之东（今河南荥阳）的郑国，灭郐、灭虢，据有溱洧②，修筑郑国新都，称为郑。《左传·隐公十一年》郑庄公曰："吾先君（郑武公）新邑于此。"战国时，公元前375年，韩灭郑，从阳翟（今河南禹州）迁都郑邑。到公元前230年秦灭韩，溱洧之地的郑邑担任郑韩国都长达539年。故址在今河南新郑市区周围，双洎河（古洧水）与黄水河（古溱水）交汇处。城墙周长20公里，五花土分层夯筑，基宽40米至60米，高15米至18米。北墙外侧有防御设施。城内面积16平方公里，用墙间隔，分东西两城。西城有韩国宫室、东城有郑国宫室。城内有储水井、下水道；有各种手工作坊，缫丝、铸铜、铸铁、制骨、制玉、制陶等。其中，制陶作坊，分为生活区、作坊区和烧造区三个区域，规模庞大，占地面积达数万平方米。故城内外有郑韩两国贵族墓地、大型韩王陵墓群，出土大量宗庙礼乐器和殉马坑。反映出当时的繁荣与热闹。

② 《竹书纪年》周平王六年（前765）："郑迁于溱、洧。"

溱洧，水土丰饶，宜居宜农，养物养人。当初，受封陕西的郑桓公因周室衰落，企图迁移，求教太史伯。太史伯建议他东迁"济洛河颍"，"主苿隗①而食溱洧。"《国语·郑语》韦昭注："苿隗，山名，为之神主。""食，谓居其土，食其水。"

溱洧，是诗歌之乡，也是音乐之乡。《诗经》的《郑风》就是溱洧的流行歌曲，特点是以靡靡柔婉的曲调，歌唱男女私情②，孔子称为"郑声"，"恶郑声之乱雅乐"③，主张"放郑声，远佞人，郑声淫，佞人殆"④。《礼记·乐记》子夏："郑音好滥淫志"，"淫于色而害于德"。但实际上，"郑声"因悦耳动听，缠绵婉柔，感动性情，广受欢迎。《礼记·乐记》：

> 魏文侯问于子夏曰："吾端冕而听古乐，则惟恐卧；听郑卫之音，则不知倦。敢问古乐之如彼，何也？新乐之如此，何也？"⑤

《孟子·梁惠王》说齐宣王自称：

> 寡人非能好先王之乐也，直好世俗之乐耳。

刘向《新序》说齐宣王：

> 寡人今日听郑卫之音，呕吟感伤，扬激楚之遗风。

魏文侯所谓"新乐"、齐宣王所谓"世俗之乐"，就是"郑卫之音"代表的区别于"礼乐"即"雅乐"的流行歌曲。

终南山

终南山，是秦岭山脉的一段，西起陕西

① 苿隗，大隗山，位于今河南新密苟堂镇，与禹州、新郑交界。

② 《郑风》二十一篇，男女私情十四篇，占三分之二。

③ 《论语·阳货》。

④ 《论语·卫灵公》。

⑤ "郑卫之音"指郑国、卫国的歌曲。《诗》"十五国风"，《卫风》与《郑风》风格相似。

眉县，东至陕西蓝田，主峰位于周都镐京今西安西南。终南，名出《诗》、《书》。《诗》有《秦风·终南》，《书》有《禹贡》"终南"。终南或称中南，《左传·昭公四年》："荆山、中南，九州之险。"又，从镐京观之，终南山是镐京南面之山，《诗》或称终南为南山①。《召南·草虫》："陟彼南山，言采其薇。"《毛传》："南山，周南山也。"《小雅·节南山》"节彼南山，维石岩岩"，《小雅·信南山》"信彼南山，维禹甸之"，说的也是终南山。又，终南山称南山或有历史渊源。《山海经·西山经》："又西百七十里，曰南山，上多丹粟。丹水出焉，北流注于渭。兽多猛豹，鸟多尸鸠。"这座南山，或即终南山。

　　终南山，山石崔嵬，山峦起伏。《诗·小雅·节南山》：

　　　　节彼南山，维石岩岩。
　　　　节彼南山，有实其猗。②

终南山形体巍峨，万古岿然。《诗·小雅·天保》：

　　　　如月之恒，如日之升。
　　　　如南山之寿，不骞不崩。③

终南山，郁郁葱葱，林木繁盛。《诗·秦风·终南》：

　　　　终南何有？有条有梅。
　　　　终南何有？有纪有堂。

条，楸树，树干直，纹理美观、质地坚韧，可制车厢、乐器等。梅，梅树，梅果可用来做梅

① 周代诸侯国也有"南山"。《齐风·南山》，《毛传》："南山，齐南山也。"《曹风·候人》"荟兮蔚兮，南山朝隮"，《毛传》："南山，曹南山也。"

② 岩岩，高峻。实，坚固。猗，起伏。

③ 骞，亏损。

干、梅酱、话梅、酸梅汤、梅酒等，亦可入药。东汉张仲景《金匮要略》有"乌梅丸"处方。杞，杞柳，可成风景，可护岸，可编筐。堂，棠梨树，根、叶有药用价值，可润肺止咳，清热解毒；果实可健胃、止痢。终南，厚德载物，士人热爱之，歌唱之。

牛山

牛山，齐国名山，地在齐都今山东临洮之南。左思《齐都赋》："牛岭镇其南。"或称南山。《诗》有《齐风·南山》，《毛传》："南山，齐南山也。"牛山不高。南朝刘昭注《孟子》牛山："齐南小山为牛山。"但牛山虽小，却有尊贵气象。

牛山是祭祀之山，供奉五帝之位。《晏子春秋》：

> 楚巫曰："请巡国郊，以观帝位。"至于牛山而不敢登，曰："五帝之位，在于国南，请斋而后登之。"

楚巫所说"五帝"[①]，可能指五方"五帝"。屈原《惜诵》："指苍天以为证，令五帝使折中。"王逸注：五帝东方太昊，南方炎帝，西方少昊，北方颛顼，中央黄帝。

牛山，又是齐国公室的陵寝之山。东麓有齐桓公、齐景公之墓，西麓有齐威王、齐宣王、齐愍王、齐襄公之墓，北麓有齐国一代名相管仲之墓。

牛山，也是齐国王公贵族的游览之山。《晏子春秋》：

> 景公游于牛山，北临其国城。而流涕曰："若何滂滂去此而死乎！"[②]

[①] 五帝，古史传说的上古五位帝王。按《易·系辞》、《战国策》，是伏羲、神农、黄帝、尧、舜。按《世本》、《大戴礼记》、《史记·五帝本纪》，是黄帝、颛顼、帝喾、唐尧、虞舜。按《礼记·月令》，是太皞（伏羲）、炎帝（神农）、黄帝、少皞、颛顼。按《尚书序》、《帝王世纪》，是少昊（皞）、颛顼、高辛（帝喾）、唐尧、虞舜。又有所谓"五方帝"，唐人贾公彦疏《周礼·天官》，是东方青帝、南方赤帝、中央黄帝、西方白帝、北方黑帝。

[②] 滂滂，泪水滂沱。

牛山景色怡人，景公流连忘返，想到死后再也看不到牛山，嚎啕大哭。不过，景公固然爱之，齐国却未加保护。《孟子·告子》：

> 牛山之木尝美矣，以其郊于大国也，斧斤伐之，可以为美乎？是其日夜之所息，雨露之所润，非无萌蘖之生焉，牛羊又从而牧之，是以若彼濯濯也。

濯濯，光秃貌。孟子说牛山原本草木优美，因在临洮南郊，人多蹂躏，肆意砍伐，放纵牛羊，以致牛山光秃。今日牛山，植被丰茂，林木秀美，以"春回牛山雨蒙蒙"的特色，列为临淄八景之一。

云梦泽

云梦泽，指周代江陵（今湖北荆州）以东的湖泊沼泽区。①《史记·货殖列传》："江陵……东有云梦之饶。"《周礼·夏官职方氏》荆州："泽薮曰云梦。"

云梦泽，范围广大。司马相如《子虚赋》："云梦者，方九百里。"是周代天下九大泽薮之一。《国语·周语》："陂障九泽，丰殖九薮。"泽，湖泊沼泽。薮，生有水草的湖泊沼泽。②《吕氏春秋·有始览》：

> 何谓九薮？吴之具区，楚之云梦，秦之阳华，晋之大陆，梁之圃田，宋之孟诸，齐之海隅，赵之巨鹿，燕之大昭。③

《尔雅·释地》说天下十薮，云梦泽也是其一：

① 或曰云梦地跨湖北长江南北。《左传·昭公三年》："郑伯如楚，……王以田江南之梦。"唐·杜预注："楚之云梦，跨江南北。"北宋·沈括《云梦考》附和杜预："江南为梦，江北为云。"

② 北宋·邢昺《尔雅疏》，或云"泽无水曰薮"，或云"水希曰薮"。

③ 具区泽，今江苏太湖。阳华泽，《淮南子·地形训》称阳纡，故地在今陕西陇县。大陆泽，故地在今河北邢台。圃田泽，《淮南子》称"郑之圃田"，故地在今河南郑州、中牟之间。孟诸泽，故地在今河南商丘东北。海隅泽，故地在今山东无棣、蓬莱之间。巨鹿泽，故地在今河北巨鹿。大昭泽，高诱注："大昭，今太原郡是也。"《淮南子》称昭宇，故地在今山西祁县西南、介休县东北。

鲁有大野、晋有大陆、秦有杨陓、宋有孟诸、楚有云梦、吴越之间有具区、齐有海隅、燕有昭余祁、郑有圃田、周有焦护。①

后随时光流逝，云梦泽逐渐萎缩，主体消失，今日洪湖，是云梦泽个别湖泊的壮大。

周代云梦泽，环境壮观。居中观之，东边是高山，《尚书·禹贡》："云梦土作乂。"土，高平之地，乂，治理，耕作。司马相如《子虚赋》②：

> 其中有山焉。其山则盘纡弗郁，隆崇嵂崒。岑崟参差，日月蔽亏。交错纠纷，上干青云。罢池陂陀，下属江河。③

西边是清泉，《子虚赋》：

> 其西则有涌泉清池：激水推移，外发芙蓉菱华，内隐巨石白沙；其中则有神龟蛟鼍，玳瑁鳖鼋。④

北边是森林，《子虚赋》：

> 其北则有阴林：其树楩柟豫章，桂椒木兰，檗离朱杨，樝梨楱栗，橘柚芬芬。其上则有鹓雏孔鸾，腾远射干。其下则有白虎玄豹，蟃蜒㺔犴。⑤

南边是平原、广泽。《子虚赋》：

> 其南侧有平原广泽，登降陁靡，案衍坛曼。缘似大江，限以巫山。⑥

广泽即云梦泽，平原即云梦所在平野⑦。

---

① 大野泽，又名巨野泽。在今山东菏泽巨野县、嘉祥县一带。大陆泽，即巨鹿泽。杨陓(yū)泽，即陕西阳纡泽。云梦，即云梦。昭余祁，《吕氏春秋》作大昭，《淮南子·地形训》作昭余。焦护，或称焦获，地在今陕西扶风、泾阳县、三原县。瓠中，即瓠口。

② 《子虚赋》固然是一篇"侈丽宏衍"的文学作品，它对具体事物的形状、种类尽可"虚词滥说"，但对山川形势、山川布局，却是据实铺张。这也是汉大赋的主要特征之一。

③ "其中有山"，应为"其东有山"。盘纡(yū)弗(fú)郁，迂回曲折。隆崇嵂崒(lǜzú)，高耸险危。岑崟(cényín)参差，高峻不平。罢池陂陀(pōtuó)，逶迤倾斜。

④ 鼍(tuó)，扬子鳄。鼋(yuán)，大鳖。

⑤ 楩柟(piánnán)，楩，南方木名。柟，楠树。豫章，树名，或即樟木。檗(bò)离，黄檗、山梨。樝(zhā)梨，山楂。楱(yǐng)栗，黑枣。鹓雏(yuānchú)，凤凰。孔鸾(luán)，孔雀。腾远，猿猴。射(yè)干，小狐。蟃蜒(wànyán)，似狸之兽。㺔犴(qū'àn)，体大猛兽。

⑥ 陁(yǐ)靡，山势倾斜绵延。案衍，低注。坛曼，平广。缘，沿。

⑦ 《史记·河渠书》："于楚，则西方通渠汉水、云梦之野。"

云梦泽是周代楚国的宫廷游猎区和游览区。《战国策·楚策》说楚王猎云梦，《楚辞》说楚王游云梦。

云梦泽也是楚国的百姓游览区。《墨子·明鬼》："宋之有桑林，楚之有云梦也。此男女之所属而观也。"①属，结伴。男女结伴，观看载歌载舞的祭祀，包括生殖祭祀。结伴怀春，难免偷情。楚国令尹子文就是一对男女偷情于云梦的私生子。②《左传·宣公四年》：

> 初，若敖娶于䢵（yún），生斗伯比。若敖卒，从其母畜于䢵，淫于䢵子之女，生子文焉。䢵夫人使弃诸梦中。虎乳之。䢵子田，见之，惧而归。夫人以告，遂使收之。楚人谓乳"谷"（gǔ），谓虎"于（wū）菟"，故命之曰斗谷于菟。以其女妻伯比。实为令尹子文。③

䢵，今湖北荆州市云梦县，云梦县的城郊是云梦泽。斗伯比私通䢵女生子文。屈原《天问》刻意指出斗伯比和䢵女的私通方式是郊外野合："何环闾穿社，以及丘陵，是淫是荡，爰出子文？"④"环闾穿社"，犹言溜村钻巷；"以及丘陵"，到于野外，到于云梦泽。

第十三节 地理学开花结果

一、地理著作

周人收罗整理神话传闻，编写原始地理书《山海经》；总结禹夏治水经验，编写夏商地理书《禹贡》；奠基中国地理学。

---

① 桑林，地在今河南荥阳市汜水镇东汤王庙沟。殷商时，为王室祭祀场所，《淮南子·主术训》："汤之时，七年旱，以身祷于桑林之际。"西周春秋时，地属殷商后裔的封国宋国。战国时为韩国苑囿。《战国策·韩策》张仪说韩王："大王不事秦，……则鸿台之宫，桑林之苑，非王之有已。"

② 令尹是楚国宫廷最重要的职位，相当与后世朝廷的宰相。子文，楚成王令尹，原名斗縠于菟。子文做令尹，几上几下，前后28年，是楚国强盛的关键人物。

③ 若敖，楚贵族。䢵子，䢵国国君。

④ 《天问章句》："何环穿自闾社丘陵，爰出子文"，句法别扭。《楚辞补注》："一云：'何环闾穿社，以及丘陵？是淫是荡，爰出子文。'"句法较通畅。

二、地学文章

春秋时管仲撰写《地数篇》，论说地理资源与政治；《地员篇》论说植物生态与农业；《度地篇》论说地理灾害与兴修水利。

三、风俗指南

风俗是在一定的自然环境和文化背景下形成的生活传统和行为模式。所谓"人居此地，习以成性，谓之俗焉。"① 一国有一国之风俗，一族有一族之风俗。一国一族之内又因地域、文化差异有不同的风俗。所谓"百里不同风，千里不同俗"。风俗，约定俗成，持久流传；也因自然环境和文化背景的改变，潜移默化。

先秦为政，已重风俗。吕不韦《吕氏春秋》："观其俗而知其政。"

《白虎通·巡守》："见诸侯，问百年，命太师陈诗，以观民风俗。"特别重视以教正俗，以礼化俗。《管子·权修》："教训正俗。"《孝经》子曰："移风易俗，莫善于乐。"各类文献，言礼及俗②，比比皆是，但专门记述风俗和风俗流变的文章，所见阙如，唯《月令》一篇，庶几近之。

《月令》始录于《吕氏春秋》，应是先秦文字，汉儒收进《礼记》，遂成儒家经典。《月令》以四时为总纲、十二月为细目，记述天文历法、四时节气、自然物候、物理时空、生产活动、祭祀节目和王者政治。《月令·孟春之月》：

> 孟春之月，……其味酸，其臭膻，其祀户，祭先脾。
>
> 东风解冻，蛰虫始振，鱼上冰，獭祭鱼，鸿雁来。

---

① 北齐·刘昼《新论·风俗》。东汉·班固《汉书》："凡民函五常之性，而其刚柔缓急，音声不同，系水土之风气，故为之风；好恶取舍，动静亡常，随君上之情欲，故谓之俗。"

② 古代史籍撰有各类志书，唯独不列风俗志，风俗事迹散见《礼乐志》、《郊祀志》、《食货志》等，原因就在于史家以俗为礼乐教化的对象，言礼及俗，言教及俗，未加单列。

> 天子居青阳左个，乘鸾路，驾仓龙，载青旗，衣青衣，服仓玉，食麦与羊，其器疏以达。
>
> 是月也，以立春。先立春三日，大史谒之天子，曰："某日立春，盛德在木。"天子乃齐。立春之日，天子亲帅三公、九卿、诸侯、大夫，以迎春于东郊。还反，赏公卿诸侯大夫于朝。……
>
> 是月也，天子乃以元日，祈谷于上帝。……
>
> 是月也，天气下降，地气上腾，天地和同，草木萌动。王命布农事，命田舍东郊，皆修封疆，审端经术，善相丘陵、阪险、原隰，土地所宜，五谷所殖。以教道民，必躬亲之。田事既饬，先定准直，农乃不惑。
>
> 是月也，命乐正入学习舞。乃修祭典，命祀山林川泽，牺牲毋用牝。禁止伐木，毋覆巢，毋杀孩虫，胎夭飞鸟，毋麛毋卵，毋聚大众，毋置城郭，掩骼埋胔。……

孟春正月，口味主酸，气味主膻。祭祀门户，以脾脏为祭品。这时，东风解冻，蛰虫活动，鱼游冰下，水獭驱鱼，鸿雁北飞。这时，天子居青阳左个。顺应时气，乘鸾铃车，驾苍龙马。打青色旗，穿青色衣，佩青色玉。吃麦和羊，所用器皿粗疏透气。这月确定立春节气。立春之前三天，太史拜见天子，报告说："某日立春，以木德主令。"于是天子斋戒。立春当天,亲率三卿、诸侯、大夫,东郊迎春。迎春礼毕,在朝中赏赐公卿、诸侯、大夫。本月初一,天子祭祀上帝,祈求丰收。本月,天气下降,地气上升,天地之气混和,草木开始抽芽。天子命农事,派农官住东郊,修理耕地疆界,勘察小沟小径,斟酌地形,因地高低种植植物,要把培植方法,事必躬亲地教给农民。等到田地清理完毕,确定标准,使农民有规可依,不致错乱。本月,命乐正入国学,教舞蹈,练习祭祀仪式。命祭祀山林川泽,但牺牲不用雌。禁止砍伐树木,禁止毁坏鸟巢,禁止杀死幼兽、胎鸟、初飞的小鸟,禁止捕杀小兽,禁止获取动物之卵。禁止聚集大众,禁止建置城郭。要掩埋枯骨腐肉。《月令》反映了顺应自然、依时行事的思想认识和行为规范,是一本为国家制定的按月施令的黄历,包含因俗制礼、以礼化俗的内容,具有国家风俗志的取向。

四、大九州

战国时,邹衍构想世界地理,突破"小九州"(《禹贡》九州),发表"大九州"。

邹衍(约前305—前240),阴阳学家,也是宇宙学家、地理学家。《史记·孟荀列传》:

> (邹子)以为儒者所谓中国者,于天下乃八十一分居其一分耳。中国名曰赤县神州。赤县神州内自有九州,禹之序九州是也,不得为州数,中国外如赤县神州者九,乃所谓九州也。于是有裨海环之,人民禽兽莫能相通者,如一区中者,乃为州。如此

者九，乃有大瀛海环其外，天地之际焉。①

邹衍推断：中国不过是天下八十一块陆地之一，称赤县神州；赤县神州内部有大禹划分的九州，与天下九州没有关系；天下九州，是天下八十一块陆地构成的九个州。每州九块陆地，一块居中，八块环列，居中者称州，其余八块不称州；中国是一州之内居中的一块，可以称州，有资格以赤县神州代表所在之州。九州之间，小海环绕，陆地、语言、风俗皆不相通；九州之外，大海环绕，直到天地交界；为世界勾勒了一幅州外有州、族外有族、州际有海的地理宏图。

邹衍的"大九州"，想象惊奇，推论超凡。推理想象的立足点是周代井田。《左传》说春秋时楚国"井衍沃"，《国语》说春秋时齐国"陵阜陆瑾，井田畴均，则民不憾"，又说春秋时的郑国"田有封洫，庐井有伍"。一块井田，就是一块正方形的土地，按"井"字划分，共九块，中间一块是公田，其余八块为私田。《诗·小雅·大田》："雨我公田，遂及我私。"《孟子·滕文公》：

> 方里而井，井九百亩，其中为公田，八家皆私百亩，同养公田，公事毕，然后敢治私事，所以别野人也。

邹衍一块居中、八块环列、海水间隔的一州，就是一块井田的相似形；邹衍"如是者九"的九州，就是九块井田相似形；而九大州又组成了一块更大的井田相似形。环绕九大州的大海，均衡环绕，海的面积加上九大州的面积，

① "中国外如赤县神州者九"，应为"中国外如赤县神州者八"。裨海，小海，相对于大瀛海。

仍然保持了大地的正方形。井田，是邹衍九大州构想的基本模型。

周代，在中国旅游史占有特别重要的地位。中国旅游溯源原始，兴起夏商，盛行两周。盛行标志是：旅游活动丰富，旅行条件改善，旅游观念成型，旅游文献斐然。

中国旅游通史

第四章

秦代旅游

公元前221年，秦灭六国，建立秦王朝（前221—前207）。秦王朝时光短促，却建制宏伟。始皇嬴政（前259—前210），废除分封制，推行郡县制；改革官制，迁徙豪强；车同轨，书同文，统一度量衡①；奠定了中央集权的大一统国家模式。疆域东至于海，西至甘青高原，南至岭南，北至河套、辽东。②一统之下，天地辽阔。但始皇禁止私学③，焚书坑儒，先秦的学游、学说，戛然而止。旅游之途，皇家独占。

第一节　始皇巡游

秦始皇效仿古制，巡狩天下，祭拜山川，称帝十二年（前221—前210），五次巡游。

始皇称帝二年（前220）④，首次巡游。离开咸阳，西巡陇西（今甘肃天水市西），

① 《史记·秦始皇本纪》："一法度衡石丈尺，车同轨，书同文字。"

② 《史记·秦始皇本纪》："地东至海暨朝鲜，西至临洮、羌中，南至北向户，北据河为塞，并阴山至辽东。""略取陆梁地，为桂林、象郡、南海，以适遣戍。西北斥逐匈奴。自榆中并河以东，属之阴山，以为三十四县，城河上为塞。""筑长城及南越地。"北向户，越南语，概指岭南地区。陆梁地，民风彪悍地区，概指两广。南越地，概指两广及今越南北部。

③ 《史记·秦始皇本纪》："异时诸侯并争，厚招游学。今天下已定，法令出一。""今诸生不师今而学古，以非当世，惑乱黔首。""人善其所私学，以非上之所建立。""私学而相与非法教，人闻令下，则各以其学议之，入则心非，出则巷议。""如此弗禁，则主势降乎上，党与成乎下。禁之便。""史官非《秦记》皆烧之。非博士官所职，天下敢有藏《诗》、《书》、百家语者，悉诣守、尉杂烧之。有敢偶语《诗》、《书》者弃市。以古非今者族。吏见知不举者与同罪。令下三十日不烧，黥为城旦。所不去者，医药卜筮种树之书。若欲有学法令，以吏为师。"

④ 嬴政于前246年继承秦国王位，为王二十五年；于前221年称帝，为帝十二年；合计三十七年。前220年，《史记》称皇二十七年，实为称帝第二年。

折向北地（今甘肃庆阳市），登临黄帝鸡头山（在今宁夏固原县境），取道回中（今陕西陇县西北），东返咸阳。行程至少1320公里。这次巡游，针对西北匈奴，考察西北防务，宣示朝廷武力。

始皇三年（前219），二次巡游。出咸阳，经函谷关，横穿河南，东巡齐鲁。在河南，他巡幸洛阳，修建洛神祠堂，祭祀洛水，君臣齐唱《祀洛水歌》：

> 洛阳之水，其色苍苍。
> 祭祀大泽，倏忽南临。
> 洛滨缀祷，色连三光。①

在齐鲁，他登上邹峄山（在今山东邹县），立下第一块歌颂自己的刻石，并在邹峄山下召集儒生共商封禅典礼②。随后，北登泰山，立下第二块刻石，举行设坛祭天的"封"礼。下山时，"风雨暴至，休于树下，因封其树为五大夫"③。接着，他登上泰山附近的梁父山（在今山东新泰境内），立下第三块刻石："登兹泰山，周览东极。""本原事业，祇诵功德。"④举行设坛祭地的"禅"礼。封禅完毕，秦始皇乘兴临海（今渤海），视察黄县、腄县（今山东烟台福山地区），先后登上成山（在今山东荣成成山角）、之罘（fú）山（在今山东烟台市北之罘岛），在之罘山立下第四块刻石："东抚东土，以省卒士。事已大毕，乃临于海。"⑤继而南下琅琊（今山东胶南县西部），大乐三月，看中越王勾践眺望东海的琅琊台旧址，移来居民三万户，重筑琅琊台，立下第五块刻石。接着，转道彭城（今江苏徐州市），"斋戒祷祠，欲出周鼎泗水。使千人没

---

① 南朝陈·释智匠《古今乐录》。

② 封禅是王者功成、祭告天地的祭祀仪式。封，祭天。禅，祭地。

③ 《史记·秦始皇本纪》。

④ 《梁父刻石》，《史记·秦始皇本纪》。

⑤ 《之罘刻石》，《史记·秦始皇本纪》。

水求之，弗得"①，南渡淮河，西行衡山郡（今安徽霍山地区）、南郡（今湖北荆州），再由南郡下长江，入洞庭，至于湘山（今湖南洞庭君山）。在湘山，因大风大浪，"伐湘山树，赭其山"②，掉头北去，经南郡、武关（今陕西省丹凤县城东），返回咸阳。行程至少3200公里。这次巡游，躬行"天子祭天下名山大川"③的祀典，宣扬王朝功德。

始皇四年（前218），第三次巡游。出咸阳，东进齐鲁。在阳武博浪沙（今河南原阳县东南）遭人袭击，有惊无险后，东临渤海，再次登上之罘山，立下第六块刻石："时在中春，阳和方起。皇帝东游，巡登之罘，临照于海。"④下山，至于东海，重游琅琊。再从琅琊，北上上党（今山西长治市北），返回咸阳。行程至少2400公里。这次巡游，大旨观海。

始皇七年（前215），第四次巡游。出咸阳，"决通川防，夷去险阻"⑤，东临碣石（今河北省昌黎县北），以观沧海，立第七块刻石。接着，他沿着漫长的北部边境，历经今河北、山西、内蒙、陕西，督察国防，然后从上郡（今陕西省榆林县）南下，返回咸阳。行程至少也有2400公里。

始皇十二年（前210），执政的最后一年，第五次巡游。出咸阳，南巡荆楚，游乐云梦（今湖北监利县北），再由云梦，扬帆长江，逍遥来东，"观籍柯，渡海渚，过丹阳，至钱塘，临浙江，水波恶，乃西百二十里从狭中渡，上会稽，祭大禹，望于南海"⑥，立第八块刻石："亲巡天下，周览远方。遂登会稽。"⑦兴尽，回车于吴（今江苏苏州），从江乘（今江苏句容县北）渡江，第三次光顾山东琅琊，

① 《史记·秦始皇本纪》。

② 《史记·秦始皇本纪》。赭，伐尽树木。

③ 《礼记·王制》。

④ 《之罘刻石》，《史记·秦始皇本纪》。

⑤ 《碣石刻石》，《史记·秦始皇本纪》。

⑥ 籍柯，地名。唐·李泰《括地志》："籍柯，舒州同安县东。"舒州，今安徽安庆地区。丹阳，今安徽当涂丹阳镇。钱塘，今杭州。浙江，钱塘江。会稽，浙江会稽山。《史记·秦始皇本纪》。南海，今东海。

⑦ 《会稽刻石》，《史记·秦始皇本纪》。

并从琅琊下海,亲捕大鱼,航行至成山、之罘山。再从之罘山,启程西归。走到平原津(今山东平原县境),重病缠身,崩于沙丘平台(今河北广宗县西北大平台)。随行人马护送灵车西出井陉(今河北井陉山),北上九原(今内蒙包头市西),取道云阳(今陕西淳化县西北),返抵咸阳。全程至少5000公里。

秦始皇的五次巡游,开启了秦汉旅游壮阔豪放的时代风格,促进了道路、馆舍建设,发掘了内陆沿海资源,确立了名山祭祀制度,激励后代君王、学者、诗人循其车辙,觅其遗踪,所谓"秦王扫六合,虎视何雄哉","铭功会稽岭,骋望琅琊台","连弩射海鱼,长鲸正崔嵬"。①

始皇既殁,政局不稳。秦二世胡亥(前230—前207),恐海内见笑,一心效法父皇巡游天下。李斯附和,"治驰道,兴游观,以见主之得意。"②二世乃南下会稽,北上碣石,远至辽东,"尽刻始皇所立刻石","以示疆,威服海内"③。但秦二世不能"缟素而正先王之过","因而不改,暴虐以重祸"④,强作巡游,只是东施效颦,三年不到,身首异处。唯一可说处,是他巡游辽东治所(今辽宁辽阳市),在东北方向,比其父远行一截。

第二节 徐福蹈海

徐福,即徐巿。《史记·淮南衡山列传》称徐福,《史记·秦始皇本纪》称徐巿。秦代方术之士,有率众蹈海之举。三国徐庶《南洲·徐谱》:"徐仲公,为徐偃王二十六裔孙。仲生二子,长讳长,次为延,延即尚也。长生猛,猛

① 李白《古风第三》。

② 秦·李斯《上秦二世书》。

③《史记·秦始皇本纪》。

④ 西汉·贾谊《过秦论》。

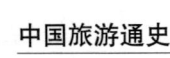

生咨与福,福率祖人入东海祖洲。"唐人徐懋功《徐懋功家谱》"徐福者,又称徐市或希,谱名徐议,字君房,其父讳猛,祖父讳长,从祖父讳延(即尚),曾祖父讳仲,高曾祖讳诜,福之长兄讳谱。福率振男女各三千人入东海祖洲。"祖洲,旧题东方朔《海内十洲记》所言海中仙境。今人或指日本。

徐福出海,奉旨而行。

秦始皇"振长策而御宇内","履至尊而制六合"①,春风得意,趾高气扬。主要担心的人生问题是时光的流驰,生命的终结。他的周围因此聚集了一班神仙方术之士,竭力鼓噪神山仙境、灵丹妙药。《史记·秦始皇本纪》:

> 始皇曰:"吾慕真人,自谓真人,不称朕。"

> 三十二年,始皇之碣石,使燕人卢生求羡门、高誓。

> 因使韩终、侯公、石生求仙人不死之药。

前219年,秦始皇东巡琅琊,面临沧海,听信徐福"海中有三神山,名曰蓬莱、方丈、瀛州,仙人居之"②的天方夜谭,派遣徐福率领数千名童男、童女,入海求仙。这就是中国历史上载诸史籍的第一次大规模的海上宗教探险。

"海客谈瀛州,烟涛微茫信难求"③。徐福锲而不舍,引领船队一次又一次地返回琅琊。补充给养,耗费了大量钱财。十年后(前210),秦始皇三顾琅琊,徐福劳而无功,推说:"蓬莱药可得,然常为大鲛鱼所苦,故不得至,愿请善射者与俱,见则以连弩弩射

① 贾谊《过秦论》。

② 《史记·秦始皇本纪》。

③ 李白《梦游天姥吟留别》。

之。"① 秦始皇遂亲自登船，和徐福等北航之罘，在之罘海面亲手射杀了一条大鱼。如此，徐福等骑虎难下，唯有扬帆出海，且一去不回。民间传说，徐福和他的童男、童女，乘风破浪，跑到亶州即日本列岛，安家落户。这件事的真伪，现在是中日学界热心讨论的课题。相信徐福东渡日本者，国内、国外均不乏其人。但无论去日本否，徐福入海求仙总是中国海上探险第一幕。

① 《史记·秦始皇本纪》。

第三节　基本建设

一、开发交通

秦驰道

始皇称帝二年（前220），巡狩陇西，体验了交通艰难，下令"治驰道"②。秦驰道是一种四通八达、绿荫葱茏、平整宽敞、快速奔驰的车马大道，遗存路基宽逾45米。《汉书·贾山传》：

　　秦为驰道于天下，东穷燕齐，南极吴楚，江湖之上，滨海之观毕至。

　　道广五十步，三丈而树，厚筑其外，隐以金椎，树以青松。

干线六条。一条通向东方，由咸阳，沿黄河东行，至山东半岛最东端的成山角（今属山东荣成市）。一条通向西北，由咸阳至临洮（今甘肃临洮）。一条通向华中，由咸阳至江陵（今湖北荆州）。一条通向西蜀，由咸阳到巴蜀（今四川）。一条通向西南，由咸阳至桂林（今广西桂林）。一条横贯北方，由九原（今内蒙包头），沿长城东行，至碣石（今河北昌黎）。秦驰道

② 《史记·秦始皇本纪》。

属皇家专道，管理严格。裴骃《史记集解》引应劭曰："驰道，天子之道也。"不准随意行走。《汉令乙》凡未经许可擅自"骑乘车马入驰道中，已论者没入车马被具"，获准通行者可以走驰道上面的"旁道"①。秦驰道为帝王巡游、经济平准、军事调动铺平了道路，是秦汉帝国陆上交通的主干道。

秦直道

始皇称帝十年（前212）：

> 除道，道九原，抵云阳，堑山堙谷，直通之。②

九原至云阳（今内蒙包头至陕西淳化），距离700多公里。直道，黄土夯实，路面宽厚。1974年，在伊克昭盟发现了长约100米的直道遗址，路面残宽约22米，断面路高1米至1.5米，夯以红砂岩土，南北有四个豁口遥遥相对，吻合《史记》的"堑山堙谷"。修筑直道的指挥官与修筑长城的指挥官同为大将蒙恬。《史记·蒙恬列传》：

> 始皇欲游天下，道九原，直抵甘泉（在今陕西淳化）。乃使蒙恬通道，自九原抵甘泉，堑山堙谷，千八百里，道未就。

"道未就"指工程未完，但实际上已基本开通。《史记·秦始皇本纪》，始皇死，赵高护送灵柩，"从井陉抵九原。……行从直道至咸阳。"直道，联结关中平原与河套地区。意义既在巡游，更在军事。有人形容，秦始皇修长城，是华夏盾牌，保卫中原；修直道，是华夏长矛，直指塞外。

① 《汉书·江充传》颜师古注引。《汉令乙》，汉律文献分类之一。

② 《史记·秦始皇本纪》。除道，开路。

第四章　秦代旅游

秦栈道

西周有嘉陵栈道，又称"故道"、"陈仓道"，北起陈仓（今陕西宝鸡陈仓），沿嘉陵河谷①，南至巴蜀。战国时，秦惠王修褒斜栈道，南起褒谷口（今陕西汉中大钟寺），北至斜谷口（今陕西眉县斜峪关），沿褒、斜二水，穿褒、斜二谷，过秦岭，沟通巴蜀秦川。又利用蜀人行迹开通金牛栈道②。大约北起今陕西南郑，西向陕西勉县，南入四川，顺嘉陵江壁，经葭萌关、剑门关，抵达成都。所谓"栈道千里，通于蜀汉，使天下皆畏秦。"③秦始皇统一中国，增开子午栈道，由杜陵（今西安东南），穿行子午谷，盘旋南山（秦岭终南），抵汉中。秦二世三年（前207），刘邦由灞上（今陕西西安白鹿原）去南郑（今陕西南郑县）就汉王位，走的就是子午道。东汉摩崖石刻《石门颂》："高祖受命，兴于汉中，道由子午。"

秦灵渠

始皇称帝四年（前218），因讨伐百越④的后勤需要，在今广西兴安县修建人工运河，称灵渠，或称秦凿渠。流向由东向西，东连兴安之东的海洋河（湘江源头），西接兴安之西的大溶江（漓江源头），结合了湘江、漓江，勾连了长江、珠江水系，南方漕运因此畅通，秦军补给顿时改观，岭南百越迅速安定。

二、修筑行宫

始皇登基，大兴土木，十年左右，修筑行宫七百余座，关外（函谷关以东）四百余座，关内（函谷关以西）三百余座。"诸庙及章台、上林皆在渭南"⑤，其中极庙，"自极庙道通郦山，作甘泉前殿。筑甬道，自咸阳属之"，"咸阳之旁二百里内宫观二百七十复道甬道相

---

① 嘉陵江，上游出陕西凤县代王山，下游至重庆朝天门。

② 《太平御览》卷八百八十八引扬雄《蜀王本纪》："秦惠王时，蜀王不降秦，秦亦无道出于蜀。蜀王从万余人东猎褒谷，卒见秦惠王。惠王以金一笥遗蜀王，蜀王报以礼物，物尽化为土。秦王大怒，臣下皆再拜稽首，贺曰：土者地也，秦当得蜀矣。秦王恐亡相见处，乃刻五石牛，置金其后，蜀人见之，以为牛能大便金。蜀王以为然，即发卒千人，领五丁力士拖牛，成道，置三枚于成都，秦道乃得通，石牛之力也。"北魏郦道元《水经注》卷二七《沔水》引来敏《本蜀论》："秦惠王欲伐蜀，而不知道，作五石牛，以金置尾下，言能屎金。蜀王负力，令五丁引之成道。秦使张仪、司马错寻路灭蜀，因曰石牛道。"唐人李泰《括地志》："昔秦欲伐蜀，路无由入，乃刻石牛五头，置金于后，伪言此牛能屎金，以遣蜀，蜀侯贪信之，令五丁共引牛，堑山堙谷，至之成都。"这类故事，编来编去，其实就是利用蜀人足迹。

③ 《史记·范雎蔡泽列传》。

④ 百越在五岭（今江西、湖南、两广之间的大庾岭、骑田岭、萌渚岭、都庞岭和越城岭）以南。

⑤ 《史记·秦始皇本纪》。

125

连，帷帐钟鼓美人充之"①。甬道，两侧有墙的通道。工程最大的是阿房宫，故址在今陕西西安阿房村。始皇称帝八年（前212），借口"咸阳人多，先王之宫廷小"②，在渭水南岸上林苑开工建造。《史记·秦始皇本纪》说阿房宫：

> 东西五百步，南北五十丈，上可以坐万人，下可以建五丈旗。周驰为阁道，自殿下直抵南山。表南山之巅以为阙。为复道，自阿房渡渭，属之咸阳，以象天极阁道绝汉抵营室也。

唐人杜牧《阿房宫赋》形容阿房宫："负栋之柱，多于南亩之农夫。""直栏横槛，多于九土之城郭。""覆压三百余里，隔离天日。骊山北构而西折，直走咸阳。二川溶溶，流入宫墙。五步一楼，十步一阁；廊腰缦回，檐牙高啄；各抱地势，钩心斗角。"但因工程过于浩大，始皇在世，未能完工，秦二世继之，也不能收结。公元前206年，项羽入关，火烧咸阳宫殿，是否烧及阿房，难以考证，但阿房的烂尾，殆无疑问。

三、致礼山川

先秦，周王室、各民族、各侯国都有各自的神山崇拜和名山标榜。诸如周王室的五岳四渎，周民族的岐山（今陕西宝鸡岐山县岐山，亦称凤凰山），楚民族的九嶷山，晋国的太行山，齐国的牛山，吴国的姑苏山等。

秦代，为严肃制度，整理名山，规范祭祀。《史记·封禅书》：

> 自五帝以至秦，迭兴迭衰，名山大川或在诸侯，或在天子，其礼损益

① 《史记·秦始皇本纪》。

② 《史记·秦始皇本纪》。

第四章 秦代旅游

世殊，不可胜记。及秦并天下，令祠官所常奉天地名山大川鬼神可得而序也。

颁布必须祭祀的十二座名山：嵩山、恒山、泰山、会稽山、湘山、华山、薄山、岳山、岐山、五岳山、鸿冢山、渎山；必须祭祀的六条大川：济水、淮水、黄河、沔水、湫渊、长江。《史记·封禅书》：

> 自殽以东，名山五，大川祠二。曰太室。太室，嵩高也。恒山，泰山，会稽，湘山。水曰济，曰淮。春以脯酒为岁祠，因泮冻，秋涸冻，冬塞祷祠。其牲用牛犊各一，牢具珪币各异。①
>
> 自华以西，名山七，名川四。曰华山，薄山。薄山者，衰山也。岳山，岐山，吴岳，鸿冢，渎山。渎山，蜀之汶山。水曰河，祠临晋；沔，祠汉中；湫渊，祠朝那；江水，祠蜀。亦春秋泮涸祷塞，如东方名山川，而牲牛犊牢具珪币各异。而四大冢鸿、岐、吴、岳，皆有尝禾。陈宝节来祠，其河加有尝醪。此皆雍州之域，近天子都，故加车一乘，驹四。②

规定按时祭祀咸阳周边的水系：霸、产、长水、沣、涝、泾、渭；祭祀咸阳所在雍州地区（今陕西地区）的诸多小山川：汧水、洛水、鸣泽水、蒲山、岳山等；以及雍州百庙、诸祠。《封禅书》：

> 霸、产、长水、沣、涝、泾、

---

① 殽，殽山，指今陕西潼关东面山地。泮（pàn），解冰。涸，冻结。塞，通"赛"，牢具，祭祀包裹的牲牢之体。珪币，祭祀玉帛。

② 华：华山。薄山，《史记·封禅书》："薄山者，衰山也。"语焉不详。岳山，今陕西宝鸡市宝鸡县吴山。司马贞《史记索隐》："黄帝臣大鸿葬雍，鸿冢盖因大鸿葬为名也。"渎山，今四川岷山。临晋，县名，在今陕西大荔东。湫（jiǎo）渊，即朝那湫，湖名，在今宁夏彭阳县西北川口乡干海村及今陕西固原县城西南海子峡。裴骃《史记集解》："湫渊在安定朝那县，方四十里，停不流，冬夏不增减，不生草木。"安定郡朝那县，在今宁夏彭阳县境。尝禾，裴骃《史记集解》引孟康曰："以新谷祭。"沔（miǎn），沔水，汉水上游。汉中，郡治南郑(今陕西汉中)。醪（láo），酒酿。

渭皆非大川，以近咸阳，尽得比山川祠，而无诸加。汧、洛二渊、鸣泽、蒲山、岳山之属，为小山川，亦皆岁祷塞泮涸祠，礼不必同。而雍有日、月、参、辰、南北斗、荧惑、太白、岁星、填星、(辰星)、二十八宿、风伯、雨师、四海、九臣、十四臣、诸布、诸严、诸逑之属，百有余庙。西？亦有数十祠。于湖有周天子祠。下邽有神。沣、滈有昭明、天子辟池。于(杜)、亳有三杜主之祠、寿星祠；而雍菅庙亦有杜主。杜主，故周之右将军，其在秦中，最小鬼之神者。各以岁时奉祠。唯雍四畤上帝为尊，……三年一郊。……西畤、畦畤，祠如其故，上不亲往。诸此祠皆太祝常主，以岁时奉祠之。①

其他有名的山川鬼神，朝廷规定，皇帝驾到则祀，不到不祀。《封禅书》：

> 至如他名山川诸鬼及八神之属，上过则祠，去则已。

"八神"，掌管天、地、兵、阴、阳、月、日、四时的神。"八神"只有一神"地主"在泰山，属于钦定的十二座名山之一，其余七神分别在天齐渊水、东平陆监乡、三山、之罘山、莱山、成山、琅琊山，属于"他名山川"。《封禅书》：

---

① 霸、产、沣、涝、泾、渭、长水，皆水名。霸水，在今西安市灞桥东入渭水。产，浐水，源于陕西兰田县西南山谷，至西安市东南合于霸水。沣，沣水，源于陕西户县终南山，北流至咸阳东南入渭水。涝水，源于陕西户县西南，北流合于浐水入渭。泾水，源于宁夏固原县六盘山，东南流至陕西高陵县入渭水。长水，源于陕西兰田县境，流至长安县东南入浐水。加：指车、驹等祭品。汧、洛二水，皆在今陕西境。鸣泽：泽名。或说近咸阳。岳山：《汉书·郊祀志》作"岳婿山"。地点不明。参(shēn)、辰：二十八宿之一。二十八宿，黄道(太阳和月亮所经的天区)的二十八星座，四方各七宿。东方：角、亢、氐、房、心、尾、箕；北方：斗、牛、女、虚、危、室、壁；西方：奎、娄、胃、昴、毕、觜、参；南方：井、鬼、柳、星、张、翼、轸。南北斗，斗宿之别名，二十八宿之一。荧惑：火星。太白：金星。岁星：木星。填(zhèn)星：土星。辰星：水星。风伯，风神。雨师，雨神。四海，海神。十四臣，疑为六十四臣之误。汉祀古帝王九皇六十四民，九臣当是九皇之臣，六十四臣，当是六十四民之臣，汉时亦列祀典。诸布：祭星曰布。诸严(当是诸庄，避汉明帝讳改)、诸逑，应为诸遂，道路之神。湖，县名。在今河南灵宝西。下邽(guī)，县名，在今陕西渭南县东北。昭明：火星之别名。辟池，周辟雍之故地。杜，县名。在今西安市东南。亳，疑即杜县之薄亭。菅(jiān)，唯秦中有杜主，故疑菅在雍县。杜主，周宣王大夫，封于杜，称杜伯。无罪被杀，周人尊之，传以为神。秦中：地区名，今陕西省中部。

> 是始皇遂东游海上，行礼祠名山大川及八神……八神：一曰天主，祠天齐。天齐，渊水，居临菑南郊山下者。二曰地主，祠泰山梁父。……三曰兵主，祠蚩尤。蚩尤在东平陆监乡，齐之西境也。四曰阴主，祠三山。五曰阳主，祠之罘。六曰月主，祠之莱山。……七曰日主，祠成山，成山斗入海，最居齐东北隅，以迎日出云。八曰四时主，祠琅琊。琅琊在齐东方。

地处边远的地方性山川神祠，由当地民众自主祭祀。《封禅书》："郡县远方神祠者，民各自奉祠，不领于天子之祝官。"

致礼山川的过程，就是整治山川的过程。《史记·秦始皇本纪》，致礼泰山，刻石，建祠，封树；致礼琅琊，徙黔首三万户，作琅琊台；致礼碣石，刻碣石门，坏城郭，通堤防；致礼东海，立石朐界（今江苏连云港锦屏山侧），号为秦东门；致礼骊山，"因徙三万家丽邑（今陕西西安临潼区骊山山麓始皇陵外刘家寨），五万家云阳（今陕西咸阳泾阳县北云阳镇）"。

四、扩充驿传

驿传本为文书传递，兼供官差住宿。秦灭六国，在全国扩充驿传设置，颁布驿传法令，加强驿传管理。

秦代文书，步行传递称邮，途中休息处、文件收发处称邮或邮亭。秦将白起自杀时，住宿"杜邮"，即秦国杜地（今陕西咸阳市东）的邮亭。乘马或马车传递称驿，途中住宿处、

换乘处称驿、驿站或传舍。今始皇陵考古，秦瓦瓦文有"平阳驿"，即平阳（今陕西眉县）驿站。

秦律规定文书传递不得延误，《睡虎地秦墓竹简·行书律》①："行命书及书署急者，辄行之。不急者，日毕，勿敢留，留者，以律论之。"传递过程必须记录，《行书律》："行传书、受书，必书其起及到夙莫（暮），以辄相报也。"文书遗失，必须报告，《行书律》："书有亡者，亟告官。"

秦律规定驿站接待官差的伙食标准。四等、三等官员，每餐精米一斗（今二升），酱半斤，加盐、菜的肉汤；二等以下官吏，每餐粗米半斗，肉汤，葱韭；御史部属，每餐精米半升，酱四分之一升，肉汤，葱韭；随从，每餐粗米半斗；车夫粗米三分之一斗。凡领取月俸（口粮）的官员出差，因驿站供食，若月底不回，停发下月口粮，直至回来。甚至规定驿马喂食的次数。往返一定路程，喂食一次；连续往返，每天加喂一次。②

① 《睡虎地秦墓竹简》，又称《睡虎地秦简》、《云梦秦简》。1975年12月在湖北云梦县睡虎地秦墓出土大量竹简，简长23—27厘米，宽0.5—0.8厘米，内文墨书秦篆，写于战国晚期及秦始皇时期，内容主要是秦朝的律令、公文、医书、占书。

② 云梦秦简《传食律》。

第四节　周秦地图

中国古代地图，或有图无文，或以图为主，注以文字，称图或图经，今日言之，就是地图。

西周已经绘制地图。《尚书·洛诰》说西周立国，召公绘制洛邑地图；《宜侯夨簋》③铭文说康王观看"武王、成王伐商图"和"东国图"。全国性地图可能也有。《周礼·地官》："大司徒之职掌建邦之土地之图，与其人民之数，以佐王安扰邦国。以天下土地之

③ 宜侯夨（cè）簋（guǐ），西周早期青铜器。1954年6月在江苏镇江大港镇烟墩山出土，有铭文120余字。藏中国国家博物馆。

图,周知九州之地域广轮之数,辨其山林、川泽、丘陵、坟衍原隰之名物。""土训掌道地图,以诏地事,道地慝以辨地物,而原其生以诏地求。"《周礼·夏官》:"司险掌九州之图,以周知其山林、川泽之阻,而达其道路。"有司凭借地图,调解土地纠纷。《周礼·地官》:"地讼,以图正之。"管子著《地图》一文,论及地图军事作用:"凡兵主者,要先审之地图","不失地利"。可惜周代地图的样式,已不得而知。

秦代,编《秦地图》。《史记·萧相国世家》,公元前206年,刘邦入关,丞相萧何先取秦府图籍,"具知天下厄塞、户口多少、强弱之处、民所疾苦"。班固见过《秦地图》。《汉书·地理志》班固自注琅琊郡长广县:"《秦地图》曰:剧清池,幽州薮。"自注代郡班氏县"《秦地图》书班氏,莽曰班副。"则《秦地图》在汉代仍有影响。至晋,《秦地图》失传。晋人裴秀《禹贡地域图序》:"暨汉屠咸阳,丞相萧何尽收秦之图籍。今秘书既无古之地图,又无萧何所得。"具体样式,也不知究竟。

秦代虽短,巡游天下,祭祀山川,修筑驰道,治理山河,多有建树。

第五章

汉代旅游

公元前202年，汉灭嬴秦、项楚，建立汉王朝（前202—220）①。西汉，文景之治，武帝盛世，巩固集权，鼓励农业，扶助工商，"都鄙廪庾尽满，而府库余财"，"众庶街巷有马，阡陌之间成群"②；北击匈奴，南拓海疆，尊崇儒术，繁荣文化，"内设金马石渠之署，外兴乐府协律之事，以兴废继绝，润色鸿业"③。东汉，光武中兴，明章之治，"剽甲兵，敦儒学"④，释奴婢，安流民，轻徭役，重生产，经济复苏，学术活跃，科技进步，经略西域。大汉疆土，东至于海，西至葱岭（今新疆地区），北至阴山之北、辽东、朝鲜半岛，南至海南岛、滇越（今云南、越南）。

大汉恢宏，游客鼓舞，帝王之旅、海洋之旅、外交之旅、问学之旅、游宦之旅。不动则已，动辄万里，波澜壮阔的景象，前所未有。

① 刘邦立汉，至王莽篡汉，史称西汉（前202—8）。公元8年至23年王莽新朝。新朝灭，绿林军拥立刘玄复汉称帝，即汉延宗更始帝，史称玄汉，公元25年赤眉军立刘盆子为帝，即汉昌宗建世帝，史称赤眉汉。同年，汉光武帝刘秀，统一中国，都洛阳，史称东汉（25—220）。

② 《汉书·食货志》。

③ 班固《两都赋序》。金马、石渠，皇家图书馆。唐·刘肃《大唐新语·匡赞》："圣上好文，书籍之盛事，自古未有……前汉有金马、石渠，后汉有兰台、东观。"

④ 《后汉书·冯岑贾列传》。剽，革除。

第一节 汉皇巡游

一、高祖还乡

大汉初定，高祖十二年（前195），刘邦（前256—前195）从长安（今陕西省西安市长安区西北）东征黥布，班师回朝，顺道还乡，在老家沛县（今江苏省沛县），置酒击筑，慷慨高歌：

> 大风起兮云飞扬，
> 威加海内兮归故乡，
> 安得猛士兮守四方。

与"沛父兄诸母故人日乐饮极欢，道旧故为笑乐"①，纵情十几天。回到长安，伤病发作而死。算是征战一生，旅游一次。

二、文帝北巡

文帝三年（前177），匈奴入侵，刘桓（前202—前157）巡幸甘泉（今陕西淳化县西北古云阳境内），坐镇指挥，敌退，北巡高奴（今陕西延安市东北延河北岸），东巡太原（今山西太原），"举功行赏，诸民全赐牛酒"，"留游太原十余日"，②再由太原返回长安。是汉初一次动静较大的巡游。但比起秦始皇与自家孙子汉武帝，实在是小动作，小气派。

三、武帝周游

汉武帝刘彻（前156—前87），雄才大略，在位五十四年，巡游三十次，车辙马迹，超越秦始皇。略举大端：

元狩元年（前122），武帝西巡，从长安西行雍县（今陕西凤翔），祠五畤③，获白麟，作《白麟之歌》④。全程约400公里。

① 《汉书·高帝纪》。

② 《汉书·文帝纪》。

③ 祭祀五方帝的固定场所，先秦西汉在雍，称五畤原。西汉后期改为长安南郊。郦道元《水经注·渭水》："（汉）成帝建始二年（前31），罢雍五畤，始祀皇天上帝于长安南郊。"

④ 《汉书·礼乐志·郊祀歌》元狩元年行幸雍获白麟作："朝陇首，览西垠。雷电寮，获白麟。爰五止，显黄德。图匈虐，熏鬻殛。辟流离，抑不详。宾百僚，山河飨。掩回辕，髳长驰。腾雨师，洒路陂。流星陨，感惟风。籋归云，抚怀心。"

元鼎四年（前119），武帝西东巡，先到雍县，后东渡黄河，抵于汾阴（今山西万荣县西南），再南下洛阳，返于长安。全程约1200公里。

元鼎五年（前118），武帝西巡，又到雍县，祠五畤。越过陇山（今甘肃陕西交界处），登上空同山（崆峒山，在今甘肃平凉），西临祖厉河（位于今甘肃兰州东侧）①。来回约1400公里。

元封元年（前110），武帝东巡。出长安，"用事华山，至于中岳"②。在嵩山，观看启母石③，登览最高峰。下山后止于缑氏（今河南偃师县东南，地当嵩山口），诏封嵩山为"嵩高"。继而东巡齐鲁，游于渤海。再由渤海巡视博县（今山东聊城）、奉高县（今山东泰安市东）、蛇丘县（今山东宁阳县西北）、历城县（今山东济南历城），上梁父，登泰山，筑坛封禅，祭天祭地。其后，东游渤海，北上碣石、辽西（今辽宁义县西）。再沿北部边境，经九原，南下甘泉、长安。全程约4000公里。

同年冬天，武帝西巡。"巡边垂，择兵振旅"，"勒兵十八万骑，旌旗径千余里"④，由长安至云阳（今陕西淳化县西北），北历上郡（今陕西榆林县），西河（今内蒙东胜地区），五原（今内蒙包头西北），出长城，北登单于台（今内蒙呼和浩特西），至朔方（今内蒙杭锦旗北），临北河⑤，还于桥山（上郡境内），祠黄帝，经云阳、甘泉，返于长安。全程约2500公里。

元封二年（前109），武帝东西巡，先到雍县，祠五畤。再东行嵩山缑氏，抵达东莱（今山东龙口），第二次登泰山。下山，西至瓠子

① 祖厉河，黄河上游支流，源出甘肃会宁县南华家岭。北流经会宁县、靖远县入黄河。

② 《汉书·武帝纪》。

③ 《淮南子》："禹治洪水，通轩辕山，化为熊。谓涂山氏曰：'欲饷，闻鼓声乃来。'禹跳石，误中鼓。涂山氏往，见禹方作熊，惭而去。至嵩高山下，化为石，方生启。禹曰：'归我子！'石破北方而生启。"

④ 《汉书·武帝纪》。

⑤ 清以前黄河自内蒙磴口县以下，分为南北二支，北支约当今乌加河，时为黄河正流，称北河。

① 《汉书·沟洫志》载武帝《瓠子之歌》二首。其一："瓠子决兮将奈何？浩浩洋洋，虑殚为河。殚为河兮地不得宁，功无已时兮吾山平。吾山平兮巨野溢，鱼弗郁兮柏冬日。正道弛兮离常流，蛟龙骋兮放远游。归旧川兮神哉沛，不封禅兮安知外！皇谓河公兮何不仁，泛滥不止兮愁吾人！啮桑浮兮淮泗满，久不反兮水维缓。"其二："河汤汤兮激潺湲，北渡回兮迅流难。搴长筊兮湛美玉，河公许兮薪不属。薪不属兮卫人罪，烧萧条兮噫乎何以御水，颓林竹兮揵石菑，宣防塞兮万福来。"

② 回中，秦行宫名。故址在今陕西陇县。回中道筑于元封四年，南起今陕西陇县北，沿汭河，经今甘肃神峪河乡、平凉四十里铺、今宁夏彭阳县、白阳镇和古城镇，至今宁夏固原。是连接陕甘宁的重要通道。

③ 《汉书·礼乐志》有《赤蛟》："赤蛟绥，黄华盖，露夜零，……礼乐成，灵将归，托玄德，长无衰。"疑即《盛唐枞阳之歌》。

第五章 汉代旅游

（今河南濮阳西南），视察决堤黄河，命臣下负薪塞河，作《瓠子之歌》①。

元封四年（前107），武帝东西巡。先到雍县，祠五畤。辟回中道②，北出萧关（今宁夏固原东南），东行独鹿山、鸣泽（地在今河北涿州）、代郡（治所在今山西宁武）、河东郡（今山西运城、临汾地区），再南下西回。全程3000公里以上。

元封五年（前106），武帝南巡。到达南郡盛唐（今湖北荆州地区），遥祭九嶷虞舜。再由鄂入皖，登天柱山。随之，驱车至长江，于浔阳（今江西九江市）江面，顺流东下，射蛟江心，在今安徽枞阳县离船登岸，作《盛唐枞阳之歌》③。北至山东琅琊，沿海而行，第三次登泰山，封禅，西归长安。全程约3800公里。这次巡游，武帝非常中意。《汉书·武帝纪》："朕巡荆、扬，楫江、淮物，会大海气，以合泰山。上天见象，增修封禅。其赦天下。所幸县毋出今年租赋，赐鳏寡孤独帛，贫穷者粟。"

武帝巡游，如同秦始皇，旨在考察天下，弘扬声威，祭拜山川，感恩天地。考察的重心是西北和东方；祭拜的中心是泰山，创写八登泰山、六次封禅的记录。

四、明帝巡狩

东汉明帝刘庄（28—75），光武帝刘秀第四子，东汉第二位皇帝，在位颇有作为。

按《后汉书·明帝纪》，永平二年（59）西巡狩，出洛阳，西行长安，祭祠高祖庙，参拜十一陵（西汉高祖至平帝十一代皇帝陵墓），召见地方官吏，犒劳赏赐作乐，祭奠萧何、霍光陵园，浏览馆邑，巡视河东（甘陕黄

河以东），还宫洛阳。

永平六年（63）冬，东巡狩，车行山东曲阜，祭祠东海恭王陵①，会见东方、东南诸王。回至阳城（今山西晋城阳城），遣使祭中岳，车驾还宫。

永平十年（67）春，南巡狩，至南阳（今河南南阳），祠舂陵（在今湖北枣阳）②，祠光武帝旧宅，作雅乐，奏《鹿鸣》，自吹埙篪（xūnchí），娱乐嘉宾。后至南顿（在今河南项城），慰劳乡老，返回洛阳。

永平十三年（70），北巡狩，至于荥阳（今河南荥阳），视察黄河河渠，渡河，登太行山，进至上党（今山西长治），尔后还都。

永平十五年（72）春，东巡狩。历经偃师、睢阳、彭城、下邳、良成、阳都、曲阜、东平、大梁、定陶，初夏还宫。途中，在曲阜，参观孔子宅，祭祀仲尼及七十二弟子，亲御讲堂，命皇太子、诸王说经，做了一件文化盛事。

虽然，明帝"动大辂，遵皇衢，省方巡狩，躬览万国之有无。"③但规模气势已逊色武帝。明帝之后，东汉下坡，皇帝巡游，风头式微。

① 东海恭王刘强（25—58），东汉光武帝嫡长子，初立为太子，后其母郭圣通皇后被废，自请改封，授东海王，兼食鲁郡二十九县，谥号恭。

② 刘秀起兵处。

③ 班固《东都赋》。

第二节　海上探险

中华民族早就留心大海。原始神话《精卫填海》④反映沿海地区原始人企图改造大海的斗争。但是，中国位于东亚大陆，它的东边虽然镶有一条漫长的海岸线，却因海岸线西边的广阔内陆和宜人环境，稀释了人们对海的需求，因而，征服海洋的愿望，虽已有之，并非强烈，实际生活，敬而远之。春秋时，吴国讨

④ 《山海经·北山经》。

伐齐国，徐承率军海行北上；越国讨伐吴国，范蠡率军海行入淮；是开拓沿海海路的尝试。齐景公游于海上，六月不归，应是贴近海岸的游乐。秦代徐福东海求仙是海上探险第一曲。

汉代，武帝东海求神，可怜无补；船民南海探险，喜得大州；商贾海上通商，直下南洋。

一、东海求神

汉武帝也相信海中有神山神仙，也学秦始皇，两次派遣方士入海求神，又两次亲临东海，考核结果。元封元年（前110）：

> 上遂东巡海上，行礼祠八神。齐人之上疏言神怪奇方者以万数，乃益发船，令言海中神山者数千人求蓬莱神人。①

① 《汉书·郊祀志》。

太初三年（前101），武帝东至海上，"考入海及方士求神者，莫验，然益遣，几（冀）遇之。"太始三年（前94），武帝又东巡海上，再次"考神仙之属，未有验者。"看来，这批入海方士，一事无成。不过，胆量够大，蛊惑天子，玩命东海。

二、海南遇州

武帝时，海上探险，东海不亮，南海亮。南方海船在南海海域大显身手。《汉书·地理志》：

> 自合浦、徐闻南入海，得大州，东西南北方千里，武帝元封元年，略以为儋耳、珠崖郡。

大州就是中国的第二大岛海南岛。从合浦（今广西合浦县）到海南岛的海路约140公里，从徐闻（今广东徐闻县）到海南岛约35公里。这两条航路固然不长,却带来了面积33920平方公里的海上国土儋耳郡、珠崖郡。海南岛是西汉海上探险的辉煌成果。

三、南洋通商

《汉书·地理志》:

> 自日南障塞,徐闻、合浦,船行可五月,有都元国;又船行可四月,有邑卢没国;又船行可二十余日,有谌离国;步行可十余日,有夫甘都卢国。自夫甘都卢国船行可二月余,有黄支国,民俗略与珠崖相类。其州广大,户口多,多异物,自武帝以来皆献见。①

西汉海船颠簸南海海面,已达今马来西亚、缅甸、印度海岸。海船由官府派出,配有翻译官,载有黄金绢帛。《汉书·地理志》说船队:

> 有译长,属黄门,与应募者俱入海,市明珠,璧流离,奇石异物,赍黄金杂缯而往。所至国皆禀食为耦,蛮夷贾船,转送致之。亦利交易,剽杀人。又苦逢风波溺死,不者数年未还。

这批志愿应募的民间勇士,在苍茫的大海上,冒着九死一生的危险,闯出了一条通往印度半岛的贸易航线,谱写了南洋旅行可歌可泣的第一页。

第三节 凿空西域

凿空西域②是汉武帝抗击匈奴的战略决

---

① 日南是西汉在今越南境内设置的一个郡。都元国在马来西亚半岛,邑卢没国和谌离国在缅甸沿岸,夫甘都卢国在今缅甸薄甘城,黄支国即今康迦法拉母(Conjervaram),在印度境内马德拉斯的西南。

② 西汉时,西域既指新疆地区,也指新疆以西的广大地区。凿空即开通道路的意思。唐·司马贞《史记索隐》:"西域险阻,本无道路,今凿空而通之也"。

第五章　汉代旅游

策。匈奴是北方游牧民族。秦末以来，陆续控制了中国东北部、北部和西部的广大地区，常常"南下牧马"，骚扰中原。攻晋阳（今山西太原），围白登（今山西大同东南）①；陷萧关，烧回中，逼甘泉②；严重威胁汉朝统治，是汉朝心腹大患。武帝上台，下定决心，诉诸武力，联合西域诸国，夹击匈奴。但从长安到西域，需要西渡黄河，通过甘肃地区祁连山、合黎山、龙首山之间一条狭长的河西走廊。控制这条走廊的势力是神出鬼没的匈奴骑兵。如果侥幸躲过匈奴的耳目，河西走廊的尽头就是大漠横亘、雪山巍峨、诸国林立的西域。如果要到西域西端，还必须穿越人烟荒凉、风沙弥漫、长达三千里的塔里木盆地，必须翻过冰封雪盖、崖高谷深的葱岭即今天的帕米尔高原，必须经历各自为政、惧怕匈奴甚至受匈奴左右的诸多小国，一路危机四伏，险不可测。因其艰难危险，汉武帝采用招募的方式聘任使节。这时，郎官③队列中有一位青年官员挺身而出，历史铭记了他的姓名——张骞。

张骞（约前164—前114），汉中成固（今陕西城固）人。张骞的任务，是穿越河西走廊，穿越西域，联盟大月氏。月氏本是甘肃西北一个强悍的游牧部落，素来轻视匈奴。汉文帝时，匈奴击败月氏，杀月氏王，把月氏王的头颅做成酒器，月氏不堪匈奴凌辱，远遁天山，在天山北麓的伊犁河流域重建家国，史称大月氏。

武帝建元三年（前138），张骞约二十六岁，带领百人外交使团，请匈奴人甘父做向导，从长安出发，寻访大月氏。但团队始出陇西，就在河西走廊，遭遇匈奴骑兵，被俘，押送匈奴王

---

① 事发汉高祖七年（前200）冬。《汉书·高祖纪》。

② 事发汉文帝前元十四年（前166）。《汉书·文帝纪》。

③ 秦、汉，郎官，即郎中，是议郎、中郎、侍郎、郎中四等帝王侍从官的通称。主要职责是守卫门户，出充车骑，备充顾问，随时差遣。

庭（今内蒙呼和浩特附近），长达十年。十年中，张骞娶妻生子，却"汉节不失"①，始终不忘外交使命。武帝元光六年（前129），匈奴稍有疏忽，张骞一行毅然出逃，向西，取道天山南麓的车师（今新疆吐鲁番盆地），进入焉耆（今新疆焉耆），溯流塔里木河，经龟兹（今新疆库车）、疏勒（今新疆喀什），翻越葱岭，进入大宛（今乌兹别克斯坦、塔吉克斯坦和吉尔吉斯斯坦三国交界地费尔干纳盆地）。大宛，北面是康居（今哈萨克斯坦境内），西南是大夏（今阿富汗境内）。大夏有城镇七十余座，人口数十万，盛产葡萄酒，特产"风入四蹄轻，万里可横行"②的"天马"。大宛国一直希望与汉朝来往，派出译员和向导护送张骞到大月氏。这时的大月氏已从伊犁河迁居妫水（今土库曼斯坦阿姆河），物产丰富，土地肥沃，安居乐业，不愿开战匈奴。张骞乃渡过妫水，游历大夏蓝氏城（今阿富汗瓦齐拉巴德）。第二年（前128）启程回国，从大月氏翻过葱岭，沿昆仑山北麓，经莎车（今新疆莎车）、于阗（今新疆和田）、鄯善（今新疆若羌），打算取道祁连山回归陇西。但途中，再一次落入匈奴之手，又被扣押了一年多。元朔三年（前126），匈奴内讧，张骞和妻子及向导甘父混迹流民，返抵长安。费时13年，来回约三万余里。

汉武帝因此封张骞为太中大夫，封甘父为奉使君。

张骞在朝，想起游观大夏，见过从身毒国贩运的中国蜀布和邛竹杖③；身毒是今印度古国，在大夏东南数千里，靠近大海；既然蜀布和邛竹杖由身毒传来，则身毒和中国蜀地一定

① 《汉书·张骞传》。

② 唐·杜甫《房兵曹胡马》。

③ 邛（qióng）竹节长中实，产地是四川邛崃县。

第五章 汉代旅游

存在商品通道;遂建议朝廷,在西南方向开辟西域道路。元狩元年(前122),张骞从蜀郡(今四川成都)、犍为郡(今四川宜宾)派出使者,分成几路,向西南进发,各路使者大约走了一二千里,就因少数民族的拦截、掠杀,不得不半道而归。其中,南路使者到了昆明(今云南大理)地区,会见了滇国和夜郎的国王。得知从昆明西行一千余里,可以到达一个乘象的国家滇越(今云南腾冲、龙陵一带),蜀地的商人就经常带着货物去滇越贸易;华夏特产蜀布和邛竹杖等正是从四川,通过云南、滇越,经缅甸、印度,输进大夏。证明张骞关于西南和西域之间交通线的设想完全正确。他所计划的试通身毒的行动,为汉武帝十几年后大力经营西南夷起了重要作用。

又过了若干年,匈奴的威胁基本解除,河西走廊畅通无阻。张骞上书朝廷,联合乌孙。乌孙原是祁连山区的游牧民族,后击败月氏,占据原属月氏的伊犁河流域。张骞认为,联合乌孙,使之回迁甘肃,可以钳制匈奴。武帝认同,封张骞中郎将[①],第二次出使西域。

元狩四年(前119),张骞率领三百人的外交使团,每人配备两只马匹,驮着价值千万的金币丝绸,驱赶一万多头牛羊,浩浩荡荡地访问乌孙(在今新疆伊犁)。但乌孙正因王位继承濒于分裂,且伊犁水草茂盛,生活富足,不愿东迁甘肃。于是,张骞因时制宜,把副使分别派往大宛、大月氏、大夏、安息(今伊朗)、康居(西域古国)[②]和身毒,自己陪同乌孙国的使者,带着乌孙国赠送的良马,启程回汉,于武帝元鼎二年(前115)返抵长安。费时四年,行程约两万里。

[①] 张骞因贻误战机,被废为庶人,因这次建言重受重用。

[②] 康居,地在今哈萨克斯坦南部及锡尔河中下游。汉朝时期,居住于大宛西北,大月氏之北。

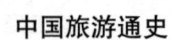

武帝任命张骞为朝廷负责接待宾客和处理少数民族事务的高级官员"大行"。第二年，元鼎三年（前114年），张骞逝世。

张骞是中国伟大的旅行家、探险家和外交家。一生两出西域，成果极其珍贵。其一，张骞首出西域探明了汉朝本土通往西域的两条通道，即张骞西去的天山"北道"和张骞东归的天山"南道"。其二，张骞二出西域，开启了汉朝与乌孙及其他西域国家的友好往来，揭开了"丝路花雨"的序幕。其三，张骞详细考察了西域诸国的山川形胜、地理位置、经济物产、人口兵力、风俗习惯，收集了西域诸国例如安息（今伊朗）的种种传闻，并把它们记载成文，报告朝廷。使大汉帝国掌握了新疆和西南亚地区的大量信息，看到了天山南北、葱岭内外一片新的广阔天地，制定了驱逐匈奴、打通西域、招徕远邦的战略方针和外交政策。功劳极其巨大，影响极其深远。

张骞之后，西汉增派使节访问安息、奄蔡（黑海旁阿速海附近）、牦轩（今罗马，一说今埃及亚历山大城）、条支（今阿拉伯半岛）、身毒：

> 使者相望于道，一辈（队列）大者数百，少者百余人。①

> 汉率一岁中使者多者十余，少者五、六辈，远者八、九岁，近者数岁而返②。

西域的使节、商贾也跋山涉水，披星戴月，涌向汉朝边塞：

---

① 《史记·大宛列传》。

② 《汉书·张骞传》。

驰命走驿，不绝于时月；商贩胡客，日款于塞下。①

西域的贵族子弟也专门来华学习，入境后，享受优厚的待遇，或跟着皇帝东巡海上，或在京城观赏"角氐奇戏"，"或遍观各仓库府臧之积"，皆叹而观止，"更来更去"②。这些学习者应是中国历史上最早的西方来华留学生与观光客。东汉，西域外交更加繁忙。中国旅行者越走越远，和帝永元九年（97），汉西域都护班超派遣副官甘英"穷临西海（今波斯湾）而还"③。西域来华者也越来越多，甚至影响中国文化。《后汉书·五行志》说东汉灵帝："好胡服、胡帐、胡床、胡坐、胡饭、胡空侯、胡笛、胡舞，京都贵戚皆竞为之。"天山"南道"、"北道"的商业贸易如火如荼。西域货物，主要是貂皮，大多沿着"北道"运入中国，人称"毛皮之路"；中国货物，主要是丝织品，大多沿着"南道"输往西域，人称"丝绸之路"④。丝绸之路，东起长安，经河西走廊，经天山南北，越过帕米尔高原，贯通中亚、西亚，通向地中海东岸。为中西交通、中西外交、中西商贸、中西旅游，贡献辉煌。

第四节　采风万里

汉代，重视教育，重视学问。朝廷办官学，民间办私学，游学之风，重新卷起。出类拔萃者，司马迁读万卷书，行万里路，采万里风，"究天人之际，通古今之变，成一家之言"⑤。

司马迁（约前145—？）⑥，字子长。生于龙门⑦，今陕西韩城芝川镇。十岁，移居长安，

---

① 《汉书·张骞传》。

② 《汉书·张骞传》。

③ 《后汉书·班超列传》。

④ "丝绸之路"一名，出于德国地貌学、地质学家李希霍芬（Ferdinandvon Richthofen，1833—1905）所著《中国》，指中西陆上通道。

⑤ 司马迁《报任安书》。

⑥ 唐人张守节《史记正义》说司马迁生于汉景帝中元五年（前145）。唐人司马贞《史纪索隐》说司马迁生于汉武帝建元二年（前135）。

⑦ 龙门，龙门山，被黄河一分为二，一半在今山西河津县北，另一半在今陕西韩城县北。惟司马迁祖先墓地在韩城芝川镇，一般认为司马迁的出生地也在韩城芝川镇。

拜名人为师，系统学习先秦典籍。"古文"老师是"古文大师"孔安国，《春秋》老师是"今文大师"董仲舒。① 加上他的父亲是朝廷史官、思想家、历史学家司马谈，少年司马迁打下了厚实、广博的文化基础。

汉武帝元朔三年（前126），青年司马迁遵照父亲的嘱咐，走出长安，漫游大江南北，考察历史传闻，收集历史资料，体验民风民俗，洞悉山川形势，准备接班史官，写作《史记》。《太史公自序》：

> 二十而南游江淮，上会稽，探禹穴，窥九嶷，浮于沅湘，北涉汶泗，讲业齐鲁之都，观孔子遗风，乡射邹峄，厄困鄱薛彭城，过梁楚以还。

这次壮游，司马迁首先奔向文化浪漫的南方。他出武关（今陕西丹凤县东南），过南阳（今河南南阳市），到南郡（今湖北荆州市），东游大江，"南登庐山，观禹疏九江，遂至于会稽。"② 会稽，江浙名山，在坦荡的水乡平原，龙盘虎踞，气势磅礴。相传大禹登山会诸侯，计功封爵，故称会稽。山顶一处深穴，传说是大禹珍藏图书的秘库，称禹穴。山下，禹陵和禹王庙香烟缭绕。会稽山又是春秋时越王勾践卧薪尝胆的地方，也是秦始皇南巡狩祭禹、刻石的地方。山上山下布满着英雄传奇的色彩。司马迁登临会稽，凭吊遗踪，为写作《禹本纪》、《越王勾践世家》及《秦始皇本纪》积累了见闻。下山后，司马迁北上姑苏（今江苏吴县），游览太湖，再沿江西上，"窥九嶷，浮沅湘"。九嶷山神话朦胧，情调哀婉。司马迁瞻仰帝舜的陵墓，采集娥皇、女英的传闻；

① 汉代，用战国古文字书写的经典，称古文经，用汉代隶书书写的经典称今文经。治学古文经和治学今文经的各有一套治学的方法与说法，一般来说，前者重考据，后者重义理。由此分为古文经学派和今文经学派。

② 《史记·河渠书》。

泛舟沅江、湘江、汨罗江，浏览潇湘风土，追寻屈原足迹。在汨罗江，他触景伤怀，睹物思人，热泪盈眶：

> 余读《离骚》，《招魂》，《哀郢》，悲其志，观屈原所自深渊，未尝不垂涕，想见其为人。①

① 《史记·屈原列传》。

为写作《屈原列传》积累了感情。离开湘楚，司马迁北上淮阴（今江苏淮阴），专访淮阴侯韩信的故乡，听说了少年韩信四处混饭、胯下受辱的趣闻。再向北，司马迁到达山东曲阜。曲阜，孔学鼎盛，儒风炽热。司马迁谒拜孔陵，瞻仰孔庙，观看孔子遗物，向当地儒者虚心学习礼乐教化。接着，专访临淄，寻觅稷下学宫。继而取道孟尝君封邑薛县（今山东滕县），采风观俗，深感民风剽悍，与曲阜的温柔敦厚迥然不同，"其俗闾里率多豪杰子弟，与邹、鲁殊"②。由薛县而南，司马迁行至彭城、沛县。彭城（今江苏徐州），原是楚霸王项羽的都城，也是秦楚交斗、楚汉相争的古战场。沛县，既是汉高祖刘邦的故乡，也是汉代开国功臣萧何、曹参、周勃、樊哙、夏侯婴等人的故乡。游于彭、沛，调查研究，司马迁对楚汉之际主要风云人物的形象成竹在胸。接着，司马迁西至先秦魏国都城大梁（今河南开封），知悉信陵君无忌的传闻轶事和秦魏决死一战的具体情况，《史记》于是有"窃符救赵"的动人故事。告别大梁，司马迁结束周游，西归长安。

② 《史记·孟尝君列传》。

回京不久，司马迁入选武帝郎官，扈从武帝巡游天下。元鼎四年（前113）冬，司马迁跟随皇帝车队祭雍州（今陕西凤翔县），巡河东,渡黄河,至汾阴,"瞻望河洛,巡省豫州,观于周室"①,再取道荥阳,返抵洛阳。次年,又随武帝西行雍州,越过陇山(今陕西陇县,甘肃清水县一带),登崆峒(今甘肃平凉市西),临祖厉河,再经甘肃回到长安。元封元年(前110),司马迁东行齐鲁,参加武帝在泰山举行的封禅大典,事后又跟随武帝东行海上,北至碣石,巡辽西,历北边,至九原,沿直道,"观蒙恬所为秦筑长城、亭障"②,南归长安。期间,司马迁又"奉使西征巴蜀以南"。这段游历,使司马迁观察了炎黄氏族的古老地盘,收集了古史传闻,参与了皇家祭祀大典,感受了北方备战,接触了西南民族,获得了《五帝本纪》、《夏本纪》、《殷本纪》、《周本纪》、《封禅书》、《蒙括列传》、《西南夷列传》的写作素材。

①《史记·周本纪》。

②《史记·蒙恬列传》。

元封三年(前108),司马迁约三十八岁,接任太史令,全力以赴,撰写《史记》。天汉二年(前99),因"李陵之祸"惨遭宫刑。司马迁忍辱负重,发愤著书,六年后,武帝太始四年(前93),《史记》完稿。

《史记》于史学文学,成就巨大。鲁迅称为"史家之绝唱,无韵之《离骚》"③。可以断言,《史记》刻画人物,生动鲜明;描述地理,江山如望;运用语言,炉火纯青;记述见闻,翔实具体;主因之一,正在于行万里路、采万里风。司马迁其人,青年时,旅游大师;中年时,史学巨擘(bò)。

③鲁迅《汉文学史纲》。

第五节 常年游宦

汉代,文士离家,奔走仕途,交游权贵,

第五章 汉代旅游

谋取官职,谓之游宦①。

游宦缘起汉代的贤良征召与人才察举。汉初,高祖下诏求贤②;文帝提拔贤良方正③;武帝推行天子养士,既征贤良,招揽人才;又办太学,培养人才;并行察举,选拔人才。察举制是一种自下而上推荐官吏的制度,由地方长官考察人选,举荐朝廷(包括荐入太学),复核任职。征召贤良,也是一种举荐,举荐已有成就的人士。因而,天下文士闻风而动,或拜谒州郡,或游说藩国④,或结交公卿,或直趋宫门,露才扬己,毛遂自荐;特别是东汉,鸿都门学封官赏爵⑤,地方大吏网罗幕僚,求官文士莘莘在途,通都大邑"冠盖填门,儒服塞道","送往迎来,亭传常满"⑥。游宦之风,席卷朝野。个中下流,求仕者变交游为投靠,变自荐为行贿;当权者变公德为私情,变核才为核财;败坏了察举,污染了游宦。

游宦确有人才。

西汉司马相如(约前179—前118),字长卿,巴郡安汉(今四川南充蓬安县)人。少时好读书,学击剑。及长,游于京师,因无门路,捐财为景帝武骑常侍,不得志,借病离职,客游梁国,投靠梁孝王刘武,结交游士邹阳、枚乘、严忌,撰《子虚赋》。刘武死,相如归蜀,"久宦游,不遂而困"。后因《子虚赋》,武帝召用,任郎官(侍从官),出使西南夷,处理民族事务。是汉赋大家,一代文豪。

---

① 已有官职,东迁西调,谓之"宦游"。唐·王勃《送杜少府之任蜀州》:"与君离别意,同是宦游人。"

② 《史记·高祖本纪》高祖十一年(前196)诏曰:"有(人才)而弗用,觉,免(不荐者)。"

③ 贤良方正,德才贤良,行为方正。《史记·孝文本纪》文帝诏云:"二三执政……举贤良方正直言极谏者,以匡朕之不逮。"《史记·平准书》:"当是之时,招尊方正贤良文学之士,或至公卿大夫。"

④ 汉初游说是战国游说的流变。战国,文士从政,或游说诸侯,直接取官;或依附豪门,权充幕僚。秦始皇兼并六国,焚书坑儒,游说养士,戛然而止。汉初,藩国诸王或出于结党营私,或出于沽名钓誉,或出于爱好学问,延请文士,招揽人才,游说养士,一度复燃。《汉书·邹阳传》说吴王刘濞:"招致四方游士,阳与吴严忌,枚乘俱仕吴。"《史记·梁孝王世家》说梁孝王刘武:"招延四方豪杰,自山以东游说之士莫不毕至,齐人羊胜,公孙诡,邹阳之属。"《汉书·淮南王传》说淮南王刘安:"招致宾客方术之士数千人。"武帝时,朝廷削藩,颁布《附益法》,限制士人交游诸王。游说养士,又告消歇。

⑤ 鸿都门学,东汉灵帝光和元年(178)在洛阳鸿都门内开设的艺文学校,专习辞赋书画。学生由州、郡、三公举送,学成后多授予高级官职。《后汉书·灵帝纪》李贤注:"鸿都,门名也,于内置学。时其中诸生,皆敕州、郡、三公举召能为尺牍辞赋及工书鸟篆者相课试,至千人焉。"《后汉书·蔡邕传》:"光和元年,遂置鸿都门学,画孔子及七十二弟子像。其诸生皆敕州、郡、三公举用辟召,或出为刺史、太守,入为尚书、侍中,乃有封侯赐爵者,士君子皆耻与为列焉。"

⑥ 东汉·徐干《中论·谴交》。

西汉枚皋（前153—?），字少孺，枚乘庶子，生于梁国①。十七岁上书梁共王刘买，召为郎。后因谗获罪，出奔长安，上书北阙，自陈枚乘之子。武帝召见，"使赋平乐馆，善之，拜为郎"②。枚皋，"不通经术，诙笑类俳倡"③，却能规讽人主。以辞赋快捷，知名当世。

西汉东方朔（前154—前93），本姓张，字曼倩，平原厌次（今山东德州陵县）人。武帝初，游宦京师，上书自荐，"文辞不逊，高自称誉，上伟之，令待诏公车"④。后任常侍郎、太中大夫、给事中。东方朔善文学，性滑稽。"虽诙笑，然时观察颜色，直言切谏，上常用之。自公卿在位，朔皆敖弄，无所为屈"，班固称为"滑稽之雄"⑤。

东汉班彪，字叔皮，扶风安陵（今陕西咸阳西北）人，早年游学，才名渐露。西汉末，游宦天水，依附军阀隗嚣。后游宦河西（今河西走廊一带），依附大将军窦融。东汉初，举茂才，任徐县令。学博才高，专力史学，著《后传》60余篇，为后世所重。其子班固作《汉书》，其女班昭补《汉书》，是班彪修史的继续。

东汉王粲（177—217），字仲宣，山阳郡高平（今山东微山）人。游宦洛阳，司徒辟之，诏除黄门侍郎，不就。游宦荆州，依附刘表。刘表死，王粲劝服刘表次子刘琮，归降曹操。曹操辟王粲为丞相掾，赐爵关内侯。文才出众，是建安七子之一，汉末著名文学家。

东汉赵壹，生当顺帝、灵帝之世，字元叔，汉阳西县（今甘肃天水南）人。汉阳郡举荐为上郡吏，赴洛阳，见司徒袁逢，长揖不

① 西汉梁国始建于汉五年（前220年），《汉书·地理志》："梁国，故秦砀郡，高帝五年为梁国"。地域"北界泰山，西至高阳(今河南省杞县)得大县四十余城。"郡治在今安徽砀山。

②《汉书·枚皋传》。

③《汉书·枚皋传》。

④《汉书·东方朔传》。

⑤《汉书·东方朔传》。

跪，询问事务，对答如流，袁逢誉为人才难得。拜访河南尹羊涉，攀谈投机，羊涉相见恨晚。一时"名动京师，士大夫想望其风采"，"州郡争致礼命"①。赵壹耿直，疾恶如仇，善辞赋，以《刺世疾邪赋》垂名文坛。

两汉游宦多生失意之士。

游宦原本僧多粥少。有人不满察举徇私，作童谣，发泄愤懑："举秀才，不知书。举孝廉，父别居。寒素清白浊如泥，高第良将怯如鸡。"②有人游宦一生，死等苦候。《后汉书·献帝纪》："初平四年九月甲午，试儒生四十余人，上第赐位郎中，次太子舍人，下第者罢之。诏曰：今耆儒年逾六十，去离本土，营求粮资，白首空归，长委农野，永绝荣望，朕甚愍焉。其依科罢者，听为太子舍人。"长安童谣："头白皓然，食不充粮。裹衣襄裳，当还故乡，圣主愍念，悉用补郎。舍是布衣，被服玄黄。"③更多的读书人长年奔波，一官不得，心灰意冷。南朝萧统《文选》所录汉末《古诗十九首》集中抒发了游宦无果的颓唐悲情：辗轲苦辛，岁月蹉跎，人生无常，及时行乐。《今日良宴会》：

> 人生寄一世，奄忽若飙尘。
> 何不策高足，先据要路津。
> 无为守穷贱，辗轲常苦辛。

《回车驾言迈》：

> 人生非金石，岂能长寿考？
> 奄忽随物化，荣名以为宝。

《生年不满百》：

① 《后汉书·文苑列传》。

② 东汉桓灵时童谣。见《乐府诗集》引《后汉书》逸文，《抱朴子·审举》。

③ 三国魏·刘艾《献帝纪》。

> 生年不满百，常怀千岁忧。
> 昼短苦夜长，何不秉烛游。

有人彷徨闹市，游戏人生。《青青陵上陌》：

> 青青陵上陌，磊磊涧中石。
> 人生天地间，忽如远行客。
> 斗酒相娱乐，聊厚不为薄。
> 驱车驾驽马，游戏宛与洛。

有人出入青楼，缠绵声色。《东城高且长》：

> 晨风怀苦心，蟋蟀伤局促。
> 荡涤放情志，何为自结束？
> 燕赵多佳人，美者颜如玉，
> 被服罗裳衣，当户理清曲。

除少数人死心回家外，多数人无颜回乡，终老游途。徐干①《中论》说游宦失意者，"去其父兄，离其邑里"，"或身殁于他邦，或长游而不归，父母怀茕独之思，思人抱东山之哀，亲戚隔绝，闺门分离，无罪无辜，而亡命是效"。

游宦，卷进千万文士，牵动千万家庭，关系朝廷官府、权贵豪绅、制度人情，是以旅游为载体的政治、文化、社会活动，尽管流弊丛生，自汉代兴起，代代沿流。

第六节 以文载游

一、状景赋

赋是一种非诗非文、半诗半文、长于状景体物的文体②，兴于周末，盛于两汉。汉人推重"升高能赋，可以为大夫"③，孔颖达疏："升

---

① 东汉徐干（170—217），北海郡剧县（今山东省寿光市）人。建安七子之一。善文学、政论。轻官忽禄，不耽世荣。曾任职曹操麾下，以疾辞归。《三国志·陈琳传》曹丕论徐干："观古今文人类不护细行，鲜能以名节自立，而伟长独怀文抱质，恬淡寡欲，有箕山之志，可谓彬彬君子矣！"

② 西晋·陆机《文赋》："诗缘情而绮靡，赋体物而浏亮。"南朝·刘勰《文心雕龙·诠赋》："赋者，铺也。铺采摛（chī）文，体物写志也。"

③ 升高，登高观览。汉人毛亨《毛诗诂训传》："升高能赋，……可以为大夫。"

高能赋者，谓升高有所见，能为诗赋其形状铺陈其事势也。"晋左思《三都赋》："升高能赋者，颂其所见也。"热心"原本山川，极命草木，比物属事，引譬连类"①，因而旅途之上，赋家辈出，赋作潮涌。

一类是状景大赋。司马相如《上林赋》、扬雄《甘泉赋》、班固《两都赋》、张衡《二京赋》，以汪洋浩荡的规模、发扬蹈厉的气势、丰富的类比、尽情的夸张、奇特的想象，描写宏大景观，诸如游猎的威武雄壮、宫馆的富丽堂皇、都城的繁华壮美、河山的锦绣丰饶。《上林赋》写上林苑游乐：

> 撞千石之钟，立万石之虞，建翠华之旗，树灵鼍(tuó)之鼓。奏陶唐氏之舞，听葛天氏之乐，千人唱，万人和，山陵为之震动，川谷为之荡波。

气势磅礴，震聋发聩。《两都赋》写八百里秦川：

> 崇山隐天，幽林穷谷，陆海珍藏，蓝田美玉。商、洛缘其隩，鄠、杜滨其足，源泉灌注，陂池交属。竹林果园，芳草甘木，郊野之富，号为近蜀。

文字雅丽，景象壮丽。

一类是体物小赋。枚乘《柳赋》、刘胜《文木赋》、王褒《洞箫赋》、路乔如《鹤赋》，以小巧的体制、"辩丽可喜"②的语言、精雕细琢的功夫，描写自然或人工造物，诸如扶风杨柳、映日荷花、珍禽异兽、屏风围棋、洞箫雅琴。《柳赋》写公馆柳树：

① 西汉·枚乘《七发》。指创作辞赋。

② 《汉书·王褒传》。

> 忘忧之馆，柔条之木。枝逶迟而含紫，叶萋萋而吐绿。出入风云，去来羽族。既上下而好音，亦黄衣而绛足。蜩螗厉响，蜘蛛吐丝。阶草漠漠，白日迟迟。於嗟细柳，流乱轻丝。

一棵细柳，一道风景，笔触上下左右，勾勒简洁鲜明。

一类是行旅揽景小赋。刘歆《遂初赋》、班彪《北征赋》、王粲《登楼赋》，以深长的情怀，描写旅途景色。《北征赋》写寒冬旷野：

> 隮高平而周览，望山谷之嵯峨。野萧条以莽荡，迥千里而无家。风猋发以漂遥兮，谷水灌以扬波。飞云雾之杳杳，涉积雪之皑皑。

冷冷清清，渺渺茫茫。

一类是咏志写景小赋。冯衍《显志赋》、张衡《归田赋》，以清新的格调，描写村野山林。《归田赋》写田野春光：

> 仲春令月，时和气清。原隰郁茂，百草滋荣。王雎鼓翼，仓庚哀鸣。交颈颉颃，关关嘤嘤。于焉逍遥，聊以娱情。

一幅春意浓郁、鸟语花香、情景交融、美不胜收的春游图画。

后人高度赞扬汉赋造形艺术。刘勰《文心雕龙·诠赋》称状景大赋"体物图貌，蔚似雕画"，"至于气貌山海，体势宫殿，嵯峨揭业，熠耀焜煌之状，光采炜炜而欲然，声貌岌岌其将动矣"。汉赋是中国古典文学的一代之胜，也是中国旅游文学的一代奇观。

二、记游诗

两汉游途，虽辞赋竞爽，仍吟咏有闻。

巡游有诗。元狩元年（前122），武帝西巡，作《白麟之歌》。元封二年（前109），武帝东巡，作《瓠子之歌》。元鼎四年（前119），"帝巡幸河东，祠后土。顾祝帝京，忻然中流，与群臣饮宴，自作《秋风辞》。"① 元封五年（前106），武帝南巡，作《盛唐枞阳之歌》，太始三年（前94），武帝东巡。获赤雁，作《朱雁之歌》。《秋风辞》写得最好：

> 秋风起兮白云飞，草木黄落兮雁南归。
> 兰有秀兮菊有芳，怀佳人兮不能忘。
> 泛楼船兮济汾河，横中流兮扬素波。
> 箫鼓鸣兮发棹歌，欢乐极兮哀情多。
> 少壮几时兮奈老何！

情景交融，缠绵流丽，明人胡应麟《诗薮·内编》称为："秋风百代情至之宗。"

登览有诗。梁鸿，字伯鸾，右扶风平陵（今陕西咸阳市西北）人，东汉名士。章帝时，登临洛阳城外北邙山，眺望洛阳内外宫殿巍峨，叹息劳民伤财，作《五噫歌》：

> 陟彼北芒兮，噫！
> 顾瞻帝京兮，噫！

① 清·沈德潜《古诗源》题注。

> 宫阙崔巍兮，噫！
> 民之劬劳兮，噫！
> 辽辽未央兮，噫！

"肃宗（章帝）闻而非之，求鸿不得"①。
游乐有诗。汉乐府《江南》：

> 江南可采莲，莲叶何田田，
> 鱼戏莲叶间。
> 鱼戏莲叶东，鱼戏莲叶西，
> 鱼戏莲叶南，鱼戏莲叶北。

是一群采莲女游戏湖中的歌曲。
游宦有诗，既多且好。《步出城东门》②游宦思乡：

> 步出城东门，遥望江南路。
> 前日风雪中，故人从此去。
> 我欲渡河水，河水深无梁。
> 愿为双黄鹄，高飞还故乡。

《河梁诗》③游宦送别：

> 携手上河梁，游子暮何之。
> 徘徊蹊路侧，悢悢不能辞。
> 行人难久留，各言长相思。
> 安知非日月，弦望自有时。
> 努力崇明德，皓首以为期。

《古诗十九首·明月皎夜光》游宦失志：

> 明月皎夜光，促织鸣东壁。
> 玉衡指孟冬，众星何历历。
> 白露沾野草，时节忽复易。
> 秋蝉鸣树间，玄鸟逝安适。
> 昔我同门友，高举振六翮。

① 宋·郭茂倩《乐府诗集》引《三辅决录》。

② 明·冯惟讷《古诗纪》。

③ 《文选》题《李陵送苏武诗》。此类送别诗，李陵名下有21首，作者实为东汉人。

> 不念携手好,弃我如遗迹。
> 南箕北有斗,牵牛不负轭。
> 良无磐石固,虚名复何益。

东汉游宦诗因游而发,因景生情,语短情长,言近旨远。标志中国五言古体诗歌的完美。刘勰《文心雕龙·明诗》称《古诗十九首》:"观其结体散文,直而不野;婉转附物,怊怅切情,实五言之冠冕也。"①

三、记游文

两汉,散文发达。传记文杰出,司马迁《史记》、班固《汉书》;论说文出色,王充《论衡》、赵壹《潜夫论》;记游文也崭露头角,马弟伯《封禅仪记》②。

马弟伯,东汉光武帝刘秀的侍从官,建武三十二年(56)正月跟随刘秀封禅泰山,作《封禅仪记》,详记时间、地点、登山经过与封禅典礼:

> 是朝,上山骑行,往往道峻峭。下骑前牵马,乍步乍骑,且相半。至中观,留马,去平地二十里。南向极望无不觌。仰望天关,如从谷底仰望抗峰。其为高也,如视浮云。其峻也,石壁窅窱,如无道径。遥望其人,端端如杅升。或以为小白石,或以为冰雪。久之,白者移过树,乃知是人也。……仰视天门,窔辽如从穴中视天窗矣。直上七里,赖其羊肠逶迤,名曰"环道"。往往有絙索,可得而登也。两从者扶掖,前人相牵,后人见前人履底,前人见后人顶,如画重累人矣。所谓磨胸舁石,扪天之

---

① 结体散文,构思行文。直而不野,语言质朴生动。婉转附物,托物比兴。怊怅切情,伤感诚挚。

② 东汉·应劭《汉官仪》有节录。南朝·刘昭注《后汉书·郊祀志》有节引。他书《水经注》、《初学记》等有引文。下引《封禅仪记》是各书引文的辑录。

难也。……泰山东上七十里，至天门东南山顶，名曰日观。日观者，鸡一鸣时，见日始欲出，长三尺所。泰观者望见长安，吴观者望见会稽，周观者望见齐。黄河去泰山二百余里，于祠所瞻，黄河如带，若在山址。山南有庙，悉种柏千株，大者十五六围，相传云汉武所种。小天门有秦时五大夫松。西北有石室，坛以南有玉盘，中有玉龟。①

"是朝"一段，用通俗简练的语言，移步换形的手法，描叙了泰山的高峻，道路的险峭，攀登的艰难，十分可读。"泰山"一段，寥寥数语，展现了"登泰山而小天下"的视野。名为"封禅仪记"，突出公干；实际就是登泰山记，记述上下始末；是古代记游文的开宗之作。

① 日观，日观峰。秦观，秦观峰。吴观，吴观峰。周观，周观峰。

第七节 旅游观念

一、巡游是治国之道

先秦时，巡游已有观风知俗、考察政治的理论支持②。秦代鼓吹巡游可以弘扬声威。汉代儒生进而阐发，巡游既可观风察政，扬威天下，又可祭祀山川，祭祀神灵。《毛诗序》："巡守而祀四岳、河海。"班固《汉书·郊祀志》："类于上帝，禋于六宗，望秩于山川，遍于群神。"③"天子祭天下名山大川，怀柔百神。"

② 《孟子·梁惠王》、《礼记·王制》。

③ 类，禋，祭祀。六宗，古祀六神。汉伏胜、马融谓天、地、春、夏、秋、冬。汉欧阳、大小夏侯、王充谓位于天地四方之间，助阴阳变化者。汉孔光、刘歆谓乾坤六子：水、火、雷、风、山、泽。汉贾逵谓天宗三：日、月、星；地宗三：河、海、岱。汉郑玄谓星、辰、司中、司命、风师、雨师。望，祭祀。秩，秩序，等级。

二、游观是养身之道

先秦时儒家主张游观比德。汉儒认为游观不仅比德，而且治病养身。西汉枚乘《七发》陈述治病的七种"灵丹妙药",有三种专讲"浮游观览":登高览胜,驰骋游猎,曲江观涛。

三、游观是致知之道

西汉王褒《圣主得贤臣颂》:

> 今臣僻在西蜀,生于穷巷之中,
> 长于蓬茨之下,无有游观广览之知,
> 顾有至愚极陋之累,不足以塞厚望以
> 明旨。

不事游观,孤陋寡闻;若能旅观,增广知识。

四、游居是避世之道

汉儒标榜《论语》"道不行,乘桴浮于海",以游居山野为避世之道,强调避世游居是人生乐事。《诗·卫风·考槃》[①],汉儒释为山野自乐的遁世之歌。《孔丛子·记义》借孔子之口:"吾于《考槃》,见遁世之士而不闷也。"

五、游宦是衰亡之道

汉儒有抨击游宦者。徐干《中论·谴交》指出上古不以交游举贤,周政衰败,始以交游取官:

> 先王之教,官既不以交游导民,
> 而乡之考德,又不以交游举贤,是以
> 不禁其民,而民自舍之。及周之衰,
> 而交游兴矣。

斥责今之游宦者交游权贵,斯文扫地,或巧言令色,或溜须拍马,或奉货行贿,"窃选举、盗荣宠":

> 详察其为也,非欲忧国恤民,
> 谋道讲德也,徒营己治私,求势逐利

---

① 朱熹《诗集传》引陈傅良说明:"考,扣也;槃,器名。盖扣之以节歌,如鼓盆拊缶之为乐也。"

> 而已。有策名于朝，而称门生于富贵之家者，比屋有之。为师无以教训，弟子亦不受业。然其于事也，至乎怀丈夫之容，而袭婢妾之态，或奉货而行赂，以自固结，求志属托，规图仕进，然掷目指掌，高谈大语，若此之类，言之犹可羞，而行之者不知耻。嗟乎！王教之败，乃至于斯乎？

批评游宦者只顾名利，不顾亲情，常年离家，心地非仁：

> 古者行役，过时不反，犹作诗刺怨。故《四月》之篇，称"先祖匪人，胡宁忍予？"又况无君命而自为之者乎！以此论之，则交游乎外，久而不归者，非仁人之情也。

应该说，徐干论周代交游，不无偏颇，周代的游学、游说，是人才培养与人才选拔的进步。徐干论汉代游宦的弊端，切中汉末的吏治腐败、学风沉沦、制度松弛与世风日下。

汉儒游观养身、游观致知、游居避世的观念，丰富了旅游理论。

第八节 基本建设

一、开发水陆要道

陆路，汉修夜郎道、灵山道、回中道。

汉夜郎道

汉武帝建元六年（前146），经营西南夷，开辟一条从僰（bó）道（今四川宜宾），经牂

(zāng)江（今贵州乌江），达于夜郎（今贵州西部）的通道，称夜郎道。

汉灵山道

与夜郎道同年修筑，从牂牁（今贵州凯里县），经灵山、孙水，达于邛、筰(zé)（今四川西昌、汉源），称灵山道。《史记·平准书》：

> 唐蒙、司马相如开通西南夷，凿山通道，作者数万人，千里负担馈粮，率十余钟致一石。散币与邛僰以集之。数岁，道不通，蛮夷因以数攻。吏发兵诛之，悉巴蜀租赋不足以更之。

工程浩大，耗资巨大。与夜郎道同为大汉西南部重要道路。

汉回中道

武帝元封四年（前107），因巡游需要，筑回中道，连接雍州（今陕西凤翔）和萧关（今宁夏固原），沟通今陕西、宁夏地区。

水路，汉修漕渠、阳渠、汴渠。

汉漕渠

汉武帝元光六年（前129），沿秦岭北麓开凿漕渠，与渭河平行，起于昆明池（今陕西西安昆明路附近），流经灞河、新丰镇、渭南、华县到华阴市北进入渭河，全长300里。《史记·河渠书》："令齐人水工徐伯表，悉发卒数万人穿漕渠，三岁而通。"漕渠的通航缩短了潼关到长安的水上耗时。

汉阳渠

东汉，为解决洛阳供水及河南漕运，在洛阳城西开渠引洛，渠水绕城而东，纳谷、瀍二水，至偃师复注洛水，使山东漕船由黄河，经

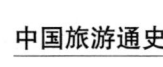

洛水，再经阳渠，直抵洛阳，时称阳渠。《后汉书·王梁传》：

> 建武五年（29），梁代欧阳为河南尹。穿渠引谷水，注洛阳城下，东泻巩川，及渠成而水不流。

这是光武时第一次修阳渠，引涧谷水灌渠，但水流不畅。《后汉书·张纯传》：

> 建武二十三年（47），纯代杜林为司空。明年，穿阳渠，引洛水为漕，百姓得其利。

这是光武时第二次修阳渠。引洛水灌渠，开通阳渠漕运，收效显著。

汉汴渠

东汉孝明帝永平12年（69），水利专家王景治黄，率几十万兵士民工，修建了自荥阳（今河南荥阳）至千乘（今山东高原县）的黄河大堤，治理了黄河通向淮河的汴水水路，称汴渠[1]。汴渠，在今河南荥阳的板渚，引导河水流出黄河，在今江苏淮安盱眙县，流入淮河，成为东汉河淮航运的主要水道。

二、祭祀名山大川

汉承秦制，祭名山，祀鬼神，范围更广，香火更旺，开发更大。武帝"三年亲郊祠，而泰山五年一修封"，自元封元年（前110），"封泰山后，十三岁而周遍于五岳、四渎"[2]。宣帝刘询（前91—前48）即位（前74），原"非宗庙之祀不出"[3]。后于十二年下诏：

> 盖闻天子尊事天地，修祀山川，古今通礼也。间者，上帝之祠阙而不亲十有余年，朕甚惧焉。朕亲饬躬齐戒，亲

[1] 河淮之间，原有战国魏惠王十年（前360）兴建的运河，时称鸿沟。西汉时，黄水入鸿沟，淤塞严重，逐渐湮废。

[2]《汉书·郊祀志》。

[3]《汉书·郊祀志》。

> 泰祀，为百姓蒙嘉气、获丰年焉。

修武帝故事，盛车服，幸甘泉，郊见泰畤①；幸河东，祠后土（地神）。诏曰：

> 夫江海，百川之大者也，今阙焉无祠。其令祠官以礼为岁事，以四时祠江海雒水，祈为天下丰年焉。

明文规定在博县（今山东泰安岱岳区）祭泰山，在嵩高祭嵩山，在用睡（古地名）祭天柱山，在华阴（今陕西华阴）祭华山，在上曲阳（今河北曲阳）祭恒山，在临晋（今山西运城临猗）祭黄河，在江都祭长江，在平氏（今河南南阳桐柏县平氏镇）祭淮河，在临邑（今山东临邑）界中祭济水，在下密（今山东昌邑围子镇）祭三户山（今山东平度城西三合山），在曲城（今山东招远县蚕庄镇）祭参山，在临朐（今山东潍坊临朐）祭蓬山，在睡（今山东烟台福山）祭之罘山，在不夜（今山东荣成北）祭成山，在黄（古地名）祭莱山（在今山东烟台），在成山祠日，在莱山祠月，在琅琊山祠四时，在鄠地（今陕西户县）祭劳谷、五床山、日、月、五帝、仙人、玉女祠，在肤施（今陕西榆林鱼河堡）祭五龙山、仙人祠及黄帝、天神帝、原水。致使山水间、道路上，朝廷的祭祀人马，一年四季，奔走不息。成帝时，"郡县治道共张，吏民困苦，百官烦费"，引发朝野反对。丞相匡衡、御史大夫张谭上书，批评皇帝祭拜山川，是"劳所保之民，行危险之地，难以奉神灵而祈福佑，殆未合于承天子民之意"，建议改天子的外地祭祀为京城郊祀。②成帝采纳。第二年，匡衡、张谭再次上书批评山水祭祀，指出长安一县的

① 郊见，郊外祭祀。泰畤（zhì），天子祭天之坛。

② 《汉书·郊祀志》。

683处祭祀场所有475所不合礼制，应予裁撤。成帝准奏，诏令：雍地203所祭祀场所，保留15所，撤销188所；杜地5所，保留1所，撤销4所；又裁撤汉高祖"所立梁、晋、秦、荆巫、九天、南山、莱中之属"，裁撤文帝渭阳之祭，裁撤武帝所立11处祭祀，裁撤宣帝15处祭祀。①

①《汉书·郊祀志》。

汉代致礼山川鬼神的制度，不仅促成名山大川，时时热闹；也促成鬼神寺庙，香烟缭绕；一旦皇帝游至，开发保护，山乡巨变。

三、大起宫馆苑囿

汉代，皇家的离宫别馆，贵族的山庄林园，四处开花。

西汉，武帝好苑囿，好行宫，重修秦皇上林苑，"游观三辅离宫馆"②。各地诸侯，争相逢迎，争起宫馆。《封禅书》："君国各除道、缮治宫观、名山神祠所，以望幸矣。"③

②《汉书·杜皋传》。

③《史记·封禅书》。

东汉，明帝、和帝、安帝，"修宫室"，"起苑囿"④。在东都洛阳郊外，"因原野以作苑，顺流泉而为沼"，鱼藻满池，禽兽驰骛；"乃经灵台，灵台既崇"⑤。

④班固《两都赋序》。

⑤班固《东都赋》。

两汉，王公贵族营造自家庄园。西汉时，吴王刘濞有长洲苑，丽甲天子。《汉书·枚乘传》：

> （武帝）修治上林，杂以禽宫，
> 积聚玩好，圈守禽兽，不如（吴王）
> 长州之苑；游曲台，临上路，不如
> （吴王）朝夕之池。

梁孝王刘武有菟园，故址在今河南商丘。园中山岩高筑，池沼罗布；奇果佳卉，珍禽异兽；宫馆相属，雨亭星散。枚乘《梁王菟园赋》盛赞它抱山衔水的宏丽及人工开物的精美。又有袁广汉者，于洛阳北邙山修自家庄园，东西长四里，南北宽五里，构石为山，罗列珍奇，巧夺造化。东汉时，大臣梁冀的苑囿，西至弘农（今河南灵宝），东抵荥阳（今河南荥阳），南入鲁阳（今河南鲁山），北及黄河、淇水，方圆千余里。又有茹皓者，采北邙山与南山佳石，筑楼垒台，引泉莳花，费尽心机。

两汉宫馆苑囿，为后代游客留下观光资源。"鸟下绿芜秦苑夕，蝉鸣黄叶汉宫秋"就是唐人临墟怀古的名句[1]。

四、驿传达四方

汉制，三十里一驿，十里一亭，五里一邮。亭，邮亭。《论衡·谈天》："二十八宿为日月舍，犹地有邮亭，为长吏廨也。"《后汉书·亭里》注引《风俗通》："汉代因秦，大率十里一亭。亭，留也。今语有亭待，盖行旅宿舍之所馆也。"[2]

汉制，邮传归朝廷统管，事属太尉法曹；地方分管，事属太守或都尉。只办公事，不办私事。《后汉书·袁安传》："公事自有邮驿，私请则非功曹所受。"为皇家进贡是公事，《后汉书·和帝纪》注引谢承《后汉书》："旧献龙眼、荔枝及生鲜，献之，驿马昼夜传送之。"个人旅游住驿传，是私事。《史记·司马相如列传》，司马相如家贫，无业，临邛（今四川成都邛崃市）县令请游临邛，请住临邛都亭，是私事公办，以权谋私。

汉制，驿传文书必须盖印密封，作为乘坐驿马驿车的凭证。《汉书·平帝纪》颜师古注引如淳曰："诸当乘传者，及发驾置传者，皆持尺五寸木传信，封以御史大夫印章。"

---

[1] 唐·许浑《咸阳城西楼晚眺》。

[2] 亭，也是乡里区划，《汉书·百官公卿表》："大率十里一亭，亭有亭长。县大率方百里，其民稠则减，稀则旷，乡亭亦如之。"

汉制，缓急不同的文书须用不同的传递速度。紧急文书，《汉官仪》："奉玺书使者乘弛（驰）传，其骑驿也，三骑行，昼夜千里为程。"军事文书，西汉赵充国与羌人战于湟中（今青海西宁），与长安朝廷的文书往来（相距约1240公里），大约7天，"六月戊申奏，七月甲寅玺书报从充国计"①，驿报行速每天约400里。一般文书，《居延汉简》："书一日一夜当行百六十里。"②若留迟、失时，严厉处罚。《居延汉简》："不中程，百里罚金半，过百里至二百里罚金二两；不中程，车一里夺更主者劳各一日，二里夺令口各一日。""士吏传行各界勿得迟时，必坐之。"

①《汉书·赵充国传》。戊申、甲寅，干支纪日，戊申至甲寅，头尾七天。

②疑指车行。

汉代驿路通达。通南夷，从武帝元光六年（前129）起，沿途置邮亭。通南方，《后汉书·卫飒传》："迁桂阳（今湖南桂阳）太守，乃凿山通道五百余里，列亭传，置邮驿。"通西域，连接玉门（今甘肃敦煌西北），延伸盐泽（今新疆罗布泊），保障文书传递、使臣起居，指引军队、商贾，是国防通道、外交通道、商贸通道。

五、车船普及

汉代车船，运用普及。经营车船，可以谋利。朝廷眼红，征收车船税。《汉书·武帝纪》元光六年（前129），"初算商车"。算，征税计量单位，一算120文钱③。商车，商船、商车。《汉书·武帝纪》元狩四年（前119），"初算缗钱"④。私家车辆每辆征税一算，商车加倍；舟船五丈以上征税一算。处罚隐瞒不报或呈报不实者，奖励告发瞒税、告发漏税者。元狩六年（前117）颁布告缗令，最高奖额为罚没额度的一半。

③一文钱，一枚方孔铜钱。

④缗，成串千文铜钱。汉代计税单位，后泛指税金。

第五章 汉代旅游

汉代车辆有三类：马车、牛车、手推车。

西汉马车进步，双辕车取代独辀车。独辀车，一根辕，至少两马并驾。双辕车，两根辕，一马可驾。西汉晚期与东汉的画像石、画像砖和汉墓壁画有大量双辕车形象。在马匹珍贵的汉代，一马驾车，扩大了官府也扩大了民间的马车车队。且因一马驾车，要求车辆轻便，人称快马轻车。

一马双辕车，在汉代又称小车。东汉刘熙《释名·释车》："小车，驾马，轻小之车也。"细分之，有斧车、轺车、施轓车、轩车、辎车、辒车、栈车等。斧车，单马兵车，舆中竖钺斧。甘肃武威雷台汉墓出土铜斧车模型，车舆正中插立一柄铜钺斧，可乘二人。《续汉书·舆服志》[①]，县令以上官吏，可用斧车开道，以壮威仪。轺车，《释名·释车》："轺，遥也，遥远也，四向远望之车。"一般一马一车，一车二人，御者居右，官吏居左，车上四面空敞，可以随意浏览，多用于小吏出外办公或邮驿公文传递。施轓车，常常二马并驾，车舆两侧（即輢）加置挡泥板，称施轓，又称"屏泥"、"车耳"，中、高级官吏乘坐。汉制，六百石至一千石官吏，"朱左轓"，二千石官吏方可"朱其两轓"。轩车，车舆两侧有席障、人坐车中，只能望前后，不能望两侧，高官乘坐。汉诗《冉冉孤生竹》："思君令人老，轩车来何迟。"辎车，双辕单马，方形车舆，施以帷幔，加以蓬盖，车门在舆前，舆内坐一人，御者坐舆前轼板，富贵人家妇女乘坐。辒车，也是篷车，形制类是辎车，车门在舆后，车厢较大，可卧息，可载行李，适于长途旅行，是舒适华丽的高级马车，

[①] 西晋·司马彪《续汉书》，记载王莽新朝末年到东汉末年200多年历史。

贵族妇女乘坐。栈车，竹木编制的篷车。《说文》："栈，棚也，竹木之车曰栈。"车舆较长，上为卷篷，前后无挡，一马双辕，载人拉货，地主商人多用之。皇家用车，亦多形制，多名目。天子乘玉辂，太子、诸侯乘王青盖车等等。还有一些专用马车，鼓吹车，仪仗奏乐用；戏车，百戏表演用；猎车，狩猎用；辒辌车，丧葬用；槛车，押送罪犯或圈押野兽用。这些专用车，形制或装饰上各有特点。

汉代马车的乘车方式原有两种，立乘与座乘。后来立乘不再，无车不坐。

牛车是汉代主要运输脚力。牛车擅长负重，车厢宽大，又称大车。

汉代牛车形制，按武威雷台汉墓铜牛车模型，一牛双辕，长方形车厢，后有栏板，车厢前无（或有）栏板，驭者坐车厢前沿。

牛车也载人。汉初，"将相或乘牛车"①。商贾，按汉代制度，因身份卑微，不能乘马车，只能乘牛车。②

汉代又有一种手推独轮车，适用山地崎岖小路。汉画砖独轮车，结构简单，一车轮，一车架，一人执柄手推，车架上或坐人或置物。独轮车，汉代称一轮车③，或称鹿车④。鹿车即辘车，辘，辘轳，车轮转动如辘轳。这种独轮车，民间多有多用。三国时，蜀国诸葛亮用之运送粮草，装上刹车机关，人称"木牛流马"，其实就是手推独轮车。

汉代造船业发达。今广东、四川、陕西、福建、浙江、江西，均有秦汉造船遗址。

汉造楼船。《史记·平准书》武帝时：

> 造楼船，高十余丈，旗帜加其

① 《汉书·食货志》。

② 西晋·司马彪《续汉书·舆服志》："贾人不得乘马车。"

③ 《说文》有"一轮车"。

④ 应劭《风俗通》。

第五章 汉代旅游

上，甚壮。

楼船一般三层，一层称"庐"，配备士兵，预备舷战；二层称"飞庐"，隐蔽弓弩手，随时突击；三层称"爵（雀）室"，"于中候望之如鸟雀之警示也"①，是瞭望指挥台。每层均有女墙，掩护射击，防范矢石。士兵划桨，隐身甲板下船舱。桨的数量，于今难知。1952年，长沙西汉203号墓出土船模，并非楼船，有桨16支，则楼船桨数，应数倍其上。楼船是水军主力战舰，汉水军因此称楼船军。《后汉书·马援传》建元十七年，"拜援伏波军，以扶乐侯刘隆为副，督楼船军段志等南击交阯，军至合浦而志病卒，诏援并其兵。遂缘海而进"，"援楼船大小二千余艘，战士二万余人"②。

汉造客货船。1955年，广州东汉墓出土陶制船模，船前有锚，船尾有舵，船舷有走道；船分三舱，舱上盖顶；前舱较低，中舱稍高，后舱最高，系舵楼；船上装饰陶俑，或走，或眺，疑是旅客；或跪，或匍匐者，疑是船工。模拟的应是一艘内河客船。

汉代造有帆船。南朝宋人范晔《后汉书·马融传》引马融《广成颂》：

> 方余皇，连舼（qióng）舟，张云帆。

东汉刘熙《释名》：

> 随风张幔曰帆。帆，使舟疾泛泛然也。

西晋陈寿《三国志·吴志·丁奉传》："时北风，奉举帆二日至，遂据徐塘。"南朝宋人裴松之《三国志·魏志·公孙度传》注引魏晋王沈《魏书》："吴虽在远，水道通利，举帆便

---

① 东汉·刘熙《释名》。

② "楼船大小二千余艘"，是以楼船概括之，犹言"楼船等大小二千余艘"，并非艘艘楼船。

至，无所隔限。"舟船用帆，借助风力，减轻人力，是舟船新动力。

六、城市多客舍

汉代民间，客舍众多，是朝廷征税对象。《汉书·食货志》说王莽建国元年（9），宣布农业之外的税种：

> 诸取众物、鸟、兽、鱼、鳖、百虫于山林、水泽及畜牧者，嫔妇桑蚕、织纴、纺绩、补缝，工匠、医、巫、卜、祝及它方技，商贩、贾人坐肆、列里区、谒舍，皆各自占所为于其在所之县官，除其本，计其利，十一分之，而以其一为贡。

其中，谒舍就是客舍。《汉书》颜师古注引："谒舍，今之客舍也。"

汉代客舍或有女招待，东汉宫廷借为游戏题材。《续汉书·五行传》："灵帝数游戏于西园中，令后宫采女为客舍主，身为商贾服行，至舍，采女下酒食，因共饮食以为戏乐。"

汉代民间，酒馆时兴。特色是美女当垆。《史记·司马相如列传》：

> 相如与（卓文君）俱之临邛，尽卖其车骑，买一酒舍酤酒，而令文君当垆。相如身自着犊鼻裈，与保庸杂作，涤器于市中。①

夫妻开酒馆，文君做卖酒女郎，相如做打杂员工。东汉辛延年《羽林郎》：

> 昔有霍家奴，姓冯名子都。

---

① 垆，土筑酒台。犊鼻裈，形似牛犊之鼻的围裙或短裤。保庸，仆佣。杂作，混同干活。

> 依倚将军势，调笑酒家胡。
> 胡姬年十五，春日独当垆。
> 长裾连理带，广袖合欢襦。
> 头上蓝田玉，耳后大秦珠。
> 两鬟何窈窕，一世良所无。
> 一鬟五百万，两鬟千万余。
> 不意金吾子，娉婷过我庐。
> 银鞍何煜爚，翠盖空踟蹰。
> 就我求清酒，丝绳提玉壶。
> 就我求珍肴，金盘脍鲤鱼。
> 贻我青铜镜，结我红罗裾。
> 不惜红罗裂，何论轻贱躯！
> 男儿爱后妇，女子重前夫。
> 人生有新故，贵贱不相逾。
> 多谢金吾子，私爱徒区区。①

① 霍家，西汉武帝、昭帝、宣帝三朝元老霍光。《汉书·霍光传》："初，光爱幸监奴冯子都，常与计事，及显（霍光妻）寡居，与子都乱。"

这家卖酒女郎大约是西域人，年轻、漂亮、衣饰华贵，一位禁卫军军官送镜执裾，勾引调戏，胡姬严辞拒绝。

七、旅游城

两汉旅游的中心城市是长安、洛阳。

长安

汉长安位于今西安市区西北郊，面积约36平方公里。原是西周京城，称镐京，或丰镐；秦代，丰镐故地赐封始皇弟长安君成蟜，始称长安。班固《西都赋》称其地利：

> 汉之西都，在于雍州，实曰长安。左据函谷、二崤之阻，表以太华、终南之山。右界褒斜、陇首之险，带以洪河、泾、渭之川。众流之隈，汧涌其西。华实之毛，则九州之上腴焉。防御之阻，则天地之隩区

焉。是故横被六合，三成帝畿。周以龙兴，秦以虎视，及至大汉受命而都之也。

汉初，太祖高皇帝七年（前200），定长安为京都。起宫殿，名长乐宫、未央宫。惠帝造城墙，武帝大规模扩建，兴建北宫、桂宫、明光宫、上林苑、昆明池、建章宫等。开有城门12座，主要街道8条。城市中部、南部，为皇宫、府衙、宗庙区。城市北部为居民区。市场在城市西北角，称长安九市。《西都赋》："街衢洞达，闾阎且千，九市开场，货别隧分。"汉平帝元始二年（公元2年），城户近约9万，人口约25万。

长安，交通顺畅。东向，渭水黄河，航运便捷，《西都赋》：

> 东郊有通沟大漕，溃渭洞河，泛舟山东，控引淮湖，与海通波。

西向，是丝绸之路，通达西域。

长安游客云集，繁华热闹。《西都赋》：

> 人不得顾，车不得旋，阗城溢郭，旁流百廛。红尘四合，烟云相连。于是既庶且富，娱乐无疆。都人士女，殊异乎五方。游士拟于公侯，列肆侈于姬姜。乡曲豪举、游侠之雄，节慕原尝，名亚春陵，连交合众，骋骛乎其中。①

车马横流，人头汹涌，大街小巷挤满本地男女、四方游士、地方豪强、民间游侠。

长安，娱乐活动盛行，总称角抵百戏。百

---

① 廛，民里。都人士女，京都男女。拟，模仿。列肆，商铺。侈，多。姬姜，美女。商铺中尽是美女。乡曲豪举，乡间豪客。原、尝、春、陵，战国四公子：平原君、孟尝君、春申君、信陵君。

戏，各种杂技①。北宋郭茂倩《乐府诗集》："秦汉以来，又有杂伎，其变非一，名为百戏。"百戏的重头是角抵戏。角抵源起战国，模拟武斗。班固《汉书·刑法志》：

> 春秋之后，灭弱吞小，并为战国，稍增讲武之礼，以为戏乐，用相夸视。而秦更名角抵。

北宋陈旸《乐书》：

> 角者，角其伎也。两两相当，角及伎艺射御也。

角抵或有戏剧情节。张衡《西京赋》说角抵妙戏："东海黄公，赤刀粤祝。冀厌白虎，卒不能救。"② 东晋葛洪《西京杂记》："有东海人黄公，少时为术，能制蛇御虎。佩赤金刀，以绛缯束发。立兴云雾，坐成山河。及衰老，气力羸惫，饮酒过度，不能复行其术。秦末有白虎见于东海，黄公乃以赤刀往厌之。术既不行，遂为虎所杀。三辅人俗用以为戏，汉帝亦取以为角抵之戏焉。"

汉武帝常在长安，用角抵百戏招待外宾：

> 未央庭中，设角抵戏，享外国，三百里内观，角抵者，使角力相触也，其云雨雷电，无异于真，画地为川，聚石成山，倏忽变化，无所不为。③

汉宣帝元康二年（前64）："自临平乐观，会匈奴使者、外国君长，大角抵，设乐而遣之。"④

朝廷常在长安，以角抵百戏，与民众同

① 唐·徐坚《初学记》引梁元帝《纂要》："有百戏，起于秦汉。有鱼龙蔓延、高絙凤皇、安息五案、都卢寻橦、丸剑、戏车、山车、兴云、动电、跟挂、腹旋、吞刀、履索、吐火、激水、转石、嗽雾、扛鼎、象人、怪兽、含利之戏。"

② 粤祝，粤地咒语。

③ 唐·欧阳询《艺文类聚》引魏晋人《汉武故事》。

④ 《汉书·西域传》。

乐。《汉书·武帝纪》元封"三年春,作角抵戏,三百里内皆观"。元封六年"夏,京师民观角抵于上林平乐观"。平乐观,上林苑表演角抵的场所,东汉李尤《平乐观赋》描述演出:

> 戏车高橦,驰骋百马,连翩九仞,离合上下。或以驰骋,覆车颠倒。乌获扛鼎,千钧若羽。吞刃吐火,燕跃鸟跱。陵高履索,踊跃旋舞。飞丸跳剑,沸渭回扰。巴渝隈一,逾肩相受。有仙驾雀,其形蚴虬。骑驴驰射,狐兔惊走。侏儒巨人,戏谑为耦。禽鹿六驳,白象朱首。鱼龙曼延,崑辿山阜。龟螭蟾蜍,挈琴鼓缶。

表演花招和杂技功夫,的确眩人耳目。

长安是西汉政治、经济、交通、外交中心,也是西汉旅游中心、娱乐中心。东汉,光武帝刘秀定都洛阳,长安称西都、西京,依然地位显赫,市面繁华,天下向往。

洛阳

洛阳,原称洛邑,是西周陪都,东周首都。西汉都长安,洛阳一度冷落。东汉,以洛阳为京师,与长安对应,称东都、东京。城市建设目标,光耀华夏,独秀八方。班固《东都赋》:

> 光汉京于诸夏,总八方而为之极。

按汉魏洛阳故址①,城区南北长,东西短,"东西六里十一步,南北九里一百步"②。城墙高筑,最高达9米,周长14公里,城门十二

---

① 汉魏洛阳故城,现代考古发掘,位于今洛阳市东约15公里,与偃师市、孟津县毗连的伊洛平原。

② 西晋·皇甫谧《帝王世纪》。

第五章 汉代旅游

座。城门有亭,津阳门津阳亭,夏门夏门亭等。城内皇宫分南宫和北宫,南宫在城南,北宫在城北,相隔七里,复道[①]连接。南宫正殿德阳殿,池水环绕,殿高三丈,陛高一丈,玉阶朱梁,石壁金柱,饰以彩画,镂以美女。城内大街,南北向五条,东西向五条,经纬纵横,井然有序。

洛阳文化氛围浓厚。流传"河出图,洛出书"的神谕,是"带河溯洛,图书之渊"[②]。建有"统和天人"的明堂、灵台。明堂,天子礼义之堂[③]。灵台,天文观象台[④]。班固《东都赋》说"(长安)建章、甘泉,馆御列仙,孰与(洛阳)灵台、明堂,统和天人?""(长安)太液、昆明,鸟兽之囿,曷若(洛阳)辟雍海流,道德之富?"建有中国第一座佛教寺庙,白马寺[⑤]。白马寺北依邙山,南望洛河,苍松古柏,青砖红墙,梵殿宝塔,清幽脱俗,晨钟暮鼓,庄严肃穆。建有汉代规模最大的太学(故址在今河南偃师佃庄镇),质帝时,太学学生多达3万人。太学门前树立中国第一部官定石刻经本,熹平石刻[⑥]。刻写经典七部,《周易》、《尚书》、《诗经》、《礼记》、《春秋》、《公羊传》、《论语》。碑文约20万字,碑石计46座,每座均为长方形,约高1丈,宽4尺,双面刻文,自右向左,直下书刻。碑顶有瓦盖,碑下有座基。整齐排列,供人观瞻。《后汉书·蔡邕传》:"及碑始立,其观视及摹写者,车乘日千余辆,填塞街陌。"

洛阳是东汉政治中心、文化中心、外

---

① 复道,皇帝走中道,护从夹护左右,走旁道。

② 班固《东都赋》。

③ 始建于东汉光武帝中元元年(56),是皇家最高等级的礼制建筑。班固《白虎通义》:"天子立明堂,所以通神灵、感天地、正四时、出教化、崇有德、重有道、显有能、褒有行者也。"明堂建筑,东汉桓谭《新论》:"上圆法天,下方法地。""为四面堂,各从其色,以仿四方。王者作圆池如璧形,实水其中,以环雍之,故曰辟雍。"辟雍是环绕明堂的圆形水渠,辟(璧)意无缺,雍意圆满,象征王道周而复始。

④ 建于东汉建武中元元年(56)。方形高台建筑。现存台址,东西宽约31米,南北长约41米,高8米。分上下两层平台:下层平台为环筑回廊,上层平台为观测天象的场所,四周有屋五间,为观象衙署。张衡曾主持其事。

⑤ 东汉永平七年(64),汉明帝刘庄遣使蔡愔、秦景西域拜求佛法。第二年,蔡愔、秦景偕同印度高僧迦叶摩腾、竺法兰,以白马驮载佛经、佛像,抵达洛阳。永平十一年(68),为铭记白马驮经之功,明帝敕令在洛阳雍门外修建寺庙,称白马寺。历史上,白马寺几度重修。今洛阳白马寺坐北朝南,总面积二百余亩,主体建筑:天王殿、大佛殿、大雄殿、接引殿、毗卢阁五层殿堂及释迦舍利塔。

⑥ 汉灵帝熹平四年(175),御准蔡邕、张训等校订经学经典,蔡邕隶书石碑,工匠依文镌刻,历时九年,光和六年(183)完工,称"汉石经"、"熹平石经"。

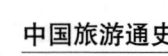

交中心、旅游中心。

八、景观名胜

泰山长城

泰山，原始社会已有人迹。泰山山麓存有史前新泰人化石遗存和沂源人化石遗存。泰山南麓存有大汶口文化遗址，泰山北麓存有龙山文化遗存。周代，泰山因雄伟高峻，成五岳之一，称东岳、岱岳。但泰山的真正发达是在秦汉时代。秦始皇父子二登泰山，在山上树刻石，山下修岱庙。今称华夏名山第一庙。李斯书写的秦二世刻石，称"泰山十字"①，就保存在岱庙。汉武帝八登泰山，祭天封禅，划拨嬴、博二县，设置奉祀泰山的奉高邑；在山下，修筑祭祀五方之帝的五方祠堂，诏令诸侯"治邸泰山下"②；在山上，树立天子刻石，修筑天子明堂。所修明堂：

> 一殿，四面无壁，以茅盖，通水，水圜宫垣，为复道，上有楼，从西南入，名曰昆仑，天子从之入，以拜祀上帝焉。③

所立有字刻石，已无踪迹，所立无字刻石④，今存泰山极顶玉皇庙。秦汉，泰山鸿运当头，地位尊崇，象征天地，高居五岳之首。

嵩山

嵩山，位于今河南西部，东西横卧，分为少室山和太室山，北瞰黄河，西接洛阳，主峰峻极峰属太室山，高1491米；最高峰连天峰属少室山，高1512米。上古称外方、嵩高、崇高、崇山。周代五岳之一，称中岳。班固《白虎通》："中央之岳，加嵩高宗者何？中岳居四方之中而高，故曰嵩高也。"秦汉时，嵩山

① 秦二世刻石残破，仅存十字。

② 《史记·孝武本纪》。

③ 《史记·孝武本纪》。

④ 一说是始皇刻石。

因皇帝光顾，头角峥嵘。武帝东巡，在嵩山，增加祭祀，禁伐山林，设置居民区，集三百户居民专事嵩山供奉，称嵩高邑。有祠堂，有居民，有衙门。太室山下的中岳庙，始建于秦，汉武帝增修，称太室祠。中岳庙门前有东汉时期的石翁仲（文武官员石像）一对，庙南有东汉时期的太室阙（神道阙）。

天柱山

今安徽天柱山，古称天柱山、霍山、衡山。地处皖西，属大别山脉，西邻湖北，北通河南，南近长江，东倾苏皖，是四面可图之地。周时已是五岳之一。屈原《天问》："吴获迄古，南岳是止。"① 蒋骥《山带阁注楚辞》："今按庐州（今安徽江淮地区）霍山，一名衡山，亦称南岳，疑指此为是。"西汉，又获天子香火与朝廷册封。《史记·封禅书》武帝元封五年（前106），礼拜天柱山，封天柱山为南岳：

上巡南郡，至江陵而东。登礼潜之天柱山，号曰南岳。②

《汉书·郊祀志》宣帝神爵元年（前61），朝廷诏告天下，也是以天柱山为南岳，但称霍山：

东岳泰山，西岳华山，南岳霍山，北岳恒山，中岳嵩山。

霍山，群山绕主峰，主峰是天柱山。清代顾祖禹《读史方舆纪要》："以峰言之，则曰天柱，其峰突出众山之上，峭拔如柱也。"白居易称之"一峰擎日月，千仞锁云雷。"③ 隋代，文帝杨坚于开皇九年（589）诏定湖南衡山

① 吴族悠久，发迹南岳。因北有尧舜夏商，西南有三苗、荆楚，难以北上西进南下，后东向发展，建立吴国。

② 潜，今安徽潜山、霍山地区。

③ 白居易任江州司马，有诗《题天柱山》："太微星斗拱琼台，圣祖琳宫镇九垓。天柱一峰擎日月，洞门千仞锁云雷。玉光白橘相争秀，金翠佳莲蕊斗开。时访左慈高隐处，紫清仙鹤认巢来。"诗见《天柱山志》，《白氏长庆集》未录。

为南岳，改称天柱山为"中镇"①，民间遂称天柱山为古南岳。

上林苑

武帝建元三年（前138），朝廷有偿征收民间耕地，扩建秦代上林旧苑②，仍称上林苑。扬雄《甘泉赋序》：

> 广开上林，东南至宜春，鼎湖，御宿，昆吾，旁南山；西至长扬，五柞；北绕黄山，滨渭而东；周袤数百里。

张衡《西京赋》：

> 上林禁苑，跨谷弥阜。东至鼎湖，邪界细柳。掩长杨而联五柞，绕黄山而款牛首。缭垣绵联，四百余里。

上林区域，地跨今蓝田、户县、周至、兴平四县（市）和西安、咸阳两个市区，总面积约2500平方公里。这样宏大的规模，在中国皇家园林，应是空前绝后。

上林苑是皇帝猎苑。班固《西都赋》描写上林游猎：

> 尔乃盛娱游之壮观，奋泰武乎上囿。……罘网连纮，笼山络野。列卒周匝，星罗云布。于是乘銮舆，备法驾，帅群臣，披飞廉，入苑门。遂绕酆鄗，历上兰。……挟师豹，拖熊螭。曳犀牦，顿象羆。超洞壑，越峻崖。蹶崭岩，巨石隤。松柏仆，丛林摧。草木无余，禽兽殄夷。

群兽出没，列卒云布，若非"周袤数百里"岂能包容？

---

① 隋唐定天下五镇：东镇沂山（山东），南镇会稽山（浙江），西镇吴山（陕西），北镇医巫闾山（辽宁），中镇霍山。

② 上林苑始建于秦始皇。《史记·秦始皇本纪》秦始皇二十六年（前221），秦灭六国，"徙天下富豪于咸阳十二万户。诸庙及章台、上林皆在渭南"；秦始皇三十五年（前212），"作朝宫渭南上林苑中"。秦上林苑故地，在今陕西户县城西阿房宫遗址一带。

第五章 汉代旅游

上林苑有皇帝行宫。东汉卫宏《汉旧仪》说上林苑：

> 离宫七十所，容千骑万乘。

西晋潘岳《关中记》，上林苑有三十六苑、十二宫、三十五观。苑、宫、观各具功能。宜春苑，供游憩。御宿苑，御人止宿。思贤苑、博望苑，招待宾客。建章宫，皇帝起居。宣曲宫，演奏音乐。犬台宫、走狗观，观看赛狗。走马观，观看赛马。鱼鸟观，观赏鱼鸟。观象观、白鹿观，饲养和观赏大象、白鹿。平乐观，表演角抵杂戏。茧观，观看养蚕。葡萄宫，引种西域葡萄。扶荔宫，培养南方奇花异木。

上林苑，湖沼罗布，八水纵横。有灞水、浐水、泾水、渭水、丰水、镐水、牢水、橘水。司马相如《上林赋》：

> 终始灞浐、出入泾渭。沣镐潦潏，纡馀委蛇，经营乎其内。荡荡乎八川分流，相背而异态。东西南北，驰骛往来。

有太液池、昆明池、镐池、祀池、糜池、牛首池、蒯池、积草池、东陂池、当路池、郎池。太液池有海中"三山"，山上金石鱼龙，云蒸霞蔚；山下荷苽连绵，水鸟翔集[①]。昆明池周匝四十里，池面三百三十二顷，是训练水军的场所，可让百艘战舰横冲直撞。《汉书·武帝纪》颜师古注引臣瓒曰：

> 《西南夷传》有越嶲、昆明国，有滇池，方三百里。汉使求身毒国，

[①] 《三辅黄图》。地理书，作者可能是汉末人，也可能是南北朝人。三辅，原指汉代管理京畿地区的三位官员左、右内史与主爵中尉（后为京兆尹、左冯翊、右扶风），代指京畿地区，辖境相当今陕西中部。黄图，京畿图说。

而为昆明所闭。今欲伐之，故作昆明池象之，以习水战。

昆明池也是泛舟游乐的场所，"池中有豫章台及石鲸，刻石为鲸鱼，长三丈"，"有龙首船，常令宫女泛舟池中，张凤盖，建华旗，作濯歌，杂以鼓吹"[1]。

①晋人《三辅故事》。

如此巨大豪华的皇家园林，劳民必重，伤财必重。东方朔批为"上乏国家之用，下夺农桑之业"。[2]元帝时，朝廷不堪重负，裁撤上林官员，分发贫民宜春苑土地。成帝时，将上林苑东、南、西三边的边界土地划给平民。新莽地皇元年（20），王莽拆毁上林苑十多处宫馆，取其材瓦，营造九处宗庙。后赤眉攻城，上林苑遭受战火，到东汉初期，已是一片废墟。只能"观迹于旧墟，闻之乎故老"[3]。

②《汉书·东方朔传》。

③班固《西都赋》。

广陵涛

广陵涛，即广陵曲江涛。广陵故地今属江苏扬州，曲江故道在今江苏扬州曲江公园周边。秦汉时，长江因江中沙洲分割为南北两支，沙洲以北贴近广陵的一段称曲江，曲江濒临长江入海口。潮汛之期，海潮上溯，因水道曲折，又受江心沙洲的阻绊，涛涌浪叠，奇险壮观。枚乘《七发》：

> 将以八月之望，与诸侯远方交游兄弟，并往观涛乎广陵之曲江。……（涛）似神而非者三：疾雷闻百里；江水逆流，海水上潮；山出云内，日夜不止，衍溢漂疾，波涌而涛起。其始起也，洪淋淋焉，若白鹭之下翔。其少进也，浩浩溰溰，如素车白马帷盖之张。其波涌而云乱，扰扰焉如三军

之腾装。其旁作而奔起也，飘飘焉如轻车之勒兵。六驾蛟龙，附从太白，纯驰皓蜺，前后络绎。颙颙昂昂，椐椐强强，莘莘将将。壁垒重坚，杳杂似军行。訇隐匉磕，轧盘涌裔，原不可当。观其两旁。则滂渤怫郁，暗漠感突，上击下律，有似勇壮之卒，突怒而无畏。蹈壁冲津，穷曲随隈，逾岸出追。遇者死，当者坏。……鸟不及飞，鱼不及回，兽不及走。纷纷翼翼，波涌云乱，荡取南山，背击北岸，覆亏丘陵，平夷西畔。险险戏戏，崩坏陂池，决胜乃罢。澒汩潺湲，披扬流洒。横暴之极，鱼鳖失势，颠倒偃侧，沈沈湲湲，蒲伏连延。神物怪疑，不可胜言，直使人踣焉，洄闇凄怆焉。此天下怪异诡观也。

八月十五，曲江观涛。江涛似神非神：一则声如疾雷，传扬百里；二则江水倒流，海潮上灌；三则山云吞吐，日夜喷涌，水溢流急，浪叠涛起。涛之初，如山洪飞泻，似白鹭俯冲。稍进，水势浩荡，如白马素车；惊涛起伏，如乱云飞渡；波涛滚滚，如大军冲锋。而大浪突兀，飘荡腾空，如轻车勒兵；如蛟龙驾车，紧随河神；如长虹奔驰，连续不断。潮头高大，浪头相随，相互激荡，如壁垒坚固；杂乱纷纭，如军队蜂出。江涛轰鸣，奔腾澎湃，势不可挡。涛之两岸，更是水势汹涌，汪洋奔突，倏忽上冲，倏忽下击，如勇壮士卒，无畏怒进，冲击岸壁，冲击渡口，回旋弯曲，跨越堤

岸。逆者亡，挡者毁。鸟不及飞，鱼不及回，兽不及躲。水势浩渺，波似乱云。摇撼南山，冲撞北岸，摧毁丘陵，扫平西岸，何其危险而可怕。直至冲垮堤岸，破坏池塘，彻底胜利，方才罢休。然后流水澎湃，扬长而去。蛮横之极，鱼鳖不能自主，颠倒翻覆，低声下气，匍匐拖曳。水中生灵种种古怪而反常的表现，令人丧魂失魄。这真是天下的诡异奇观。这段描写，穷形尽相。作者枚乘（？—约前140），淮阴（今江苏淮安）人，南邻扬州，是广陵涛邻居。

广陵涛盛于秦汉。汉之后，长江泥沙日益淤积，长江入海口日渐东移，广陵潮越来越弱，到唐朝，曲江观潮让位于钱塘观潮。清代费锡璜《广陵涛辩》："汉及六朝，盛于广陵。唐、宋以后，潮盛于浙江。"

第九节　地理图志

一、承撰地图

西汉太仆臣贺，自编《舆地图》[①]，《史记·三王世家》："臣昧死奏舆地图，请所立国名。"《史记·淮南衡山列传》说淮南王刘安谋反，"王日夜与伍被、左吴等案舆地图，部署兵所从入"。这舆地图大约是全国地图。最早的地方性地图也出现在西汉初期。1973年，长沙马王堆三号汉墓（西汉文帝十二年公元168年下葬）出土3幅绘于绢帛的地图，分别是地形图、军事图、城邑图，所绘区域相当今湖南潇水地区和岭南地区。

东汉，也有两本图经，一本是《巴郡图经》[②]，一本是王逸的《广陵郡图经》。

[①]《汉书·武帝本纪》。

[②]《华阳国志·巴志》注引。

汉代地图虽然"不设分率，又不考正准望，亦不备载名山大川，虽有粗形，皆不精审"①，却是周秦地图的可贵接力和宝贵传承，为晋代地图的创新提供了借鉴。

二、创作地志

《禹贡》外，周代未见地志。汉代，地志兴起。有总志，有地方志。

总志起于西汉。刘向的"略言地理"，可能写过地理志略；朱贡②"条其风俗"，可能写过风俗专书。东汉班固总其所成，撰全国地理总志《汉书·地理志》。《隋书·经籍志》：

> 刘向略言地域，丞相张禹使属朱贡条其风俗，班固因之作《地理志》。其州国郡县，山川夷险，时俗之异，经星之分，风气所生，区域之广，户口之数，各有攸叙。

总志或分专门，东汉桑钦《水经》总志河流，是全国性水志；应劭③《地理风俗记》，总志风俗，是全国性风俗志。又撰《风俗通义》，或称《风俗通》④。考证评议历代名物、风俗、传闻、神灵、山泽、姓氏等，内容丰富，资料丰富。范晔《后汉书·应奉传》说《风俗通》"辨物类名号，释时俗嫌疑，文虽不典，后世服其洽闻"。

地方志，盛于东汉。东汉光武帝刘秀看重地方文献掌故，"始诏南阳，撰作《风俗》，故沛、三辅有耆旧士之序，鲁、庐江有名德、先贤之赞。郡目之书，由是而作"⑤。郡目之书，催生了大批地方志，及地方风俗、物产、人物专志。袁康、吴平

---

① 晋·裴秀《禹贡地域图序》。

② 朱贡，又作朱赣，汉成帝时颖川人。

③ 应劭（约153—196），字仲远，汝南郡南顿县（今河南项城）人。少时专心好学，博览多闻。灵帝时举孝廉。任泰山郡太守，后依袁绍，卒于邺。应劭博学多识，平生著作11种、136卷，现存《汉官仪》、《风俗通义》等。

④ 《风俗通义》原为三十篇。今存十篇：《皇霸》、《正失》、《愆礼》、《过誉》、《十反》、《声音》、《穷通》、《祀典》、《怪神》、《山泽》。

⑤ 《隋书·经籍志·序》。"始诏南阳，撰作《风俗》"，诏令编写《南阳风俗志》。沛，刘邦老家。三辅，长安京畿地区。鲁，曲阜。庐江，安徽庐江地区。序、赞，指人物专记。

《越绝书》①，主记吴越地区吴越两国的交战历史，吴越地区的季节变化、农田水利、山川地理、粮食物产，初具地方志性质。清人洪亮吉《重修澄城县志·序》："一方之志始于《越绝》。"《南阳风俗传》、卢植《冀州风土记》，圈称《陈留风俗传》②，赵宁《蜀郡乡俗记》，专记一地风俗，是地方风俗志；杨孚《交州异物志》③，专记一地特产，是地方博物志。东汉祝龟《汉中耆旧传》④，专记一地人物，是地方人物志。

汉代地志，奠定了中国山有经、水有志、城有记、乡有录的文献传统。

汉代大行万里路，西域之旅，影响历代外交；游学之旅，影响历代学风。

---

① 《四库提要》："《越绝书》十五卷（兵部侍郎纪昀家藏本）不著撰人名氏。书中《吴地传》称勾践徙琅琊，到（东汉刘秀）建武二十八年（52），凡五百六十七年，则后汉初人也。书末《叙外传记》以廋词隐其姓名。其云'以去为姓，得衣乃成'，是袁字也。'厥名有米，覆之以庚'，是康字也。'禹来东征，死葬其疆'，是会稽人也。又云'文词属定，自于邦贤，以口为姓，承之以天'，是吴字也。'楚相屈原，与之同名'，是平字也。然则此书为会稽袁康所作，同郡吴平所定也。"袁康、吴平，生平不详。王充《论衡》提及会稽吴君高《越纽书》，或指吴平《越绝书》。《越绝书》原为三十五篇，今存十九篇。

② 圈称，字幼举，东汉末年陈留郡（今河南开封东南）人，《后汉书》无传。《隋书·经籍志》录有汉议郎圈称撰《陈留耆旧传》二卷。是地方风俗志。

③ 杨孚，字孝元，东汉时南海郡番禺（今广东广州）人，汉议郎。

④ 东晋·常璩《汉中士女志》："祝龟，字元灵，南郑人也。年十五远学汝颖，能属文。太守张府君奇之，曰：'吾见海内士多矣，无如祝龟者也。'州牧刘焉辟之，不得已行，授葭萌长。撰《汉中耆旧传》，以著述终。"

第六章

魏晋南北朝旅游

① 五胡：匈奴、鲜卑、羯胡、氐、羌。

② 十六国：五胡各自所建政权，前凉、后凉、南凉、西凉、北凉、前赵、后赵、前秦、后秦、西秦、前燕、后燕、南燕、北燕、胡夏、成汉。五朝：北魏（386—557）、东魏（534—550）、西魏（535—556）、北齐（550—577）和北周（557—581）。

③ 四朝：宋（420—479）、齐（479—502）、梁（502—557）、陈（557—589）。

魏晋南北朝，先是三国（220—280）鼎立，世积乱离；后是西晋（280—316）崩溃，五胡乱华①；继而南北分裂，北方十六国（304—439）、五朝（439—581）②，兵荒马乱，腥风血雨；南方东晋（316—420）、四朝③（420—589），危机重重，杀机四伏。曾经虎踞东亚四百年的大一统中国泥足深陷，陷入三百余年大分裂、大动荡、大流血的历史漩涡。当此之时，政治黑暗到了极点，社会悲惨到了极点，人生痛苦到了极点，差不多一切世人，无论唯我独尊的帝王、风流倜傥的名士，还是锦衣玉食的富豪、贫困潦倒的百姓，都被现实世界的反复无常、凶恶冷酷折磨得胆战心惊，只好也只能怀着深深的恐惧和沉重的悲哀在精神世界为自己短促苦难的人生寻找一条光明的出路。于是，以人生为主题的哲理探索、宗教崇拜和情感遥寄，汇成了魏晋南北朝玄虚而阴柔的底蕴。旅游风尚也因此和秦

汉二世判然有别：昔日万里作客、万里长征的恢宏气象散失殆尽，代之而起的是焕发着浓郁的思辨、宗教和抒情色彩，让人生在山水中超脱、放灵魂于自然中净化的山水旅游活动——玄游、仙游、佛游。

第一节 玄 游

玄游山水、会意风景，是魏晋南北朝文人，在"金钢生锈"的时代，极力推崇的高情远志、名流风范。

玄，本指道家精深微妙的哲理。《老子》："玄之又玄，众妙之门。"曹魏王弼、西晋郭象等倡导老、庄为本的哲学，称玄学。玄学主清静，重自然，强调万物一体，师友造化。玄学中人，出身寒门也罢，出身士族也罢，"为学穷于柱下，博物止乎七篇"[①]，漠视俗务，清淡玄虚，特爱游观山水，参悟玄理。这种为玄而游的山水旅游，称为玄游。

玄游之风，起于正始。曹魏正始年间（240—249），朝廷尔虞我诈，当权的司马氏家族党同伐异，用心险恶，手段残酷。正直的官僚和读书人痛恨现实，畏惧横祸，鄙视名教[②]，思慕老、庄，寄心玄学，以玄谈为荣，以玄游为尚。当时，一批名闻遐迩的玄游之士，阮籍、嵇康、向秀、刘伶、阮咸、王戎、山涛等，相见恨晚，常常千里聚会，联袂出游，在山阳（今河南修武）碧绿幽静的竹林里肆意酣畅，时称"竹林七贤"[③]。"竹林七贤"以阮籍、嵇康的游风最具特色。

阮籍（210—263），字嗣宗。陈留尉氏（今河南尉氏县）人，"建安七子"阮瑀之子。

---

① 《宋书·谢灵运传论》。柱下，指《老子》。老子做过周代的柱下史，相当于后世御史。七篇，指《庄子》。《庄子·内篇》共七篇。

② 名教，名，礼教概念；教，礼教教化；名教，正名宣教，以名为教。董仲舒所谓"审察名号，教化万民"。名教，就是礼教。东晋·袁宏《后汉纪·献帝纪》："夫君臣父子，名教之本也。"

③ 南朝·刘义庆《世说新语·任诞》。

第六章　魏晋南北朝旅游

《晋书·阮籍传》"籍本有济世志，属魏、晋之际，天下多故，名士少有全者，籍由是不与世事"而笃好老、庄，崇尚自然，"傲然独得，任性不羁"，每以醉酒装疯蔑视礼法，以痴游山水放荡情怀。不游则已，游必尽兴，"登临山水，经日忘归"，且游踪飘忽，行迹怪诞，"率意独驾，不由径路，车迹所穷，辄恸哭而返"。所到之处，阮籍仰观宇宙，俯察人生，良多感慨。一次，登高河南荥阳广武山，鸟瞰山下楚汉相争古战场，藐视帝王发迹："世无英雄，遂使竖子成名。"又一次，登高河南开封黄华山，眺望城阙楼台，疾愤王侯奢侈，痛批"肆侈陵世俗，岂云永厥年"①。另一次，登高河南新乡苏门山，造访隐士孙登，"商略终古及栖神导气之术，登皆不应，籍因长啸而退。至半岭，闻有声若鸾凤之音，响乎岩谷，乃登之啸也。"下山著《大人先生传》，推"逍遥浮世"的隐者为"大人"，讥"服有常色，貌有常则，言有常度，行有例程"的君子为"裈虱"，是一篇众口相传的因玄游感遇而抨击世俗、弘扬玄理的文字②。阮籍痴游，正如阮籍醉酒，是以"自然"对抗"名教"的理性冲动。

嵇康（223—262），字叔夜，谯郡县（今安徽淮北濉溪县）人。《晋书·嵇康传》说他"美词气，有风仪"，"天质自然，恬静寡欲"，"学不师受"，"长好庄、老"。是与阮籍齐名的文学家、玄学家和玄游家。但嵇康游风与阮籍不同。阮籍玄游举止狂放，嵇康玄游意态悠闲。嵇康《赠秀才入军》：

息徒兰圃，秣马华山。
流磻平皋，垂纶长川。③

① 阮籍《咏怀》第二十九。

② 事见《世说新语》刘孝标注引《魏氏春秋》及《竹林七贤论》。

③ 息，休息。徒，步兵。流磻（bō），射箭。磻，箭绳系石。

> 目送归鸿，手挥五弦。
> 俯仰自得，游心太玄。
> 嘉彼钓叟，得鱼忘筌。
> 郢人逝矣，谁与尽言。①

这首诗想象兄长嵇喜在行军途中游乐山水的安然情景。"目送归鸿，手挥五弦"，是作者本人也是魏晋士流普遍追求的冲和淡远、"神超理得"②的玄游意境。和阮籍相比，嵇康玄游追求养生、长生。《晋书·嵇康传》说嵇康"常修养性服食之事"。游于山野往往手执药锄，腰悬药篓，口尝药草，"会其得意，忽焉忘反。时有樵苏者遇之，咸谓之神"。他喜欢结交隐居深山的道士，讲玄论道，同栖同游。他采药汲郡山（在今河南新乡），偶遇道士孙登，即从而游之。刚一分手，遇见道士王烈，又跟着王烈攀山登岭，服石髓，探石室。这时，玄学家嵇康俨然是道教信徒，他所憧憬的"俯仰自得，游心太玄"，掺杂了得道成仙、长生不死的迷信。嵇康是魏晋游杂仙心的一位玄游家。

西晋，政治特别黑暗，人生格外无常，玄风越发盛行。追步嵇、阮，玄游山水，事在典籍的名流轶闻比比皆是。或如王衍游观洛水，妙谈名理学问，载诸《世说新语》：

> 诸名士共至洛水戏，还，乐令问王夷甫曰："今日戏，乐乎？"王曰："裴仆射善谈名理，混混有雅致；张茂先论《史》、《汉》，靡靡可听；我与王安丰说延陵、子房，亦超超玄箸"。③

① 郢人，喻心灵契合者。《庄子·徐无鬼》，郢人垩漫其鼻，匠石运斤成风，尽垩而鼻不伤；郢人死，匠人无以为质。

② 南朝·宗炳《画山水序》。

③ 玄箸，箸，通"著"，明显，高妙。

或如伊籍东游吴越，善称吴中土地人物，"其山崔巍以嵯峨，其水浃渫而扬波，其人磊砢而英多"①，载诸《语林》、《三秦记》。或如潘岳妙笔生花，描写自己的游踪与玄想。

潘岳（247—300），字安仁，今河南中牟人。小名檀郎、檀奴。美姿仪，有才名。初为河阳县令，令全县种桃花，营造地方特色，人称"河阳一县花"②。唐以后，因杜甫《花底》诗"恐是潘安县，堪留卫玠车"③，世称潘安。晋惠帝时，潘岳为长安县令，常与诸友聚会石崇金谷园（在今洛阳），称"金谷俊游"。潘岳爱大海，观海，作《观海赋》；爱高山，登虎牢（在今河南荥阳），作《登虎牢山赋》。

> 览河洛之二川，眺成平之双皋。
> ……
> 尔乃仰荫嘉木，俯藉芳卉。
> 青烟郁其相望，栋宇懔以鳞萃。
> 彼登山而临水，固先哲之所哀。

哀，看山河如画，忧人事代谢。观美景而生哀情，临胜地而作忧思，正是魏晋风流的一种。

西晋亡，北方十六国争战杀伐。司马皇族在建业（今江苏南京）撑起门户，史称东晋。东晋，河山半壁，喘息江南。江南山重水复，柳暗花明，风物琳琅，生活优裕。大批南渡衣冠和土著缙绅惊魂稍定，玄心愈炽，以更为疏放的名士风度，在如诗如画的南国山水参玄悟妙，朗吟长啸。

谢安（320—385），字安石，陈郡阳夏（今河南太康县）人，出身士族。早年居家会稽，专嗜玄游，"与支道林、王羲之、许询共游处，出则渔弋山水，入则谈说属文"④，游风

---

① 浃渫，涌流貌。磊砢，卓立貌。

② 庾信《春赋》："河阳一县并是花，金谷从来满园树。"金谷，西晋石崇洛阳金谷园。

③ 潘安县，即潘安管理的河阳县。卫玠，字叔宝，风神秀异。《晋书·卫玠传》少时"乘羊车入市，见者皆以为玉人，观之者倾都"。

④ 南朝宋·何法盛《晋中兴书》。唐人刘知几称《晋中兴书》是东晋最佳史书。

知难而进，履险不惊。《世说新语·雅量》：

> 谢太傅盘桓东山时，与孙兴公诸人泛海戏。风起浪涌，孙、王诸人色并遽，便唱使还。太傅神情方王，吟啸不言。舟人以公貌闲意说，犹去不止。既风转急，浪猛，诸人皆喧动不坐。公徐云："如此，将无归！"众人即承响而回。于是审其量，足以镇安朝野。①

果然，前秦、东晋淝水大战，敌强我弱，谢安任征讨大都督，坐镇京师，运筹帷幄之内，决胜千里之外，交战之际，神情自若：

> 谢公与人围棋，俄而谢玄淮上信至，看书竟，默然无言，徐向局。客问淮上利害，答曰："小儿辈大破贼。"意色举止，不异于常。②

政风恰如游风。

王羲之（321—379），字逸少，浙江会稽人。官右将军，世称王右军。杰出的书法大师、热心的山水游客。《晋书·王羲之传》，王羲之避难江南，忘情山水，竟日长游。他特别欣赏会稽的兰亭景致。兰亭，在今浙江绍兴县西南，地名兰渚，亭名兰亭。王羲之携朋带友，多次造访。晋穆帝永和三年（353），农历三月初三。这一日，"天朗气清，惠风和畅"，兰亭内外，"群贤毕至，少长咸集"，饮酒赋诗，流觞曲水，王羲之主持雅聚，即席挥毫，写下百世流芳的《兰亭集序》。王羲之玄游，不忘时事，不忘时局艰难。《世说新语》说他和谢安同游古吴国的冶铸遗址，谢安

① 遽（jù），惊恐。王，旺。说，悦。

② 淮上，指今安徽江淮地区，淝水大战前线。

"悠然远想,有高世之志",王羲之批评谢安:"今四郊多垒,宜人人自救。而虚谈废务,浮文妨要,恐非当今所宜。"王羲之最擅长的书法艺术,应该受益于他的观山观水。梁武帝萧衍说:"王右军书字势雄强,如龙跳天门,虎卧凤阁。"① 唐太宗李世民说:"观其点曳之工,裁成之妙,烟霏露结,状若断而还连;凤翥龙蟠,势如斜而反直。"② 这两位帝王所推崇的右军书法特征,龙蟠虎踞的气势,云舒霞卷的风神,与王羲之热爱崇山峻岭、清流急湍的审美趣向正相表里。所以唐代书法评论家张怀瓘说羲之书法"千变万化,得之神功,自非造化发灵,岂能登峰造极?"③ 这"神功"、"造化"指的就是天才之资加江山之助。

① 元·苏霖《书法钩玄》卷四《梁武帝评书》。

② 《书法钩玄》卷四《唐太宗书王右军传授》。

③ 唐·张彦远《书法要录》卷八《张怀瓘书断》。

孙绰(314—371),字兴公,太原中都(今山西平遥)人。酷爱吟咏,酷爱玄谈,酷爱山水。当官之前,在会稽东山脚下,筑室野居;当官之后,常结伴玄游;或登高作赋,或临水赋诗,是东晋最有名气的玄游诗人。他的玄游诗以山水景物开篇、以玄学微言作结,史称玄言诗。《兰亭诗》:

> 流风拂枉渚,亭云荫九皋。
> 莺语吟修竹,游鳞戏兰涛。
> 携笔落云藻,微言剖纤毫。
> 时珍岂不甘,忘味在闻韶。

前四句写景物的美妙,后四句写参玄的快乐,虽然词气平板,诗味萧条,但用山水铺垫玄言,已是南朝山水诗的胎动。孙绰并且认为,文人如果无趣山水,就不可能写出好诗好文。《世说新语·赏誉》:

>   孙公兴为庾公参军，共游白石山。卫君长在坐。孙曰："此子神情都不关山水，而能作文？"

这句话，堪称山水与文学的警策。

在东晋玄游山水的风气中，陶渊明独辟蹊径，隐居乡村，玄游田园。陶渊明（365—427），名潜，世号靖节先生，浔阳柴桑（今江西九江）人。"少无适俗韵，性本爱丘山"[①]。一度出仕，中年归隐，隐居庐山脚下，委身田园生活。他得意村居的简朴清净：

>   方宅十余亩，草屋八九间。
>   榆柳荫后檐，桃李罗堂前。
>   暧暧远人村，依依墟里烟。
>   狗吠深巷中，鸡鸣桑树颠。
>   户庭无尘杂，虚室有余闲。
>   久在樊笼里，复得返自然。[②]

他喜欢田园的耕耘种植：

>   种豆南山下，草盛豆苗稀。
>   晨兴理荒秽，带月荷锄归。[③]

他热爱庄稼的欣欣向荣：

>   平畴交远风，良苗亦怀新。[④]

>   相见无杂言，但道桑麻长。[⑤]

他与农夫交朋结友：

>   过门更相呼，有酒斟酌之。
>   农务各自归，闲暇辄相思。
>   相思则披衣，言笑无厌时。[⑥]

他用"田家乐"招待远方来客：

---

① 陶渊明《归园田居》其一。
② 陶渊明《归园田居》其一。
③ 陶渊明《归园田居》其三。
④ 陶渊明《癸卯岁始春怀古田舍》。
⑤ 陶渊明《归园田居》其二。
⑥ 陶渊明《移居》。

第六章　魏晋南北朝旅游

穷巷隔深辙，颇回故人车。
欢言酌春酒，摘我园中蔬。

他驾车山路，行船河流，"或命巾车，或棹孤舟，既窈窕以寻壑，亦崎岖而经丘"①。他长啸高岗，赋诗流水，"登东皋以舒啸，临清流而赋诗"②。他在秋天里感悟自然，"采菊东篱下，悠然见南山。山气日夕佳，飞鸟相与还。此中有真意，欲辩已忘言"③。他在春天里觉悟人生，"木欣欣以向荣，泉涓涓而始流。善万物之得时，感吾生之行休"④。陶渊明田园游，与东晋玄游，既相同，游中思玄；更不相同，旨在享受田园，不为印证玄学，也不为标榜风度。陶渊明开启唐人"田园热"，启发当今"农家乐"。

南朝，宋（420—479）、齐（479—502）、梁（502—557）、陈（557—589），"丘壑每淹留，风云多赏会"⑤。山水旨趣较魏晋已有变化。魏晋游山水，重乎思辨，旨在钩沉玄理。南朝游山水，从宋齐开始，逐渐看重悦目赏心、娱性娱情的审美快感，至梁陈，为玄而游的玄游变为随意而游、适情而游的清游。

谢灵运（385—433），小名谢客，祖籍阳夏（今河南太康县），出生会稽（今浙江绍兴），东晋名将谢玄之孙。"少好学，博览群书"，"性豪侈，车服鲜丽，衣物多改旧形制"，自言"天下才共一石，曹子建独得八斗，我得一斗，自古及今共享一斗"⑥。晋安帝时袭封康乐公，人称谢康乐，官至秘书丞、中书侍郎。晋亡，仕宋，任太子左卫率等。

谢灵运是狂热旅游家。狂热程度，朝野瞠目。宋少帝时，为永嘉（今浙江温州永嘉）

①陶渊明《归去来兮辞》。
②陶渊明《归去来兮辞》。
③陶渊明《饮酒》。
④陶渊明《归去来兮辞》。
⑤《全齐诗》卷一，王子良《游后园》。
⑥《南史·谢灵运传》。

太守，因永嘉山水，"素所爱好"；又因放为外任，"常怀愤惋"；竟积旬累月东游西逛，"理人听讼，不复关怀"。一年后，称疾去职，返回会稽，经营山庄，"傍山带江，尽幽居之美"，与隐士王弘之、孔淳之等纵情野外。宋文帝时，回京（建康，今江苏南京）任秘书监，依然故我，"出郭游行，或一百六、七十里，经旬不归，既无表闻，又不请急"，"游娱宴集，以夜续昼"。受劾免官，东归会稽，与"族弟惠连、东海何长瑜、颖川荀雍、泰山羊璇之以文章赏会，共为山泽之游，时人谓之四友"①。后任临川（今江西临川）内史，仍然肆意游邀，又遭弹劾、拘捕。一生起落，系乎旅游。

　　谢灵运是玄学旅游家。游富春渚（今浙江富春江），思考流水无阻，山贵静止，"涛至宜便习，兼山贵止托"；②游石壁精舍（在今温州永嘉），思考清心寡欲，摄心养生，"虑澹物自轻，意惬理无违"③；登池上楼（在今浙江温州），思考守拙保真与张扬进取，"潜虬媚幽姿，飞鸿响远音"④。游石门山（在今浙江嵊州），思考情理矛盾，处世孤独，"理来情无存"，"冀与智者论"⑤。游白岸亭（在今浙江温州永嘉），思考荣华短暂，抱朴持久，"荣悴迭去来，穷通成休戚。未若长疏散，万事恒抱朴"⑥。

　　谢灵运又是佛学旅游家。年轻时为晋室参军，闻慧远之名，专程游庐山，谒见慧远。入宋游永嘉，携和尚同游，并作《辩宗论》阐发禅宗顿悟之义。后移居会稽，又和僧人昙隆形影相依，游处两年。昙隆去世，谢作《昙隆法师诔》：

① 《南史·谢灵运传》。

② 谢灵运《富春渚》。涛至，指《易·坎》："水涛至，习坎。"坎，阻隔，习坎，经历阻隔，习以为常。兼山，指《易·艮》："兼山，艮，君子以思不出其位。"艮，止。不出其位，安于其境。

③ 谢灵运《石壁精舍还湖中作》。虑，思虑。澹(dàn)，淡薄。物，事物。得失思虑淡薄，就会看轻名利富贵。意惬(qiè)，心满意足。理，养生之道。只有内心满足，方合养生之道。

④ 谢灵运《登池上楼》。潜虬，《易·乾》："潜龙勿用。"飞鸿，《易·渐》："鸿渐于陆。"

⑤ 谢灵运《石门新营所住，阴而高山，同溪石濑，茂林修竹》。

⑥ 谢灵运《过白岸亭》。疏散，无拘无束，不受世俗约束。抱朴，抱持本真，即自然本性。《老子》"见素抱朴，少私寡欲。"

> 缅念生平,同幽共深。相率经始,偕是登临。开山通涧,剔柯疏林。远眺重叠,近瞩岖嵚。事寡地闲,寻微探赜。何句不研,奚疑弗析?

回忆两人同处深山幽谷、探析玄理佛理的旅游生活。

谢灵运旅游,长于登山。"寻山涉岭,必造幽峻"。他总结长年登山的经验,发明一种"登山鞋",一种特制的木屐,"上山则去其前齿,下山则去其后齿"①,有利于平稳身体和节省力气,后人谓之"谢公屐"。

谢灵运旅游,嗜好冒险。常在难险之境,不惜工本,自辟游路,"凿山浚湖,功役无已"②。一次,率领宾客奴仆数百人,从始宁(今浙江绍兴)南山伐木开道,穿过丛山密林,突至临海(今浙江临海)城下,临海太守王琇误为盗寇,一城紧张。

谢灵运旅游,精于品赏,极于吟咏,是中国顶尖的旅游诗人,是中国山水诗的开门人,"名章迥句,处处间起;曲丽新声,络绎奔发"③。在彭蠡湖口,他欣赏春深似海:

> 春晚绿野秀,岩高白云屯。④

在永嘉园林,观察早春物候:

> 池塘生春草,园柳变鸣禽。⑤

秋天月夜,江边野地,他体会空旷:

> 野旷沙岸净,天高秋月明。⑥

黄昏落霞,密林深谷,他体会幽深:

①《南史·谢灵运传》。
②《南史·谢灵运传》。
③南朝梁·钟嵘《诗品》。
④谢灵运《入彭蠡湖口》。
⑤谢灵运《登池上楼》。
⑥谢灵运《初去郡》。

　　　　　林壑敛暝色，云霞收夕霏。① ①谢灵运《石壁精舍还湖中作》。

白云绿竹，清泉幽石，他体会明媚：

　　　　　白云抱幽石，绿筱媚清涟。② ②谢灵运《过始宁墅》。

冬天，寒风中，积雪里，他体会悲壮：

　　　　　明月照积雪，朔风劲且哀。③ ③谢灵运《岁暮》。

这种对景物特色的感觉，对景色变化的感知，对景致意境的感悟，是一般游客难以具备的修养。因而，谢灵运玄游山水的诗歌，以景光鉴赏诱人，以风物描绘迷人，他的玄言感慨，常被读者忽略。

　　谢灵运的旅游精神、旅游事迹与旅游诗歌，使历代游客追思不已，"脚著谢公屐，身登青云梯"，"谢公宿处今安在，绿水荡漾清猿啼"④。 ④李白《梦游天姥吟留别》。

　　谢朓（464—499），字玄晖，祖籍陈郡阳夏（今河南太康县）。仕齐，任尚书吏部郎、宣城（今安徽宣城）太守，人称"谢吏部"或"谢宣城"。因与谢灵运同族，并爱山水、诗文，世称"二谢"。或称灵运为"大谢"，玄晖为"小谢"。

　　与大谢肆意游遨不同，小谢主要在调职的行旅中或任职的闲暇时，随遇而游，遇景而赏。他离开京城（建康）上任宣城，头天黄昏就登上建康城西的三山（护国山），还望京邑，依恋金陵的一江春色：

　　　　　余霞散成绮，澄江静如练。
　　　　　喧鸟覆春州，杂英满芳甸⑤。 ⑤谢朓《晚登三山还望京邑》。

后几天，沿江西行，浏览长江两岸的美妙风光和浩浩江面"天际识归舟，云中辨江树"⑥的 ⑥谢朓《之宣城出新林浦向板桥》。

第六章　魏晋南北朝旅游

壮阔气象，深感离京外放自得山水之乐，也是一件"嚣尘自兹隔，赏心于此遇"①的大好事。到达宣城，谢朓倾倒于皖南山区秀丽的自然环境。忙里偷闲，或郊游长亭，踏花弄春；或兴修高楼，遥岑远目；在宣城周围留下了一连串深深的游迹与游址。所歇之亭，人称"谢公亭"②；所登之楼，人称"谢公楼"③。

与大谢山水思玄不同，小谢旅游，关注情景，极少玄味，偶思哲理，也融于情景。谢朓适情适景的旅游，预告玄游式微，清游渐起。清游，即因情适景、因景适情之游。

南梁（萧梁）吴均（469—520），字叔庠(xiáng)，吴兴故鄣（今浙江安吉）人。好学有俊才，仕梁，为奉朝请④。善史学，私撰《齐春秋》；善文学，自称"吴均体"。吴均爱好山水，爱好旅游，善以骈体书信刻画旅途景物与旅途情感。一次，致信宋元思，即《报宋元思书》，信中一段，描述高阳（今浙江富阳）至桐庐（今浙江桐庐）景致：

> 风烟俱净，天山共色，从流飘荡，任意东西。自富阳至桐庐，一百许里，奇山异水，天下独绝。水皆缥碧，千丈见底；游鱼细石，直视无碍。急湍甚箭，猛浪若奔。夹岸高山，皆生寒树。负势竞上，互相轩邈，争高直指，千百成峰。泉水激石，泠泠作响。好鸟相鸣，嘤嘤成韵。蝉则千转不穷，猿则百叫无绝。鸢飞戾天者，望峰息心，经纶世务者，窥谷忘返。横柯上蔽，在昼犹昏；疏条交映，有时见日。

---

① 谢朓《之宣城出新林浦向板桥》。

② 李白《谢公亭》："谢公离别处，风景每生愁。客散青天月，山空碧水流。池花春映日，窗竹夜鸣秋。今古一相接，长歌怀旧游。"

③ 李白《秋登宣城谢朓北楼》："江城如画里，山晚望晴空。两水夹明镜，双桥落彩虹。人烟寒橘柚，秋色老梧桐。谁念北楼上，临风怀谢公。"

④ 奉朝请，闲官。

文辞优美，笔触细致，鉴赏山水，唯美自然，是一篇清游山水的珍品。

南陈（陈陈）阴铿（约511—约563），字子坚，武威姑臧（今甘肃武威）人。以文才受陈文帝赞赏，累迁晋陵（今江苏常州）太守、散骑常侍。游风近似谢朓、吴均，也是随遇而游，遇景而赏，好作江上行。傍晚，他船出新亭①，在浩荡的江面上追赶急落的江潮：

　　　　大江一浩荡，离悲足几重。
　　　　潮落犹如盖，云昏不作峰。②

夜间，他舟发五洲③，在浓重的江雾中跟踪前方的渔火：

　　　　夜江雾里阔，新月迥中明。
　　　　溜船惟识火，惊凫但听声。④

在洞庭湖，他品味沅水花色、湘水花香：

　　　　沅水桃花色，湘流杜若香。⑤

在长江渡口，送别来迟，他遥看行舟，不肯离去，直至船鼓听绝，船帆入云，尔后近看渡口，秋摇林木，落叶飘零，寒江渔钓，黄昏收纶：

　　　　依然临送渚，长望倚河津。
　　　　鼓声随听绝，帆势与云邻。
　　　　泊处空余鸟，离亭已散人。
　　　　林寒正下叶，晚钓欲收纶。
　　　　如何相背远，江汉与城闉。⑥

阴铿和吴均游心自然美，赏心自然美，是梁陈文人终结玄游彻底清游的标杆。

① 新亭，在建康城西南山岭。

② 南北朝·阴铿《晚出新亭》。

③ 五洲，在今湖北浠水县西南长江中。鲍照《登大雷岸与妹书》："东顾五洲之隔，西眺九派之分。"《水经注》："江水又东迳轪县故城南，城在山之阳，南对五洲也。江中有五州相接，故以五洲为名。"

④ 阴铿《五洲夜发》。

⑤ 阴铿《过青草湖》。

⑥《阴铿·江津送刘光禄不及》。

第六章 魏晋南北朝旅游

第二节 仙 游

辗转奇山异水、祈求仙风道骨的旅游活动,称仙游,或游仙。仙游,出于秦汉神仙家说,盛于魏晋南北朝的道教香火。

秦汉多神仙方术之士,或称神仙家,宣扬吃药炼丹的神仙之道。秦皇汉武海上求仙、刘向《列仙传》、《楚辞·远游》①正是神仙家数。其后神仙家依附黄老②,在汉末成为中国土生土长的宗教,道教。魏晋南北朝,道教规模大张,有一套完整的神谱,一套诡秘的仪式,一套真伪参半的药物学、健身术与长生不老术,又有一套严格的教规,一套解释自然与人生问题的教义③。这套教义竭力鼓吹万劫不灭的列神列仙,竭力鼓吹凡夫俗子潜心修道可以为神为仙。

按道教的说法,延年益寿、鹤发童颜的精要在于"养气",保养天地自然赋于人体的"元气"。这"元气"最忌七情六欲、酸甜苦辣的刺激,修道之人务必无痴无念,无烦无恼;务必去腥去荤,不食人间烟火。而要无痴无念,无烦无恼,莫如远隔尘嚣,躲进山岭。而要去腥去荤,不食人间烟火,莫如吸风饮露,餐霞倒景:

> 藐姑射之山,有神人居焉。肌肤若冰雪,淖约若处子,不食五谷,吸风饮露,乘云气,御飞龙,而游乎四海之外。④

又按道教的说法,"养气"固然是修道的根基,但这根基的扶植尚需灵丹妙药的催化,

①《列仙传》,旧题刘向作,记载神仙事迹,从赤松子(神农时雨师)至玄俗(西汉成帝时仙人)共七十一位仙家。著录《隋书经籍志》。后被收入《道藏》,成为道书。《远游》,王逸《楚辞章句》说作者屈原,非是。诗中提及赤松子、王子乔、韩众,均是汉初神仙家的列仙,作者应为汉人。

②黄,黄帝。老,老子。黄老并称,是指黄帝、老子代表的阴阳五行、得道养生之术。

③葛兆光《道教与中国文化》。

④庄子《逍遥游》。

"令人生安命延，升元神，遨游上下，使役万灵，体生毛羽"①。不过，这类灵丹妙药买不到，要服金丹须自己配制，自己冶炼；要吃仙药须自己采集，自己煎熬。所谓"西入华阴山，求得神芝草"②。又按道教的说法，做神仙也有一条捷径，那就是仙人点化。假如一位凡夫巧遇一位神仙，求得神仙的开导，他就能省去养气、吃药的麻烦，轻而易举地脱胎换骨。但神仙住在洞天石府，要找神仙就要在深山幽谷寻寻觅觅，庶几迎头碰上。

> 晨游泰山，云雾窈窕。
> 忽逢二童，颜色鲜好。
> 乘彼白鹿，手翳芝草。
> 我知真人，长跪问道。
> 西登玉台，金楼复道。
> 授我仙药，神皇所造。
> 教我服食，还精补脑。
> 寿同金石，永世难老。③

因而汉末以来，方外修道者、世俗慕道者，穿涉深谷，游仙高山。

　　道教仙游，不是滥游、盲游，而是择山而游，择水而游。道众相信，神仙有仙风道骨，神仙住的山水也有仙风道骨。诸如气势的刚健，形状的奇特，环境的幽深，草木的丰润，云雾的缭绕，都是他们考察神气的元素。特别是那些传有神迹、传有仙草的山水，更是仙游者寤寐思服、寻寻觅觅的胜地。这种选择，既是宗教的选择，也是审美的选择；这种仙游活动，既是宗教活动，也是旅游活动。

　　魏晋南北朝最负盛名的仙游家有郭璞、葛洪、陆修静、陶弘景。

①东晋·葛洪《抱朴子》卷十一《仙药》。

②西晋·成公绥《仙诗》。

③三国魏·曹植《飞龙篇》。

第六章　魏晋南北朝旅游

郭璞（276—324），字景纯，河东闻喜（今山西闻喜县）人。《晋书·郭璞传》说他"博学有高才"。西晋末，为著作佐郎，母死去职，卜居江阴黄山长弄村（今江苏江阴黄山），后任王敦记室参军。东晋明帝太宁二年（324），王敦谋反，璞言必败，被杀。朝廷追赐郭璞弘农太守。郭璞是著名学者，遍注群书。郭璞是诗人，《游仙诗》"彪炳可玩"①。郭璞"妙于阴阳算历"，是方术大师。著《葬经》，是风水学鼻祖。

郭璞钟情山林，自称山林来客：

> 长揖当途人，去来山林客。②

他得意山居：

> 绿萝结高林，蒙笼盖一山。③
> 云生梁栋间，风出窗户里。④

他热心草药：

> 临源挹清波，陵冈掇丹荑。⑤
> 登岳采五芝，涉涧将六草。⑥

他企盼登仙：

> 采药游名山，将以救年颓。
> 呼吸玉滋液，妙气盈胸怀。
> 登仙抚龙驷，迅驾乘奔雷。⑦

今南京玄武湖，晋明帝修有郭璞衣冠冢，名"郭公墩"；今江苏江阴黄山，有郭璞草庐；今江西鄱阳、乐平、景德镇三地交界处，有郭璞山；郭璞延续生命的梦想，已有形式。

葛洪（283—363），字稚川，号抱朴子。丹阳句容（今江苏地区）人，三国方士葛玄侄孙。

---

① 钟嵘《诗品序》。
② 郭璞《游仙诗》其七。
③ 郭璞《游仙诗》其三。
④ 郭璞《游仙诗》其二。
⑤ 郭璞《游仙诗》其一。
⑥ 郭璞《游仙诗》残篇。
⑦ 郭璞《游仙诗》其九。

西晋将兵都尉、伏波将军，东晋赐爵关内侯，任咨议参军。其人好读书，但不精儒学，"不成纯儒"①，唯精研道术，编撰了中国第一部全面论述道教宗旨、哲理、仪式、方法的著作《抱朴子·内篇》，奠基道教理论，是道教一代宗师。西晋时，广游大江南北，周旋徐（今江苏镇江）、豫（今河南汝南）、荆（今湖北江陵）、襄（今湖北襄樊）、江（今江西九江）、广（今广东广州），交结道友，搜寻秘籍。东晋时，辞官务道，遇山访山，逢水问水。看中三清山（在今江西上饶市东部门户玉山、德兴县境），结庐炼丹，是三清山道教的开山始祖。看中罗浮山（在今广东惠州博罗县长宁镇），修筑道观，采药济世。看中赣州平固瑶岗（在今江西兴国），"见山灵水秀，遂结庐筑坛，凿池洗药，留四言诗一首"②。《洗药池》：

    洞阴泠泠，风佩清清。
    仙居永韧，花木长荣。

游历中，葛洪研究登山涉水的法术，作《登涉》，即《抱朴子·内篇·登涉》。这篇《登涉》虽然鬼话连篇，但它吹嘘的歪门邪道，背上挂一面小镜子，怀中揣一只登山符，就可以驱赶妖魅，逢凶化吉，撑大了凡夫俗子的仙游胆量。

  陆修静（406—477），吴兴（今浙江）人。南朝宋时道士，是葛洪之后的道教领军人物。既能广集道书，编撰道教《三洞部书目》③，整顿道教组织、规范道教戒律、斋醮仪式与神仙家谱；又能云游四方，走遍巴山蜀水，蛮荆瓯越。门人孙某常年追随，干脆改名孙游岳④。门人的门人陶弘景，更是后来居上的仙游大家。

① 葛洪《抱朴子·自叙》。

② 明·葛寅亮《金陵梵刹志》。

③ 此为道书分类。三洞部，指洞真部、洞神部、洞玄部。

④ 孙游岳，东阳（今浙江金华）人，是道教上清派第八代宗师，《云笈七签》说他服食仙丹"六十七年，颜彩轻润，精爽秀洁"。

第六章 魏晋南北朝旅游

陶弘景（456—536），字通明，丹阳秣陵（今江苏江宁）人。与葛洪、陆修静并称道教领袖。《南史·陶弘景传》：

> 幼有异操，年四五岁恒以荻为笔画灰中学书。至十岁得葛洪《神仙传》，昼夜研弄，便有养生之志，谓人曰："仰青天，靓白日，不觉为远矣。"

又说他"善琴棋，工草隶"，"性好著述，尚奇异，顾惜光景"；精通阴阳五行，风角星算，山川地理，方圆产物，医术本草，帝代年历。20岁，在南齐朝廷任诸王侍读，迁左卫殿中将军。齐永明十年（492）36岁辞职，隐居句容县（今江苏镇江句容市）句曲山华阳洞，自号"华阳陶隐居"。隐居时，著《真诰》阐发道教基本理论，著《真灵位业图》建立层次分明的道教神谱，著《养性延命录》讲述养气长生的法术；炼丹，"色如霜雪，服之轻体"；铸剑，铸刀，"并为佳宝"①；造浑天仪，"转之如天相合"②；研中草药，"考校名类，莫不悉该"③。梁武帝即位（502），国家有"吉凶征讨大事，无不前以咨询"，陶弘景每以书信相报，人称"山中宰相"④。梁天监四年（505），移居积金涧东，梁大同二年（536）卒，诏赠太中大夫，谥曰"贞白先生"。时人说他："张华之博物，马钧之巧思，刘向之知微，葛洪之养性，兼此数贤，一人而已。"⑤后人更说他："洞识古今，事炳山世"，"乃玄中之董狐，道家之尼父。"⑥

陶弘景修道，载欣载奔。《南史·陶弘景传》说他始一归隐就"遍历名山，采访仙

---

① 《南史·陶弘景传》。

② 北宋·张君房《云笈七签》卷五引李勃《真系》。

③ 南朝梁·陶翊《华阳隐居先生本起录》。

④ 《南史·陶弘景传》。

⑤ 南朝梁·萧纶《陶隐居碑铭序》。

⑥ 唐·贾嵩《华阳隐居传序》。

药"。他对药草、风水的精通，是他长期仙游的经验积累和经验总结。

陶弘景仙游，志在神仙，亦乐在山水。他的心里，自然山水本来就是超脱尘世的人生归宿。他对弟子说：

> 吾见朱门广厦，虽识其华乐，而无欲住之心。望高岩，瞰大泽，知此难立业，自恒欲就之。①

① 《南史·陶弘景传》。

他的心里，自然山水本来就是逍遥自怡的精神住宅。他对皇帝说：

> 山中何所有？岭上多白云。
> 只可自怡悦，不堪持寄君。②

② 陶弘景《答齐高帝诏问山中何所有》。

他的心里，自然山水本来就是目之动情、味之无极的美的渊薮。他对朋友说：

> 山川之美，古来共谈。高峰入云，清流见底。两岸石壁，五色交辉。青林翠竹，四时俱备。晓雾将歇，猿鸟乱鸣；夕日欲颓，沉鳞竞跃。实是欲界之仙都。自康乐以来，未复有能与其奇者。③

③ 陶弘景《答谢中书书》。

因此，当他仙游江南，在江苏茅山（即句曲山），江西阁皂山，浙江天目山等地，必至幽幽翠谷，听潺潺溪流，"坐卧其间，吟咏盘桓"④；爱在高高山上，植松庭院，筑楼听涛，"每闻其响，欣然为乐"⑤。这等心旷神怡、长年不断的山水旅游增进了陶弘景的身心健康。《南史》说陶弘景"自隐处四十许年，年逾八十而有壮颜"，临棺入殓，"颜色不变，屈伸如常"。这一形象的宣传，鼓舞道友香客矢

④ 《南史·陶弘景传》。

⑤ 《南史·陶弘景传》。

志向道，倾心仙游。

第三节 佛 游

魏晋南北朝，与道教仙游并起活跃的另一门宗教旅游，是佛教徒的旅游，称佛游，或释游。

佛教本是恒河流域的异国宗教。创始人悉达多，族姓乔达摩，传为净饭王太子，老家在迦昆罗卫（今尼泊尔境内），生卒年与孔子约略相当，佛教称为释迦牟尼，中国民众称为佛祖或如来佛。他穷尽毕生精力缔造的佛教是世界三大宗教（基督教、伊斯兰教）之一。

佛教传来中国，最初是在西汉末哀帝元寿元年（前2），大月氏使者伊存到访长安，以《浮屠经》，口授博士弟子①卢景，是为佛教东渐第一声。东汉明帝永平十一年（68），敕令洛阳雍门外修建佛寺，称白马寺，标志佛教正式落户中国。但汉代社会对佛教态度冷淡，以为是神仙方术的一种，信佛礼佛崇佛者为数甚少，一般"世人学士，多讥毁之"，"俊士之所规，儒林之所论，未闻修佛道以为贵，自损容以为上"②。佛教的时来运转，是在两晋南北朝。两晋南北朝，兵荒马乱，苦海无边。宣扬轮回报应、省欲去奢、好善乐施、戒斗禁杀的佛教，以救苦救难的大慈大悲为芸芸众生带来心灵上的一片光明。因而，行情猛涨，门庭若市，顶礼膜拜者不计其数，摩顶受戒者旋相继踵。上层社会也因"家弃章句，人重异术"③的文化心态和玄谈风尚，欢迎足称玄虚的禅机佛法。机灵的佛教徒乘势而上，依附玄理，成了文人士大夫的座上宾。佛教，借助玄学，渗

①博士，汉代学官。博士弟子，博士学生。

②《牟子理惑论》。中国最早的佛教论著，唐或唐以前书籍。

③《宋书·谢灵运传论》。

透中国文化，并和中国旅游结下不解之缘。

因佛教而起的旅游，有两种主要活动。一种是为传经、取经开展的中外旅游；一种是为修养佛性、清谈佛理开展的山水旅游。

佛教有经典。佛教来华，一靠异域传教者佛游中华，传经弘法；一靠中国信教者佛游异国，西行取经。

汉代，西方佛教徒东来传经，第一人是大月氏伊存。并列第二的是印度高僧迦叶摩腾、竺法兰。东汉明帝永平年间，派遣蔡愔等人求佛大月氏，永平十年（67），迦叶摩腾和竺法兰，以白马驮经，随蔡愔来华，译出《四十二章经》。是佛经汉译之始。至汉末桓、灵二帝时，佛徒游华，人数大增，晓有名气者是安清、支谶、竺朔佛。

安清，字世高。安息国（故地在今伊朗高原）国王之子。"博综殊俗，善众国音"①。其父死后，他让出政权，离开本土，传教东方。汉桓帝建和二年（148），安世高越过西域，抵达洛阳，客宿20余年，用华文翻译佛门经义，"明哲之士，靡不羡甘"②，"释华崇实者，若禽兽之从麟凤，鳞介之赴虬蔡矣"③，人称"普见菩萨"④。

支谶(chèn)，全名支娄迦谶，月支国（大月氏）人。桓帝时，自彼月支，来游中土。"博学渊妙，才思测微。凡所出经，类多深玄，贵尚实中，不尚文饰"⑤。人称"月支菩萨"⑥。

竺朔佛，天竺⑦人。与安清、支谶大约同时，从天竺辗转来华，在东都洛阳开坛讲经，人称"天竺菩萨"⑧。

三国以下，游华僧侣络绎东来，东来道

①东晋·谢敷《安般守意经序》。

②东晋·道安《阴持人经注序》。甘，美。

③东晋·谢敷《安般守意经序》。蔡，大龟。

④东晋·道安《阴持人经注序》。

⑤西晋·支愍度《合首楞严经记》。

⑥南梁·僧佑《佑录·道行经后记》。《佑录》原名《出三藏记集》。所录《道行经后记》，作者不详。

⑦天竺，今印度。《后汉书·西域传》始用之。《史记·大宛列传》、《史记·西南夷列传》称：身毒。《汉书·西域传》称：天笃。

⑧南梁·僧佑《佑录·般若三昧经记》。所录《般若三昧经记》，作者不详。

第六章 魏晋南北朝旅游

路兼有海陆。走陆路的，主要通过丝绸之路，经凉州（今甘肃武威）、长安，暂停于洛阳。走海路的，一般在南海沿岸的交趾（西汉交趾郡，今越南北部）或广州下船，暂停于建业。建业和洛阳分别是魏晋南北朝时南方和北方最大的佛教传经基地。

在西北陆路，曹魏之世，洛阳白马寺接待了四位来宾：中印度人昙柯迦罗，康居人康僧铠，安息人昙无谛，安息人安法息①。

西晋，洛阳、长安寺院住进了一位著名的佛学兼佛游大师竺法护。竺法护，即竺昙摩罗刹，祖籍月支，亦称支法护。出生敦煌郡（今甘肃疏勒河西南地区），遍游西域诸国，通晓中外36国语言文字，搜集了大量"胡本"佛经带回敦煌。晋武帝太始二年（266），竺法护由敦煌东游长安，在长安青门内白马寺口授佛经。尔后，返回敦煌，自译梵书。晋武帝太康七年（286），竺法护二到长安，译经宣法。晋太康十年（289），行旅洛阳，在白马寺、东牛寺传写佛教经典。晋惠帝四年（297），三到长安，住西寺、天水寺。和佛友于法兰等优游山水，过了一段"微吟穷谷，枯泉漱水"②的逍遥日子。直到西晋颠覆，长安大乱，方西归敦煌，"寝逸凉土"③。留给中原译经175部，354卷；"德化四布，声盖远近，僧徒千数，咸来宗奉"④。

西晋末十六国时，西北来华法号最响的外国游僧是佛图澄、鸠摩罗什。

佛图澄，西域龟兹（今新疆库车）人。求学大乘佛教的发源地罽(jì)宾⑤，诵经数百万言，善解文义，善念神咒，善弄方技。西晋怀帝永嘉四年（310），佛图澄历尽关山，适彼洛

① 唐·智升《开元录》。

② 支道林《竺法护像赞》。

③ 东晋·道安《合放光光赞随略解序》。

④ 南梁·僧佑《佑录》。

⑤ 西域国名，约在今印度北部、巴基斯坦东部古旁遮普地区。

阳。永嘉六年（312），军阀石勒①用兵残暴，佛图澄孤身杖策直诣军门，以佛法游说石勒，深受石勒敬重。后石勒建立后赵（319—351），礼遇隆厚，称"和尚国之大宝"②。佛图澄因势利导，在后赵都城邺城（今河北临漳、安阳地区）大倡佛号，慈洽苍生，拯救危苦，声教所及，达于四境。座下弟子既有北方沙弥，亦有南方佛徒，还有外国僧徒。河北佛教因此昌盛，后赵邺城也因此成为北方的佛游重镇。

鸠摩罗什，天竺人，生于龟兹。父亲鸠摩罗炎，出生天竺相国世家，将嗣相位，东度葱岭，投止龟兹，娶龟兹国王之妹耆婆。耆婆生罗什，七年后，耆婆出家为尼姑，罗什随母修行，9岁至14岁，游历罽宾、大月氏③、沙勒④，所到之处，皆称罗什神俊。由是名声大振，远播中华。公元384年，前秦⑤攻破龟兹，按皇帝苻坚的嘱咐，迎归罗什，行至凉州，苻坚在长安被杀，罗什羁留凉州17年。公元401年，后秦⑥皇帝姚兴向割据凉州的苻坚旧部敦请罗什，先礼后兵，大败凉州军马，罗什乃东行长安，姚兴执国师礼，请住城北渭水逍遥园，后又请住大寺，又名草堂寺。公元413年坐化。《高僧传》说罗什为人：

> 神情鉴彻，傲岸出群，应机领会，鲜有其匹。且笃性仁厚，泛爱为心，虚己善诱，终日无倦。

长安十二年，敷扬至教，广出妙典，讲译38部，294卷，中外门徒五千余人，卒使北方佛运红得发紫。

在南海海路，东汉桓帝时，《梁书·诸夷列传》说天竺使节从南海朝见。

①石勒，羯族，时为汉赵（304—310，匈奴族刘渊立，十六国之一）大将。

②南梁·慧皎《高僧录》。石勒死，其子石虎继位，特下诏书，称佛图澄为国之大宝。

③时居阿姆河流域，在今阿富汗、塔吉克斯坦、乌兹别克斯坦、土库曼斯坦边境地区。

④西域国名，又称疏勒，地在今新疆喀什。

⑤前秦（350—394），氐族，十六国之一。

⑥后秦（384—417），羌族，十六国之一。

第六章 魏晋南北朝旅游

三国时，孙权定都建业，"康僧会来自交趾，支疆梁接于交趾出经，是佛教由海至南朝（南中国）之证"①。

东晋时，天竺僧人佛陀跋多罗，又名觉贤者，来华弘法，取道交趾，航海北上，于青州（今山东胶州湾）登岸，西趋长安，与鸠摩罗什切磋禅理，辨析微言。后至庐山、荆州、建康，住建康道场寺，译经13部，125卷。所译《华严经》于中国佛学最有影响。

南朝宋时，建业佛坛又从南海请来一位法师，号称三藏法师的求那跋摩。求那跋摩，罽宾人，早年离乡南下，船行狮子国（今斯里兰卡），又航行至阇婆（今爪哇），阐明经律，妙解禅法。元嘉元年（423），宋文帝诏令交州（今两广地区）刺史船迎跋摩，而跋摩本人对中国之行极感兴趣，不等迎迓，自搭商船到广州。旋受文帝邀请，北上传教。在始兴（今广东韶关）停留数年，于元嘉八年（431）正月，入住建业祇洹寺，开讲大乘戒法。②

元嘉二十二年（435），天竺人求那跋多罗，世号摩诃衍，乘海船，冒危难，佛游广州，住云峰山云峰寺；再游建业，栖迟新亭；再游江西，上至荆州。旅历既广，出典亦多。

南梁初，有僧曼陀罗，携带大批梵文经典，由扶南（今柬埔寨）来到建业，其路程也当是行舟海上。

南海来僧大多传教江南，或移锡北方；正如西北来僧大多传教北方，或移锡江南。还有一些则陆路来，海路去，或海路来，陆路去。但多数人终老不归，留骨中国。

魏晋南北朝，西域僧侣联翩来华是中国旅游史上第一次游华热，与此相应，中国佛教徒

①汤用彤《汉魏两晋南北朝佛教史》第六章《佛教玄学之滥觞》。

②大乘，（梵语Mahàyàna）。maha，广大、崇高、无量之义。yàna，车乘，运载之义。意谓诸大菩萨将无量无边众生从生、老、病、死的苦难中度化到西方极乐世界。是印度佛教的流派之一。即世间菩萨的法门，以救世利他为宗旨。

也迈开了出国取经、佛游西域的步伐。时人谓之"游方"。

率先游方的汉族僧人是魏晋之际的朱士行。朱士行，原籍颖川（今河南许昌）。"出家之后，便以大法为己任。常谓入道资慧，故专务经典"①。魏高贵乡公曹髦甘露五年（256），朱士行深感汉代所出《道行经》义理不尽，每每难通，遂西出洛阳，横绝沙漠，留止于阗（今新疆和田）。行程约11700里，抄写正品梵书九十章，六十余万言，是为《放光般若经》。晋武帝太康三年（283），士行派弟子弗如檀将这本佛经送回中原，自己则木鱼西域，客死胡地。

东晋南北朝，虔诚求法者鱼贯而西，组团而西。后秦姚兴弘始六年（404），智猛、昙纂、竺道嵩等15人组成佛游团，团游天竺。宋武帝刘裕永初元年（420），法勇、僧猛、昙朗等25人又组佛游团，团游天竺。当此之际，至有名气的西游高僧是释法显。

释法显（334—422），姓龚，平阳（今山西临汾）人。3岁出家，20岁受大戒，钻研佛门戒律，致力戒律完备。后秦弘始元年（399），法显携慧景、道整、慧嵬、慧应，跂足长安，经由张掖、敦煌，踏上茫茫流沙。流沙无边无垠，热浪如炙，上无飞鸟，下无走兽，极目四望，莫知所向。法显等以死人枯骨为西行指向，走过了鄯善国（在今新疆若羌）、乌夷国（在今新疆焉耆）、于阗国（在今新疆和阗）、子合国（在今新疆帕米尔高原）、于麾国（或在今新疆叶尔羌河中上游）、竭叉国（在今新疆塔什库尔干），攀登葱岭。葱岭气候阴冷，白雪皑皑。翻过葱岭，到北天竺（古印度西北地

① 南梁·僧佑《佑录·朱士行传》。

第六章 魏晋南北朝旅游

区)陀历国。从陀历国沿葱岭西南行,崖岸险绝,石梯陡峭,踩绳桥,渡新头河[1]。此河此路,"汉之张骞、甘英所不至也"[2]。渡河后,法显等路过乌苌国(在葱岭之南,天竺之北)、宿呵多国(在今印度河与斯瓦特河之间)、犍陀卫国(在今印度库纳尔河与印度河之间)、那竭国(在今阿富汗贾拉拉巴德),南登小雪山(今阿富汗贾拉拉巴德城塞费德科山脉),至罗夷国(在今阿富汗东部苏来曼丘陵至印度河之间)、拔那国(在今巴基斯坦班努地区),重渡新头河,经毗荼国(或在今巴基斯坦东北部及印度北部)、摩头罗国(在今印度朱木拉河西岸),到中天竺(古印度中部诸国)。在这里,法显遍访名僧,参拜故迹,终于从巴连弗邑(今印度恒河岸边巴特拉)摩诃衍僧伽蓝等处抄得《摩诃僧祇律》、《婆多部抄律》等专讲佛门戒律的经典,了却一桩毕生弘愿。这时,回首汉土,归心似箭。而他的四位同志,慧嵬、慧应中道分手,慧景死于小雪山,道整留居中天竺。法显孤身一人,沿恒河入海,乘商船到狮子国(今斯里兰卡)。停两年,抄写几部佛经,航海东归。归途,南海风暴击破船只,随船漂流十三昼夜,幸遇一岛修补船漏,再经九十天颠簸,泊止耶婆提国(在今苏门答腊群岛)。随后改乘他船回广州,又遇海上大风,商船漂来漂去,忽然靠岸,乃青州长广郡(今山东青岛)牢山南岸。上岸之日为东晋义熙八年(412)七月十四。继而,法显南下彭城(今江苏徐州),歇足建业,结束了这次耗时15年、吃尽千辛万苦的跨国佛游。不久,他将佛游见闻形诸文字,这就是著名的《佛国记》或称《法显传》。释法显是西行求法第一人,是中

[1] 新头河,今印度河。源出中国西藏冈底斯山西麓,流经印度、巴基斯坦,注入阿拉伯海。

[2] 释法显《佛国记》。

土杰出的佛教旅游家。他的西游取经，领先唐僧取经200年。他所写作的《佛国记》是考察今阿富汗、尼泊尔、印度、巴基斯坦诸国历史的重要著作。

法显之后，沙门游方风头仍足。南朝宋齐人法献、北魏道荣、惠生、北齐宝暹、道邃等，都有履险域外的骄人故事。

中国僧侣西行求法是中国首具规模的出国旅游热。它和西方僧侣东来传经里应外合，以大无畏的宗教献身精神，以传奇般的旅行经历，在魏晋南北朝，共同演奏了一组浑厚的佛游交响乐。

从东晋开始，修养佛性、清谈佛理的山水之游，也在我国的南方、北方，尤其是南方，热热闹闹。

佛教，按本心之外一切皆空的理论，并不看重山水。所谓"日月星宿，山河大地，泉源溪涧，草木丛林，恶人善人，恶法善法，天堂地狱，一切大海，须弥诸山，总在空中"①。但实际上，佛教徒对自然山水怀有执着的偏爱。这主要因为，一则，佛教正如道教，是出世哲学。少数佛性高深的人固然可以身居闹市，一尘不染，一般和尚、尼姑既要对抗尘世的诱惑，就要借助环境的封闭。而林海雪原、深山幽谷正是天然封闭的环境。敦煌经卷有一首《山僧歌》谈道佛门弟子隐居山林的好处：

> 问曰居山何似好，起时日高睡时早。
> 山中乱草以为衣，禽兽松柏随时饱。
> 卧崖亀，石枕脑，一抱乱草以为袄。
> 面前若有狼籍生，一阵风来自扫了。
> 独隐山，实畅道，更无诸事乱相扰。

① 唐·慧能《坛经·般若品》。惠能（638—713），俗姓卢氏，唐代岭南新州（今广东新兴县）人。承继黄梅五祖弘忍衣钵，住持韶州宝林寺（今南华寺），悉心传道，开南禅宗，为禅宗第六祖。唐中宗追谥大鉴禅师。

第六章 魏晋南北朝旅游

所以，千寻谷底，万仞高崖，江心孤岛，大漠石窟，皆是出家人乐不思蜀的净土。二则，"有晋中兴，玄风独振"①。初来乍到的佛学不得不攀附玄学。玄学崇尚自然，玄学之士素以山水玄游修饰风度，佛教徒投其所好，也讲佛性自然，也在优游山水、品味山水中切磋玄理佛理、发微玄机禅机，显摆名僧派头。有这种派头的，深受士林赏识。

两晋之际享誉士林的山水游僧，有于法兰、竺法朗；特别知名的有支道林、释道安、释慧远。

于法兰，高阳（今河北高阳）人。15岁出家，厉操幽栖，行止常在高岩泉壑，曾与西域高僧竺法护同隐长安山寺。一日，风闻江东山水以剡县（今浙江嵊县）奇特，不远千里，步行瓯越，专访剡县，留居剡县石城山。东晋孙绰《道贤论》说于法兰"高尚妙迹，迨至人之流。"其后，他离开剡县，游方西域，病逝今越南境内。东晋支道林赞曰："于氏超世，综体玄旨，嘉遁山水，仁感虎兕。"②

竺法朗，京兆（今陕西西安）人。一生盘桓山泽，逍遥林阜。法朗特别看重泰山，与隐士张忠在山上朝夕相伴，同栖同游。又在泰山金舆谷建造精舍，金舆谷因此称朗公谷。各地游客闻风而至。

释道安（312—385），姓卫，常山扶柳（今河北正定地区）人。北方佛游大师。他的前半生在后赵（十六国之一）邺城向佛图澄潜心学佛。人到中年，奔走河南、河北、山西、山东、湖北，游历飞龙山、太行山、恒山、牵口山、王屋山、女林山、陆浑山等。自言"山水可以修闲"③，可以善性。每到一山，必与两

① 《晋书·谢灵运传论》。

② 南梁·慧皎《高僧传》。

③ 南梁·慧皎《高僧传·道安传》。

三朋友比肩入谷，研经穷理；或聚会门生，盘膝林中，宣讲佛法。一时"飞声沔陇，驰名淮海"①。和支道林分执南北佛游及佛学的牛耳。

支道林（314—368），名遁，本姓关，陈留（今河南开封东南）人。东晋佛游大师。幼时随家避乱江左，隐居余杭山（今浙江杭州余杭山）。25岁剃度，未几，旅游建业，交结名士，宣扬佛法。不久，游离京师，先到吴县（今江苏苏州吴县），立支山寺；后到剡县（今浙江嵊州），隐居峁山及石城山，建石城山栖光寺；与谢安、孙绰、许询、王羲之等高人韵士鉴山品水，谈玄论佛。《高僧传》说他妙解庄子《逍遥游》，迷倒王羲之：

> 王羲之时在会稽，素闻遁名，未之信，谓人曰："一往之气，何足言。"后遁既还剡，经由于郡，王故诣遁，观其风力。既至，王谓遁曰："《逍遥篇》可得闻乎？"遁乃作数千言，标揭新理，才藻惊绝。王遂披衿解带，流连不已。

《世说新语》说他行为倜傥，买山而隐②，养马放鹤，潇洒佛门。

释慧远（344—？），雁门娄烦（今山西平原）人。上太行拜道安为师，随道安游居恒山、襄阳。45岁告别师父，东下荆州。其后，欲往罗浮，路经浔阳（今江西九江），倾心庐山，入住龙泉精舍及西林寺。江州刺史桓伊考虑"远公方当弘道，今徒属已广，而来者方多"③，特为慧远建造东林寺。东林寺由慧远自行设计，背负香炉峰，旁带飞流谷，前有虎溪桥，仍石叠基，即松栽构，清泉环阶，白云

① 东晋·孙绰《名德沙门题目》。

② 南朝宋·刘义庆《世说新语·排调》："支道林因人就潜公买峁山，潜公答曰：'未闻巢、由买山而隐。'"《大正新修大藏经》卷五十《史传部》："支遁遣使求买仰山之侧沃洲小岭，欲为幽栖之处。潜答云：'欲来辄给，岂闻巢、由买山而隐遁。'"潜公，竺法潜。仰山，在今浙江嵊州。沃洲小岭即峁山。

③ 南梁·慧皎《高僧传》。

第六章　魏晋南北朝旅游

满室。寺内别置禅林，森树烟燎，曲径苔合，凡来瞻仰，神清而气肃。慧远立定脚跟，"影不出山，迹不入俗"①，只在庐山山里，杖锡览胜。七十岁时，慧远领三十余人"拂衣晨征"，"乘危履石"，"援木寻葛，历险穷崖"②，游观石门。《古诗类苑》题为庐山僧道人《游石门诗序》，生动记叙了这次游山情景，记述了慧远"始知七岭之美蕴奇于此"、"虽乐不期欢，而欣以永日"的感想。慧远本人也写过一首《游庐山诗》③，"崇岩吐清气，幽岫栖神迹"，"有客独冥游，径然忘所适"，心满意足，溢于言表。

南朝，玄谈与山水把玄佛两家黏合得如胶似漆。不但寺院僧侣捧佛就玄，玄学之士也因佛学的精深、佛理的玄妙及佛门的清静而怀玄参佛。

刘宋时，谢灵运是代表。萧齐时，周颙是代表。周颙，汝南（今河南汝南）人，官国子博士、给事中。一位兼擅玄学和佛学的山水游客。平生最爱钟山，未仕，在钟山北山修建山茨精舍，以隐士交游沙门，与南游吴越、路宿钟山的北方法师僧朗有师生之谊，他的佛学著作《三宗论》④所弘扬的要言妙道，据说就是僧朗传授。入仕，仍与佛家过从甚密。并以阐发《三论》⑤，善辩《老》、《易》，使优游高朋，无论玄佛，佩服不已。所以，周颙之游是玄游还是佛游，确似双兔傍地、难辨雌雄。

这种玄佛合游、玄佛双飞、文人"亦玄亦僧"、沙门"亦僧亦玄"的趋向，正是外来佛教在中国成林大发的坚韧助力。

① 南梁·僧佑《佑录》。

② 庐山僧道人《游石门诗序》。

③ 明·冯惟讷《诗纪》。

④《三宗论》是周颙解释佛经空义的著作。

⑤《三论》，鸠摩罗什所译《中论》、《百论》、《十二门论》。

第四节 以文载游

魏晋南北朝，文人游客寄心山水，"登山则情满于山，观海则意溢于海"①，缘情而写意，山水文学和山水艺术竞相繁荣。

① 刘勰《文心雕龙·神思》。

一、山水诗

《诗经》、《楚辞》已有山水景物的片断。《诗·秦风·终南》写终南树木："终南何有？有条有梅。"《楚辞·涉江》写湘西山林的冬景：

> 深林杳以冥冥兮，猿狖之所居。
> 山峻高以蔽日兮，下幽晦以多雨。
> 霰雪纷其无垠兮，云霏霏而承宇。

汉末建安时，曹操东临碣石，作《观沧海》：

> 东临碣石，以观沧海。
> 水何澹澹，山岛竦峙，
> 树木丛生，百草丰茂。
> 秋风萧瑟，洪波涌起。
> 日月之行，若出其中。
> 星汉灿烂，若出其里。
> 幸甚至哉，歌以咏志。

气势磅礴，风格苍劲，画面雄浑，是现存最早的山水杰作，是文人山水诗的东风第一枝。

魏晋，诗中的山水景物越写越多，山水成分越来越重。"咏怀"离不开山水，西晋阮籍《咏怀》其十一：

> 湛湛长江水，上有枫树林。
> 皋兰被径路，青骊何骎骎。

> 远望令人悲，春气感我心。
> 三楚多秀士，朝云进荒淫。
> 朱华振芬芳，高蔡相追寻。
> 一为黄雀哀，泪下谁能禁。

"艳情"离不开山水，西晋张华《情诗》其二：

> 游目四野外，逍遥独延伫。
> 兰蕙缘清渠，繁华荫绿渚。
> 佳人不在兹，取此欲谁与。
> 巢居知风寒，穴处识阴雨。
> 不曾远别离，安知慕俦侣。

"招隐"和"游仙"更离不开山水，西晋左思《招隐诗》：

> 杖策招隐士，荒涂横古今。
> 岩穴无结构，丘中有鸣琴。
> 白云停荫岗，丹葩耀阳林。
> 石泉漱琼瑶，纤鳞或浮沉。
> 非必丝与竹，山水有清音。
> 何事待啸歌，灌木自悲吟。
> 秋菊兼糇粮，幽兰间重襟。
> 踌躇足力烦，聊欲投吾簪。

东晋郭璞《游仙诗》：

> 翡翠戏兰苕，容色更相鲜。
> 绿萝结高林，蒙笼盖一山。
> 中有冥寂士，静啸抚清弦。
> 放情凌霄外，嚼蕊挹飞泉。
> 赤松临上游，驾鸿乘紫烟。
> 左挹浮丘袖，右拍洪崖肩。
> 借问蜉蝣辈，宁知龟鹤年。

而"平典似道德论"的"玄言"诗①也爱显山露水。东晋孙绰《秋日诗》：

> 萧瑟仲秋月，飚戾风云高。
> 山居感时变，远客兴长谣。
> 疏林积凉风，虚岫结凝霄。
> 湛露洒庭林，密叶辞荣条。
> 抚茵悲先落，攀松羡后凋。
> 垂纶在林野，交情远市朝。
> 澹然怀古心，濠上岂逍遥。

为南朝山水诗的鹊起酝酿了气候。

南朝，诗人游客模山范水。谢灵运以诗记游，创作一种以山水开篇、以山水结体、以玄言缀尾的诗歌，人称山水诗。《石壁精舍还湖中作》：

> 昏旦变气候，山水含清晖。
> 清晖能娱人，游子憺忘归。
> 出谷日尚早，入舟阳已微。
> 林壑敛冥色，云霞收夕霏。
> 芰荷迭映蔚，蒲稗相因依。
> 披拂趋南径，愉悦偃东扉。
> 虑澹物自轻，意惬理无违。
> 寄言摄生客，试用此道推。

全诗十六句，十二句山水，语言精工，景物巧构，尽管尾有玄言，仍如"初发芙蓉，自然可爱"②，"每有一首诗至都下，贵贱莫不竞写，宿昔间士庶皆遍"③，大力带动了南朝山水诗创作。

谢朓山水诗，"妙于出景"④，犹胜灵运。"天际识归舟，云中辨江树"，"鱼戏新荷动，鸟散余花落"⑤，"圆美流转如弹丸"⑥；

---

① 钟嵘《诗品》。玄言诗，起于西晋、盛行东晋的诗歌流派，阐释老庄和佛教哲理。代表作家有孙绰、许询、庾亮、桓温等。

② 《南史·颜延之传》引鲍照语。

③ 《南史·谢灵运传》。

④ 谭元春《古诗归》卷十三。

⑤ 谢朓《游东田》。

⑥ 《南史·王弘传》引谢朓语。

第六章 魏晋南北朝旅游

且割除了灵运山水诗的玄言尾巴,"亦雅亦安,无放无累";① 比灵运山水诗清纯轻松,更易传诵,更受人喜爱。李白登九华山落雁峰（今安徽青阳县境）："此山最高,呼吸之气,想通天座矣,恨不携谢朓惊人诗句来,搔首一问青天耳。"②

谢灵运、谢朓主导了南朝"情必极貌以写物,辞必穷力而追新"的山水诗风③。

南朝诗人鲍照、沈约、阴铿、何逊于山水诗也各有贡献。鲍照山水诗笔调豪放,语言古朴,情感强烈,与二谢的富丽诗风判然有别。《代阳春登荆山行》：

> 日登荆山头,崎岖道难游。
> 早行犯霜露,苔滑不可留。
> 极眺入云表,穷目尽帝州。
> 方都列万室,层城带高楼。
> 奕奕朱轩驰,纷纷缟衣流。
> 日氛映山浦,喧雾逐风收。
> 花木乱平原,桑柘盈平畴。
> 攀条寻紫茎,藉露折芳柔。
> 遇物虽成趣,念者不解忧。
> 且共倾春酒,长歌登山丘。

沈约讲究音韵对仗,山水诗流畅华美。《游沈道士馆》：

> 山嶂远重叠,竹树近蒙笼。
> 开襟濯寒水,解带临清风。

《泛永康江》：

> 长枝萌紫叶,清源泛绿苔。
> 山光浮水至,春色犯寒来。

① 陈祚明《采菽堂古诗选》卷二十。

② 《云仙杂记》。旧本题唐金城冯贽撰。

③ 刘勰《文心雕龙·明诗》。

阴铿善以寻常景物组织生动的山水画面。《渡青草湖》：

> 带天澄迥碧，映日动浮光。
> 行舟逗远树，度鸟息危樯。

清人陈祚明《采菽堂古诗选》说阴铿："琢句抽思，务极新隽，寻常景物，亦必摇曳出之，务使穷态极妍，不肯直率。"何逊[①]与阴铿相似，描摹景物，细致贴切，《入西塞示南府同僚》"薄云岩际出，初月波中上"，《赠王左丞》"游鱼乱水叶，轻燕逐风花"等。山水诗，到梁陈阴何，已玄言尽去，唯山唯水唯情。

二、田园诗

东晋，玄言诗未衰之际、山水诗方兴之前，陶渊明的田园诗，一花独放。《时运》，自序"游暮春也。春服既成，景物斯和，偶景独游，欣慨交心"：

> 迈迈时运，穆穆良朝。
> 袭我春服，薄言东郊。
> 山涤馀霭，宇暧微霄。
> 有风自南，翼彼新苗。

《归园田居·其三》：

> 种豆南山下，草盛豆苗稀。
> 晨兴理荒秽，带月荷锄归。
> 道狭草木长，夕露沾我衣。
> 衣沾不足惜，但使愿无违。

陶的田园诗，田园与山水相依，村居与游观相随，平淡与清新相融，是中国田园诗歌的旗帜，是中国古典诗歌风格自然、意境悠长的旗

[①] 何逊，南朝梁诗人，字仲言，东海郯（今山东省苍山县长城镇）人。官至尚书水部郎。诗与阴铿齐名，世号阴何。文与刘孝绰齐名，世称何刘。

帜。

三、山水赋

汉赋二体，骚体、散体（韵散结合）。魏晋南北朝，以骈体为赋，称骈赋，又称"俳（pái）赋"。骈，两马并驰。俳，对偶。骈赋基本对仗，两句成联，炼词熔典，讲究声律，写作难度高。《北史·魏收传》："会当作赋，始成大才子。"当时游客，既诗文山水，也骈赋山水。

为山而作，有王彪之《庐山赋》①，孙放《庐山赋》②，潘岳《登虎牢山赋》，虎牢山在今河南荥阳；孙绰《天台山赋》，天台山在今浙江；张协《登北芒赋》③，北芒山在今洛阳；谢灵运《罗浮山赋》，罗浮山在今广东；吴均《八公山赋》，八公山在今安徽。

为水而作，有西晋成公绥④《大河赋》，大河，黄河；顾恺之《观涛赋》，涛，浙江潮；孙绰《望海赋》，潘岳《沧海赋》，木华《海赋》等。⑤

为田园而作，有陶渊明《归去来兮辞》：

> 归去来兮，田园将芜，胡不归？既自以心为形役，奚惆怅而独悲？悟已往之不谏，知来者之可追。实迷途其未远，觉今是而昨非。舟遥遥以轻飏（yáng），风飘飘而吹衣。问征夫以前路，恨晨光之熹微。
>
> 乃瞻衡宇，载欣载奔。僮仆欢迎，稚子候门。三径就荒，松菊犹存。携幼入室，有酒盈樽。引壶觞以自酌，眄庭柯以怡颜。倚南窗以寄傲，审容膝之易安。园日涉以成趣，

---

① 王彪之（305—377），字叔虎，东晋琅琊临沂（今山东临沂）人。初任著作郎，官至尚书令。所作《庐山赋》今存小序："庐山，彭泽之山也。虽非五岳之数，穷窿嵯峨，实峻极之名山也。"

② 孙放，字齐庄，东晋太原中都（今山西平遥）人，官终长沙相。所作《庐山赋》今存四句："寻阳郡南有庐山，九江之镇也。临彭蠡之泽，接平敞之原。"

③ 张协，字景阳，安平（今河北安平）人。西晋迁中书侍郎，转河间内史。后辞官隐居，吟咏自娱。

④ 成公绥（231—271），字子安，东郡白马人。西晋初为太常博士，后迁中书郎。

⑤ 木华，字玄虚，广川人。生当西晋惠帝前后。所作《海赋》入选萧统《文选》。

门虽设而常关。策扶老以流憩(qì)，时矫首而遐观。云无心以出岫(xiù)，鸟倦飞而知还。景翳翳(yì)以将入，抚孤松而盘桓。

　　归去来兮，请息交以绝游。世与我而相违，复驾言兮焉求？悦亲戚之情话，乐琴书以消忧。农人告余以春及，将有事于西畴。或命巾车，或棹孤舟。既窈窕以寻壑，亦崎岖而经丘。木欣欣以向荣，泉涓涓而始流。善万物之得时，感吾生之行休。

　　已矣乎！寓形宇内复几时？曷不委心任去留？胡为乎遑遑欲何之？富贵非吾愿，帝乡不可期。怀良辰以孤往，或植杖而耘耔。登东皋以舒啸，临清流而赋诗。聊乘化以归尽，乐夫天命复奚疑！

这篇赋是归隐宣言，玄理开头，玄理结尾，主体是田园山水的赞歌。

四、山水文

东晋南北朝，山水文章连篇累牍，特点是小巧玲珑，文采骈丽，格调清新，文体多样，有"记"、有"序"、有"书"，有"铭"、有"颂"、有"碑"，甚至用"注"。

山水游记　记叙游观山水的文章，一般以"记"名篇，称山水游记。自东汉马弟伯作《封禅仪记》，东晋时作者渐多。王羲之《游四郡记》，现存片言只语：

　　永宁县界海中有松门，西岸及屿上皆生松，故名松门。

第六章　魏晋南北朝旅游

谢灵运《游名山志》，志就是记：

> 破石溪南二百余里，又有石帆，修广与破石等度，质色亦同。传云：古有人以破石之半为石帆，故名彼为石帆，此为破石永宁安固二县中路东南，便是赤石。又枕海、巫湖三面悉高川，枕水、渚山溪涧，凡有五处。南第一谷，今在所谓石门精舍。

鲍照用骈体写作的《瓜步山揭文》，虽称揭文，实为游记：

> 岁含龙纪，月巡鸟张，鲍子辞吴客楚，指充归扬，道出关津，升高问途。北眺毡乡，南晒炎国，分风代川，揆气闽泽，四睨天宫，穷曜星络，东窥海门，候景落日，游精八表，驶视四遐，超然永念，意类交横。信哉古人，有数寸之龠，持千钧之关，非有其才施，处势要也。瓜步山者，亦江中眇小山也，徒以因回为高，据绝作雄，而凌清瞰远，擅奇含秀，是亦居势使之然也。故才之多少，不如势之多少远矣。仰望穹垂，俯视地域，涕溢江河，疣赘丘岳。虽奋风漂石，惊电剖山，地纶维陷，川斗毁官，豪盈发虚，曾未注言。况乎沉河浮海之高，遗金堆璧之奇，四迁八聘之策，三黜五逐之疵，贩交买名之薄，吮痈舐痔之卑，安足议其是非。

揭，标示；揭文，宣扬之文。瓜步山，在今江苏六合东南，是南临大江的军事要塞。鲍照"道出关津，升高问途"，观瓜步山，山体渺小，却临江为高，乃形势使然；由此感叹才能的施展，有赖合适的境遇。

山水序 序，诗文题下的说明，或诗集、文集的前言。文人游聚山水，清谈赋诗，常以诗序或集序说明游踪，抒写游兴，往往是以"序"名篇的山水游记。

西晋石崇有《金谷诗序》。金谷，在洛阳西北郊区金谷涧，是石崇修筑的庄园。

> 余以元康六年，从太仆卿出为使持节监青、徐诸军事、征虏将军。有别庐在河南县界金谷涧中，去城十里，或高或下，有清泉茂林，众果、竹、柏、药草之属，莫不毕备。又有水碓、鱼池、土窟，其为娱目欢心之物备矣。时征西大将军祭酒王诩当还长安，余与众贤共送往涧中，昼夜游宴，屡迁其坐，或登高临下，或列坐水滨。时琴、瑟、笙、筑，合载车中，道路并作；及住，令与鼓吹递奏。遂各赋诗以叙中怀，或不能者，罚酒三斗。感性命之不永，惧凋落之无期，故具列时人官号、姓名、年纪，又写诗著后。后之好事者，其览之哉！凡三十人，吴王师、议郎关中侯、始平武功苏绍，字世嗣，年五十，为首。

序文短小，内容紧凑，写景物，写游乐，写感慨。

东晋王羲之有《兰亭集序》：

> 永和九年，岁在癸丑，暮春之初，会于会稽山阴之兰亭，修禊事也。群贤毕至，少长咸集。此地有崇山峻岭，茂林修竹，又有清流激湍，映带左右。引以为流觞曲水，列坐其次。虽无丝竹管弦之盛，一觞一咏，亦足以畅叙幽情。是日也，天朗气清，惠风和畅，仰观宇宙之大，俯察品类之盛，所以游目骋怀，足以极视听之娱，信可乐也。

这是《兰亭集序》的一段，描写美景，抒发游趣，表达玄思，文辞优美，韵味悠扬，宛如一段散文诗。

慧远《庐山诸道人游石门诗序》：

> 石门在精舍南十余里，一名障山，基连大岭，体绝众阜。……
>
> 释法师以隆安四年仲春之月，因咏山水，遂杖锡而游。于时，交徒同趣三十余人，咸拂衣晨征，怅然增兴。虽林壑幽邃，而开途竞进；虽乘危履石，并以所悦为安。既至，则援木寻葛，历险穷崖，猿臂相引，仅乃造极。于是拥胜倚岩，详观其下，始知七岭之美，蕴奇于此……。斯日也，众情奔悦，瞩览无厌。游观未久，而天气屡变：霄雾尘集，则万象隐形；流光回照，则众山倒影。开阖之际，状有灵焉，而不可测也。乃其将登，则翔禽拂翩，鸣猿历响。……

俄而太阳告夕，所存已往。乃悟幽人之玄览，达恒物之大情，其为神趣，岂山水而已哉！

于是徘徊崇岭，流目四瞩；九江如带，丘阜成垤。因此而推，形有巨细，智亦宜然。乃喟然叹：宇宙虽遐，古今一契；灵鹫邈矣，荒途日隔；不有哲人，风迹谁存？应深悟远，慨焉长怀！各欣一遇之同欢，感良辰之难再，情发于中，遂共咏之云尔！

首段交代石门方位，次段记述石门之游，淋漓尽致地描写了石门之景，并挟有恰到好处的议论，末段写归途远眺，悟道欢欣，情动诗出。是一篇优秀的诗序，更是一篇优秀的游记。

陶渊明的《桃花源诗序》，文字简约，通俗易懂，世称《桃花源记》。虽是虚拟的故事，却是实在的向往，向往"不知有汉，何论魏晋"、"怡然自乐"的世外桃源，也就是上古时代"日出而作，日入而息。帝力于我何有哉"[1]的农家生活。

山水书 书，书信。旅游途中，修书亲友，遥寄风光，是以"书"名篇的山水游记。陶弘景《答谢中书书》描写石门山景（在今浙江嵊县）：

山川之美，古来共谈。高峰入云，清流见底。两岸石壁，五色交辉。青林翠竹，四时俱备。晓雾将歇，猿鸟乱鸣；夕日欲颓，沈鳞竞跃，实是欲界之仙都，自康乐以来，未复有能与其奇者。

[1]《击壤歌》。西晋皇甫谧《帝王世纪》："帝尧之世，天下大和，百姓无事。有八九十老人，击壤而歌。"云云。

吴均的《与宋元思书》描写富春（今浙江富春）、桐庐（今浙江桐庐）山水：

> 风烟俱净，天山共色。从流飘荡，任意东西。自富阳至桐庐一百许里，奇山异水，天下独绝。水皆缥碧，千丈见底。游鱼细石，直视无碍。急湍甚箭，猛浪若奔。夹岸高山，皆生寒树。负势竞上，互相轩邈；争高直指，千百成峰。泉水激石，泠泠作响；好鸟相鸣，嘤嘤成韵。蝉则千转不穷，猿则百叫无绝。鸢飞戾天者，望峰息心；经纶世务者，窥谷忘反。横柯上蔽，在昼犹昏；疏条交映，有时见日。

《与施从事书》描写鄣县（今浙江安吉）山水：

> 故鄣县东三十五里，有青山，绝壁干天，孤峰入汉；绿嶂百重，清川万转。归飞之鸟，千翼竞来；企水之猿，百臂相接。秋露为霜，春罗被径。风雨如晦，鸡鸣不已。信足荡累颐物，悟衷散赏。

《与顾章书》描写石门山水：

> 仆去月谢病，还觅薜萝。梅溪之西，有石门山者，森壁争霞，孤峰限日；幽岫含云，深溪蓄翠。蝉吟鹤唳，水响猿啼。英英相杂，绵绵成韵。既素重幽居，遂葺宇其上。幸富菊花，偏饶竹实。山谷所资，於斯已办。仁智所乐，岂徒语哉！

骈辞骊句，抑扬顿挫；清辞秀句，明快简洁；状景生动，白描如画；是人见人爱的骈体山水短札。鲍照的《登大雷岸与妹书》①是骈体长信：

> 西南望庐山，又特惊异。基压江潮，峰与辰汉相接。上常积云霞，雕锦缛。若华夕曜，岩泽气通，传明散彩，赫似绛天。左右青霭，表里紫霄。从岭而上，气尽金光，半山以下，纯为黛色。信可以神居帝郊，镇控湘汉者也。

大雷岸在长江之北今安徽望江。作者隔江望庐，极尽形容，画面溢光流彩，壮丽辉煌；文词铿锵刚健，奔放奇矫；诚如"高鸿决汉，孤鹘破霜"②。

山水铭　铭，指青铜器或石头上的勒刻文字。写法特征，多用四言，一般押韵。内容特征，一是纪念歌颂③，东汉班固《封燕然山铭》，歌颂车骑将军窦宪讨伐匈奴；一是预警劝诫④，现存最早的器铭成汤《盘铭》："苟日新，日日新，又日新。"魏晋南北朝，铭文或用于刻石记游，东晋李充《登安仁峰铭》：

> 正月七日，厥日惟人。策我良驷，陟彼安仁。

既不歌颂，也不劝诫，记事而已。或用于刻石险要，旨在警示。西晋张载⑤途经剑阁，因剑阁一夫当关万夫莫开，作《剑阁铭》，告诫川中豪强不可恃险作乱：

> 岩岩梁山，积石峨峨。远属荆衡，近缀岷嶓。南通邛僰，北达

① 鲍照之妹鲍令晖，东海（今山东郯城）人，宋齐时，诗才出众。钟嵘《诗品》说她"崭绝清巧，拟古尤胜。"《玉台新咏》录其诗七首。

② 南宋·郑厚《艺圃折中》。

③ 刘熙《释名》："铭，名也。述其功美，使可称名也。"

④ 孔颖达《毛诗正义》："铭者，名也。所以因其器名而书以为戒也。"

⑤ 张载，字孟阳，安平（今河北安平）人。性格闲雅，博学多闻。西晋任佐著作郎、著作郎、中书侍郎等。与其弟张协、张亢，以文学著称，时称"三张"。

第六章　魏晋南北朝旅游

褒斜。狭过彭碣，高逾嵩华。惟蜀之门，作固作镇。是曰剑阁，壁立千仞。穷地之险，极路之峻。世浊则逆，道清斯顺。闭由往汉，开自有晋。秦得百二，并吞诸侯。齐得十二，田生献筹。矧兹狭隘，土之外区。一人荷戟，万夫趑趄。形胜之地，匪亲勿居。昔在武侯，中流而喜。山河之固，见屈吴起。兴实在德，险亦难恃。洞庭孟门，二国不祀。自古迄今，天命匪易。凭阻作昏，鲜不败绩。公孙既灭，刘氏衔璧。覆车之轨，无或重迹。勒铭山阿，敢告梁益。①

① 梁益，梁州、益州。汉中、四川地区。

或用于刻石记胜，描绘山水。庾信游明月山（在今江西宜春），作《明月山铭》：

竹亭标岳，四面临虚。山危檐迥，叶落窗疏。看橡有笛，对树无风。风生石洞，云出山根。霜朝唳鹤，秋夜鸣猿。堤梁似堰，野路疑村。船横埭下，树侠津门。宁殊华盖，讵识桃源？

这类山水铭文，当时作者竞相为之。如孙绰《太平山铭》，湛方生《灵秀山铭》，裴延俊《天柱山铭》，梁简文帝《行雨山铭》、《秀林山铭》等等。

山水颂　颂，先秦颂赞类文体，多用四言，一般押韵。《诗》有《周颂》、《鲁颂》、《商颂》。两汉以文作颂，西汉扬雄《赵充国颂》，东汉史岑《出师颂》②。魏晋南

② 史岑，字孝山，东汉人。约自汉明帝永平十二年，至桓帝建和二年间在世。永初二年（108）为大将军邓骘大败西羌作《出师颂》。

· 227 ·

北朝，游客或以颂体记游赞物。北魏元苌《振兴温泉颂》：

盖温泉者，乃自然之经方，天地之元医，出于河渭之南，泄于丽山之下。……乃作颂曰：皇皇上灵，愍我苍生。泌彼温泉，于此丽川。其水克神，克神克圣。济世之医，救民之命。其圣伊何，排霜吐旭。其神伊何，吞眈去毒。无藉烟炭，谁假樵木。湛若虞渊，沸如汤谷。东枕华山，西亘咸阳。连畴接畛，墟落相望。彩林争翠，绿树成行。香风旦起，文霞夕张。陟彼丽山，望想千里。乃作高堂，鸿飞凤起。三辅之英，五都之士。慕我芳尘，爱居爱止。其德既酋，其声既远。

元苌，北魏雍州刺史，有感骊山温泉能治病救人，但"上无尺栋，下无环渚"①，为之"剪山开郛，因林构宇，邃馆来风"，作颂纪念。《温泉颂》今有碑石留存。碑高183厘米，宽100厘米，碑文楷书，20行，每行30字，计588字。现存陕西临潼华清池。

山水碑　刻于碑石的文字统称碑文。碑文的文体或称"铭"，或称"颂"，或称"志"，或径称为"碑"。这里专指以"碑"名篇的碑文。魏晋南北朝，寺庙大多刻石作碑，梁元帝萧绎《钟山飞流寺碑》，梁简文帝萧纲《长沙宣武王北凉州庙碑》，王简栖《头陀寺碑》。宫馆也多碑文，萧绎《南岳衡山九贞馆碑》，沈约《桐柏山金庭馆碑》。或为山水作碑文，萧绎《庐山碑》：

---

① 北魏·元苌《振兴温泉颂》。

> 夫日月丽天，皇穹所以贞观；川岳带地，后土所以维宁。庐山者，亦南国之德镇。虽林石异势，而云霞共色；长风夜作，则万流俱响；晨鼯晓吟，则百岭齐应。东瞻洪井，识曳帛之在兹；西望石梁，见指宝之可拾。诚复慕类易悲，山中难久；攀萝结桂，多见淹留。

文字平易，骈偶通畅，是一篇清新简约的庐山特写。

五、山水画

绘画是中国一门历史悠久的艺术，先秦两汉的中国画廊主要陈列动物画和人物画。山川、河流、花木、风月等自然景物，虽然也出现在一些画面上，只不过是人物画的背景。这种背景，战国时表现简朴，汉代开始复杂生动，甚至喧宾夺主，如四川画像砖中的"庭院"，金雀山帛画上部的"仙山琼阁"，已有山水画的端倪。魏晋南北朝，主要是东晋南朝，自然山水既是诗人、文人热恋的题材，也是画家热恋的题材。东晋顾恺之的《雪斋望五老峰图》、《庐山图》、《山水图》、《云台山图》，夏侯瞻的《黄山图》，戴逵的《剡山图卷》，后凉（十六国之一）徐麟的《山水图》，南朝宗炳的《秋山图》，谢约的《大山图》，陶弘景的《山居图》，张僧繇的《雪山红树图》等，都是名家名作。共同特征：既追求形似，也追求神似，力图表现自然景物的内在精神和画家的主观情感，达到形神兼备。

顾恺之，工画人物，兼长山水。他的山水画讲究构图技巧，注重形象特征，如"画丹崖临涧

上，当使赫巘隆崇，画险绝之势"①，忌讳"空其实对"②，做到"体格精微，笔无虚构"③。他的山水画如同他的人物画、动物画，追求"迁想妙得"，"以形写神"。他说："凡画，人最难，次山水，次狗马；台榭一定器耳，难成而易好，不待迁想妙得也。"④意思是，画台榭一类"死"物，不须"迁想妙得"，而画人物、画山水、画狗马，则必须"迁想妙得"。这"迁想妙得"说的就是"以形写神"。他称赞前人画的《嵇轻车诗》的景物"雍容调畅，亦有天趣"⑤。这"天趣"也就是神气。他自己的山水画、人物画，均有一种"调格逸易，风趋电疾，意存笔先，画尽意在"⑥的神韵。

宗炳专攻山水，所绘山水，"以形写形，以色貌色"，运笔构图，比例恰当，"竖画三寸，当千仞之高；横墨数尺，体百里之远"⑦，并赋予形象栩栩如生的精神。《南史·宗炳传》说宗炳"凡所游履，皆图之于室，谓之抚琴动操，欲令众山皆响"。这看似痴迷，实则体现了宗炳对自己所画的"活"景"活"情的高度自信和《南史》作者对宗炳山水画的竭诚褒奖。

顾恺之、宗炳等既是山水画家，又是山水画论家。顾恺之的《画云台山记》、宗炳的《画山水序》、王微⑧的《叙画》等，一致认为山水画是反映自然美的艺术形式，自然美的作用在于"以形媚道"，山水画的作用当然也在于"以形媚道"；"道"是"形"的精神，"道"是"形"的意义，山水画既然旨在体"道"，就不能如画地图"案城域，辨方州，标镇阜，划浸流"⑨，而应"事乎形"，"灵而动"⑩，创造出能够传神悟道的艺术形象。他们

① 顾恺之《画云台山记》。

② 唐·张彦远《历代名画记》卷五引顾恺之语。

③ 南朝·谢赫《古画品录》。

④ 顾恺之《魏晋胜流画赞》。

⑤ 顾恺之《魏晋胜流画赞》。

⑥ 唐·张彦远《历代名画记》。

⑦ 宗炳《画山水序》。

⑧ 王微（415—453）南朝宋画家，字景玄，一作景贤，琅琊临沂人。少好学，无不通览。善属文，能书画，兼解音律、医方、阴阳、术数。年十六，举秀才。起家司徒祭酒，转主簿。除南平王铄右军谘议参军，微素无官情，称疾不就。仍除中书侍郎，又拟南琅琊、义兴太守，并固辞。江湛举为吏部郎，微不可。常住门屋一间，寻书玩古。

⑨ 南朝·王微《叙画》。

⑩ 王微《叙画》。

分析山水画的画法，指出画家画山水，要亲临山水静观默察，体会"自然之势"①；要明了远大近小的透视规律，熟谙"画象布色，构兹云岭"②的基本技巧；要掌握"以形写形"、"迁想妙得"、"以形写神"的基本原则；从而建立了中国山水画的早期画论，也说明山水画在魏晋南北朝已经成为一门既有创作、又有理论的绘画艺术和绘画学科。

山水画、山水赋、山水文、山水诗的同期繁荣，原因很多，但最直接的原因是这批画家、散文家和诗人都是忘情丘壑的游客。宗炳"眷恋庐、衡，契阔荆、巫，不知老之将至"③。王微"性知画绘"，"兼山水之爱，一往迹求，皆仿象也"④。生活是艺术的源泉。六朝山水艺术是六朝旅游的文化硕果，是六朝旅游的精神财富。

①宗炳《画山水序》。

②宗炳《画山水序》。

③宗炳《画山水序》。
④《宋书·王微传》。

第五节　旅游观念

先秦两汉，儒学兴起，经学昌明，指导旅游的基本思想是儒家的"比德"修身、经世致用。庄子的"逍遥游"，虽有影响，不成主流。魏晋南北朝，玄学、道教哲学、佛教哲学扶摇而上，老庄思想大行其道，以委心自然、觉悟自然、复归自然的精神，指导玄游、仙游、佛游。旅游观念焕然一新。

一、适意自然的旅游哲学精神

委心自然本是老庄的基本观点。老子《道德经》："人法地，地法天，天法道，道法自然。"庄子《逍遥游》："乘天地之正，而御六气之辩，以游无穷。"天地之正，六气之变，就是自然本性。玄学、道教、佛教均主自

然。认为人的本性正如天下万物的本性，是一种无识无求、自生自灭的自然本性。人，只要觉悟自然本性，顺乎自然本性，就可以任其自然①，无所羁绊，达到"至人无己"②，得道逍遥。支遁《逍遥论》："夫逍遥者，明至人之心也。庄生建言大道，而寄指鹏、鷃。鹏以营生之路旷，故失适于体外；鷃以在近而笑远，有矜伐于心内。至人乘天正而高兴，游无穷于放浪，物物而不物于物，则遥然不我得，玄感不为，不疾而速，则逍然靡不适。此所以为逍遥也。"而要觉悟本性，"乘天正而高兴"③，旅游观览是一条途径。通过游观景物，游观景物的变化，例如无心出岫的云彩，倦飞知还的鸟雀，体会自然本性的真谛。王弼所谓"寻象观意"④，东晋简文帝司马昱所谓"翳然山水，便自有濠濮间想"⑤。因而玄游、仙游、佛游，不是追求"比德"修身的旅游，而是"栖神冥累"⑥、追求自然本性的旅游；不再是一般的赏心悦目、陶情冶性、观风知俗的文化活动，而是以老庄精神为内核的玄、道、佛三家的哲学实践。

二、"以形媚道"的自然美质

儒家"比德说"以为山水景物具有象征人格的自然美，实质是以儒家规定的人格美、社会美衡量、欣赏自然美，赋予自然美社会属性，赋予自然美政治、道德、伦理的具体内容。老庄以为"万物一马"，万物再多，其性质，与一马或一狗相同；"天下一指"，天地再大，其性质，与一根手指或者一根脚趾依然相同。个体无美丑，高下相倾，长短相形，万事万物相互依存，共同体现天下大美，即自然而然的有无之道、变化之道。由此，魏晋南北

① 自然，客观规律与客观世界。三国魏·何晏《无名论》："自然者，道也。"王弼注《老子》"万物以自然为性"，"圣人达自然之性，畅万物之情"。

② 《庄子·逍遥游》："至人无己，神人无功，圣人无名。"

③ 天正，天地之正，自然本性。《庄子·逍遥游》："若夫乘天地之正，而御六气之辩，以游无穷者，彼且恶乎待哉？"

④ 曹魏·王弼《周易略例·明象》。

⑤ 《世说新语·言语》。濠濮间想，庄子惠子因揣摩游鱼本性而引发的辩论。

⑥ 梁·慧皎《高僧传》卷六《僧肇传》："旨好玄微，每以庄、老为心要，尝读老子《道德》章，乃叹曰：'美则美矣，然其栖神冥累之方，犹未尽善。'"

朝的思想者，立足老庄，玄谈出新人耳目的自然审美观，"山水以形媚道"①。形，形态。媚，迎合，展示。道，自然之道。

"山水以形媚道"确认山水形态是客观存在的美的形态。时人看得见，刘义庆《世说新语·言语》：

> 王子敬云："从山阴道上行，山川自相映发，使人应接不暇，若秋冬之季，尤难为怀。"

> 顾长康从会稽还。人问山川之美，顾云："千岩竞秀，万壑争流，草木蒙笼其上，若云兴霞蔚。"

古人也看得见，陶弘景《答谢中书书》：

> 山川之美，古来共谈。

宗炳《画山水序》：

> 至于山水，质有而灵趣，是以轩辕、尧、孔、广成、大隗、许由、孤竹之流，必有崆峒、具茨、藐姑、箕、首、大蒙之游焉。②

山川如此，万物皆如此，各有自己的美形美态。

"山水以形媚道"确认自然之道是山水与万物的本源，也是山水与万物之美的本源。刘勰《文心雕龙·原道》：

> 夫玄黄色杂，方圆体分；日月叠璧，以垂丽天之象；山川焕绮，以铺地理之形；此盖道之文也……傍及万品，动植皆文，龙凤以藻绘呈瑞，虎

---

① 宗炳《画山水序》。宗炳（375—443），南朝宋时人，字少文，祖籍涅阳（今河南镇平），居家江陵（今湖北荆州）。擅长书法、绘画、音乐，信仰佛教，不肯入仕，漫游山川，西涉荆巫，南登衡岳，后以老病，归居江陵。绘游历景物于居室，称："澄怀观道，卧以游之"。

② 广成子，道家传说人物。《庄子·在宥》："黄帝闻广成子在空同之上，故往见之，问以至道之要。"大隗（wěi），神话人物。《庄子·徐无鬼》："黄帝将见大隗乎具茨之山。"具茨山，在今河南密县。许由，尧时隐士，隐居箕山，在今山东郓城。孤竹，殷商国名，在今河北卢龙，代指伯夷、叔齐。《庄子·让王》："昔周之兴，有士二人，处于孤竹，曰伯夷、叔齐。"藐姑山，《庄子·逍遥游》："藐姑射之山，有神居焉。"箕，箕山。首，首阳山。伯夷、叔齐耻食周粟，躲进首阳，采薇而食。大蒙，《尔雅·释地》："西至日所入为大蒙。"郭璞注："即蒙汜也。"

豹以炳蔚凝姿；云霞雕色，有逾画工之妙；草木贲华，无待绵匠之奇；夫岂外饰？盖自然耳。

大自然的色彩错综复杂，有黑色，也有黄色；大自然的事物体型各异，有方的，也有圆的；那珠联璧合的太阳、月亮，垂示着天空的美丽；纵横起伏的山峦、河流，铺陈着大地的形象；这些都是宇宙的本源，自然之道，派生出的文采。推及万物，无论动物、植物，莫不具有各自的文采。龙和凤用锦绣的花纹呈现祥瑞，虎和豹用斑斓的毛皮妆点姿容，而云霞雕刻的五彩，超过了画工的妙笔；草木吞吐的百花，用不着巧匠的剪裁；这些美的自然形态难道是外人修饰的吗？不是。它们自生自长，新陈代谢，出于自然之道，归于自然之道。

"山水以形媚道"确认山水万物的美形美态并非自作多情，而是迎合、展示天下大美，即自然之道。因此，游观山水之形，品味山水之形，就是体认自然之道，感悟自然之道。《画山水序》："夫圣人以神法道，而贤者通；山水以形媚道，而仁者乐。"圣人用自己的精神效法自然，贤者学之，思路通畅；山水用自己的形态展示自然，仁人观之，悟道快乐。

"山水以形媚道"，使古代审美认识有了一个新的飞跃。山水形态以天然的客观性、相对的独立性和涵容天道的重要性，成为时人热衷的审美客体，即六朝游士、六朝清谈反复议论的"形"或"象"。

三、"澄怀味象"的审美方式

宗炳《画山水序》："圣人含道暎物，贤者澄怀味象。"暎，映，观照。圣人得道，能够应

第六章 魏晋南北朝旅游

目会心，透视事物。贤者修道，应该静心无虑，体察物象。主张观赏形象，须"澄怀味象"。

"澄怀味象"是和"以形媚道"相携而生的审美原则，力图解决审美主体和审美客体的关系，解决游观者和游观物的关系。

"澄怀"是审美的前提。"澄怀"即"畅神"①，澄清怀抱，畅通神思。要求审视形象应该具有纯洁无欲的心境和自由自在的心思。

> 夫气静而神虚者，心不存乎矜尚；体亮心达者，情不系乎所欲。矜尚不存乎心，故能越名教而任自然；情不系乎所欲，故能审贵贱而通物情。②

大意是：气定神清的人，不慕名节；磊落旷达的人，不恋欲望。内心不慕名节，便能超越礼教，适意自然；情感不恋欲望，便能看破人事，领悟物性。所以，要参透自然界纷繁复杂的形象，参透形象"以形媚道"的道心，就必须"虚静"以待，"澄怀"以览，"畅神"以悟。否则，杂念丛生，思虑浑浊，就不能"用志不分"③，神情专一；不能"联类不穷"④，自由骋想；不能"玄览极致"⑤，冥合造化。刘义庆《世说新语·言语》记东晋丞相司马道子：

> 司马太傅斋中静坐，于时天月明净，都无纤翳。太傅叹以为佳。谢景重在坐，答曰："意谓乃不如微云点缀。"太傅因戏谢曰："卿居心不净，乃复强欲滓秽太清耶？"

两人同观夜景，司马赞美"天月明净，都无纤翳"，谢氏遗憾"不如微云点缀"。司马将双

---

① 宗炳《画山水序》："披图幽对，坐究四荒。余复何为哉？畅神而已。"

② 三国曹魏·嵇康《释私论》。矜尚，自重自傲。

③ 《庄子·养生主》。

④ 刘勰《文心雕龙·物色》。

⑤ 玄览，觉悟洞察。语出《老子》。

方的审美差异归于怀抱不同，调侃对方"居心不净"，无缘欣赏玉宇澄清的美感，无法品味透彻空灵的景象和"以无为本"的象下之义。是南朝推崇"澄怀"的一例。

"味象"是审美的过程。即观察形象，感受形象，鉴赏形象。它要求人们在"澄怀"的前提下，通过"味象"，洞察自然美的"媚道"之"形"，洞察"形"的面貌、特征和本质，进而洞察"形"外之"形"、"象"外之"象"，达到"静观玄览"、物我合一的审美极致。

这一要求，较之前人，实大进一步。先秦不大看重自然美的形式，也很少探讨自然美的形式。孔子乐山乐水，见仁见智，重在论"质"。荀子说"玉在山而草木润，渊生珠而崖不枯"[①]，也是重在论"质"。老、庄虽然是六朝文化的灵魂，但两人阔论"大象无形"[②]，不言"小象"美丑。汉人继承、发展了孔子"比德"，爱用山川的富丽、物产的丰饶象征大汉帝国的强盛；又受"天人感应"的摆布，以为奇珍异兽，祥云瑞雪，尽是上天垂象、帝国征兆；因而描摹形胜，高度热忱。但是汉人"巧构形似"，用力于虚夸，非用心于剖析。魏晋南北朝，人们研"形"味"象"，既有理论的高度，又有实践的深度。他们从色彩、音响、造型等形式要素和比例、对称、曲折等形式规律以及气韵、动静、变化等形式内在属性着眼，深入开掘自然界的美"形"美"象"，悉心体会形象之意，形象之神。

谢朓观赏黄昏江景，注意色彩、形态：

　　余霞散成绮，澄江静如练。

①《荀子·劝学》。

②《老子》四十一章。

"绮"是五彩的绸缎,"练"是洁白的罗带;用锦缎比喻晚霞,用素练比喻澄江,既能"以色貌色"①、"润色取美"②;又能暗示云霞如绸缎一样波动起伏,江流如罗带一样曲折回环;联类成譬,形神兼似。王籍观赏山林动静,注意动静相衬:

> 蝉噪林逾静,鸟鸣山更幽。③

以动衬静,效果强烈,独到地把握了深山老林的幽静本色。谢灵运观赏早春,注意物候变化:

> 池塘生春草,园柳变鸣禽。

自然而然,生机勃勃,脱手于他对冬去春来景观变化的细心品味。宗炳鉴赏山水,主张师法自然,《画山水序》:"以形写形,以色貌色"。顾恺之④鉴赏山水,主张拟容取心,"以形写神"⑤。

这种研"形"味"象",晋人论为三个层次。张湛编辑《列子》⑥,借列子和壶丘子的辩论,提出游观者如能观赏形象的变化,是高级的"味象";如能观察形象的内部变化,是更高级的"味象":

> 列子好游。壶丘子曰:"御寇好游,游何所好?"列子曰:"游之乐,所玩无故。人之游也,观其所见;我之游也,观其所变。游乎游乎,未有能辨其游者。"壶丘子曰:"御寇之游固与人同欤,而曰固与人异欤。凡所见亦恒见其变,玩彼物之无故,不知我亦无故。务外游不知务内观。外游者求备于物,内观者取足于身。取足于身,游之至也。求备

①宗炳《画山水序》。

②刘勰《文心雕龙·隐秀》。

③王籍《入若耶溪》。

④顾恺之(348—409),字长康,小名虎头,晋陵无锡(今江苏无锡)人,官至东晋散骑侍郎。工诗赋、书法,尤善绘画。精于人像、佛像、禽兽、山水等。与曹不兴、陆探微、张僧繇合称"六朝四大家"。

⑤陶弘景《答谢中书书》卷五引顾恺之语。

⑥《汉书·艺文志》:"列子八篇,名圄寇。先庄子,庄子称之。"今本《列子》是东晋张湛辑录增补,夹杂汉晋观念。

于物，游之不至也。"于是，列子终身不出，自以为不知游。壶丘子曰："游其至乎。至游者不知所适，至观者不知所视。物物皆游矣，物物皆观矣，是我之所谓游，我之所谓观之。故曰：游其至矣乎，游其至矣乎。"

列子说，旅游观览的快乐在于品赏形象的变化。一般的游客不懂这个诀窍，专注的只是形象静止不变的外观，殊不知运动是绝对的，变化发展是绝对的，"林无静树，川无停流"[①]是绝对的。游观"味象"理应"所玩无故"，"所适常新"[②]，观赏"活"景"活"形。但是，壶丘子认为列子只知其一，不知其二：只知观赏物的外部变化，不知观赏物的内部变化；只知审美客体物在变，不知审美主体"我"也在变；只知外游于物观物之变，不知内游于"我"观"我"之变。这样，连自身的变化都无知无觉，怎么能真正地"观物之变"？所以，要想观察事物的变化，欣赏事物的变化美，就必须通过内观于身，明了"我"变、物变、物"我"皆变的道理。假使一个人果然心存此道，那么，他无论走到哪里，远也好，近也好，无论看见什么，大也罢，小也罢，他都能"物物皆游，物物皆观"，感受大千世界任何一种形象所固有的运动着变化着的自然美。可见，《列子》的编者把游观"味象"的水平分为三个等级。最低一级是"观其所见"，即观赏形象的面貌，如"秋兰被长坂，朱华冒绿池"[③]，"暮春三月，江南草长，杂花生树，群莺乱飞"[④]。较高一级是"观其所变"，即观赏形象的变化，如"林壑敛冥色，

①郭璞诗。《世说新语·文学》引。

②《列子》张湛注。

③曹植《公宴》。

④南梁·丘迟《与陈伯之书》。

云霞收夕霏"。最高一级是"内省观变"，以"我"之内变观物之内变，通晓事物无时不变、无处不变的规律，洞察形象吐故纳新、生生不息的自然本性。这等功夫大约只可意会不可言传。如果举例，似乎能举陶渊明。陶渊明"胸次浩然"①，"明乎物理"②，应是壶丘子所谓"取足于身"的"内观者"。

> 采菊东篱下，悠然见南山。
> 山气日夕佳，飞鸟相与还。
> 此中有真意，欲辨已忘言。③

采菊东篱，偶一抬头，无意中看见了南山。这副漫不经心的样子就有壶丘子"至游者不知所适，至观者不知所视"的神形。然而"不知所观"却能"物物皆观"。山岚水气在黄昏的时候变得更加好看，需要栖息的鸟儿不约而同地飞归山林。一切都在自然而然地变化，一切都在自然而然地运动。美不可言，妙不可言，"得意忘言"④。这或许就是壶丘子说的观其"至观"了。《列子》编者提出的"游观尚变"、"内省观变"是"澄怀味象"的高标准。

"以形媚道"、"澄怀味象"深入探讨了自然美的来源、本质、审美特征、审美方法、审美尺度，探讨了心与形，我与物，主观与客观的审美关系，构成了一个比较完整的自然美理论和旅游审美理论，标志中国古典美学的成熟。

四、"旅游"、"观光"：概念精致

先秦至魏晋，习用"游"概指旅游。但"游"字内涵广，凡出门行走，关乎游览，无论路程远近，时间长短，概可称游，与今日旅游的概念，以旅行为载体的游览，尚有些微差距。

南齐，沈约作《悲哉行》：

---

① 清·沈德潜《说诗晬语》。

② 元·虞集《胡师远诗集序》。

③ 陶渊明《饮酒》其一。

④《庄子·外物》："言者所以在意，得意而忘言。"

旅游媚年春，年春媚游人。
徐光旦垂彩，和露晓凝津。
时嘤起稚叶，蕙气动初苹。
一朝阻旧国，万里隔良辰。

率先使用"旅游"一词，明确表达了旅行游览的意思，与今日旅游概念表里一致。

南朝又出"观光"一词。宋时鲍照《解褐谢侍郎表》："观光幽节，闻道朝年。"① 观光，典出《易·观》："观国之光，利用宾于王。"原意是观察国家气象，有利于成为君王的座上宾。鲍照用之，意为浏览观赏。这个词于今也是旅游热词。

①意谓游观山林，悟道度日。幽节，竹节，指山林。闻道，《论语·里仁》："朝闻道，夕死可也。"

第六节　基本建设

一、陆路拓展

魏晋南北朝，中国动乱分裂，南北划疆而治，全国性的交通举措已然停顿。但在各国治下，区域性的陆路、水路均有拓展。

陆路交通，北魏管制白道，修筑灵丘道。

白道

一条由南向北穿越大青山（在今内蒙呼和浩特）的弯曲山路，因土色灰白，称白道。北魏时，因国家攻防，白道成军事咽喉，魏太武帝拓跋焘驻军白道岭（今称蜈蚣坝），魏孝文帝设武川镇（今内蒙武川），加强边境和白道管制，维护河套地区来往阴山后山的秩序。

灵丘道

北魏天兴元年（398），在望都（今河北唐县）与平城（今山西大同）之间修直道；太延二年（436）延伸至莎泉（今山西灵丘）。北魏孝文帝太和六年（482）再"发州郡五万人治灵丘道"，道出灵丘，北越恒山，经平城，南越太行，抵达中山（今河北定州），是山西北部高原通向华北平原的交通要道。

二、水路拓展

水路交通，长江、黄河是主动脉。

长江航道

长江流域上至成都下至扬州，"相去万里，陆途既绝，唯资水路"①。沿江上下，舟船竞发，促进了江滨都市的繁荣。成都商贾云集，"远方商人，多至蜀土，资货或有值数百万者"②。建康（今江苏南京），每日"贡使商旅，方舟万计"③。

黄河航道

黄河，河面宽阔，水量充足，是北朝货运的主要航道。《晋书·石季龙传》后赵石虎"具船万艘，自河通海，运谷豆一百万斛于安乐城（今北京顺义）"。北魏利用黄河，从高平镇（今宁夏固原）、薄骨律镇（今宁夏灵武南）运粮到沃野镇（今内蒙乌拉特前旗），"造船二百艘，二船为一舫，一船胜谷二千斛，一舫十人"，"一运二十万斛。方舟顺流，五日而至"，"计用人力，轻于车运十倍有余，不费牛力，又不废田"④。

当时水路的开发与治理，集中在长江下游、黄河淮河之间、长江淮河之间、河北地区、东南海域。

长江下游水路治理

长江下游，是江南水乡，河流多、湖泊多。先秦时，绍兴水道已连通长江。勾践伐吴，走的就是这条水路。三国孙吴时，整治水道，开凿运河。陈寿《三国志·吴志》说东吴

① 《魏书·邢峦传》。

② 《宋书·刘道济传》。

③ 《晋书·五行志》。

④ 北魏薄骨律镇将刁雍《上孝文帝表》。

大臣岑昏：

> 凿丹徒至云阳，而杜野、小辛间皆斩绝陵垄，功力艰辛。

丹徒、云阳、杜野、小辛在今江苏镇江附近。岑昏所凿，是治理江浙水道。晋人张勃《吴录》：

> 句容县，大皇（孙权）时，使陈勋（东吴校尉）开水道，立十二埭（水坝）以通吴会诸郡。

句容，今江苏句容，也属镇江地区。吴会，吴郡（治所吴县，今属江苏苏州）与会稽郡（治所山阴，今属浙江绍兴）。陈勋所凿，也是治理江浙水道。

河淮之间水路治理

河淮之间，原来利用颍水①、涡水②、泗水③。曹魏司马氏当权，邓艾④主持修整河淮运渠，成效显著。《晋书·食货志》：

> 修广淮阳、百尺二渠，上引河流，下通淮颍，大治诸陂于颍南、颍北，穿渠三百余里，溉田二万顷，淮南、淮北皆相连接。……每东南有事，大军出征，泛舟而下，达于江淮，资食有储，而无水害。

《晋书·傅玄传·傅祗附传》：

> 自魏黄初大水之后，河、济泛溢，邓艾尝著《济河论》，开石门而通之，至是复浸坏。（傅）祗乃造沈莱堰，至今兖豫无水患，百姓为立碑颂焉。

① 颍水源于中岳嵩山，东下，流经河南登封、禹州、许昌、临颍、周口、安徽阜阳、颍上，汇入淮河，长619公里，为淮河第一支流。

② 涡(guō)河，淮北平原区河道。发源于河南尉氏县，东南流经开封、通许、扶沟、太康、鹿邑和安徽亳州、涡阳、蒙城，于怀远县城附近注入淮河。长380公里，是淮河第二支流。

③ 泗河是山东省中部较大河流，又名泗水。发源于山东沂蒙山区今新泰市南部太平顶西麓，西南流入泗水县境，经鲁西南平原，循今山东南四湖（昭阳湖、南阳湖、独山湖、微山湖）流路，经江苏沛县、徐州、泗阳、淮阴，北入淮河。长159公里，是古代淮河下游主要支流之一。

④ 邓艾（197—264），字士载，义阳棘阳（今河南新野）人。三国时期魏国将领。文武全才，深谙兵法，理政颇有建树。公元263年他与钟会分别率军攻打蜀汉，率先进入成都。后被司马昭杀害。

第六章 魏晋南北朝旅游

开石门，即筑石堰，立水闸，开闭有时，约束河水。河淮之间，尤其是淮泗河道，通航容易。

江淮之间水路治理

江淮之间，原来依靠吴王夫差开凿的邗沟①，又称中渎水。汉末建安时，广陵太守陈登改修中渎水道，长江至樊梁湖（在今江苏高邮）仍沿邗沟，在樊梁湖正北另凿新渠至津湖（在今安徽界首），再由津湖正北另凿新凿渠至马濑（今江苏淮安白马湖），再从白马湖辟渠引水入射阳湖（在今江苏扬州宝应），通达淮河山阳。谢灵运《撰征赋》："发津潭（津湖）而迥迈，逗白马以憩岭，贯射阳而望邗沟，济通淮而薄甬城（今浙江宁波）。"说的就是这条新修的江淮河道。

河北平原水路治理

河北平原，汉末建安时，曹操大修水运。建安九年（204）在河北南部："遏淇水入白沟，以通粮道。"②建安十八年："凿渠引漳水入白沟以通河。"③"凿渠，引漳水东入清、洹以通河漕，名曰利漕渠。"④在河北北部，建安十一年："凿渠，自呼沲入泒水，名平虏渠，又从泃河口凿入潞河，名泉州渠，以通海。"⑤再加上曹操之子白马王曹彪主持开凿的沟通漳河与滹沱河的白马渠，河北水道畅通，可以南至洛阳，北抵天津。

东南航运

东南海域，海港大增，海路畅达。海港码头，在今广州、福州、泉州、厦门、宁波、温州等地。中国海船，于近海可通夷州（台湾）。《三国志·吴志·孙权传》黄龙二年（230）：

> 遣将军卫温、诸葛直将甲士万

---

① 邗(hán)沟，南起长江邗城（夫差筑，故城在广陵今江苏扬州东南），中经广陵（今江苏扬州）、樊梁湖、射阳湖，北至淮河山阳（今江苏淮安）。这条水道，《水经注》称中渎水。

② 《三国志·武帝纪》。淇水，河南北部的黄河支流，在今河南汲县东北淇门镇流入黄河。白沟河源于太行山，经山西东部、河北张家口、保定等地区，流入白洋淀（今河北保定、沧州境内）。

③ 《三国志·武帝纪》。漳水，有南北两条。南方漳水在湖北。此处指北方漳水，源出山西，流经河北、河南之间。有清漳河与浊漳河两源。清浊两源在河北西南合漳村汇合后称漳河、漳水。东流至河北馆陶入卫河。

④ 《水经注》。清河，黄河故道在宿胥口（今河南浚县西南）以北、内黄以南一段，受诸山泉流汇注，由原来的浊流变成清流，因而被称为清河。后清河至河北南皮县北会合漳水。洹(huán)水，今名安阳河，又名洹河。源于太行山东麓今河南林县隆虑山，东流，经河南安阳、内黄、河北临漳、魏县和大名，入卫河，北流汇入海河。

⑤ 《三国志·武帝纪》。呼沲，滹沱河。泒(gū)水，源出山西，下游在今天津入海。泃河，发源河北兴隆，流经蓟县、平谷、三河、宝坻。潞河，在今北京通州。

人，浮海求夷州。

夷州即台湾。孙吴临海（今浙江临海）太守沈莹《临海水土志》说夷州："土地无雪霜，草木不死，四面是山，众山夷所居。"① 海外东北方向，中国商船可达朝鲜半岛、日本列岛，《梁书·东夷传》：

> 自晋过江，泛海东使有高丽、百济，而宋、齐间常通职贡，梁兴又有加焉。

海外东南方向，"吴孙权时，遣宣化从事朱应、中郎康泰通焉，其所经及传闻，则有百数十国"；"相去近者三五千里，远者二三万里，其西与西域诸国接"，至梁，"航海岁至，逾于前代矣"②。西域诸国，西亚大秦（波斯）今伊朗诸国。

三、舟船兴旺

魏晋南北朝，水路繁忙，舟船分工。

旅客有客船。客船有舫有舸(gě)。《梁书·江革列传》：

> 江革除东中郎长史，称职，及除都官尚书。将还，民送故依旧订舫，革并不纳，惟乘台所给一舸。

看来，舫宽敞，舸狭小。

游客有游船。游船有龙舟，沈约《宋书·少帝纪》：

> 夕游天渊池，即龙舟而寝。

有雕文舸，《南史·昭明太子传》：

> 游后池，乘雕文舸。

① 《太平御览》引。

② 《梁书·海南诸国传》。

有苍鹰船，《宋书·江夏王义恭传》：

> 文帝（刘义隆）御所乘苍鹰船。

有鳊鱼舟，《梁书·云公传》：

> 天渊池新制鳊鱼舟，形阔而短，高祖（刘裕）暇日，常泛此舟。

又有船斋，《梁书·羊侃列传》：

> 初赴衡州，于两艖舲起三间通梁水斋，饰以珠玉，加之锦缋，盛设帷屏，陈列女乐。

这船斋，是用船架设的水上歌舞场所。

漕运多运船，属于官府。《水经注》引《洛阳地记》："大城东有太仓，仓下运船常有千计。"

商人多商船。《三国志·吴志·孙休传》：

> 自顷年以来，州郡吏民及诸营官兵，多违此业，皆浮船长江，贾作上下。

《宋书·吴喜传》说吴喜部下做生意，"大艑小艒，爰及草舫，钱米布绢，无船不满"。

军队多战船。《宋书》说刘宋太子刘劭总统水军：

> 陈舰列营，周亘江畔，自采石至于暨阳，六七百里，船舰盖江，旗甲星烛。

战舰名称繁多，平虏、青龙、金翅、盖天、长安、大舟𦩻、蒙冲、斗舰、拍舰、火舫；各

具功用，蒙冲蒙皮革，冲箭雨；斗舰，碰撞厮杀；拍舰发"砲"击石；火舫用于火攻。

舟船有巨制。大型战舰树有重楼，高达十余丈乃至二十余丈。《水经注·江水》引庾仲雍《江水记》："昔孙权装大船，名之长安，亦曰大舶，载坐直之士三千人。"《晋书·王浚传》："作大船连舫，方百二十步，受二千余人，以木为城，起楼橹，开四出门，其上皆得驰马来往。"

舟船有装饰。西晋王濬造船，"画鹢首怪兽于船首"。东晋庾阐《杨都赋》：

龙坻、华屋、晨凫之舸，鹢首铺
于芙蓉，盘蛟缠于赤马。

《三国志·吴书·孙綝传》：

帝（孙亮）于宫内作小船三百余
艘，饰以金银，师工画，夜不停。

南朝陈释智匠《古今乐录》说萧齐武帝乘龙舟，"以红越布为帆，绿丝为帆纤，鍮石为篙足"。

帆船普及，通常一船一帆①。南朝民歌《石城乐》："布帆百余幅，环环在江津。"

舟船的发达，促进内贸外贸。南朝时，交广地区，"舟舶继路，商使交属"②；江浙地区也"乘舶泛海，使驿常通"③。政府在商船频繁之地设闸收税。《南齐书·顾宪之传》西陵（今浙江杭州）戍主（西陵长官）杜元懿奏请增收："吴兴无秋，会稽丰登，商旅往来，倍多常岁。西陵牛埭税，官格日三千五百，元懿如即所见，日可一倍，盈缩相兼，略计年长百万。"

舟船的发达，促进旅游。民间的小舟小船

① 孙吴·万震《南州异物志》："外徼人随舟大小或作四帆，不正前向，皆使邪移相聚，以取风吹。"《太平御览》引孙吴中郎将康泰《外国传》："从加郍调州（今缅甸丹老群岛）乘大伯舶，张七帆，时风，一月余日，乃入秦，大秦国（波斯帝国）也。"这四帆、七帆船说的是外国海船。

② 《宋书·夷蛮传》。

③ 《南齐书·高丽传》。

不仅为山水之游提供了交通便利,并且提供了一种潇洒的游趣。"泛舟游观,鼓楫川湖"①成为高人韵士常见的旅游方式。

四、牛车兴旺

魏晋南北朝,马匹紧张,陆上旅行,主要依靠牛车。《晋书·舆服志》:

> 古之贵者不乘牛车,汉武帝推恩之末,诸侯寡弱,贫者至乘牛车,其后稍见贵之。自灵献以来,天子至士遂以为常乘。
>
> 画轮车,驾牛,以彩漆画轮毂,故名曰画轮车。
>
> 御衣车、御书车、御韬车、御药车,皆驾牛。
>
> 阳遂四望繐窗皂轮小形车,驾牛。
>
> 皂轮车,驾四牛,形制犹如犊车,但皂漆轮毂,上加青油幢,朱丝绳络。诸王三公有勋德者特加之。位至公或四望、三望、夹望车。
>
> 油幢车,驾牛,形制如皂轮,但不漆毂耳。王公大臣有勋德者特给之。
>
> 通幰车,驾牛,犹如今犊车制,但举其幰通覆车上也。诸王三公并乘之。

皇家尚且用牛车,贵族官宦更不用说。所以现今出土的贵族墓葬多备陶制牛车。

① 东晋·苏彦《浮萍赋》。

牛车的形制，有改进。车厢长方形，前后有檐，前檐长，后檐短，遮阳挡雨，称"长檐车"，是富贵人家常用的旅游牛车。北齐颜之推《颜氏家训·勉学》：

> 梁朝全盛之时，贵游子弟，多无学术……无不熏衣剃面，傅粉施朱，驾长檐车，跟高齿屐。

王利器《颜氏家训集解》："檐谓车盖之前檐，犹屋楹之有檐也。"此车，唐代尚有，唐人段成式《戏高侍御》："七尺发犹三角梳，玳牛独驾长檐车。"

马车也用。天子皇后及公侯高官乘坐马车仍有保障。但马匹及马车的配置也相应减少。《晋书·舆服志》，汉旧仪，天子有五路法车，"玉、金、象、革、木等路"，"玉路驾六黑马，余四路皆驾四马"，"法驾行则五路各有所主"；但"自过江之后，旧章多缺。元帝践极，始造大路、戎路各一"，"无复充庭之仪"；"至于郊祀大事，则权饰余车以周用"；"旧仪，天子所乘驾六，是时无复六马之乘，五路皆驾四而已"。如此，中层官僚，下层民间若要乘坐马车，当是奢望。所以魏晋南北朝墓葬极少出土马车模型。主要原因是，战乱频仍，马匹军用物资，也是战略物资，各国互相封锁，马匹来源，有赖异国进贡或出国购买，孙权时，高句丽王谢罪，献马100匹，孙吴立刻和解，使者谢宏"船小"，"载马八十匹而还"[①]。

北朝使用骆驼。骆驼运输，汉代已见。1979年秋，在河南密县大隗公社北沟大队回民沟村，发现汉代画像砖上有骆驼御车图案，图

①《三国志·吴志》注引《吴书》。

案是两只骆驼拉一辆车子，车上有伞盖，乘者一人，似为胡人；御者一人，手中拉着四条缰绳。北魏时骆驼是西北地区常用脚力。北朝《木兰诗》："愿借明驼千里足，送儿还故乡。"唐人张鷟《朝野佥载》说北魏孝文帝定大姓，各地豪族唯恐落选，向京都洛阳急呈书信，"星夜乘明驼，倍程至洛"。

五、驿传兴旺

汉末战乱，邮传（驿站）毁弃。曹丕建魏，颁行《邮驿令》，恢复、重整了两汉的邮驿制度。《三国志·魏略》说大秦（今伊朗）"邮驿亭置如中国"，"十里一亭，三十里一置（驿传）"。蜀汉也在白水关（在今四川广元）与成都之间设置驿传，并接通边疆越巂(xī)，今四川西昌地区。蜀国与东吴更是驿路畅通。《三国志·蜀书》："东之与西，驿使往来，冠盖相望。"

六朝（东吴、东晋、宋、齐、梁、陈）特兴水驿。东吴地处江南，水驿方便。吴蜀通使也主走长江水驿。东晋时，九江到建康（今南京）全置水驿。南朝出使北朝，因水路比较舒适，也大多取道水驿。①

十六国北朝，邮驿也有发展。《晋书·蔡谟传》说后赵②："贼之邮驿，一日千里。"《晋书·苻坚载记》说前秦③："二十里一亭，四十里一驿，旅行者取给于途，工商贸贩于道。"苻坚邀请鸠摩罗什从敦煌到长安，明令驿站，快速护送："若获罗什，即驰驿送归"④。北魏⑤的驿传使者名称有趣，或取鸟名，称"凫鸭"、"白鹭"，取飞腾、相望之意；或用鲜卑族语，称"比德真"（文书吏）、"拂竹真"（乘驿人）、"咸真"（地

---

①参看臧嵘《中国古代的驿传与邮传》。

②后赵，石勒立，319—351。

③前秦，苻坚立，350—394。

④《晋书·鸠摩罗什传》。

⑤北魏，拓跋珪立，386—557。

方乘驿人）等。北周①宣帝宇文赟（yūn）利用驿站游乐，自己乘驿马，四位皇后分乘驿车，一马当先，四车并驾，百官随后，从洛阳出发，长驱大进300里。

中原到新疆，当时亦通驿路，经河西走廊通往南疆鄯善（今新疆鄯善）、北疆龟兹。沿途驿站有人负责，所传文书刻有"督邮"官称。

六、旅馆兴旺

魏晋南北朝，民间旅馆业发展。民间旅馆，习称逆旅、客舍；南朝或称旅馆。谢灵运《游南亭》："久痗昏垫苦，旅馆眺郊歧。泽兰渐被径，芙蓉始发迟。"

西晋，旅馆盈利，官府侧目，借口废农与犯法，要废民营为官营："时以逆旅逐末废农，奸淫亡命，多所依凑，败法乱度。敕当除之。十里一官檩，使老小贫户守之，又差吏掌主，依客舍收钱。"②幸有怀县（今山西阳城）县令潘岳上书朝廷，反对官檩，支持民营。《上客舍议》：

> 谨案：逆旅，久矣其所由来也。行者赖以顿止，居者薄收其直，交易贸迁，各得其所。官无役赋，因人成利，惠加百姓而公无末费。语曰："许由辞帝尧之命，而舍于逆旅。"《外传》曰："晋阳处父过宁，舍于逆旅。"魏武皇帝亦以为宜，其诗曰："逆旅整设，以通商贾。"然则自唐到今，未有不得客舍之法。唯商鞅尤之，固非圣世之所言也。方今四海会同，九服纳贡，八方翼翼，公私满路。近畿辐辏，客舍亦稠。冬有温

① 北周，宇文觉立，557—581。

② 《晋书·潘岳传》。官檩，官办旅店。

庐，夏有凉荫，刍秣成行，器用取给。疲牛必投，乘凉近进，发槅写鞍，皆有所憩。又诸劫盗皆起于迥绝，止乎人众。十里萧条，则奸轨生心；连陌接馆，则寇情震慑。且闻声有救，已发有追，不救有罪，不追有戮，禁暴捕亡，恒有司存。凡此皆客舍之益，而官槅之所乏也。又行者贪路，告籴炊爨，皆以昏晨。盛夏昼热，又兼星夜，既限早闭，不及槅门。或避晚关，迸逐路隅，只是慢藏诲盗之原。苟以客舍多败法教，官守棘槅，独复何人？彼河桥、孟津，解券输钱，高第督察，数入校出，品郎两岸相检，犹惧或失之。故悬以禄利，许以功报。今贱吏疲人，独专槅税，管开闭之权，藉不校之势，此道路之蠹，奸利所殖也。率历代之旧俗，获行留之欢心，使客舍洒扫，以待征旅择家而息，岂非众庶颙颙之望。①

① 魏武，曹操。诗出曹操《步出夏门行》。唐，唐尧。翼翼，整齐有序。槅，车轭。发槅，解开车轭。写，卸。籴（dí），买进粮食。爨（cuàn），烧火做饭。槅门，木门。数入校出，清点进出人数。贱吏，低级官吏。疲人，贫困之民，指勅令守槅的老小贫户。颙颙，凝视貌。

潘岳首先说明民间旅馆由来已久，先王莫不认可，只有商鞅一人打压，而商鞅之言不合圣世。接着陈列民营逆旅的好处，主客情愿，各得其值，不须官府花费；且食用俱全，保障供给，客舍相依，有利防盗。继而指出官办官槅，不仅缺少逆旅的种种便利，并且花钱雇人，收取住费，最易滋生腐败。"苟以客舍多败法教，官守棘槅，独复何人？"如果说民营逆旅唯利是图，败坏教化，那么这种官办官槅不也是唯利是图，败坏教化吗？最后，潘岳

指出民营逆旅是人心所向，应该允许经营。议上，朝廷采纳。潘岳为保护民营旅馆或者说为保护市场经济立下了功劳。

南北朝，官僚家族投机市场，侵吞逆旅。《南史·梁宗室传》说梁武帝的六弟靖惠王萧宏：

> 宏都下有数十邸出悬钱立券，每以田宅邸店悬上文券，期讫便驱券主，夺其宅。都下东土百姓，失业非一。帝后知，制悬券不得复驱夺，自此后贫庶不复失居业。晋时有《钱神论》，豫章王综以宏贪吝，遂为《钱愚论》，其文甚切。帝知以激宏，宣旨与综："天下文章何限，那忽作此？"虽令急毁，而流布已远，宏深病之，聚敛稍改。

悬钱，抵押贷款。立卷，抵押贷款契约。萧宏在建康拥有的几十处民宅、邸店（客货双栖的旅馆）来自悬钱立卷，巧取豪夺。由是，朝野非议，王综作《钱愚论》讽刺萧宏，梁武帝下诏，贷款不可驱夺借贷者居所生计①。

也有亲民人士开办慈善逆旅。《魏书·崔光传》说北魏大臣崔光的弟弟崔敬友，"精心佛道，昼夜诵经。免丧之后，遂菜食终世。恭宽接下，修身厉节。自景明已降，频岁不登，饥寒请丐者，皆取足而去。又置逆旅于肃然山南，大路之北，设食以供行者"。

七、旅游城

许昌

今河南许昌，本称许，得名尧时许由②。夏为昆吾国，周为许国，秦为许县。东汉建安

---

① 梁武帝诏令类似美国《家园地豁免法》，该法规定银行实施抵押，须给抵押者保留一定的家园地。

② 《史记·伯夷列传》太史公曰："余登箕山，其上盖有许由冢云。"箕山，在今河南登封，与许昌地近。晋皇甫谧《高士传》："尧让天下于许由，许由不受而逃去，于是遁耕于中岳，颍水之阳，箕山之下。尧又召为九州岛长，由不欲闻之，洗耳于颍水滨。"

元年（196），受封许县的魏王曹操挟持汉献帝迁都许县，使许县既是魏王都城，又是汉朝末代京城。曹丕建魏（220），定都洛阳，以"魏基昌于许"，改许县为许昌，定许昌为曹魏南都①，到曹魏灭亡（266），许昌七十年显赫。

许昌建筑城池宫殿。今许昌汉魏故城出土大量汉砖、汉瓦、铜鼎、铜矛、马衔、车饰、箭簇、钱币以及雕有青龙、白虎、朱雀、玄武图像的建筑构件。

许昌安葬一批汉魏名人。有东汉献帝刘协愍帝陵②、献帝董贵人墓③、献帝伏皇后墓④、献帝张、潘二妃墓、汉魏名士荀淑八子的八龙冢⑤、汉末名臣王允墓、郗虑墓、名将马腾墓、曹操次子魏任城威王曹彰墓、曹魏右将军徐晃墓、曹魏征西将军博昌亭侯夏侯渊墓、曹魏大将军高安乡侯夏侯惇墓、魏王府尚书仆射毛玠墓、曹魏太尉贾诩墓、三国名医华佗墓等。是凭吊汉魏人事古迹的著名城市。

建康

今江苏南京，东傍钟山，西倚长江，南枕淮水（秦淮河），北临桑泊（玄武湖）。西周时地属吴国。东周，吴王夫差在今朝天宫后山铸造兵器，人称冶城。越灭吴，勾践在建康筑城，人称越城。战国，楚克越，在建康再次筑城，置金陵邑。秦朝改金陵邑为秣陵县。东汉末，孙权移治秣陵，改秣陵为建业，在金陵邑重新筑城，"用储军粮、器械"，人称石头城。建安十三年（208），诸葛亮出使江东，称："秣陵地形，钟山龙蟠，石头虎踞，此帝王之宅。"⑥及孙权称帝（229），先都武昌⑦复都建业。西晋太康三年（282）改建业为建邺，旋因避讳西晋愍帝司马邺，更名建康。西

① 曹魏中都洛阳，东都谯（今安徽亳州），西都长安，北都邺（今河北临漳县与河南安阳一带），南都许昌。

② 刘协禅位曹丕，刘协死，曹丕赠刘协谥号孝献皇帝，刘备赠刘协谥号孝愍皇帝。愍帝陵是衣冠冢。

③ 车骑将军董承之女，因董承接受献帝"衣带诏"图谋曹操，被杀。贵人也被曹操赐死。

④ 屯骑校尉伏完之女，因愤恨曹操杀董承、董贵人，图谋曹操，被曹操逼死。

⑤ 荀淑有八子（荀俭、荀绲、荀靖、荀焘、荀诜、荀爽、荀肃、荀旉）均为汉末曹魏名士，人称八龙。

⑥ 西晋·吴勃《吴录》。

⑦ 原称鄂县，孙权改称。

晋亡，东晋、南朝宋、齐、梁、陈，均以建康为都，加上三国孙吴，史称"六朝古都"。

六朝定都，使建康高度繁华。

建康规模宏大。东吴时，城周二十余里。皇宫太初宫方圆500丈，南开5门，正门为公车门；东、西、北各开一门，苍龙门、白虎门和玄武门。太初宫东北，是皇家花园和皇宫卫队营地，称苑城。苑城北有苑仓，称仓城。太初宫西，有皇太子花园，称西苑。东晋南朝，城周四十里。中心为宫城（台城），北面白石垒、宣武城、琅琊郡城，西面石头城，西南冶城、西州城，东南东府城，南面丹阳郡城。

建康人口众多。最多时二十八万户，人口超过一百万。

建康经济发达。港口码头，商船云集。百货俱全，物资充足。作坊商铺，星罗棋布。"市廛(chán)列肆，埒(liè)于二京"①。

① 《隋书·地理志》。埒，等同。二京，长安、洛阳。

建康文化荟萃。传统汉文化，避开北方硝烟，在这里推陈出新。玄学新而盛，文学新而盛，书法新而盛，绘画新而盛，音乐新而盛。作家作品，摇曳多姿。刘义庆《世说新语》、钟嵘《诗品》、萧统《文选》、刘勰《文心雕龙》、范缜《神灭论》、徐陵《玉台新咏》，琳琅一城。

建康佛寺罗列。所建每得皇室赞助。《南史·虞愿传》："（宋明）帝以故宅起湘宫寺，备极奢丽。"南梁武帝建同泰寺，故址在今南京珠江路北，名列南朝佛寺之首；又建开善寺，在南京紫金山下，后被明太祖朱元璋赐名"灵谷禅寺"，封"天下第一禅林"。

建康是游乐胜地。淮水（秦淮河）两岸酒家林立，青楼罗列，商贾文人，诗酒风流。书法家王献之，即王子敬，王羲之之子，宠爱一女桃叶，常到淮水渡口等候，作《桃叶歌》：

> 桃叶复桃叶，渡江不用楫。但渡
> 无所苦，我自迎接汝。

北宋郭茂倩《乐府诗集》引南陈释智匠《古今乐录》：

> 《桃叶歌》者，晋王子敬所作也。桃叶，子敬妾名，缘于笃爱，所以歌之。《隋书·五行志》曰："陈时江南盛歌王献之《桃叶》诗。"①

桃叶女因此出名，渡口也因此出名。今淮青桥（秦淮河、古青溪）东端渡口，立有桃叶渡碑，建有桃叶渡亭。

八、宗教景观

魏晋南北朝，道教和佛教的流行，仙游和佛游的兴盛，使宗教景观，道山、道观、佛寺、浮屠、石窟，隐约山水，散在城邑，庄严而神秘。

道教名山

青城山。古称天仓山、丈人山，位于今四川都江堰市西南，背倚岷山雪岭，面向川西平原，郁郁葱葱，终年常绿，群峰环绕，状若城郭，境界格外幽深，人称"青城天下幽"。东汉顺帝时，有张陵者②，客居四川，先在鹤鸣山③学道修道，奉老子为教主，以《道德经》为经典，结合巴蜀地区原始宗教，造作道书，创立"五斗米道"，又称"天师道"，后至青城山，结茅传教，世称张天师。青城山，遂成道教天师道的祖山。不过，青城山，虽在东汉开山，却在魏晋著名。三国刘蜀初，天师道范

---

① 疑桃叶本是秦淮歌伎。诗云迎接，当在纳妾之前。

② 张陵，字辅汉，道教正一派称张道陵、张天师、正一真人、祖天师等。东汉时沛国丰（今江苏丰县）人。《后汉书·刘焉传》张鲁："初，祖父陵，顺帝时客于蜀，学道鹤鸣山中，造作符书，以惑百姓。受其道者辄出米五斗，故谓之'米贼'。"明代张氏四十二代传人张正常撰《汉天师世家》记张陵生于汉建武十年（34），死于汉桓帝永寿二年（156）。

③ 鹤鸣山，位于四川成都西部大邑县鹤鸣乡三丰村，属岷山山脉，北依青城山（约30公里），南邻峨眉山（约120公里），西接雾中山（约5公里），足抵川西平原，距成都约70公里。得名山形似鹤、山藏石鹤、山栖仙鹤，为古代剑南四大名山之一。

长生①率领千余户教众迁居青城，传道授道，成为一方势力。刘备"征之不起"②，封逍遥公。入晋，资助、辅佐李雄建立成汉③，被封丞相、天地太师、西山侯，"复其部曲，军征不预，租赋一入其家"④。范长生高寿，105岁去世。这岁数也增加了他的道教声威。青城山，因范长生，名头洪亮，名气飞扬。道教称"第五洞天"⑤。

罗浮山。在今广东博罗县东江之滨，层峦积翠，悬崖峭谷，乱石丛林，涌泉飞瀑。因葛洪驻山修道，炼丹采药，筑就冲虚、孤青、白鹤、酥醪四座道观。道教称"第七洞天"，"第三十三福地。"⑥

茅山。在今江苏句容，云雾缭绕，溶洞幽深，溪流纵横，青竹繁茂，是南朝道教大师陶弘景的道山。山上的"华阳洞"是陶弘景修道的洞天石府。由于陶弘景的关系，这座山是南朝阐道游仙的中心，人称"道家洙泗"，是道教"第八洞天"。

龙虎山。在今江西贵溪，原名云锦山，"双峰对峙，状若龙虎"⑦，碧水长流，绕山环峰。东汉，张陵一度居山炼丹。魏晋时，张陵曾孙张盛迁居龙虎山，以"正一经"为主要经典，广收徒众，创立道教龙虎宗正一道。是道教正一派祖庭，"第三十二福地"。

阁皂山。在今江西樟树市东南，

①范长生（213—318），一名延久，又名九重，四川涪陵丹兴人，博学多能，善天文，研易理，通术教，精书法，著有《道德经注》，《周易注》。有部曲，有教众。曾为后汉丞相。

②南宋·祝穆《方舆胜览》。

③成汉（304—347），十六国之一。

④东晋·常璩《华阳国志·大同志》。

⑤道教有所谓"十大洞天"，按唐人杜光庭《洞天福地记》，依次是：今河南王屋山，浙江委羽山，青海西倾山，陕西华山，四川青城山，浙江赤诚山，广东罗浮山，江苏茅山，浙江括苍山，江苏林屋山。

⑥道教有所谓"七十二福地"，按唐人杜光庭《洞天福地记》，依次是：今陕西终南山，浙江盖竹山，浙江仙磕山，浙江东仙源，浙江西仙源，东海海田山，东海玉溜山，东海青屿山，玉笋山之郁木洞，广东丹霞山，湖南君山，浙江大若岩，福建焦源山，浙江灵墟山，浙江沃洲，浙江天姥岭，浙江若耶溪，安徽金庭山，广东清远山，今越南安山，湖南马岭山，湖南鹅羊山，湖南洞真墟，湖南衡山青玉坛，湖南衡山光天坛，湖南衡山洞灵源，福建洞宫山，浙江陶山，浙江三皇井，河南烂柯山，福建勒溪，江西龙虎山，广东罗浮山泉源，江西金精山，江西阁皂山，江西始丰山，江西逍遥山，江西白源山，江苏钵池山，江苏论山，江苏毛公坛，安徽鸡笼山，山西桐柏山，重庆平都山，湖南绿萝山，江西虎溪山，湖南彰龙山，福建抱福山，四川大面山，江西元晨山，江西马蹄山，湖南德山，陕西蓝水山，陕西蓝水，陕西玉峰，安徽天柱山，陕西商谷山，江苏张公洞，浙江司马梅山，山东长在山，山西中条山，云南湖鱼澄洞，四川绵竹山，云南泸水，贵州甘山，四川汉山，四川金城山，湖南云山，河南北邙山，福建庐山，江苏东海山。

⑦清雍正《江西通志》。

亦称葛岭。峰峦叠嶂，古竹苍松，霞蒸云蔚，人称"清江碧嶂"①。东汉建安七年（202），葛玄居山修真。葛玄既是灵宝道派的始祖，又是江西药都樟树药业奠基人。葛玄之后，弟子葛洪继续在阁皂山布道，道教史称葛玄、葛洪为"葛家道"，阁皂山亦因"葛家道"成为道徒圣地，道观挺立，法螺劲吹，是道教"第三十五福地"。与茅山、龙虎山，合称"道教三山"。

① 樟树市，古名清江。

佛教名山

五台山。在今山西忻州五台县，方圆百余里，由五座山峰环抱一体。因气候寒冷，四月解冻，九月积雪，又称清凉山。佛教传入五台，始于东汉。据说五台山本是道教道山，东汉永平十一年（68），印度高僧迦叶摩腾和竺法兰，看中五台，与道门冲突，官司打到明帝御前。陈登原《国史旧闻》："永平十四年正月十五日，明帝集诸道士于白马寺，使于摩腾、竺法兰二人赛法。"双方约期焚经，以别真伪（相传焚经地点在今洛阳焚经台）。结果，道经焚毁，佛经犹存。印度高僧赢得五台建寺。寺院初名灵鹫，明帝加赐"大孚"，称大孚灵鹫寺②。按佛经指示，五台山是文殊菩萨道场。《华严经·菩萨住处品》：

② 大孚灵鹫寺，明代改称显通寺。

> 东方有处名清凉山，从昔以来，诸菩萨众，于中止住。现有菩萨文殊师利，与其眷属，诸菩萨众，一万人俱，常在其中，而演说法。

北魏时，孝文帝扩建灵鹫寺，并在灵鹫寺周围增设12座寺庙。北齐时，五台寺庙计约二百余所，成为北朝佛教的显赫山门，号称"金五

台"，与浙江普陀山，四川峨眉山，安徽九华山，并称佛教四大名山。

峨眉山。在今四川乐山峨眉山市境，云雾缭绕，陡峭险峻、山势雄伟。相传东汉时道士先上山，佛徒后上山。佛徒尊奉普贤菩萨，至东晋元熙二年（420）建普贤寺，全山宗佛。高僧慧持等住锡传法，普贤木鱼愈敲愈响，愈传愈远。到明朝，万历皇帝赐名万年寺。在佛教四大名山中，号称"银峨眉"。

衡山。在今湖南衡阳，绵延八百里，七十二峰，层峦叠嶂，气势磅礴。佛道双栖。南朝时高僧慧思修筑大般若禅林[1]。晋代女道士魏华存修道黄庭观，男道士徐灵期修道上清宫。后为道教"第三小洞天"，道教"第二十五青玉坛福地"、"第二十六光天坛福地"、"第二十七洞灵源福地"。

嵩山。佛道双栖。北魏太和十九年（495）孝文帝为安置印度高僧跋陀，在嵩山少室山北麓敕建少林寺。自正始五年（508）起，印度高僧勒拿摩提、菩提流支、菩提达摩先后来到少林寺。在少林，菩提达摩终日面壁，创达摩禅[2]。达摩因此成为中国禅宗的祖师，少林寺也因此成为中国禅宗的祖庭。道教比佛教上山早。晋代道士鲍靓修道嵩山，在嵩山发现石室，在石室发现道书《三皇文》。北魏道长寇谦之入道之初也在嵩山隐居。山上的中岳庙始建于秦，本是秦始皇祭祀天地的神庙，魏晋南北朝，中岳神灵被道士拉进了道教神谱，这座庙宇也就不知不觉地变作了道教庙宇，寇谦之为它亲笔书写了一块石碑"中岳嵩高灵庙之碑"。嵩

[1] 明代称藏经殿。

[2] 达摩以为"入道多途，要为二种，谓理、行也"（唐·道宣《菩提达摩传》），理唯一策，静心思虑；行有四法，报怨行、随缘行、名无所求行、名称法行；主张理悟与修行并重，开禅宗先声。

第六章　魏晋南北朝旅游

山随即在道教的洞天福地中列为"第六小洞天"①。

泰山。佛道双栖。据《高僧传》，前秦皇始元年（351），佛僧朗公居泰山，在琨瑞谷（今济南市柳埠）建筑佛寺，即朗公寺②。据《灵岩志》，前秦永兴年间（357—358）僧朗又在泰山北麓灵岩山建筑精舍，是为最早的灵岩寺。此后，北朝泰山佛寺增加了谷山玉皇寺、神宝寺、普照寺等。北齐，在泰山溪谷刻写《金刚经》，这就是著名的泰山经石峪。道教比佛教上山早。汉末已有王母池道观。曹植《仙人篇》："东过王母庐，俯观五岳间。"魏晋北朝，泰山有老君堂、龙泉观、碧霞祠、天尊庙等。泰山既是佛教名山，也是道教名山。

庐山。也是佛道双栖。东晋大元九年（384），江州刺史桓伊为高僧慧远修筑东林寺。慧远大师于东林寺创建白莲社，开创净土宗（时称莲宗）③，东林寺遂成净土宗祖庭。道士上山据说也比佛教早。东汉时，天师张道陵，一度在庐山修炼。南朝陆修静在金鸡峰山坳建造简寂观，创立道教灵宝派。明人李渔为简寂观题写楹联：

> 天下名山僧占多，也该留一二奇峰，栖吾道友
> 世界好事佛说尽，谁识得五千妙谛，出我先师

简寂观今已消失，这幅联语仍众口相传。

城中寺观

佛道两家既在山中发展，也在城中发展。

---

① 道教有所谓"三十六小洞天"，按唐人杜光庭《洞天福地记》，依次是：今福建霍林山"霍林洞天"，山东泰山"蓬玄洞天"，湖南衡山"朱陵洞天"，陕西华山"极真洞天"，山西恒山"总玄洞天"，河南嵩山"司马洞天"，四川峨眉山"虚陵洞天"，江西庐山"洞灵真天"，浙江四明山"丹山赤水天"，浙江会稽山"极玄大元天"，陕西太白山"玄德洞天"，江西西山"天柱宝极玄天"，湖南小沩山"好生玄上天"，安徽潜山"天柱司玄天"，江西鬼谷山"贵玄司真天"，福建武夷山"真升化玄天"，江西玉笥山"太玄法乐天"，浙江华盖山"容成大玉天"，浙江盖竹山"长耀宝光天"，广西都峤山"宝玄洞天"，广西白石山"秀乐长真天"，广西句漏山"玉阙宝圭天"，湖南九疑山"朝真太虚天"，湖南洞阳山"洞阳隐观天"，湖南幕阜山"玄真太元天"，湖南大酉山"大酉华妙天"，浙江金庭山"金庭崇妙天"，江西麻姑山"丹霞天"，浙江仙都山"仙都祈仙天"，浙江青田山"青田大鹤天"，江苏钟山"朱日太生天"，江苏良常山"良常放命洞天"，湖北紫盖山"紫玄洞照天"，浙江天目山"天盖涤玄天"，湖南桃源山"白马玄光天"，浙江金华山"金华洞元天"。

② 隋代更名神通寺。

③ 净土宗秉持佛教的基本信仰，以信愿念佛为正行，专修往生阿弥陀佛极乐净土。与禅宗同为中国汉传佛教影响最大的宗派。

城中道观。有如泉州白云庙①，始建于西晋太康年间（280—289）。苏州真庆道院②，初建于西晋武帝咸宁二年（276）。

城中佛寺。北方以洛阳居多，"京城表里，凡一千余寺"③。除白马寺建于东汉，绝大多数属于北朝建筑。建筑最漂亮的大约是永宁寺。永宁寺的九级浮屠"金盘炫日，光照云表，宝铎含风，响出天外"④，展示了中国建筑艺术的高超水平。波斯高僧达摩，仰望永宁寺，讶叹"极佛境界亦未有此"⑤。但洛阳的这组佛教建筑，北魏后期毁于战火。时人杨衒之路过洛阳，见"寺观灰烬，庙塔丘墟"，"恐后世无闻"⑥，遂用心查访，写作《洛阳伽蓝记》，翔实而生动地记叙了洛阳寺院的起落兴衰。

南方佛寺以建业居多而遍及城乡。所谓"南朝四百八十寺，多少楼台烟雨中"⑦。

但是，美轮美奂的佛寺道观，无论在城市还是山野，毕竟是土木结构，难以承受千年风雨的摇撼。现今洛阳白马寺、嵩山少林寺、苏州真庆道院、龙虎山上清宫，虽然称为千年古刹或千年古观，其实已脱胎换骨，几度重修。真正壮而不朽的宗教景观是雕凿于悬崖峭壁的佛门石窟。

佛门石窟

石窟本是印度流行的佛教建筑。古印度的佛教徒为效法释迦牟尼的苦行苦修，专门挑选人迹罕至、地形危殆、攀登艰难的荒山野岭开凿石洞，在石洞中雕刻佛像、舍利塔以及佛经壁画。这就是举世闻名的佛教石窟艺术。

北朝，石窟艺术传入中国，兴于北方。一开始，北朝石窟采用的还是印度石窟的简单形

---

① 唐代改称中兴观、龙兴观。宋代易名天庆观。元代改名玄妙观。

② 唐代改名开元宫，北宋改名天庆观，元代改名，也叫玄妙观。

③ 北魏·杨衒之《洛阳伽蓝记》。

④ 杨衒之《洛阳伽蓝记》。

⑤ 杨衒之《洛阳伽蓝记》。

⑥ 杨衒之《洛阳伽蓝记》。

⑦ 唐·杜牧《江南春》。

第六章　魏晋南北朝旅游

式，圆形圆顶，中间立一尊石刻佛像，周围石壁刻着一些小型的浮雕。往后，石窟里面布置均衡，前庭宽阔，顶似穹庐。再往后，石窟前庭安置石柱，洞内构造模拟土木建筑，表现出越来越浓的民族风格。现存的北朝石窟遗址，有河北邯郸市的响堂山石窟，山西大同的云冈石窟，甘肃敦煌的莫高窟，新疆的龟兹石窟等。其中，莫高窟、云冈石窟、龙门石窟并称中国佛教石窟艺术的三大宝库。

莫高窟，位于今甘肃敦煌三危山和鸣沙山之间峭壁，是"丝绸之路"必经之地。前秦建元二年（366），和尚乐僔，西游三危，见夕照三危金光浮动，恍如万千佛像，即招募劳工开凿石窟，是为莫高窟第一个石窟乐僔窟①。随之，一位法良禅师，紧靠乐僔窟，又开一窟，是为莫高窟第二个石窟法良窟②。北魏时，莫高窟已石窟交错，佛龛栉比。今存492座历代石窟，北魏仍占31座。

云冈石窟。地处山西大同武周山麓。《魏书·佛老志》说北魏文成帝拓跋濬和平年间（460—466），和尚昙曜主持开凿，又称"昙曜五窟"。窟中佛像模拟北魏道武、明远、太武、景穆、文成五位皇帝，形象高大，神态威严，反映皇帝即佛、佛即皇帝的观念。昙曜之后，云冈石窟不断扩展，到孝文帝拓跋宏太和十八年（494），至少53座石窟依山排列，窟中5100多尊佛门雕塑，镂金错彩，富丽堂皇。

龙门石窟。凿于河南洛阳南郊的龙门山。公元494年，北魏孝文帝从大同迁都洛阳，龙门石窟开始施工。相继开出了古阳洞壁列龛、宾阳中洞、火烧洞、莲花洞、石窟寺、魏字洞、普泰洞、落方洞、唐字洞、赵客师洞等。这些

① 唐·李怀让《重修莫高窟佛龛碑》。

② 唐·李怀让《重修莫高窟佛龛碑》。

洞遍立佛像，佛的神态由云冈的威严变得和蔼可亲，雕刻的刀法也由云冈的粗犷变得精巧细致，表现出明显的世俗化和汉族化倾向。迄今为止，龙门山口共有2100多个石窟、石龛，10万以上的石雕佛像，40余座石造宝塔，3600块题记和碑碣。是规模非常浩大的石窟建筑群。

第七节　编志绘图

一、地图进步

晋代，地图进步。地图专家裴秀（224—271），字季彦。河东闻喜（今山西闻喜）人。曹魏时拜尚书令、右光禄大夫。西晋时，升任司空。裴秀亲手编制当时最完备、最精致的地图《禹贡地域图》及《地形方丈图》，并且总结了自己的地图制作经验和制作规范，提出制图六体：

> 制图之体有六焉，一曰分率，所以辩广轮之度也；二曰准望，所以正彼此之体也；三曰道里，所以定所由之数也；四曰高下，五曰方邪，六曰迂直，此三者，各因地而制宜，所以校夷险之异也。[1]

制图六体就是制图六要：分率（比例尺），准望（方位），道里（距离），高下（地势高低），方斜（角度倾斜），迂直（路径曲直）。六体，互相联系，互相制约，是科学制图的六大要素，开创中国地图绘制学。李约瑟称裴秀"中国科学制图学之父"[2]。

二、地志繁多

魏晋南北朝，地志编撰积极。

---

[1] 曹魏·裴秀《禹贡地域图序》。

[2] 英国人李约瑟（Joseph Terence Montgomery Needham, 1900—1995）《中国科学技术史》。

第六章　魏晋南北朝旅游

总志多。诸如三国张晏《地理记》、西晋挚虞《畿服经》、东晋王隐《地道记》、十六国阚(kàn)骃《十三州志》、北魏郦道元《水经注》、南朝宋人刘澄之《永初山川古今记》①等。其中，郦道元②《水经注》，记水1252条，比东汉桑钦《水经》记水137条扩展100倍；注文30余万字，比《水经》1万余字扩展30倍③；"因水以证地，即地以存古"④，走访考察，广征博引⑤，记叙江河源流、地理形势、山川胜景、城乡风土、历史沿革、人情文物、神话传闻，虽"至塞外群流，江南诸派，道元足迹，皆所未经"，"不免附会乖错"，仍是一部"旷世一遇"的杰作。⑥

地方志更多。或记一区，三国韦昭《三吴郡国志》，西晋潘岳《关中记》，东晋常璩《华阳国志》，南朝无名氏《三辅黄图》；或记一州，晋人任豫《益州记》、东晋伏滔《荆州记》，晋人刘欣期《交州记》，南朝郭仲产《秦州记》；或记一地，西晋周处《阳羡风土记》、南朝山谦之《吴兴记》；或记一城，西晋陆机《洛阳记》、东晋郭璞《临安志》。其中，常璩《华阳国志》上起远古、下迄晋穆帝永和三年（347年），包罗兴亡、地望、物产、风俗、人物、道路、关隘、民族、大姓等，贯通地理志、编年史、人物传，"达道义、章法式、通古今、表功勋，而后旌贤能"⑦，是后世地方志的正宗范例，人称"方志鼻祖"⑧。

地方志又多专记。博物记，有三国沈莹《临海水土异物志》，西晋嵇含《南方草木状》；人物记，有西晋陈寿《益部耆旧传》；名胜记，有东晋释慧远《庐山记》，北魏杨衒之《洛阳伽蓝记》。其中，名胜记，专记一

---

① 永初（420—423），南朝宋武帝刘裕年号。

② 郦道元（466—527），字善长，幽州范阳郡涿县（今河北涿州市）人。游踪广泛，阅历丰富，先后担任过北魏政府的尚书主客郎、尚书祠部郎、太尉掾、书侍御史、冀州镇东府长史、河南尹、黄门侍郎、侍中兼摄行台尚书、御史中尉等，61岁出任关右大使，巡查长安叛逆，被雍州刺史、西讨大都督萧宝寅杀害。死后，朝廷追封吏部尚书冀州刺史。

③ 《水经》行文简略。大抵三言两语，简介源头、流程、归宿，如钱塘江"水出三天子都，北过余杭，东入于海"。

④ 清·王先谦《水经注合校本序》。

⑤ 据统计，《水经注》注引书籍437种，金石碑刻350种。

⑥ 《四库全书总目提要》。

⑦ 常璩《华阳国志·序》。

⑧ 清·刘光谟《章石斋文钞·县志分篇议》："方志之书，始于吾蜀。《华阳国志》其鼻祖也。"

处山水、一处台阁，或一处景物，文学色彩浓厚，既是地志新品种，也是旅游文学新品种。

南朝，地方志出现历史汇编。南齐陆澄《地理书》，南梁任昉《地记》，南陈顾野王《舆地志》，总汇了先秦以来的地志资料。

魏晋南北朝地志，特色鲜明。特色之一，是描摹山水，文采斐然。

释慧远《庐山记》[①]：

> 其山大岭，凡有七重，圆基周迴，垂五百里，风雨之所攄，江山之所带。高岩仄宇，峭壁万寻，幽岫穿崖，人兽两绝。……昔太史公东游，登其峰而遐观，南眺五湖，北望九江，东西肆目，若登天庭焉。……其北岭两岩之间，常是流遥霈，激势相趣。百余仞中，云气映天，望之若山，有云雾焉。其南岭临宫亭湖，下有神庙，即以宫亭为号，……七岭同会于东，共成峰愕，其岩穷绝，莫有升之者。……东南有香炉山，孤峰独秀起，游气笼其上，则氤氲若香烟。白云映其外，则炳然与众山峰殊别。……其左则翠林，青雀白猿之所憩，玄鸟之所蛰。西有石门，其状似双阙，壁立千余仞，而瀑布流焉。

东晋袁山松《宜都山川记》：

> 自黄牛滩东入西陵界，至峡口一百许里，山水纡曲，而两岸高山重障，非日中夜半，不见日月。绝壁或千许丈，其石彩色形容，多所像类。

[①]《太平御览》载释慧远《游山记》："自托此山二十二载，凡再诣石门，四游南岭，东望香炉，秀绝众形。北眺九流，凝神览视，四岩之内，犹观之掌焉。传闻有石井、方湖，足所未践。"疑与《庐山记》同为一篇。

林木高茂，略尽冬春。猿鸣至清，山谷传响，泠泠不绝。所谓三峡，此其一也。

南朝宋人郑缉之《永嘉记》：

大溪南岸有四山，名为城门。壁立，水流从门中出，高百余丈，飞流如瀑布，日映风动，则洒散生云虹，水激铿响，清泠若丝竹。

南梁萧子开《建安记》：

武夷山，高五百仞，岩石悉红紫二色，望之若朝霞。有石壁，峭拔数百仞于烟岚之中。

特别是郦道元《水经注》绘景绘色，引人入胜。读之，或见青峰入云，佛寺绰约；或见山岚水气，云蒸霞蔚；或见清泉潺潺，崩珠溅玉；或见漫江碧透，鱼翔浅底；或见翠竹修篁，百鸟和鸣；或见江河浩荡，壮人心魄。《江水注》写巫峡：

自三峡七百里中，两岸连山，略无阙处。重岩叠嶂，隐天蔽日，自非亭午夜分，不见曦月。至于夏水襄陵，沿溯阻绝。或王命急宣，有时朝发白帝，暮到江陵，其间千二百里，虽乘奔御风，不以疾也。春冬之时，则素湍绿潭，回清倒影。绝巘多生怪柏，悬泉瀑布，飞漱其间，清荣峻茂，良多趣味。每至晴初霜旦，林寒涧肃，常有高猿长啸，属引凄异，空谷传响，哀转久绝。故渔者歌曰："巴东三峡巫峡长，猿鸣三声泪沾裳"。

先写巫峡两岸的山势，突出山的连绵高峻；次写巫峡之中的江流，突出江的奔腾湍急；继写巫峡峡谷的景色，突出景的四时变幻；末写巫峡渔民的歌谣，突出行船巫峡难乎其难的感叹。意境雄浑壮美。《河水注》写孟门山（在今陕西延安宜川）黄河"崩浪万里，悬流千丈。浑洪赑（bì）怒，鼓若山腾"，气势磅礴雄伟。《济水注》写济南大明湖"左右楸桐，负日俯仰。目对鱼鸟，水木明瑟"，风光清秀平和。《夷水注》①写江水的清澈，"其水虚映，俯视游鱼，如乘空也"，拟容新颖巧妙。充分显示了作者精湛高超的散文造诣。后代文学家借鉴郦道元，佩服《水经注》。李白《早发白帝城》脱胎郦道元《巫峡》。明人张岱《跋寓山注》："古人记山水，太上有郦道元，其次柳子厚，近时则袁中郎（袁宏道）。"

① 夷水，今湖北恩施清江。

特色之二，是好记传闻，好记怪力乱神，有伤地志真实。颜师古《汉书·地理志》注："中古以来说地理者多矣，或解释经典，或撰述方志，竟为新异，妄有穿凿，安处附会，颇失其真。"

魏晋南北朝的地图地志，奠定了中国古代地理图志的基本写法和基本样式。

魏晋南北朝，新兴的玄游、仙游、佛游活动，庄严的宗教景观，优美的山水艺术，深刻的自然审美理论，玄妙的旅游哲学精神，合力开创了一代突破传统、特色鲜明、新意迭出的旅游文化。

第七章

隋代旅游

被战乱和分裂纠缠了将近四百年的中国历史，到隋代，出于幽谷，迁于乔木，重新走上了统一、兴盛的阳光大道。

隋王朝（581—618）有似秦王朝，国祚短暂而事功卓越。

隋文帝杨坚（541—604），内修制度，改革政治，确立三省六部①，精简地方官制，初创科举制，制订《开皇律》，废止宫刑、车裂、枭首、灭族等酷刑，制定死刑复奏制度。改革经济，推行均田制，整顿户籍，大索貌阅，倡导节俭，设置粮仓，改革货币，统一度量衡，颁布"人年五十，免役收庸"、"战亡之家，给复一年"，使百业兴旺，仓库盈积，户口滋盛，全国人口由隋初400万户，增至炀帝初890万户。史称开皇盛世。

隋炀帝杨广（569—618），武功显赫，登基前，平定南陈，剿抚江南，北击突厥，完成

---

① 隋设五省，内侍省、秘书省、门下省、内史省和尚书省。内侍省、秘书省在国家政务中不起重要作用。内侍省是宫廷宦官机构，管理宫中事务。秘书省掌管书籍历法，事务较少。最高政务机构是内史省、门下省、尚书省，内史省负责决策，门下省负责审议，尚书省负责执行。这就是后来被唐朝继承的三省制。尚书省下设吏、民、礼、兵、刑、工六部。每部设尚书，总管本部政务。具体办事机构就是这六部：吏部，掌管全国官吏的任免、考核、升降和调动；民部，掌管全国的土地、户籍以及赋税、财政收支；礼部，掌管祭祀、礼仪和对外交往；兵部，掌管全国武官的选拔和兵籍、军械等；刑部，掌管全国的刑律、断狱；工部，掌管各种工程、工匠、水利、交通等。开始的时候，六部叫作六曹，即六个办事机构。六部的长官为尚书。六部的设置成为后代封建国家中央政权的固定制度。三省六部制分工明确，组织严密，加强中央集权。对唐及以后历代王朝影响都十分巨大。隋文帝建立的这一整套规模庞大、组织完备的官僚机构，表明封建制度已发展到成熟阶段。自隋定制，一直沿袭到清朝。

统一。登基后，东击契丹，西巡张掖，击败吐谷浑，拓土西北①，畅通丝路。又南进占婆（今越南），开疆东南；两上琉球（今台湾），增加大陆与台湾的联系；三打高丽，虽战而未胜，却遏制了高丽西进东北的企图。且文治显著，确立科举制度，提倡儒学教育，整理各类书籍，倡导诗文创作，一时间，大隋帝国，意气风发。

旅游，继轨秦汉，帝王之游，地动山摇；文士之游，络绎在路。

① 炀帝置西海、河源、鄯善、且末、伊吾（哈密）五郡，范围东起青海湖东岸，西至塔里木盆地，北起库鲁克塔格山脉，南至昆仑山脉。

第一节 重视教育 复兴游学

隋朝重视教育。大业元年，炀帝下诏："君民建国，教学为先，移风易俗，必自兹始。""国子郡县之学，盛于开皇之初"②。游学之风，自魏晋寝声，一时复兴。

② 《隋书·儒林传》。

莘莘学子，或问学京都，文帝时西京长安"四海九州强学待问之士，靡不毕集焉"③。炀帝时东都洛阳，"征辟儒生，远近毕至，使相与讲论得失于东都之下"④。或求学四方，"京邑达乎四方，皆启黌校。齐、鲁、赵、魏，学者尤多，负笈追师，不远千里，讲诵之声，道路不绝。"⑤

③ 《隋书·儒林传》。

④ 《隋书·儒林传》。

⑤ 《隋书·儒林传》。黌（hóng），学校。

游学著名人物，老师者，有萧该、包恺、房晖远、刘焯、王通等。

萧该，兰陵（今山东临沂）人。性笃学，讲学长安，尤精《汉书》。包恺，字和乐，东海人，也精《汉书》。凡《汉书》学者皆以萧、包为宗，"远近聚徒教授者数千人"⑥。

⑥ 《隋书·儒林传》。

房晖远（531—602），字崇儒，恒山真定（今河北正定）人。世传儒学，教授为务。

第七章　隋代旅游

"远方负笈而从者，动以千计"。

刘焯（544—610），字士元，信都昌亭（今河北冀县）人。"少与河间刘炫①结盟为友，同受《诗》于同郡刘轨思，受《左传》于广平郭懋，尝问《礼》于阜城熊安生，皆不卒业而去。武强交津桥刘智海家，素多坟籍，焯就之读书，向经十载，虽衣食不继，晏如也。遂以儒学知名。""天下名儒后进（如唐代经学大师孔颖达），质疑受业，不远千里而至者，不可胜数"。著有《稽极》、《历书》、《五经述议》。《隋书·儒林传》："论者以为数百年以来，博学通儒，无能出其右者。"

王通，字仲淹，生于文帝开皇四年（584），卒于炀帝大业十三年（617）。绛州龙门（今山西万荣县）人。少时游学，东西南北，转益多师，受《书》于东海（今江苏连云港地区）李育、学《诗》于会稽（今浙江会稽）夏典，问《礼》于河东（今山西运城临汾地区）关子明，正《乐》于北平（今河北卢龙）霍汲，考《易》于族父仲华。后在家乡白牛溪，模拟孔子，聚徒讲学。"门人常以百数，唯河南董恒、南阳程元、中山贾琼、河东薛收、太山姚义、太原温彦博、京兆杜淹等十余人为俊颖，而以姚义慷慨，方之仲由；薛收理识，方之庄周。"②著有《中说》，私谥"文中子"。

第二节　设立科举　复兴游宦

原始选人，以推举为前提，以考、试为后续③。周代选官，以世袭为主，以考、试为辅④。战国，礼崩乐坏，人才自荐。汉代察举，察是考察，举是推荐。负责察举的是地方

---

① 《隋书·儒林传》："刘炫，字光伯，河间景城人也。少以聪敏见称。与信都刘焯闭户读书，十年不出。""刘炫聪明博学，名亚于焯，故时人称二刘焉。"

② 王通之弟王绩在《游北山赋》自注。

③ 《史记·五帝本纪》说众人推举虞舜，唐尧先考其行状，后"吾其试哉"，妻其二女试其品德，宾于四方试其社交，使入山林川泽试其神通。

④ 周制，地方负有为王室进贡人才的义务。进贡对象主要是学校学生。地方官"考（核）其德行，察（审）其道艺"（《周礼·地官》），推荐给朝廷，谓之贡士。尔后，天子试其文武数艺，试之以射宫（武试），试之以礼乐（文试），试而后用。

官员，被举者要接受朝廷复核，即策试。策试政治谋略和文章功夫。魏晋实行九品中正。九品中正是汉代察举的延续和变易。人才分九等，各地设中正。中正根据乡议，确定人才等级。授官前，也要笔试①。但主要根据乡议和中正评判。九品中正，起初，重才学，后来，重门第。清人赵翼《二十二史札记》说九品官人："上品无寒门，下品无势族。高门华阀，有世袭之荣；庶族寒人，无寸进之路。"

隋代，文帝杨坚改革选官制度，罢九品官人，变依靠地方选官为朝廷集中选官，征集地方生员，通过分科考试，量才举人。文帝开皇十八年（598）诏令"以志行修谨、清平干济二科举人"②。是为科举雏形。炀帝增设科目③，并置进士科④。《旧唐书·薛登传》："炀帝嗣兴，又变前法，置进士等科。"标志科举已成常态。这一制度，重才德不重门第，抑制门阀，为中下层读书人敞开了仕途，影响政治，影响教育，也影响旅游。

各地举子，进京赶考，游于途，游于京，实质类同汉代游宦。汉代游宦，谋求官员察举；隋代赶考，谋求考试中举；虽有差异，目的一致；赶考之旅，就是科场游宦之旅。

当时的科场游宦，因考试定期，如同候鸟，春往秋还。唐玄宗时礼部尚书沈既济说："自隋罢外选，招天下之人聚于京师，春往秋还，鸟聚云合。"⑤

第三节　再造两京　游乐两京

两京，东汉称长安为西京，洛阳为东京。

隋文帝定都长安，在长安旧城东南建造

---

① 《晋书·刘卞传》："入太学，试经为台四品吏。"

② 《隋书·高祖纪》。志行修谨：修养品格，谨慎行事。清平干济：清廉，平和，干练，助人。

③ 大业三年，炀帝诏令："文武有职事者，以孝悌有闻，德行敦厚，节义可称，操履清洁，强毅正直，执宪不挠，学业优敏，文才秀美，才堪将略，膂力骠壮十科举人。"大业五年炀帝又诏："诸郡学业该通，才艺优洽；膂力骠壮，超群等伦；在官勤奋，堪理政事；立性正直，不避强御；四科举人。"

④ 进士，指可以任官受爵之士。《礼记·王制》："命乡论秀士，升之司徒，曰选士。司徒论选士之秀者，而升之学，曰俊士。升于司徒者不征于乡，升于学者不征于司徒，曰造士。……大乐正论造士之秀者，以告于王，而升诸司马，曰进士。司马辩论官材，论进士之贤者，以告于王，而定其论。论定，然后官之，任官，然后爵之，位定，然后禄之。"

⑤ 唐·杜佑《通典·选举杂议论》引。

第七章　隋代旅游

① 将作大将，官职。负责宫室建设。

长安新城大兴城。设计者将作大将①宇文恺，开皇二年（582）开工，开皇三年（583）竣工。新城长方形，三城套建，宫城、皇城、外郭城。宫城、皇城在高地。外郭城多在低地，安置居民。建筑南北交错，东西对称，大街小巷，井井有条。城市面积两倍于长安旧城。

新长安有游猎场，称北苑。文帝为政勤勉，不好巡游，但在长安也有宴请游乐。《北史·隋文帝本纪》："壬申，梁主萧岿来朝。甲戌，大射于北苑，十日而罢。"②

② 萧岿（542—585），字仁远，南北朝割据政权西梁世宗。

炀帝即位（604），以为长安地偏关西，"南服遐远，东夏殷大"，"关河悬远，兵不赴急"③，而洛阳东西南北适中，水陆交通方便，有利军事、漕运及巡游。决议迁都洛阳，并在洛阳另造新城。新洛阳规模宏大，"北据邙山，南直伊阙之口，洛水贯都，有河汉之象，东去故城一十八里"④。"重楼延阁，互相临映，招致商旅，珍奇山积"⑤，"采海内奇禽异兽草木之类，以实园苑"⑥。"制造颇穷奢丽，前代都邑莫之比焉"⑦。大业二年（606），新城完工，炀帝"徙天下富商大贾万家于东京"，"陈法驾，备千船万骑，入于东京"⑧。

③ 仁寿四年（604）十一月《炀帝诏》。

④ 唐·李吉甫《元和郡县图志·河南道》。

⑤ 唐·杜宝《大业杂记》。

⑥ 《隋书·炀帝纪》。

⑦ 唐·李吉甫《元和郡县图志·河南道》。

⑧ 《隋书·炀帝纪》。

新洛阳是隋代游乐之都。《隋书·炀帝纪》大业六年（610年）春："丁丑，角抵大戏于端门街，天下奇伎异艺毕集，终月而罢。帝数微服往观之。"大业十一年（615）春，炀帝在洛阳迎贺新春，"大宴百僚"，周边各国"遣使朝贡"。大业十二年（616）春，炀帝在洛阳"景华宫征求萤火数斛，夜出游山而放之，光遍岩谷"。营造了大隋最后的光华。

第四节　修筑大运河　巡游大运河

大业元年（605）三月，杨广为改善南北交通，修筑大运河。征发民工一百多万，开通济渠，连接洛阳、黄河与淮河。又征发民工十几万，开邗沟，北抵山阳（今江苏淮安），南到扬子（今江苏扬州），连接淮水与长江。大业四年，又征发民工一百多万，开永济渠，引导沁水南下黄河，北上涿郡①，连接起黄河与海河。大业六年，又征发民工开江南河，从京口（今江苏南京）通到余杭（今浙江杭州），连接起长江和钱塘江。这四条渠：通济渠、邗沟、永济渠、江南河，以洛阳为中心，北达涿郡，南至余杭，纵贯今浙江、江苏、安徽、河南、山东、河北、北京六省一市，串联钱塘江、长江、淮河、黄河、海河五大水系，全长2700公里，构成了举世闻名的京杭大运河。

大运河水面宽敞，两岸道路平整，杨柳成行。是中国古代南北交通的大动脉，也是中国古代的旅游热线。隋炀帝杨广始造运河，始游运河，游河动静，惊天动地。

与乃父不喜巡游不同，炀帝因"天下承平日久，士马全盛，慨然慕秦皇、汉武之事"，屡次颁发诏书，反复强调天子巡游自古而然，"听采舆颂，谋及庶民"，"审王政之得失"②；"观风问俗"，"忧勤兆庶，安集遐荒"③；是帝王安邦治国的重要措施，为巡游天下鸣锣开道。执政十四年，"东西游幸，靡有定居"④，借助运河，巡游南北。

运河完工之前，炀帝派员"江南采木，造龙舟、凤䑍、黄龙、赤舰、楼船等数万艘"⑤。

---

① 涿（zhuō）郡，汉置，治所在今河北涿州市。辖境相当今北京市房山区以南，河北易县、清苑以东，安平、河间以北，霸州、任丘以西地区。三国改名范阳，隋唐称幽州。

② 《全隋文》大业元年三月戌申《炀帝诏》。

③ 《全隋文》大业三年四月庚辰《炀帝诏》。

④ 《隋书·炀帝纪》。

⑤ 《隋书·炀帝纪》。

第七章 隋代旅游

大业元年（605）八月，通济渠、邗沟始告竣工，杨广立刻泛舟运河，从洛阳南下江都（今江苏扬州）。所乘龙舟，高45尺，长200尺，上下四层楼。随行官员，五品以上乘楼船，九品以上乘黄篾①，运河之上，"舳舻相接，二百余里"②，运河两岸，护航禁军，人马逶迤。各地官吏长跪相迎，长跪相送。兴师动众的规模，古今第一；巡游船队的庞大与豪奢，也是古今第一。得意之下，杨广中流赋诗，唱《泛龙舟》：

> 舳舻千里泛归舟，言旋旧镇下扬州。
> 借问扬州在何处？淮南江北海西头。
> 六辔聊停御百丈，暂罢开山歌棹讴。
> 讵似江东掌间地，独自称言鉴里游。

① 黄篾，舟船名，有仓无楼。
② 《隋书·食货志》。

头两句写舟游的派头，次两句写舟游的地点，后四句写舟游的乐趣，抒发了水上巡游的勃勃兴致。

大业六年（610），暮春三月，杨广又从洛阳下水，舟游江都。在江都，杨广优游度日，作《江都宫乐歌》：

> 扬州旧处可淹留，台榭高明复好游。
> 风亭芳树迎早夏，长皋麦陇送余秋。
> 渌潭桂楫浮青雀，果下金鞍跃紫骝。
> 绿觞素蚁流霞饮，长袖清歌乐戏州。③

③ 素蚁，酒泡沫。流霞，美酒。

又在江都南边的扬子津，高筑钓台，观览长江之滨的夏日风情。赋《夏日临江诗》：

> 夏潭荫修竹，高岸坐长枫。
> 日落沧江静，云散远山空。
> 鹭飞林外白，莲开水上红。
> 逍遥有余兴，怅望情不终。

次年（611）二月，杨广乘龙舟，离江都，经邗沟、通济渠、永济渠，北游涿郡。再由涿郡，经永济渠、通济渠，回舟洛阳。这一趟，经春历冬，头尾二年。

大业十二年（616）七月，天下大乱，政局危殆，杨广斩杀劝止巡游的官员崔民象和王爱仁，再一次从洛阳航行江都。当时"盗贼蜂起，道路隔绝，帝遂无还心"①。《幸江都作》：

① 《隋书·五行志》。

求归不得去，真成遭个春。
鸟声争劝酒，梅花笑杀人。②

② 明·冯惟讷《诗纪》。

《诗》：

寒鸦飞数点，流水绕孤村。
斜阳欲落处，一望黯消魂。③

③ 明·于慎行《谷山笔麈》。

亡国之音，以悲以哀。不久，形势恶化，江都危若累卵，民间盛传"去亦死，住亦死，未若乘船渡江水"④，杨广索性破罐子破摔，在江南丹阳（今安徽当涂小丹阳镇）修建丹阳宫，"将居焉，功未成而被弑"⑤。

④ 《隋书·五行志》。

⑤ 《隋书·五行志》。

唐人魏征主修《隋书》，在《炀帝纪》严厉批评杨广巡游是劳民伤财、"淫荒无度"。但是，杨广主修的大运河，贯通南北，作用伟大。唐人皮日休《汴河怀古》二首：

万艘龙舸绿丛间，载到扬州尽不还。
应是天教开汴水，一千余里地无山。

尽道隋亡为此河，至今千里赖通波。
若无水殿龙舟事，共禹论功不较多。

大运河使一代痛苦，百代受惠；隋炀帝开运

河，罪在当代，功在千秋。

第五节　整理典籍　撰修图志

开皇三年（583），文帝下诏求书，献书一卷赏绢一匹。"民间异书，往往间出"，长安藏书殿嘉则殿一二年间藏书渐备。炀帝更加关注古籍的收罗、校勘与注疏，洛阳藏书殿修文殿藏有校勘图书37万卷，77000多类。并建妙楷台，专藏书法真迹；建宝迹台，专藏名画古物；建内道场，专藏佛、道经卷。

炀帝看重地理图志。诏命天下诸郡绘制各地风俗物产地图，编撰《诸郡物产土俗记》131卷、《区宇图志》129卷、《诸州图经集》100卷。这些地方图志，集成以往，反映当时，是中国古代编撰全国性方志图经的第一次高潮。其中名著是裴世矩《西域图记》。

裴世矩（约547—627），字弘大，河东闻喜（今山西闻喜县）人。先在北齐做官，后至北周做官，入隋，文帝时任吏部侍郎。炀帝时，任尚书左丞、吏部侍郎、黄门侍郎、右光禄大夫。炀帝被杀，出为河北道安抚使。隋末动乱，投靠窦建德，任吏部尚书、尚书右仆射。降唐，为民（户）部尚书。屡易其主，屡受器重，是罕见的改朝换代不倒翁。

裴世矩的历史功过主要在隋代。他是隋代外交家，主张西抚西域，东征高丽。他是隋代地理学家，曾坐镇甘州（今甘肃张掖），巡访凉州（今甘肃武威）、沙州（今甘肃敦煌），考察西域状况，收集西域情报，撰写《西域图记》。这本书描述了西域44个国家，概叙了西域主要商道，"发自敦煌，至于西海（今地中

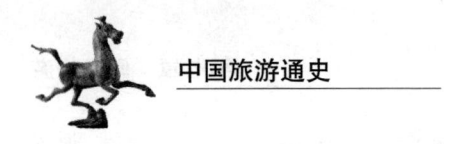

海），凡为三道，各有襟带"，并附有详细地图及民族服饰彩绘。惜已散佚。《隋书·裴矩传》①录有序言。

① 唐人避讳李世民，称裴世矩为裴矩。

　　隋代，以复兴学子游学、促成科场游宦、开凿大运河，记功旅游史。

第八章

唐代旅游

唐王朝（618—907）胜似汉王朝。初唐①，贞观、武周，励精图治；盛唐，开元、天宝，富足升平②：

> 九州道路无豺虎，远行不劳吉日出。
> 齐纨鲁缟车班班，男耕女桑不相失③。

中唐，虽因安史之乱，大伤元气，却能元和中兴，重振纲纪；大中靖边，肃清西北；勉力支撑了统一强盛的帝国模样④。晚唐，政治无能，黄巢起义⑤，藩镇内战，朱温灭唐。总体而言，大唐二百九十年，一百五十年进取，一百年维和，国运长久，社稷长安，与汉朝并称汉唐盛世。

国运盛，游运盛。大唐游客或清游山水田园，或豪游边疆塞外，或漫游大江南北，或东渡扶桑，或西游天竺，或客来西方，或客来东方，以丰富多彩的形式，刚柔并举的风格，

---

①唐朝习分初、盛、中、晚。今按高祖武德元年（618）至玄宗先天元年（712）为初唐；玄宗开元元年（713）至天宝十四年（755）为盛唐；以肃宗至德元年（756）至宣宗大中十三年（859）为中唐；以懿宗咸通元年（859）至哀帝天佑四年（907）为晚唐。

②贞观，太宗年号。武周，武则天称帝，国号周。开元、天宝，玄宗年号。

③杜甫《忆昔》。

④安史之乱，玄宗天宝十四年（755）经肃宗至代宗宝应二年（763）。元和（806—820），宪宗年号。大中（846—859），宣宗年号。

⑤黄巢起义，僖宗乾符五年（878）至僖宗中和四年（884）。

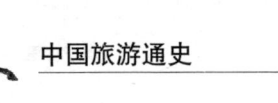

绘制出大唐天下游客如云、游道如海的旅游宏图。

第一节 山水田园客来勤

翻开《全唐诗》，歌咏山水、吟诵田园的作品，比比皆是，反映了唐代文人的田园雅趣和山水热度。

唐人的山水田园热与唐代政治、经济、思想环境深有渊源。

唐承隋制，推行均田制和租庸调，限制豪门士族霸占土地、侵吞人口，减轻中、小地主和租佃农民的赋税徭役，以租佃为主的庄园地主经济逐渐代替了以奴役为主的豪门士族经济。读书人家庭大多拥有或多或少的农田庄舍，过着优裕或比较优裕、清闲或比较清闲的庄园生活。夏侯审"初于华山下多买田园为别墅，水木幽闷，云烟浩渺"[1]。卢照邻在具茨山（今河南禹县北）"买田数十亩，疏颖水周舍"[2]。家境平凡的王绩，虽"养凫雁，莳药草自供"，仍能"奴婢数人，多种黍，春秋酿酒"，"以《周易》、《庄》、《老》置床头，无他用心也，自号东皋子"[3]。这等悠闲的田庄生活，自然而然地培养了山水闲情、田园逸致。

唐代，思想环境宽松自由。各种意识形态都有牢固的地盘。文人是信孔孟，还是信老庄，是信释迦牟尼，还是信太上老君，皆无所顾忌，无可无不可。总体倾向，是采取兼收并蓄的态度，或兼信儒家和道家，或兼信道家和佛教，或兼信儒家和佛教，或什么都信，什么都信一点儿。这有几个原因，一是大唐帝国闳

[1] 元·辛文房《唐才子传·夏侯审》。

[2] 《唐才子传·卢照邻》。

[3] 《唐才子传·王绩》。

放的气派，开阔的仕途，使一般文人满怀积极入世的儒家观念，盼望建功立业，光宗耀祖。二是生命长久是人的本能需求，富贵之人、清闲之人对道家的养身术、道教的长命锁和佛教的不坏金身，兴趣盎然。而道教和佛教在唐代的发展又格外充分。唐代道教长袖善舞，不仅把斋醮、炼丹、占卜、幻术等七招八式舞弄透熟，并且由文人道士王玄览、司马承祯、吴筠等，革新道教理论，推演出精致的道佛合流、复归老庄的道教哲学，以高雅脱俗的面貌赢得了众多文人的爱好。同样，佛教在唐代亦推陈出新，发挥达摩禅，树立禅宗门户。禅宗讲我心即佛，佛即我心，重视内心的神秘体验，漠视心外的苦行苦修。尤其是惠能开创的南禅宗比神秀的北禅宗更为解放，管他是何许人，出家还是不出家，当官还是不当官，富贵还是不富贵，无须打坐，无须诵经，只要"心地无非"，"心地无痴"[①]，"安静闲恬，虚融澹泊"[②]，就可以"一刹那间，妄念俱灭"[③]，顿悟本心，立地成佛。因此深受一班既想保住功名，又想超脱流俗；既想声色犬马，又想脱胎换骨；既想安享清福，又想获得佛门正果的文人士大夫的欢迎。如王维、白居易、柳宗元、刘禹锡、李翱、裴休等，都有一段"与诸禅人游处"[④]的履历。唐宣宗的宰相裴休，常常"视事之隙，游践山林，与义学僧讲求佛理"[⑤]。韩愈的高足李翱，做郎州（今湖南常德）刺史，恭请惟俨禅师，"屡请不起，乃躬入山谒之"，赠诗：

选得幽居惬野情，终年无送亦无迎。
有时直上孤峰顶，月下披云笑一声。[⑥]

---

① 唐·惠能《坛经·顿渐品》。

② 北宋·释道原《景德传灯录·惠能传》。

③ 唐·惠能《坛经·般若品》。

④ 北宋·欧阳修《居士传》。

⑤ 《旧唐书·裴休传》。

⑥ 北宋·释道原《景德传灯录》卷十四《澧州药山惟俨禅师》。

唐朝的皇帝也亲自出手，或为道教扬帆，或为佛教撑腰。唐高祖李渊定"三教"座次，封道教第一；唐文宗李昂拥护佛教，大张旗鼓迎取佛骨；官员文士也就趁其所好，一边懒洋洋地读《五经》，一边兴冲冲地读道书或喜滋滋地读佛典了。所以，唐代文人总是杂有浓厚或比较浓厚、明显或比较明显的道家、道教或佛教思想，普遍持有崇尚自然、师法造化的精神和逍遥林阜、修闲村野的情趣。是为唐代"山水田园热"的思想火候。

唐代，大行科举，文人仕途相对开阔。中举者，兴高采烈，游山游水游田园。名落孙山者，郁郁寡欢，也到山水田园排忧解闷，甚至托身山野，告别科场，所谓"自应守寂寞，还掩故园扉"①。另有一些恃才傲物的文人依靠幽栖山水集聚名气，等候皇帝礼贤诏书，称"终南捷径"。《新唐书·卢藏用传》：

> 卢藏用，字子潜，幽州范阳人。父璥，魏州长史，号才吏。藏用能属文，举进士，不得调。与兄征明偕隐终南、少室二山，学练气，为辟谷，登衡、庐，彷徉岷、峨，与陈子昂、赵贞固友善。长安中，召授左拾遗。

唐人刘肃《大唐新语·隐逸》：

> 卢藏用，始隐于终南山中。中宗朝，累居要职。有道士司马承祯者，睿宗迎至京，将还，藏用指终南山谓之曰："此中大有佳处，何必在远。"承祯徐答曰："以仆所观，乃仕宦快捷方式耳。"藏用有惭色。

① 唐·孟浩然《留别王侍御维》。

第八章 唐代旅游

"终南捷径",是才高者铤而走险的政治博弈,一般人不能走,不敢走,终唐之世,敢走并走通者,凤毛麟角,卢藏用、李白,数人而已。

唐代,在朝为官,往往抱定"达则兼济天下,穷则独善其身"①的态度,得意时在山水田园,养怡身心;不得意时"乃知梅福徒为尔,转忆陶潜归去来"②,或边仕边隐,或由仕而隐。

唐代又有官员休假制度。百官上班例假,每月三天(一、十一、二十一日),称为"旬假"。皇帝鼓励官员游乐度假。唐高宗永徽三年(652)二月,诏令:"每至旬假,许不视事,以与百僚休沐。"唐玄宗开元十八年(730)二月,诏令:"百官于春月旬休,选胜行乐。"③

所以,唐代山水田园,人气充足,客流旺盛。即便晚唐,政局飘摇,"泽国江山入战图,生民何计乐樵苏"④,山水田园,仍有吟哦。

唐代山水田园的知名游客,不胜枚举。

初唐王绩(584—644),字无功,绛州龙门(今山西新绛)人。高祖武德初,待诏门下省。后不乐在朝,离职归田,嗜酒好诗迷山水。春天,他"归来南亩上,更坐北溪头",欣赏"古岸多盘石,春泉足细流"⑤。秋天,他"登高薄暮望",欣赏"树树皆秋色,山山唯落晖"⑥。他常常访问隐士,"结衣弄野路,负杖入山门",在洞天石府,和道人仙长聊一聊"六局黄公术,三门赤帝方",游一游"斜溪横桂渚,小径入桃源"⑦。他常常攀登野岭,感受"崩榛横古蔓,荒石拥寒苔"的刺激,在

① 《孟子·尽心》。
② 唐·高适《封丘作》。
③ 宋·司马光《资治通鉴》。
④ 唐·曹松《己亥岁》其一。
⑤ 唐·王绩《晚年叙志示翟处士》。
⑥ 王绩《野望》。
⑦ 王绩《游仙》。

"无人堪作伴"①的山路上，体会寂寞中的清高和孤独中的优越："从来山水韵，不使俗人闻。"②

初唐宋之问（？—712），字延清，虢州弘农（今河南灵宝）人。以相貌、口才、诗笔，甚得武则天欢心。后因媚附权贵张易之，贬于泷州（今广东罗定）。又因托庇权贵武三思，起为朝廷鸿胪丞。复因媚附太平公主，贬于越州（今浙江绍兴），再贬钦州（今广西钦州，灵山），直到奉诏自尽，是初唐一位名声不大好听的官僚。不过宋之问政治上朝三暮四，却对山水田园一往情深。他居官长安，恩宠优渥，在终南山拥有两处别墅，陆浑山庄和蓝田山庄。每得闲暇，他总以太平绅士的风度，盘桓陆浑，流连蓝田。"晨拂鸟路行，暮投人烟宿"，"西见商山芝，南到楚乡竹"③，"源水看花入，出林采药行"④，过了一段官场得意、山水生辉的游乐生活。后来，谪守越州，依然"穷历剡溪山水"⑤，拜谒禹王庙，寻访禹王穴；夜游松江，观"气出海生日，光清湖起云"⑥；泛舟若耶溪，看"石帆摇海上，天镜落湖中"⑦。只不过这时的宋之问失落了太平游客的心境，情怀伤感凄凉，"谁怜在荒外，孤赏足云霞"⑧，"流芳虽可悦，会自泣长沙"⑨。游风，宠辱而惊，宠则得意，辱则凄惶。

盛唐孟浩然（689—740），襄阳（今湖北襄阳）人。青年时，村居家乡鹿门山，灌蔬艺竹。40岁，北游长安，企求功名，因落榜而牢骚："不才明主弃，多病故人疏。"⑩从此，告别科场，南游江南，归隐田园，布衣终老，把怀才不遇的忧伤，消溶于自然风光。他遍游故乡的山水，鹿门山、万山、岘山、鱼梁州、

① 王绩《黄颊山》。

② 王绩《山夜弹琴》。

③ 唐·宋之问《游陆浑南山自歇马岭至枫香林以诗代书答李舍人适》。

④ 宋之问《陆浑山庄》。

⑤ 元·辛文房《唐才子传·宋之问》。

⑥ 宋之问《夜渡吴松江怀古》。

⑦ 宋之问《游禹穴回出若耶》。

⑧ 宋之问《过蛮洞》。

⑨ 宋之问《经梧州》。

⑩ 《岁暮归南山》。唐末五代王定保《唐摭言》，王维邀孟浩然至内署，恰遇唐玄宗李隆基，玄宗索诗，孟浩然读《岁暮归南山》，玄宗说："卿不求仕，而朕未弃卿，奈何诬我？"

高阳池；他激赏故乡的景物，鹿门山朦胧的烟树、高阳池鲜红的芙蓉、岘山幽幽的涧竹、万山青青的叠嶂、长江岸边的平沙远渡、江心浮动的如月弯舟。他也热恋异乡的山水，赞叹洞庭湖磅礴的气势："气蒸云梦泽，波撼岳阳城。"①他赞美钱塘江澎湃的浪潮："百里闻雷震"，"惊涛来似雪"②。既爱汉阳鹦鹉州的"月明初见芦花白，风起遥闻杜若香"③，又爱三峡巫山云的"霏红沓翠晓氛氲"，"悠忽还随零雨分"④。孟浩然由衷喜爱淳朴的田园生活：

> 出谷未停午，到家日已曛。
> 回瞻下山路，但见牛羊群。
> 樵子暗相失，草虫寒不闻。
> 衡门犹未掩，伫立待夫君。⑤

孟浩然一考不中，隐游山野，游品清高，有别于弃官而隐的王绩，也不同于恋官而游、心系宠辱的宋之问，在唐代，深受文人推重。李白《赠孟浩然》："红颜弃轩冕，白首卧松云。""高山安可仰，徒此揖清芬。"

  盛唐王维（701—761），字摩诘，太原祁（今山西祁县）人。多才多艺，通音律，善诗文，精书画。21岁进士及第，调任大乐丞。后因"伶人舞黄狮"⑥，贬为洛州（今山东长清）司库参军。玄宗开元年间，任右拾遗，累迁监察御史、吏部郎中等。安史之乱爆发，王维出逃不及，被迫充任伪官。等叛乱平定，唐肃宗鉴于王维身在曹营心在汉，写过一首《凝碧池》"万户伤心生野烟，百官何日再朝天？秋槐叶落深宫里，凝碧池头奏管弦"；又因王维的弟弟王缙自请削官替罪，乃留用朝廷，官终

①唐·孟浩然《临洞庭》。

②孟浩然《与颜钱塘登障楼望潮作》。

③孟浩然《鹦鹉州送王九之江左》。

④孟浩然《送王七尉松滋得阳台云》。

⑤孟浩然《游精思观回王白云在后》。

⑥唐制，舞黄狮子节目专为皇帝而演，不得私自娱演。王维手下可能彩排了这个节目，因而获罪。

尚书右丞。

王维居官朝廷，多次奉命出差，顺道浏览。玄宗开元二十五年（737），监察御史王维出使凉州（今甘肃武威），在西北边境领略塞北风光。《使至塞上》：

  单车欲问边，属国过居延。
  征蓬出汉塞，归雁入胡天。
  大漠孤烟直，长河落日圆。
  萧关逢候骑，都护在燕然。

玄宗开元二十八年（740），殿中侍御史王维，公务南方，途经襄阳（今湖北襄阳），观赏汉江景色。《汉江临泛》：

  楚塞三湘接，荆门九派通。
  江流天地外，山色有无中。
  郡邑浮前浦，波澜动远空。
  襄阳好风日，留醉与山翁。

大漠孤烟，长河落日；楚塞三江，荆门九派；是王维对壮丽河山的激情颂扬。

王维悠游山水田园，起于40岁左右。其时，张九龄罢相，王维灰心政治，"笃志信佛，蔬食素衣"①，既官且隐，一面供奉职守，一面休沐野外。起初，隐居终南山别墅，有诗《终南别业》：

  中岁颇好道，晚家南山陲。
  兴来每独往，胜事空自知。
  行到水穷处，坐看云起时。
  偶然值林叟，谈笑无还期。

不久，购得宋之问蓝田别墅，游居蓝田辋川。辋川，在终南山下，蓝田县南，水流交错，孤

①元·辛文房《唐才子传·王维》。

烟远村，风景如画。春天，"桃红复含宿雨，柳绿更带春烟"①；夏天，"漠漠水田飞白鹭，阴阴夏木啭黄鹂"②；秋天，"明月松间照，清泉石上流"③；冬天，"隔牖风惊竹，开门满雪山"④。

在辋川，王维优游山水，与二三友人⑤，"行到水穷处，坐看云起时"。在竹里馆，他"独坐幽篁里，弹琴复长啸"⑥。辛夷坞，他欢喜"木末芙蓉花，山中发红萼"⑦。青溪边，他听看"声喧乱石中，色静深松里"⑧。深山里，他惊讶"山路元无雨，空翠湿人衣"⑨。感化寺，他会心"野花丛发好，谷鸟一声幽"⑩。

在辋川，王维陶醉田园，天晴，赏"白水明田"⑪；天雨，观"开畦分水"⑫。他属意农家，"村边杏花白"，"屋上春鸠鸣"⑬；黄昏，"斜光照墟落，穷巷牛羊归"，在柴门与倚仗老人等候牧童；午后，"雉雊麦苗秀，蚕眠桑叶稀"⑭，在田埂与荷锄农夫倾诉家常。

与陶渊明、孟浩然相比，陶是辞官而游，孟是布衣而游，王维是在官而游。旅游风格，陶、孟平和，王维吃斋念佛，"以禅诵为事"⑮，清游自带禅悦风，游风冷静。

盛唐祖咏（699—746?），洛阳（今河南洛阳）人，开元进士。与王维友善，性好山水田园。他在长安城中，遥望终南，看阳光染雪，传冷输寒：

终南阴岭秀，积雪浮云端。
林表明霁色，城中增暮寒。⑯

在东山旧居，徘徊田园，看田事繁忙，庄稼繁荣：

---

① 王维《辋川六言》。或作《田家乐》。

② 王维《积雨辋川庄作》。

③ 王维《山居秋暝》。

④ 王维《冬晚对雪忆胡居士家》。

⑤ 文士丘丹、裴迪、崔兴宗等。

⑥ 王维《竹里馆》。

⑦ 王维《辛夷坞》。

⑧ 王维《青溪》。

⑨ 王维《山中》。

⑩ 王维《过感化寺》。

⑪ 王维《新晴野望》。

⑫ 王维《春园即事》。

⑬ 王维《春中田园作》。

⑭ 王维《渭川田家》。

⑮ 《旧唐书·王维传》。

⑯ 祖咏《终南望余雪》。

> 攀条憩林麓，引水开泉源。
> 稼穑岂云倦，桑麻今正繁。①

①唐·祖咏《田家即事》。

在中峰山林，看"荒冈树影闲"，"星月满空山"，②自觉隔嚣离尘，寂然静好。

②祖咏《云际中峰居喜见苗发》。

盛唐常建，长安（今陕西西安）人，开元进士。失意官场，天宝中为盱眙（今江苏淮安盱眙）县尉。不久离职，先游长江南岸，登虞山（今江苏常熟），题诗破山寺：

> 清晨入古寺，初日照高林。
> 曲径通幽处，禅房花木深。
> 山光悦鸟性，潭影空人心。
> 万籁此俱寂，但余钟磬音。③

③唐·常建《题破山寺后禅院》。

诗不胫而走，寺因诗而扬。再游长江北岸，登石门山（在今安徽含山县青溪乡），探望在山隐居王昌龄：

> 清溪深不测，隐处唯孤云。
> 松际露微月，清光犹为君。
> 茅亭宿花影，药院滋苔纹。
> 余亦谢时去，西山鸾鹤群。④

④常建《宿王昌龄隐居》。

后溯江西上，止于鄂渚（今湖北鄂州），栖居西山。西山临江，常建一叶孤舟，随波逐流，"常随去帆影，远接长天势"⑤；西山峰高，常建身登云梯，体察空灵；"寻空静馀响，袅袅云溪钟"⑥；西山村野，"青苔常满路，流水复入林"⑦，常建日闻鸡犬，乐在其中。

⑤常建《西山》。

⑥常建《第三峰》。

⑦常建《燕居》。

盛唐张子容，襄阳（今湖北襄阳）人。年青时，与孟浩然同隐襄阳鹿门山，为死生之交。玄宗时举进士，仕为乐城令。不久，官心难羁山水心，"乡在桃林岸，山连枫树春。因怀故园意，归与孟家邻"⑧，回到襄阳，醉歌田

⑧唐·张子容《送孟八浩然归襄阳》。

园。

盛唐裴迪（716—？），河东（今山西）人。官蜀州刺史及尚书省郎。早年与王维、杜甫交游，晚年居辋川、终南山，与王维来往密切。《华子岗》记辋川游：

> 日落松风起，还家草露晞。
> 云光侵履迹，山翠拂人衣。

感觉细腻，观察细微。

盛唐储光羲（约706—763），润州延陵（今江苏金坛）人，开元进士。一度隐居终南。他的《牧童词》、《钓鱼湾》、《田家即事》、《田家杂兴》等，记录了他的田园游踪和乡村生活。

盛唐阎防，河中（今山西永济）人，开元时及第不仕，游居终南山百丈溪，一生"放旷山水，高情独诣"，自谓："浪迹弃人世，还山自幽独。"①

中唐张志和（730—810？），原名龟龄，字子同，婺州（今浙江金华）人。十六岁明经擢第，授左金吾卫录事参军，"以策干肃宗（时为太子），特见赏重"，赐名志和，官至正三品金紫光禄大夫。《新唐书·张志和传》："后坐事贬南浦尉，会赦还，以亲既丧，不复仕，居江湖，自称烟波钓徒。"居越州（今浙江绍兴）东廓，草屋数间，花竹掩映，溪水逶迤。张志和沿溪垂钓，遍游湖州、会稽山水。与陆羽、徐士衡、李成矩等交游唱和，开心十足。张志和最爱的脚力是一叶扁舟，最爱的游乐是"不投饵，志不在鱼"②的蓑衣渔钓：

① 元·辛文房《唐才子传·阎防》。

② 元·辛文房《唐才子传·张志和》。

西塞山前白鹭飞,桃花流水鳜鱼肥。
青箬笠,绿蓑衣,斜风细雨不须归。① ①唐·张志和《渔父歌》其一。

湖州刺史颜平原,即书法家颜真卿,初会志和,投其所好,用新船一只做见面礼,张志和欣然接受,说:"愿为浮家泛宅,往来苕、霅间足矣"②。 ②元·辛文房《唐才子传·张志和》。苕(tiáo),湖州苕溪。霅(zhá),湖州霅水,又名霅溪。

中唐陆羽(733—804),字鸿渐,复州竟陵(湖北天门)人。才艺过人,天宝时钻研茶学,考察巴山,逢山采茶,遇泉品水,笔不暇录,锦囊满获,为创作茶学专著《茶经》积累了底本。肃宗时东游升州(今江苏南京),寄居栖霞寺。次年,旅居丹阳(今江苏丹阳)。后隐遁今浙江湖州苕溪,自称桑苎(zhù)翁,又号东岗子。陆羽游兴痴狂,每游,纱巾藤鞋,短褐犊鼻,"远墅孤岛,通舟必行;鱼钓梁矶,随意而往"③。常游绍兴会稽,"尝镜水之鱼","宿耶溪之月"④。常行旷野深山,险涉绝涧,危造乱岩,杖击林木,手弄流水,徘徊月下,吟诵古诗,一俟兴尽,恸哭而返,颇有阮籍风度。 ③元·辛文房《唐才子传·陆羽》引皇甫冉《赠陆羽序》。

④元·辛文房《唐才子传·陆羽》。

中唐白居易(772—846),字乐天,号香山居士,祖籍山西太原,出生河南新郑。宪宗元和元年(806)科举及第。历官翰林学士、江州(今江西九江)司马(刺史佐官)、忠州(今重庆忠县)刺史、杭州刺史、苏州刺史、河南尹、太子少傅、刑部尚书。白居易边官边游,即兴而游。在江州,游庐山,"居庐阜峰下,作草堂"⑤。在杭州,游西湖,"最爱东湖行不足,绿杨荫里白沙堤"⑥。在苏州,游虎丘,见水路阻滞,开山塘河,西起虎丘,东至阊门,勾连运河,促成了虎丘的热闹。晚年

⑤元·辛文房《唐才子传·白居易》。

⑥白居易《钱塘湖春行》。

第八章 唐代旅游

致仕，居洛阳，游龙门，因龙门险滩，伤害舟行，筹资改造，凿八节滩①，改善了龙门交通。

中唐杨衡，字仲师，吴兴人。代宗时官至大理评事。天宝间，避地江西，与符载②、李群③、李渤④等同隐庐山五老峰，号"山中四友"。日以琴酒相娱，吟咏自赏，自谓其声是"一一鹤声飞上天"⑤。

中唐朱放，字长通，襄州人，珍惜山林生活，"（德宗）贞元初，召为拾遗，不就"，"卜隐剡溪镜湖间，排青紫之念，结庐云卧，钓水樵山"⑥。

中唐灵一，是佛门山水客。本姓吴，剡中（今浙江嵊县）人，自幼出家，《唐才子传》说他："天性超颖，追踪谢客。""两浙名山，暨衡、庐诸甲刹，悉所经行。"自谓"旅游无远近，要自别魂销"⑦，"一身无定处，万里独销魂"⑧。交游者，皇甫冉、皇甫曾、严维、张继、朱放，皆著名文士。且交游之际，刻意声调，酬赠甚多。《全唐诗》收诗41首，大多是登山临水、抒情写景、迎来送往、辞行告别的旅游诗。《溪行即事》：

> 近夜山更碧，入林溪转清。
> 不知伏牛路，潭洞何从横。
> 野岸烟初合，平湖月未生。
> 孤舟屡失道，但听秋泉声。

景物分明，文思清畅，毫无经卷气，头陀气。又如"孤烟生暮景，远岫带春晖"⑨，"幽人从远岳，过客爱春山"⑩以及"无限青山行欲尽，白云深处老僧多"⑪，"禅客无心忆薜萝，自然行径向山多"⑫，都是过目难忘的旅途佳句。

---

① 白居易《开龙门八节石滩诗》序："东都龙门潭之南，有八节滩、九峭石，船筏过此，例反破伤。"
② 符载（806—820），又名苻载，字厚之，武都（今四川绵竹县西北）人，德宗建中初，与杨衡等隐居庐山。官终监察御史。
③ 李群（806—?），合肥（今安徽合肥）人。唐穆宗长庆四年（824）状元及第。早年与杨衡等同隐庐山。十八岁，到京应试，贡院锁门，捶门请入，一举夺魁。后为户部员外郎。
④ 李渤（?—831），字澹之，洛阳人。穆宗时，召为考功员外郎。出为虔州刺史、江州刺史。治理江州南湖，于湖中筑堤，沟通南北，方便行人。堤上建桥安闸，控制和调节水位，兼有灌溉农田之利。后人感谢，堤名李公堤，桥名思贤桥，外湖名甘棠湖。早年隐庐山，养白鹿，人称白鹿先生，读书处称白鹿洞。江州任上，旧地重游，在白鹿洞广植花木，增设台榭、宅舍、书院。后人纪念，在白鹿洞建李渤先贤祠和白鹿石雕。
⑤ 元·辛文房《唐才子传·杨衡》。
⑥ 元·辛文房《唐才子传·朱放》。
⑦ 灵一《送王法师之西川》。
⑧ 灵一《留别忠州故人》。
⑨ 灵一《自大林与韩明府归郭中精舍》。
⑩ 灵一《赠别皇甫曾》。
⑪ 灵一《题僧院》。
⑫ 灵一《归岑山过惟审上人别业》。

中唐最著名的山水游客是柳宗元。

柳宗元（773—819），字子厚，河东（今山西永济）人。德宗贞元进士。顺宗时，任礼部员外郎，参与王叔文政治改革。失败后，贬为永州司马，后调任柳州刺史。是中唐杰出的政治家、思想家、文学家和山水旅游家。

柳宗元的山水激情爆发于永州。永州，今湖南永州，又名零陵。奇峰幽谷，寒潭急湍，景色迷离，引人入胜。柳宗元久住北方，贬官南国，耳目一新，漫漫而游：

> 入深林，穷回溪，幽泉怪石，无远不到。到则披草而坐，倾壶而醉；醉则更相枕以卧，卧而梦，意有所极，梦亦同趣。觉而起，起而归。①

他印象最深、最好、最美的景观是永州西山。西山离县城很远，且山路艰难。柳宗元遥遥一望，即乘兴而去，"过湘江，缘染溪，斫榛莽，焚茅茷，穷山之高而上"②。柳宗元游西山，不是走马观花，而是细心观察，捕捉美感。在西山小石潭，他透视清澈的塘水，观察塘底卷石，"为坻、为屿、为嵁、为岩"；观察塘中游鱼，"空游无所依，日光下澈，影布石上，怡然不动，俶尔远逝，往来翕忽，似与游者相乐"③。柳宗元赏景，联想丰富。他攀援而登，目睹"高下之势"，顿悟"尺寸千里"；目睹"苍然暮色，自远而至，至无所见"，深感"心凝形释，与万化冥合"④。

在永州山水，柳宗元爱用文墨"漱涤万物，牢笼百态"⑤，抒写游观见闻和游观感受，这就是中国山水游记的典范《永州八记》。

晚唐殷尧藩（780—855），浙江嘉兴人。

① 柳宗元《始得西山宴游记》。

② 柳宗元《始得西山宴游记》。

③ 柳宗元《至小丘西小石潭记》。

④ 柳宗元《始得西山宴游记》。

⑤ 柳宗元《愚溪诗行》。

第八章 唐代旅游

唐宪宗元和进士,官至侍御史。山水游踪,印遍晋、陕、闽、浙、苏、赣、湘、鄂,是一位"一日不见山水,与俗人谈,便觉胸次尘土堆积,急须以酒浇之"[①]的山水迷。

晚唐杜牧(803—853?),字牧之,号樊川居士,京兆万年(今陕西西安)人。宰相杜佑之孙,文宗大和进士,授弘文馆校书郎,终官中书舍人,因中书省别名紫微省,人称杜紫薇。杜牧风流倜傥,为官之余,游山玩水,诗如泉涌。在南方山水,早春里,游水村山廓,作《江南春》:

千里莺啼绿映红,水村山郭酒旗风。
南朝四百八十寺,多少楼台烟雨中。

清明时,游乡村野外,作《清明》:

清明时节雨纷纷,路上行人欲断魂。
借问酒家何处有,牧童遥指杏花村。[②]

夏日浓荫,他踏花郊野,作《叹花》:

自是寻春去较迟,不须惆怅怨芳时。
狂风落尽深红色,绿叶成阴子满枝。

秋风萧瑟,他驱车寒山[③],作《山行》:

远上寒山石径斜,白云深处有人家。
停车坐爱枫林晚,霜叶红于二月花。

齐山顶[④],饮酒插花,作《九日齐山登高》:

江涵秋影雁初飞,与客携壶上翠微。
尘世难逢开口笑,菊花须插满头归。
但将酩酊酬佳节,不用登临恨落晖。
古往今来只如此,牛山何必独沾衣。

① 元·辛文房《唐才子传·殷尧藩》。

② 杏花村,安徽池州杏花村。

③ 寒山,秋天的山。

④ 齐山,今安徽省池州市贵池区东南。

秦淮河，隔岸听歌，作《泊秦淮》：

烟笼寒水月笼沙，夜泊秦淮近酒家。
商女不知亡国恨，隔江犹唱《后庭花》。

乌江边①，追思项羽：

胜败兵家事不期，包羞忍耻是男儿。
江东子弟多才俊，卷土重来未可知。②

赤壁上③，遐想周瑜：

折戟沉沙铁未销，自将磨洗认前朝。
东风不与周郎便，铜雀春深锁二乔。④

在北方山水，他登览长安城南乐游原⑤，"欲把一麾江海去，乐游原上望昭陵"⑥。他凭吊洛阳邙山东晋石崇金谷园，感慨"繁华事散逐香尘，流水无情草自春"⑦。杜牧游路，一路山水一路诗。

晚唐项斯（约810—893），字子迁，号纯一，江东海临（今浙江海临）人。十几岁，隐居朝阳峰（在今浙江杭州），"就松阴，枕白石，饮清泉，长吟细酌，凡如此三十余年"⑧。山中独行，他饶有兴致地观察山民生活：

青枥林深亦有人，一渠流水数家分。
山当日午回峰影，草带泥痕过鹿群。
蒸茗气从茅舍出，缲丝声隔竹篱闻。⑨

借宿古寺，睡得晚，起得早：

月明古寺客初到，晚度闲门僧未归。
山果经霜多自落，水萤穿竹不停飞。
中宵能得几时睡，又被钟声催着衣。⑩

时而下山，走江路，看江景：

① 今安徽和县乌江镇。

② 杜牧《题乌江亭》。

③ 今湖北赤壁市赤壁。

④ 杜牧《赤壁》。

⑤ 乐游原，地势高，视野宽。汉宣帝在此建乐游苑。

⑥ 杜牧《将赴吴兴登乐游原》。

⑦ 杜牧《金谷园》。

⑧ 元·辛文房《唐才子传·项斯》。

⑨ 项斯《山行》。

⑩ 项斯《宿山诗》。

> 月落江路黑，前村人语稀。
> 几家深树里，一火夜渔归。①

后参加科考，因权威人士"逢人说项"②，于武宗会昌年间金榜题名，从村野走向朝廷，仕途一帆风顺，官至司空观察使同平章事，加太尉，封安定王。

晚唐陆龟蒙（？—881），字鲁望，长洲（今江苏苏州吴县）人。年轻时，举进士不第，在松江甫里（今江苏苏州吴县甪(lù)直镇），操持田园，作《耒耜经》记述农具四种，是中国古代独一无二的农具专文。又在顾渚山（在今浙江湖州长兴县）经营茶园，作《和茶具十咏》和《茶经》一篇，记叙茶坞、茶人、茶筥、茶籝、茶舍、茶灶、茶焙、茶鼎、茶瓯、煮茶等10项茶道③。他又经常"放扁舟，挂蓬席"，渔钓太湖，往来"太湖三万六千顷"④。作《渔具十五首并序》及《和添渔具五篇》，记叙13类19种渔具和两种渔法；作《南泾渔父》，反对"药鱼"，提倡"种鱼"，保护渔业资源。陆龟蒙自称江湖散人、天随子。《和袭美春夕酒醒》：

> 几年无事傍江湖，醉倒黄公旧酒垆。
> 觉后不知明月上，满身花影倩人扶。

是他优游疏放的自画像。名气所致，去世后，唐昭宗追赠右补阙。

晚唐齐已，也是佛门山水客。俗姓胡，长沙人。《唐才子传》说他"早失怙恃，七岁颖悟"，进大沩山密印寺（今湖南宁乡县西）做司牧，为大和尚们掌管牲畜，"往往抒思，取竹枝画牛背为小诗，耆宿异之"；之后，飘

①项斯《江村夜泊》。

②唐·杨敬之《赠项斯》："几度见诗诗总好，及观标格过于诗。平生不解藏人善，到处逢人说项斯。"杨敬之，虢州弘农（今河南灵宝）人，文宗时工部尚书，善文学。

③茶筥、茶籝，盛装茶叶的器具。茶焙，炒茶。茶鼎，煮水泡茶器具。茶瓯，饮器具。

④元·辛文房《唐才子传·陆龟蒙》。

然四方,"游江海名山,登岳阳,望洞庭","来长安数载,遍览终南、条、华之胜",与诗人郑谷、曹松、方干、陈陶等契阔谈讌,往来密切。他的旅游诗《过西塞山》:

空江平野流,风岛苇飕飕。
残日衔西塞,孤帆向北州。
边鸿渡汉口,楚树出吴头。
终入高云里,身依片石休。

以不动声色的笔调,极写西塞山的高峻和长江平原的辽阔,颇有冷眼向洋看世界的老僧风骨。

第二节 饮马长城窟

唐代,边塞战争频繁。抵御外侮和开疆拓土是大唐帝国的一项宏大事业,大批文人投笔从戎。当时,战争风云集中于中国北方,主要是西北方。西北,人烟荒凉,风俗殊异,山河雄浑,景观奇特。它有无边无际的沙漠、星星点点的绿州、白雪皑皑的冰峰、飞沙走石的平川、波涛汹涌的峡谷,有五月的火山云、八月的漫天雪、粗犷的音乐、奔放的舞蹈。这些新鲜景物与新鲜事物,异常吸引中原文人和南方文人。加之,从军文人一般充任军中幕府,"幕下人无事,军中政已成"①,身心相对轻松,时间相对宽裕,因而能兴致盎然地欣赏边塞风光,观察边塞生活,了解边塞民俗,犹如一群战地观光者和随军旅游者。是为唐代文人一种新颖独特的游观活动,称"游边",或"边游"②。

唐人边游的冷热,大抵和国力的强弱成正

①唐·岑参《奉陪封大夫宴》。

②唐·张瑱边塞诗《边游》。

第八章 唐代旅游

比。初唐始兴,盛唐极盛,中唐转弱,晚唐变冷。唐人边游的文化阵容极为雄厚,诗杰文豪大多扬鞭塞外。边游风格,因人而异,陈子昂深沉,王昌龄乐观,高适慷慨,岑参高昂,李益悲凉。但唐人边游的基调,从初唐到中唐,总归雄纠纠、气昂昂,"功名只向马上取,真是英雄一丈夫"①。

陈子昂(661—702),字伯玉,梓州射洪(今四川射洪)人。睿宗光宅进士,上书论政,引起武则天重视,迁右拾遗。

武则天垂拱二年(686),金微州(今蒙古肯特省一带)都督仆固始叛乱,青年陈子昂随军讨伐。西北途中,陈子昂留心捕捉边塞景物与中原景物的异同,对张掖河仙人掌、居延海黄莺和漠北峡口山,印象最深。张掖(今甘肃张掖)是通往西域及漠北的交通要冲,水草丰美,利于畜牧。与中原相比,粗看"河州草木,无他异者",细看仙人杖"往往丛生","与中国稍异","戍人有荐佳蔬者,此物存焉"②。居延海,内陆湖泊,在今甘肃额济纳旗北部,汉称居延泽,魏晋称西海,唐以下通称居延海,狭长弯曲,形如初月,地处沙漠,难得绿荫。陈子昂"边地无芳树,莺声忽听新"③,在炎酷大漠听出似曾相识、倍感亲切的中原莺声。峡口山,突起居延海北,是西北咽喉之地。陈子昂惊叹峡口山山势的险峻陡峭,山岭的连绵起伏,山色的郁郁葱葱,写观后感《度峡口山赠乔补阙知之王二无竞》。

武则天万岁通天元年(696),北征契丹,陈子昂35岁,任随军参谋。在幽燕征途,陈子昂体验黄沙凛烈,"胡秦何密迩,沙朔气雄哉"④;体验海风萧杀,"朔风吹海树,萧条

---

① 唐·岑参《送李副使赴碛西官军》。

② 陈子昂《观荆玉篇序》。

③ 陈子昂《居延海树闻莺同作》。

④ 陈子昂《感遇·朝入云中郡》。

边已秋"①；游观燕国遗址，感叹"城池霸业，迹已芜没矣"②；登览蓟城高丘，寻觅黄帝轩辕台；登览蓟城城楼，北望燕山，东眺渤海，俯看"胡沙飞且深"③，仰见"云汉复霜棱"④；登览幽州台（在今北京地区，战国燕昭王黄金台废墟），远视苍茫，临风浩歌：

> 前不见古人，后不见来者。
> 念天地之悠悠，独怆然而涕下。⑤

抒发天地无穷、人生短促、生不逢时、壮志难酬的悲愤与孤独，是古代登高言志、极目骋怀的黄钟雷鸣。一曲唱响，"时人莫不知也"⑥。

王昌龄（698—756），字少伯，今山西太原人。开元进士，初任秘书省校书郎、汜水（在今河南荥阳）尉，因事贬岭南。后改授江宁（在今江苏南京）丞。被谤，谪龙标（在今湖南黔阳）尉。世称王江宁、王龙标。登科之前，王昌龄边游西北，到过高原雪山，走过茫茫沙漠，策马洮河（在今青海、甘肃）战场，登上烽火城头，长城边、月光下，聆听兵士歌唱，充满战斗的豪情和必胜的信念：

> 青海长云暗雪山，孤城遥望玉门关。
> 黄沙百战穿金甲，不破楼兰终不还。
>
> 大漠风尘日色昏，红旗半卷出辕门。
> 前军夜战洮河北，已报生擒吐谷浑。
>
> 烽火城西百尺楼，黄昏独坐海风秋。
> 更吹羌笛关山月，无那金闺万里愁。
>
> 琵琶起舞换新声，总是关山离别情。
> 撩乱边愁听不尽，高高秋月照长城。⑦

① 陈子昂《感遇·朔风吹海树》。
② 陈子昂《蓟丘览古赠卢居士藏用七首》序。
③ 陈子昂《登蓟丘楼送贾兵曹入都》。
④ 陈子昂《登蓟城西北楼接送崔著作融入郡》。
⑤ 陈子昂《登幽州台歌》。
⑥ 唐·卢藏用《陈氏别传》。
⑦ 以上所引均为王昌龄《从军行》。

第八章 唐代旅游

秦时明月汉时关，万里长征人未还。
但使龙城飞将在，不教胡马度阴山。[①]

①王昌龄《出塞》。

王昌龄游边，游心炽热，游风高昂。

高适（700？—765），字达夫，渤海蓨(tiáo)（今河北沧县）人。20岁求仕长安，碰壁，北上蓟门（今天津蓟县），客游幽燕。50岁任封丘尉，落落寡欢，弃官，客游河西，充任河西节度使哥舒翰幕府书记。随军而动，高适置身战场，"杀气三时作阵云，寒声一夜传刁斗"；面对敌阵，"单于猎火照狼山"，"胡骑凭陵杂风雨"[②]；亲眼目睹了战士的奋勇，"胡骑虽凭陵，汉兵不顾身"[③]；也亲眼目睹了将帅的骄横，"战士军前半死生，美人帐下犹歌舞"[④]。高适敏锐地看出，匈奴一朝不灭，战争一日不止，"羌胡无尽日，征战几时归？"[⑤]主张主动进攻，快速决战，不能消极应战，更不能和亲怀柔：

②唐·高适《燕歌行》。
③高适《蓟门行》。
④高适《燕歌行》。
⑤高适《蓟门行》。

转斗岂长策，和亲非远图。
惟昔李将军，按节出皇都。
总戎扫大漠，一战擒单于。[⑥]

⑥高适《塞上》。

认定这场战争正是建功立业的大好机会，要比寒窗苦读天地广阔：

万里不惜死，一朝得成功。
画图麒麟阁，入朝明光宫。
大笑向文士：一经何足穷！
古人昧此道，往往成老翁。[⑦]

⑦高适《塞下曲》。

有此雄心，高适在游边之后，趁安史之乱，投奔唐玄宗、唐肃宗，先后任淮南节度使、彭州刺史、蜀州刺史、剑南节度使，官至渤海县侯

终散常侍，世称高常侍。

岑参（715—770），南阳（今河南邓县）人。20岁献书长安，求官未果，北游河朔。天宝中，30岁举进士，授兵曹参军。35岁，任安西节度使高仙芝幕府书记，离京城，过敦煌，奔赴西域安西大都护府（在今新疆库车），一住两载。38岁，再赴西域，担任北庭（今新疆吉木萨尔之北破城子）都护、伊西（今新疆库车）节度使封常清的判官，4年乃归。历任右补阙、起居舍人、嘉州（今四川乐山）刺史。罢官后，客死成都。是盛唐最负盛名的边塞豪客。

在边塞，岑参六易寒暑，饱经风霜，领略了大西北的万千气象。立春时节，他绕行玉门关外苜蓿峰，傍行回波湍急葫芦河。五月春深，他深入吐鲁番盆地，目睹寸草不生、热气炙人的"火山"，紫红色砂岩山。八月盛夏，他亲身经历了西域轮台（今新疆米泉）铺天盖地的大雪，"忽如一夜春风来，千树万树梨花开"①。九月初肃，他在轮台的走马川，目睹飞沙走石的沙尘暴：

> 走马川行雪海边，平沙莽莽黄入天。
> 轮台九月风夜吼，一川碎石大如斗，
> 随风满地石乱走。②

他立马天山脚下，看"天山有雪常不开，千峰万岭雪崔嵬"③。他穿行贺延戈壁，叹"沙上见日出，沙上见日没"④。他登览铁门关⑤，惊讶地形的险要。登览北庭楼，感慨"大荒无鸟飞，但见白龙堆"⑥。他兴致盎然地收集少数民族的地理传闻。

①唐·岑参《白雪歌送武判官归京》。

②岑参《走马川行奉送封大夫出师西征》。

③岑参《天山雪歌送肖治归京》。

④岑参《日没贺延碛作》。

⑤铁门关，在新疆库尔勒城北，控制着孔雀河上游长达14公里陡峭峡谷的出口，是进入塔里木盆地的门户。

⑥岑参《登北庭北楼呈幕中诸公》。白龙堆，即新疆南部库穆塔格沙漠。其地沙堆起伏蜿蜒，犹如龙蛇。

侧闻阴山胡儿语，西头热海水如煮。
海上众鸟不敢飞，中有鲤鱼长且肥。
岸边青草常不歇，空中白雪遥旋灭。
蒸沙烁石燃虏云，沸浪炎波煎汉月。
阴火潜烧天地炉，何事偏烘西一隅。
势吞月窟侵太白，气连赤坂通单于。①

聆听少数民族的音乐："琵琶长笛齐相和，羌儿胡雏齐唱歌。"②观看少数民族的舞蹈："曼脸娇娥纤复，轻罗金缕花葱茏。"③畅饮少数民族的酒肴："浑炙犁牛烹野驼，交河美酒金叵罗。"④学习少数民族的语言和文字："蕃书文字别，胡俗语音殊。"⑤参加汉族与少数民族的军民联欢："花门将军善胡歌，叶河蕃王能汉语。"⑥"将军纵博场场胜，赌得单于貂鼠袍。"⑦广阔的西北疆域，到处留下了岑参豪迈的游踪和豪迈的歌声。

岑参是唐代游边诗的旗手。岑参的游边诗数量丰富，内容饱满，形式多样，笔力雄健，风格豪放而浪漫。他的歌行体⑧，《走马川行奉送出师西征》，《轮台歌奉送封大夫出师西征》，《白雪歌送武判官归京》，绘景奇特，色调壮美，读之，意气风发，斗志昂扬，雅俗共赏，华夷共赞。所谓"每一篇绝笔，则人人传写，虽闾里士庶，戎夷蛮貊，莫不讽诵吟习焉。"⑨

李益（748—827），字君虞，陇西姑臧（今甘肃武威）人。代宗大历进士，授郑县尉。久候不调，"郁郁去游燕、赵间，幽州节度使刘济辟为从事，未几，又佐邠宁幕府"⑩，前后在幽燕、甘陕，从军十年，游边十年。李益游边，游风悲凉，所见景物多染悲苦。长城

① 岑参《热海行送崔侍御还京》。

② 岑参《酒泉太守席上醉后作》。

③ 岑参《田使君美人舞如莲花北鋋歌》。

④ 岑参《酒泉太守席上醉后作》。

⑤ 岑参《轮台即事》。

⑥ 岑参《与独孤渐道别长句兼呈严八侍御》。

⑦ 岑参《赵将军歌》。

⑧ 歌行，古体乐府诗的一种。不讲平仄，不讲对仗，一般篇幅较长，多用七言句型，可以中途换韵，适合慷慨高歌。

⑨ 唐·杜确《岑嘉州诗集序》。

⑩ 元·辛文房《唐才子传·李益》。邠宁，唐方镇，辖邠、宁、庆三州，地当今陕西彬县及甘肃宁县、庆阳市。

关头,"有日云长惨,无风砂自惊"①。五城道中,"天寒白登道,塞浊阴山雾"②。军次受降城,回乐烽前,他看到沙似雪,月如霜,"一夜征人尽望乡"③。军过祁连山,原州营里,他看到月光残照冰冷的雪峰,士兵横吹哀怨的箫笛,"天山雪后海风寒,横笛偏吹行路难"④。在贺兰山东面的盐州,李益停鞭胡儿饮马泉,浏览了"绿杨着水草如烟"的春色,既是惊喜,又是伤感;惊喜"从来冻合关山路,今日分流汉使前",伤感"莫遣行人照容鬓,恐惊憔悴入新年"⑤。在盐州东北方的破呐沙,李益面对风砂滚滚、寸草不生、孤雁南飞、寒光满碛的荒漠景象,无限惆怅:"莫言塞北无春到,总有春来何处知?"⑥在六胡北的沙堆草丛,他捡得胡儿磨剑石,想到这里是剑血洗川、草沙皆赤的古战场,乃扣石而歌:"秦亡汉绝三十国,关山战死知何极?"⑦但李益悲凉,却不失斗志。在盐州郊野,他虽然伤感"几处吹笳明月夜",却依然向往"何人倚剑白云天"⑧;在祁连山下,他虽然伤感"天山雪后海风寒",也依然疾呼"仍留一箭射天山"⑨。

第三节 放歌纵酒 漫游南北

唐代,一些文人走南闯北、长年漫游。

漫游原因,或因科场失意。盛唐孟浩然一考失利,北上幽燕,南下广西,东至吴越,西去巴蜀。晚唐于邺"举进士,不称意,携书与琴,往来商、洛、巴、蜀间","南来至潇湘,爱河州芳草"⑩。晚唐韦庄⑪屡试不第,花甲中榜之前,长期游宦,游于长安,游于江

①唐·李益《登长城》。
②李益《五城道中》。五城,未详,大致在山西内蒙。
③李益《夜上受降城闻笛》。受降城,今内蒙杭锦后旗乌加河北岸。
④李益《从军北征》。原州,今宁夏固原。
⑤李益《盐州过胡儿饮马泉》。盐州,今陕西定边。
⑥李益《度破呐沙》。破呐沙,今内蒙库布齐沙漠。
⑦李益《从军夜次六胡北饮马磨剑不为祝殇辞》。六胡北,指河北魏博六州的北边。《旧唐书·罗威传》:"田承嗣盗据相、魏、澶、博、卫、贝等六州。"治所在今河北大名北。李益"圣君破胡为六州,六州又尽为胡丘",故称六州为六胡。
⑧李益《盐州过胡儿饮马泉》。
⑨李益《塞下曲》。
⑩《唐才子传·于邺》。于邺(约867前后),杜曲(今陕西西安长安区)人。
⑪韦庄(约836—约910),字端己,长安杜陵(今陕西西安)人。早年屡试不第,昭宗干宁元年(894),年近六十,考取进士,任校书郎,迁左补阙。昭宗天复元年(901),65岁,入蜀为王建掌书记。哀帝天佑四年(907),71岁,劝王建称帝,官终吏部侍郎兼平章事。仕蜀9年。主要生活时段仍在唐代。

南。在江南，游览台城①，伤六朝兴废：

> 江雨霏霏江草齐，六朝如梦鸟空啼。
> 无情最是台城柳，依旧烟笼十里堤。②

观看金陵图画，借古吊今：

> 谁谓伤心画不成？画人心逐世人情。
> 君看六幅南朝事，老木寒云满故城。③

老木，枯萎的老树。寒云，寒冷的云雾。是送给六朝的挽歌，也是送给唐朝的挽歌。

或因漠视富贵。晚唐胡曾："天分高爽，意度不凡，视人间富贵亦悠悠。遨历四方，马迹穷岁月。"④

或因问学交友。如杜甫。

或因"终南捷径"。如李白。

李白（701—762），字太白，号青莲居士。祖籍陇西成纪（今甘肃天水），出生中亚碎叶（时属唐朝条支都督府，今吉尔吉斯斯坦楚河州托克马克市西南），家庭豪富。5岁时，全家东归，定居四川绵州彰明县青莲乡（今四川绵阳境内）。李白读书极广，"五岁诵六甲，十岁观百家"⑤；学剑极精，文章极棒，"十五观奇书，作赋凌相如"⑥；"少任侠，手刃数人"，"性倜傥，好纵横术"⑦；又好音乐、舞蹈及神仙、山水，着迷仙游，学道青城山，游览蜀中名胜，为后来的漫游积累了热情和经验。

玄宗开元十三年（725），李白25岁，自信"怀经济之才，抗巢、由之节，文可以变风俗，学可以究天人，一命不沾，四海称屈"⑧，非常瞧不起读书人热衷的科举考试，也瞧不起官吏按部就班的升迁，以为"天生我才必有用"⑨，应走"终南捷径"，一步卿相，"佐皇极"⑩，

---

① 台城，南朝宫禁，故址在今南京玄武湖南岸、鸡鸣寺北边。公元548年侯景兵变，梁武帝困死其中。

② 唐·韦庄《台城》。

③ 韦庄《金陵图》。

④ 《唐才子传·胡曾》。胡曾（约840前后），懿宗咸通中，科举不第，终生不试。

⑤ 李白《上长安裴长史书》。"六甲"，计算年月日的天干地支。

⑥ 李白《赠张相镐》其二。

⑦ 唐·刘全白《唐故翰林学士李君碣记》。

⑧ 李白《为宋中丞自荐表》。

⑨ 李白《将进酒》。

⑩ 李白《酬坊州王司马与阎正字对雪见赠》。

"济苍生"①。于是，他怀着浪漫理想，"仗剑去国，辞亲远游"②。

这年初秋，李白离开绵州彰明青莲乡，取道清溪，南下渝州（今四川重庆）。从渝州，经白帝（今四川奉节），穿三峡，过江陵，稍息襄阳。襄阳（今湖北襄樊），风光宜人。李白纵酒赋诗，流连观光，"汉水临襄阳，花开大堤暖"③，"开窗碧嶂满，拂镜沧江流"④，暮秋，李白离开襄阳，扬帆荆门（今湖北荆门），泛舟洞庭，南穷苍梧（今广西梧州），攀登庐山，直下金陵，东游淮扬。在扬州等地，他依靠"富二代"身家，"不逾一年，散金三十余万"，救济那些怀才不遇、穷困潦倒的"落魄公子"⑤，藉此树立、传播了轻财重义、一诺千金的豪侠风范。

27岁，李白返回湖北，游于安陆。安陆，曾经拥有天下第一大泽云梦泽。李白因"乡人相如大夸云梦之事，云梦有七泽，遂来观焉"⑥。在安陆，他爱上了碧山的桃林小溪：

问余何意栖碧山，笑而不答心自闲。
桃花流水窅然去，别有天地非人间。⑦

也爱上了寿山的小巧特秀，一度"蚪蟠龟息，遁乎此山"⑧。深得退休安陆的老宰相许圉师的赏识，做了许的东床快婿，由此"酒隐安陆，蹉跎十年"⑨。

李白"酒隐安陆"，是以安陆为家，游观江汉，交结名流。在江陵，他邂逅道士司马承祯、胡紫阳、元丹丘等，和他们游仙学道，飘飘然若具"仙风道骨"⑩。在汉阳，他重逢孟浩然，同上黄鹤楼，饮酒赋诗，依依惜别：

① 李白《送裴十八图南归嵩山》。
② 李白《上安州裴长史书》。
③ 李白《大堤曲》。
④ 李白《忆襄阳旧游赠马少府巨》。
⑤ 李白《上安州裴长史书》。
⑥ 李白《上安州裴长史书》。
⑦ 李白《山中问答》。
⑧ 李白《代寿山答孟少府移文书》。
⑨ 李白《秋于敬亭送从侄耑游庐于序》。
⑩ 李白《大鹏赋序》。

第八章 唐代旅游

故人西辞黄鹤楼，烟花三月下扬州。
孤帆远影碧空尽，唯见长江天际流。①

在荆州，他"高冠佩雄剑，长揖韩荆州"②，向长史韩朝宗坦露了自己"收名定价"、"激昂青云"的愿望③。在安州，他结识裴长史、李长史，向他们陈述了同样的意思。但游来游去，交来交去，依然"孤剑谁托"，"若游云而无依"④，甚至"谤言忽生，众口攒毁"⑤。所以李白说安陆十年，光阴虚度，心事蹉跎。

35岁，李白辞家安陆，客游河南洛阳、山西太原。太原是朋友元参军父亲的任所，李白住在元家，受到殷勤款待，"琼杯绮食青玉案，使我醉饱无归心。"高高兴兴地和元参军浏览太原名胜：

时时出向城西曲，晋祠流水碧如玉。
浮舟弄水萧鼓鸣，微波龙鳞莎草绿。

自言"此时欢乐难再遇"⑥。

当年深秋，李白告别太原，东游齐鲁，并把家小从安陆迁至沙邱（今山东掖县）。但他本人有家不住，却和孔巢父、韩准、裴政、张叔明、陶沔，共同隐居泰山南边的徂徕山竹溪，人称"竹溪六逸"。

38岁，李白离开山东，西游洛阳，再由洛阳南下巴陵（今湖南岳阳），与王昌龄一见如故，再从巴陵北游南阳（今河南邓县），返回沙邱。

天宝元年（742），李白42岁，"从故御道上泰山"⑦，观赏泰山天门、日观诸峰的壮丽景色，写下一组《游泰山》。然后，飘然而下，南游江浙。

①李白《黄鹤楼送孟浩然之广陵》。
②李白《忆襄阳旧游赠马少府巨》。
③李白《大鹏赋序》。
④李白《上安州李长史书》。
⑤李白《上安州裴长史书》。
⑥李白《忆旧游寄谯郡元参军》。
⑦李白《游泰山六首》题下小注。

江浙绍兴山水，魏晋以来名士流连。李白也"自爱名山入剡中"①，实现了他身在山东即"梦游天姥"②的梦想。并在剡中交结了一位对他的政治生命起了紧要作用的道士吴筠。吴筠是司马承祯的师弟，唐代道教的拔尖人物，游历广，名声大。事有凑巧，刚刚相识，唐玄宗诏请吴筠，吴筠推荐李白，玄宗三下诏书，特召李白进京。这时，李白正在安徽南陵。他一接诏命，欣喜若狂，立刻告别了刚刚由山东迁来的妻子儿女，"仰天大笑出门去"，"西入长安到日边"③。

长安是唐朝政治中心，是李白早就想来但不肯不请自来的地方。而今他人过中年，如愿以偿，以为能结束漫游，辅弼帝王了。但是，奉诏面圣，不过供奉翰林，舞文弄墨，"入侍瑶池宴，出陪玉辇行"④，生活固然华贵，地位其实卑下，根本没有施展才能、建功立业的机会。三年不到，玄宗赐金放还，李白怅然告退，重新踏上了漫游的道路。

天宝三年（744），李白45岁，从长安东游洛阳。在洛阳遇见了33岁的杜甫。两人酒逢知己，结伴同游。在开封，他们又遇见了另一位诗人高适。三人"论交入酒垆"，"气酣登吹台"⑤，"慷慨怀古，人莫测也。"⑥尔后，一道前往山东的单父（今山东单县），在孟诸泽里驰骋游猎，在城东酒楼听歌观妓，在单父琴台纵览云飞。第二年，高适南游楚地，李、杜则旅游齐州（今山东济南）。齐州，"四面荷花三面柳，一城山色半城湖"⑦，风物琳琅，景色宜人。李、杜或泛舟大明湖，论诗历下亭；或城郊访故友，田园话家常；或"登临遍池台"，"重有金樽开"⑧；或比肩上鹊山，并

① 李白《秋下荆门》。
② 李白有《梦游天姥吟留别》诗，一作《梦游天姥山别东诸公》，天姥山，在浙江嵊县东。

③ 李白《南陵别儿童入京》、《永王东巡歌》。

④ 李白《秋夜独坐怀故山》。

⑤ 杜甫《遣怀》。
⑥《新唐书·杜甫传》。

⑦ 清·刘凤诰的《咏大明湖》。

⑧ 李白《鲁郡东石门送杜二甫》。

第八章 唐代旅游

辔望徂徕；或者聚合府第，作客名家，和北海太守、书法家兼文章家李邕、齐州太守李之芳等频繁交往。之后，李、杜旅游兖州（今山东曲阜），到访孔子家乡。末了，因杜甫长安应试，两人在兖州石门"飞蓬各自远，且尽手中杯"①，一醉方休，竟成永别。

天宝四年（745）深秋，李白取道邳州（今江苏睢宁北），南游广陵（今江苏扬州）。再由广陵，南下会稽（今浙江绍兴），永嘉（今浙江温州）。同年冬天，北上苏州。第二年，李白又到扬州，在淮扬地区来来往往。天宝六年（746），47岁的李白春至金陵，夏至当涂（今安徽当涂），秋至会稽，过冬金陵。第二年，李白西游霍山（今安徽霍山）。

此后两年，李白再回金陵纵情游乐。他玩月金陵孙楚酒楼，"草裹乌纱巾，倒披紫绮裘"，"与酒客数人棹歌秦淮"②。他登览金陵凤凰台，金陵瓦官阁，金陵城外采石矶，金陵对岸横江浦。和长安故旧、"酒中八仙"③之一的崔宗之身着锦袍，端坐船头，溯流沧江，赏月白壁，两岸之上观者如堵，李白"顾瞻笑傲，旁若无人"④。

天宝九年（750），李白50岁。初夏，离开金陵，乘船西上，暂停庐山脚下的浔阳（今江西九江）。入秋，离开浔阳，北游洛阳、梁园（故址在今河南开封），在梁园安顿家小。

51岁到53岁，李白盘桓边塞，游历广平（今河北鸡泽、广平一带）、邯郸、蓟门、幽州、魏郡（今河北大名县东）、太原。再经洛阳，回到梁园。随后，南下宣城（今安徽宣城），又到金陵。

54岁，李白出金陵，游广陵。在广陵，他

① 李白《鲁郡东石门送杜二甫》。

② 李白《玩月金陵城西孙楚酒楼，达曙歌吹，日晚乘醉着紫绮裘，乌纱巾，与酒客数人棹歌秦淮，往石头访崔四侍御》。

③ 李白，贺知章，崔宗之，李琎，李适之，苏晋，张旭，焦遂。

④《旧唐书·李白传》。

和一位崇拜他、追踪他的小青年魏万结下忘年之交。魏万，后改名魏颢，曾隐居王屋山（今山西阳城境内），自号王屋山人。小魏仰慕李白大名，极盼会晤李白。从前年秋天起，他就跑到开封、山东、江苏、浙江，一边游览，一边查访，终于在广陵相逢一笑。魏万激动，说李白"眸子炯然，哆如饿虎，或时束带，风流酝藉"①。又说他们亲密无间，"一长复一少，相看如弟兄"②。李白很感动，说魏万"东浮汴河水，访我三千里"，"黄河若不断，白首长相思"③。又说魏万前途远大，请他日后关照儿子明月奴。并把自己的诗歌文章交托魏万，请他整理编辑。后来，魏万进士及第，不负重托，编《李翰林集》，写《李翰林集序》。如今集子不在序言在，李、魏的忘年交也因此永存。

天宝十三年（754），李白和魏万在金陵分手，魏北上王屋，李西游皖南。皖南，水秀山青，风光旖旎，民俗厚道，物产丰饶。李白往来宣城、秋浦（今安徽贵池）、泾县、南陵等地，载笑载言，载酒载歌。他喜看丘陵坡谷，"千千石楠树，万万女贞林"④；喜看水乡湖泊，"绿水净素月，月明白鹭飞"⑤。他激赏贵池江面高耸的石槎，"江祖一片石，青天扫画屏"⑥；激赏宣城北郊幽静的峰峦，"相看两不厌，唯有敬亭山"⑦。他赞美铜官山麓采矿炼铜的壮景，"炉火照天地，红星乱紫烟"⑧；同情五松山下农家生活的清贫，"田家秋作苦，邻女夜舂寒"⑨。他倾倒九华（在今安徽青阳县），"天河挂绿水，秀出九芙蓉"⑩；热爱黄山（在今安徽黄山市），"黄山四千仞，三十二莲峰"⑪；神迷宣城谢朓楼，"但怀逸兴壮思飞，欲上青天揽明月"⑫。

① 唐·魏万《李翰林集序》。
② 魏万《金陵酬翰林谪仙子》。
③ 李白《送王屋山人魏万还王屋》。
④ 李白《秋浦歌》其十。
⑤ 李白《秋浦歌》其十三。
⑥ 李白《秋浦歌》其九。
⑦ 李白《独坐敬亭山》。
⑧ 李白《秋浦歌》其十四，铜官山，在今安徽铜陵。
⑨ 李白《宿五松山下荀媪家》。五松山，在今安徽铜陵市。
⑩ 李白《望九华山赠青阳韦仲堪》。
⑪ 李白《送温处士归黄山白鹅峰旧居》。
⑫ 李白《宣州谢朓楼饯别校书叔云》。

第八章 唐代旅游

天宝十四年（755），李白因思念留居梁园的妻儿①，北上探亲。旋即，"安史之乱"爆发，李白携家南奔，避难浔阳。漫游一事，稍作停顿。但来年开春，江南无战火，他按捺不住，又到宣城、当涂、历阳（今安徽和县）、余杭（今浙江杭州）、金陵、秋浦等地旅游了大约半年时间，复回浔阳，隐居庐山五老峰下屏风叠。

同年冬天，永王李璘起兵，遣使三顾庐山，聘请李白。李白乃下山从璘。第二年，唐肃宗至德二年（757），永王兵败，57岁的李白因追随叛逆，逮捕下狱，关押浔阳，长流夜郎（今贵州正安西北）。

李白流放，类似屈原放逐，行动相当自由。一路上可以探亲访友，可以勾留观光。溯流西上的途中，他先停于江夏（今湖北武昌），赠诗荆州太守张镐；继停于沔州，与尚书郎张渭泛舟城南的郎官湖。走走停停，到肃宗乾元二年（759），方船进三峡。至于白帝（故址在今重庆市奉节县白帝山）。这时，天下大赦，李白大喜过望，即刻穿行三峡，回舟江陵（今湖北荆州）。三峡，天险奇丽，李白始脱牢笼，神采飞扬，高歌一曲，《朝发白帝城》：

朝辞白帝彩云间，千里江陵一日还。
两岸猿声啼不住，轻舟已过万重山。

靠岸，李白东游江夏，南游岳阳（今湖南岳阳），与诗人贾至踏波洞庭，诗酒唱和。再独游零陵（今湖南宁远东），结识书法大家、少年僧人怀素。次年，肃宗上元元年（760），他取道岳阳、江夏，返回浔阳。数月，他又离开浔阳，游居豫章（今江西南昌）。这一年，李

① 李白的原配是许氏夫人，许氏亡故，又娶宗氏夫人，宗氏居梁园。

白正当花甲。

花甲刚过,李白又到金陵旅游。回到豫章,听说李光弼东镇临淮(今安徽凤阳临淮关),李白赶往临淮,参加李光弼军队,但行至金陵,发病而止,转投当涂县令李阳冰。第二年,代宗宝应元年(762),李白病逝当涂,终年62岁。

李白一生,可以说,是旅行一生,漫游一生。

李白漫游,思想复杂,既有儒家的以游求仕,又有道家的以游归真,还有神仙家、道教徒的以游寻仙,及豪士剑客的以游行侠。但他的旅游精神,热爱山河,藐视世俗,追求理想,始终如一;他那豪放飘逸的旅游风格与旅游热情,始终高涨;"行路难,行路难,多歧路,今安在?长风破浪会有期,直挂云帆济沧海"①。他把诗歌才情倾倒旅途,用壮美的诗歌描绘壮美的景观。在他的笔下,黄河咆哮,一泻千里,"君不见黄河之水天上来,奔流到海不复回"②;长江两岸,春深似海,"烟开兰叶香风暖,夹岸桃花锦浪生"③;华山的崔嵬,泰山的雄奇,庐山的飞瀑,燕山的雪花,天姥山的高峻,九华山的秀美,关中的秦桑绿枝,吴地的莺歌燕舞,巴蜀的虎啸猿啼,千姿百态,争奇斗艳。李白是唐代最杰出的漫游家,是屈原、司马迁之后又一位天才超群的伟大的旅游作家。

无独有偶,与李白并称"李杜"的杜甫也是一位漫游家。

杜甫(712—770),字子美。生于今河南巩县。先祖是西晋名将杜预,祖父是初唐诗人杜审言,父亲杜闲当过兖州司马和奉天县令。

① 李白《行路难》。

② 李白《将进酒》。

③ 李白《鹦鹉洲》。

第八章 唐代旅游

他本人20岁以前读书，35岁以前漫游，45岁以前滞留长安，48岁以前供职朝廷，尔后，旅居四川，漫游四川。54岁，离开四川，漫游湖北、湖南，病故湘中水路。

杜甫漫游的目的单纯而明确。既没有李白"终南捷径"的心思，也没有李白仗剑游侠的念头，更没有李白慕道游仙的成分。他出门漫游，满怀增广见闻、结交名士、胜出科场的愿望。

开元十九年（730），杜甫年方二十，漫游江南。他自己说："浪迹于陛下丰草长林，实自弱冠之年矣。"① 其时，他先从家乡巩县来到洛阳，再从洛阳下船，经大运河，渡扬子江，到达江宁。在江宁，他游览瓦官寺，观赏了瓦官寺内顾恺之的维摩诘壁画："虎头金粟影，神妙独难忘。"② 又与佛门旻上人等，"棋局动随幽涧竹，袈裟忆上泛湖船"③，悠闲自在地徜徉于湖光山色。之后，杜甫离开江宁，东游吴越。在苏州，他凭吊姑苏台、虎丘墓、长州苑等吴门古迹。在浙江，他流观鉴湖、剡溪、天姥山等越中名胜。这些古老的历史遗迹和优美的山水风景深刻陶冶了杜甫才情。直到晚年，杜甫还深深怀念这段旅游经历："厌蜀交游冷，思吴胜事繁。应须理舟楫，长啸下荆门。"④

开元二十三年（735），杜甫在洛阳科考失利，懊恼一阵，复归振作。来年，二次漫游，从洛阳东游齐赵（今山东、河北南部）。在父亲任所兖州（今山东兖州），与苏源明、高适、张玠等，轻裘肥马，弯弓羽猎：

放荡齐赵间，裘马颇清狂。
春歌丛台上，冬猎青丘旁。

① 杜甫《进三大礼赋表》。

② 杜甫《送许八拾遗归江宁》。

③ 杜甫《因许八奉寄江宁旻上人》。

④ 杜甫《春日梓州登楼二首》。

> 呼鹰皂枥林，逐兽云雪冈。
> 射飞曾纵鞚，引臂落鹙鹤。①

期间，登览东岳泰山，写下气象恢宏的《望岳》：

> 岱宗夫何如？齐鲁青未了。
> 造化钟神秀，阴阳割昏晓。
> 荡胸生层云，决眦入归鸟。
> 会当凌绝顶，一览众山小。

前六句以浑厚庄重的笔调高度赞颂了泰山的雄伟博大；后两句发挥孔子"登泰山而小天下"的观感，昂扬豪放，金声玉振；鼓舞旅游心、探险心、上进心、事业心。

开元二十九年（741），杜甫三十而立，结束齐赵四年漫游，西归河南，村居洛阳城东首阳山下的陆浑，陶醉于"风林纤月落"、"暗水流花径"、"枕簟入林僻，茶瓜留客迟"②的田园逸趣和山野风味。第二年，天宝元年（742），杜甫东辞陆浑，客居洛阳，游观龙门奉先寺③，游玩富贵人家的府第园林。但这种游园活动其实是酬酢权贵，起初新鲜，多而生厌，所谓"二年客东都，所历厌机巧"④就表达了杜甫出入豪门、逢场作戏的厌烦和郁闷。

天宝三年（744）春天，杜甫三次漫游，在洛阳结识了名动四海、赐金还山的李白。秋天，伴随李白，游走梁、宋、齐、兖。梁州，今河南开封。宋城，今河南商丘。齐州，今山东济南。兖州，今山东兖州。杜诗："李侯金闺彦，脱身事幽讨。亦有梁宋游，方期拾瑶草。"⑤"醉舞梁园夜，行歌泗水春。""醉眠秋共被，携手日同行。"⑥描写的就是这一段开心的游历和亲密的友谊。杜甫本人也在这

① 杜甫《壮游》。丛台，战国时赵王筑，在今河北邯郸。青丘，齐景公狩猎地，在今山东益都。

② 前二句见杜甫《夜晏左氏庄》。后二句见杜甫《已上人茅斋》。

③ 奉先寺是龙门最重要的石窟，创建于唐高宗咸亨三年（672年）四月一日，完工于唐高宗上元二年（675）十二月三十日。

④ 杜甫《赠李白》。

⑤ 杜甫《赠李白》。

⑥ 前二句出杜甫《寄李十二白》。后二句出杜甫《与李十二白同寻范十隐居》。

第八章 唐代旅游

一地区留下了深刻的旅游标记,今日济南大明湖历下亭由清代书法家何绍基书写的名联,"历下此亭古,济南名士多",正是借用杜甫在齐州写下的诗句,"海内此亭古,济南名士多"①。

天宝四年(745)秋,杜甫在兖州石门与李白珍重惜别,第二年到达长安,参加天宝六年特科考试②,应试者无一中榜。杜甫再次碰壁,既心寒齿冷,又不甘放弃,总希望在长安找到一条做官的门路,"朝扣富儿门,暮随肥马尘"③,旅食京华,游宦十年。

天宝十四年(755),杜甫因献三大礼赋④,在长安熬到一官半职,右卫率府胄曹参军,遂至奉先(今陕西蒲城)探望妻小,却碰上"安史之乱"。杜甫东躲西逃,于唐肃宗至德二年(757),潜至凤翔(今陕西凤翔),回归朝廷,任左拾遗。第二年,乾元元年(758),因疏救房琯,贬华州(今陕西华县)司功。乾元二年(759),华州饥馑,杜甫弃官,先至秦州(今甘肃天水),又至同谷(今甘肃成县),后往成都。上元元年(760),杜甫在成都,依靠亲戚、朋友与同僚的照顾,筑舍浣花溪边,人称"杜甫草堂"。这时,他既无后顾之忧,又无命官之累,漫游情趣逐渐复苏。

五十左右,杜甫第四次漫游,在蜀中漫游。游新津(今四川新津),会晤裴迪;游蜀州(今四川崇庆),会晤高适;往射洪县(今四川射洪),上金华山,谒玉京观;又上县北东武山,寻找陈子昂读书堂;又往通泉(今四川射洪南)访问郭元振⑤遗踪,在通泉庆善寺观赏薛稷⑥画壁。到过青城(今四川灌县)、涪城(今四川三台)、盐亭(今四川盐亭)、梓州、绵州(今四

---

① 杜甫《陪李北海宴历下亭》。

② 唐代科举分常科与制科。常科是正常的科举考试。制科,又称特科,由皇帝下诏举行的临时科考,旨在选拔特殊人才。具体科目和开考时间均不固定。应试资格,初无限制,官员和士人均可应考,并准自荐。后限制增多,自荐改为公卿推荐,布衣要经过地方审查等。

③ 杜甫《奉赠韦左丞丈二十二韵》。

④ 天宝十年(751),玄宗拟办祭祀太清宫、太庙和天地的三大祭典,杜甫预献三大礼赋,玄宗赏识,命候任集贤院。天宝十四年,初授河西尉,改任右卫率府兵曹参军(低阶官职,负责看守兵器,管理门禁锁钥)。这时,杜甫44岁,游宦长安十年有余。

⑤ 郭元振(656—713),名震,字符振。魏州贵乡(今河北大名北)人。18岁举进士,任通泉县尉。因平息皇室内乱有功,封代国公,兼御史大夫,持节为朔方道大总管。后因玄宗讲武骊山,郭部军容不整治罪,流放新州(今广东新兴)。随即,起用饶州司马,病逝途中。

⑥ 薛稷(649—713),字嗣通,蒲州汾阴(今山西万荣)人。曾任黄门侍郎、参知机务、太子少保、礼部尚书,后被赐死狱中。工书法,师承褚遂良,与虞世南、欧阳询、褚遂良并列初唐四大书法家。善绘画,长于人物、佛像、树石、花鸟,尤精于画鹤。

川绵阳)、阆州(今四川阆中)、汉州(今四川广汉)等地,"发兴林泉","恣意江天"①饱览天府之国的山水风物。

代宗永泰元年(765),杜甫好友、东西川节度使严武病故,杜甫决意离开四川,返回河南老家。考虑到中原局势,改走江汉湖湘。《去蜀》:"如何关塞阻,转作潇湘游。"五月,54岁的杜甫携带家小,告别草堂,向南,向东,孤帆远影,第五次漫游。

这次漫游,游程三段。一段在今四川境内。杜甫由成都乘舟南下,历经嘉州(今四川乐山)、戎州(今四川宜宾)、忠州(今四川忠县)、渝州(今四川重庆)、万安(今四川境内),暂居夔州(今四川奉节)。居夔三年,杜甫抱病登台,纵览长江秋色:

> 风急天高猿啸哀,渚清沙白鸟飞回。
> 无边落木萧萧下,不尽长江滚滚来。
> 万里悲秋常作客,百年多病独登台。
> 艰难苦恨繁霜鬓,潦倒新停浊酒杯。②

又沿江怀古,在奉节城西,瞻仰武侯祠:

> 遗庙丹青落,空山草木长。
> 犹闻辞后主,不复卧南阳。③

在奉节(今重庆奉节)城东,探访八阵图:

> 功盖三分国,名成八阵图。
> 江流石不转,遗恨失吞吴。④

又沿江登高,见露湿枫林,霜坠落叶;巫山巫峡,气象萧森;江水浩荡,波涌浪叠;白帝城高,暮砧急催:

> 玉露凋伤枫树林,巫山巫峡气萧森。

①杜甫《春日江村》。

②杜甫《秋兴》八首之一。羁旅悲秋,状景咏怀,真切而精美,雄浑而肃穆。陈贻焮《杜甫评传》说它:"无顾影自怜之态,有伤时忧国之心。"并引郝敬语:"才大气厚,格高声宏。"引陈继儒语:"云霞满空,回翔万状。"

③杜甫《武侯庙》。

④杜甫《八阵图》。

第八章 唐代旅游

江间波浪兼天涌，塞上风云接地阴。
丛菊两开他日泪，孤舟一系故园心。
寒衣处处催刀尺，白帝城高急暮砧。①

第二段游程在今湖北地区。代宗大历三年（768）正月，杜甫举家离夔，解缆东下，他舟行三峡，惊叹瞿塘峡滟滪堆的奇险，"巨石水中央，江寒出水长"②，惊叹瞿塘峡两岸山崖的陡峭，"三峡传何处，双崖壮此门"③。经峡州（今湖北宜昌）、宜都（今湖北宜都）、松滋（今湖北松滋），行抵江陵。同年秋天，他又从江陵移居公安（今湖北公安）。逗留数月，拜访官绅，会晤朋友。第三段游程是在今湖南地区。大历三年年底，杜甫发舟公安，泊舟岳阳，登岳阳楼，观洞庭波涌，浩叹"吴楚东南坼，乾坤日夜浮"④；又南渡洞庭，登岳麓山，看湘江北去，"湖色春光净客船"⑤；再游至潭州（今湖南长沙），游道林寺，观宋之问题壁；再从潭州，溯流湘江，至于衡州（今湖南衡阳），赞"南岳配朱鸟"，"祝融五峰尊"⑥；然后，回棹潭州，次年舟行汉阳（今湖北汉阳），病逝潭州至岳阳水路。

游风系乎命运。杜甫晚年的南方之游和他青年时代的南方之游、齐赵之游以及客居成都的蜀中之游，已经游心大异。青年漫游，杜甫生活于太平盛世、富裕家庭，对前途充满信心，"会当凌绝顶，一览众山小"，意气风发，游风豪爽。蜀中之游，杜甫流寓成都，有所依靠，无所羁绊，生活清闲，游风清闲，斯有"繁枝容易纷纷落，嫩叶商量细细开"⑦的心境。晚年的南方之游，家境窘迫，前途无望，悲秋作客，多病登台，"飘飘何所似，天

---

① 杜甫《登高》。明人胡应麟《诗薮》说它："如海底珊瑚，瘦劲莫名，沉深莫测，而精光万丈，力量万钧。""自当为古今七言律第一。"

② 杜甫《滟滪堆》。

③ 杜甫《瞿塘两崖》。

④ 杜甫《登岳阳楼》。

⑤ 杜甫《清明》。

⑥ 杜甫《望岳》。

⑦ 杜甫《江畔独步寻花》。

地一沙鸥"①，游风沉郁悲凉。

杜甫和李白，是唐代诗歌的双子星座，也是唐代漫游的双子星座。

① 杜甫《旅夜书怀》。

第四节 冶游：陌上寻花 章台问柳

唐代，又盛冶游。冶是艳的意思，冶游就是艳游，就是猎艳狎妓。

唐人冶游，方式有二：一是陌上寻花，一是章台问柳。

陌上，村野。陌上寻花，寻的是民间女子。一旦中意，或者逢场作戏，或者纳妾收房。中唐崔护，字殷功，博陵（今河北定州市）人。唐德宗贞元进士。后为京兆尹、御史大夫、岭南节度使。依靠一首风流诗篇扬名诗坛。唐人孟棨《本事诗·情感》：

> 博陵崔护，资质甚美，而孤洁寡合，举进士第。清明日，独游都城南，得居人庄。一亩之宫，花木丛草，寂若无人。扣门久之，有女子自门隙窥之，问曰："谁耶？"护以姓字对，曰："寻春独行，酒渴求饮。"女入，以杯水至。开门，设床命坐。独倚小桃斜柯伫立，而意属殊厚，妖姿媚态，绰有余妍。崔以言挑之，不对，彼此目注者久之。崔辞去，送至门，如不胜情而入。崔亦睠盼而归，尔后绝不复至。及来岁清明日，忽思之，情不可抑，径往寻之。门院如故，而已扃锁之。崔因题诗于左扉曰："去年今日此门中，人面桃

第八章 唐代旅游

花相映红。人面不知何处去,桃花依旧笑春风。"

后数日,偶至都城南,复往寻之。闻其中有哭声,扣门问之。有老父出曰:"君非崔护耶?"曰:"是也。"又哭曰:"君杀吾女!"崔惊怛,莫知所答。父曰:"吾女笄年知书,未适人。自去年已来,常恍惚若有所失。比日与之出,及归,见在左扉有字。读之,入门而病,遂绝食数日而死。吾老矣,惟此一女,所以不嫁者,将求君子,以托吾身。今不幸而殒,得非君杀之耶?"又持崔大哭。崔亦感恸,请入哭之,尚俨然在床。崔举其首枕其股,哭而祝曰:"某在斯!"须臾开目。半日复活,老父大喜,遂以女归之。

这件事或许是小说家言,但这首"人面桃花"诗,《全唐诗》题为《题都城南庄》,确是陌上寻花的作品。

章台,青楼,犹今之红灯区。① 章台问柳,即青楼狎妓。唐人狎妓,或者缠绵妓院,或者招妓出游。

缠绵妓院。杜牧旅游扬州,花街柳巷,十年沉湎:

　　落拓江湖载酒行,楚腰纤细掌中轻。
　　十年一觉扬州梦,赢得青楼薄幸名。②

红颜知己是洪州(今江西南昌)歌妓张好好。分手七年,重逢洛阳,感旧伤怀,感慨万千,作《张好好》:

---

① 章台,汉时长安城有章台街,是当时长安妓院集中之处,后人以章台代指妓院赌场等场所。《汉书·张敞传》:"时罢朝会,过走马章台街,使御吏驱,自以便面拊马。"颜师古注谓其不欲见人,以扇自障面。后世以"章台走马"指冶游之事。

② 杜牧《遣怀》。

> 君为豫章姝，十三才有余；
> 翠茁凤生尾，丹叶莲含跗。
> ……
> 龙沙看秋浪，明月游东湖。
> 自此每相见，三日已为疏。
> ……
> 尔来未几岁，散尽高阳徒。
> 洛城重相见，绰绰为当垆。
> 怪我苦何事，少年垂白须。
> 朋游今在否？落拓更能无。
> 门馆恸哭后，水云秋景初。

韦庄也是青楼熟客。《菩萨蛮》：

> 红楼别夜堪惆怅，香灯半卷流苏帐。
> 残月出门时，美人和泪辞。
> 琵琶金翠羽，弦上黄莺语。
> 劝我早还家，绿窗人似花。

半卷流苏、美人和泪，写狎妓的一夜之欢和难舍难分；弦上黄莺、人依绿窗，写家有娇妻的温馨和惬意；应了今天的一句俗话："家有红旗，外有彩旗"。

携妓出游。初唐陈子良游洛阳，在金谷园招妓：

> 金谷多欢宴，佳丽正芳菲。
> 流霞席上满，回雪掌中飞。
> 明月临歌扇，行云接舞衣。①

①陈子良《赋得妓》。

初唐王绩游益州，在张超亭招妓：

> 落日明歌席，行云逐舞人。
> 江南飞暮雨，梁上下轻尘。
> 冶服看疑画，妆台望似春，

第八章　唐代旅游

①唐·王绩《益州城西张超亭观妓》。

高车匆遽返，长袖欲相亲。①

初唐张说游于长安温泉，在客舍观妓：

温谷寒林薄，群游乐事多，
佳人蹀骏马，乘月夜相过。
秀色然红黛，娇香发绮罗。
镜前鸾对舞，琴里凤传歌。
妒宠倾新意，衔恩奈老何。
为君留上客，欢笑敛双蛾。②

②唐·张说《温泉冯、刘二监客舍观妓》。

李白在漫游途中，特爱冶游。李白游山东，在邯郸观妓：

歌鼓燕赵儿，魏姝弄鸣丝。
粉色艳日彩，舞袖拂花枝。
把酒顾美人，请歌邯郸词。
清筝何缭绕，度曲绿云垂。
平原君安在？科斗生古池。
座客三千人，于今知有谁？
我辈不作乐，但为后代悲。③

③李白《邯郸南亭观妓》。

游江汉，包妓游江：

④李白《江上吟》。

美酒樽中置千斛，载妓随波任去留。④

游金陵，狎妓青楼：

安石东山三十春，傲然携妓出风尘。
楼中见我金陵子，何似阳台云雨人？⑤

⑤李白《出妓金陵子呈卢六》。

游栖霞山（今南京栖霞山），携妓登山：

碧草已满地，柳与梅争春。
谢公自有东山妓，金屏笑坐如花人。

李白又买妓为妾："千金骏马换小妾，笑坐

雕鞍歌落梅。"① 杜甫不讨妾，但他旅游丈八沟，乐于携妓纳凉：

> 落日放船好，轻风生浪迟。
> 竹深留客处，荷净纳凉时。
> 公子调冰水，佳人雪藕丝。
> 片云头上黑，应是雨催诗。
> 雨来沾席上，风急打船头。
> 越女红裙湿，燕姬翠黛愁。
> 缆侵堤柳系，幔宛浪花浮。
> 归路翻萧飒，陂塘五月秋。②

白居易招妓送客。《琵琶行》："千呼万唤始出来，犹抱琵琶半遮面。"且在家蓄妓。孟棨《本事诗·事感》："白尚书姬人樊素善歌，妓人小蛮善舞。尝为诗曰：樱桃樊素口，杨柳小蛮腰。"

古代冶游的发生，与婚姻制度有关，周秦以下实行一夫一妻多妾制。男子可以娶一个妻子，可以讨一个或几个妾。这就为已婚或未婚男子的寻花问柳，提供了制度支持。所以，冶游之事，周代有，见《诗·陈风·墓门》；汉代有，见乐府《陌上桑》；至唐代成风。

唐代冶游的流行，与妓院的兴盛有关。所谓"骑马倚斜桥，满楼红袖招"③。当时长安最著名的妓院是平康坊。平康坊又称北里。唐人孙棨(qǐ)《北里志》：

> 其中诸妓多能谈吐，颇有知书言话者。自公卿以降，皆以表德呼之。其分别品流，衡尺人物，应对非次，良不可及。

诸妓相貌可人，知书识礼，人情练达，吸引文

① 李白《襄阳歌》。

② 杜甫《陪诸贵公子丈八沟携妓纳凉，晚际遇雨二首》。

③ 韦庄《菩萨蛮》。

士。《北里志》：

> 诸妓皆居平康里。举子、新及第进士，三司幕府但未通朝籍、未直馆殿者，咸可就诣。如不吝所费，则下车水陆备矣。

五代王仁裕《开元天宝遗事》：

> 长安有平康坊，妓女所居之地，京都侠少萃集于此。兼每年新进士以红笺名纸游谒其中，时人谓此坊为风流薮泽。

唐妓受过音乐、诗歌的专门教育与培训，培训机构称作教坊。白居易《琵琶行》："十三学得琵琶成，名属教坊第一部。"也有妓院自教的。《北里志》：

> 诸女自幼丐，有或佣其下里贫家。常有不调之徒，潜为渔猎，……误陷其中，则无以自脱。初教之歌令，而责之其赋甚急，微涉退息，则鞭朴备至。

因此，唐妓，尤其是都市唐妓，一般能歌善舞，弹琴赋诗，具有音乐、诗歌的良好修养与良好才艺。

唐妓出诗人，是唐诗的一类创作者。孟棨《本事诗·情感》载有诗人韩翃(hóng)与妓女柳氏的唱和。韩翃与名妓柳氏同居，后韩翃外任，柳氏居京，离别三年，韩翃寄诗：

> 章台柳，章台柳，往日青青今在否？
> 纵使长条似旧垂，亦应攀折他人手。

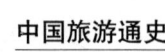

柳氏复书，答诗：

> 杨柳枝，芳菲节，可恨年年赠离别。
> 一叶随风忽报秋，纵使君来岂堪折？

唐妓能诗如柳氏者，《全唐诗》载有关盼盼、张窈窕、史凤、徐月英、刘采春、刘国容、薛涛等21人，诗136首。中唐薛涛，诗名最著。《全唐诗·薛涛小传》：

> 薛涛，字洪度，本长安良家女，随父宦，流落蜀中，遂入乐籍，辩慧工诗，有林下风致。韦皋镇蜀，召令侍酒赋诗，称为女校书。出入幕府，历事十一镇，皆以诗受知。暮年屏居浣花溪，着女冠服，好制松花小笺，时号薛涛笺。

与元稹、白居易、张籍、王建、刘禹锡、杜牧等互有唱和。

唐妓更是唐诗的歌唱者与传播者。白居易《与元稹书》：

> 及再来长安，又闻有军使高霞寓者欲聘娼妓，妓大夸曰："诵得白学士《长恨歌》，岂同他妓哉？"由是增价。……又昨过江南日，适遇主人集众娱乐，娱他宾，诸伎见仆来，指而相顾曰："此是《秦中吟》、《长恨歌》主耳！"

唐人薛用弱《集异记·王之涣》：

> 开元中诗人，王昌龄、高适、王之涣齐名。时风尘未偶，而游处略

同。一日，天寒微雪。三诗人共诣旗亭，贳（shì）酒小饮。忽有梨园伶官十数人，登楼会燕。三诗人因避席隈映，拥炉火以观焉。俄有妙妓四辈，寻续而至，奢华艳曳，都冶颇极。旋则奏乐，皆当时之名部也。昌龄等私相约曰："我辈各擅诗名，每不自定其甲乙，今者可以密观诸伶所讴，若诗入歌辞多者，可以为优矣！"

俄而一伶，拊节而唱曰："寒雨连江夜入吴，平明送客楚山孤。洛阳亲友如相问，一片冰心在玉壶。"昌龄则引手画壁曰："一绝句。"

寻又一妓讴曰："开箧泪沾臆，见君前日书。夜台何寂寞，犹是子云居。"适则引手画壁曰："一绝句。"

寻又一伶讴曰："奉帚平明金殿开，强将团扇半徘徊。玉颜不及寒鸦色，犹带昭阳日影来。"昌龄则又引手画壁曰："一乐府。"

之涣自以得名已久，因谓众人曰："此辈皆潦倒乐官，所唱皆'巴人下里'之词耳，岂'阳春白雪'之曲，俗物敢近哉？"因指诸妓中紫衣貌最佳者曰："待此子所唱，如非我诗，吾即终身不敢与诸子争衡矣。脱是吾诗，子等当须列拜床下，奉吾为师。"因欢笑俟之。

须臾次至，双鬟发声，则曰："黄河远上白云间，一片孤城万仞

山,羌笛何须怨杨柳,春风不度玉门关。"之涣即与二子曰:"田舍奴,我岂妄哉!"因大谐笑。

诸伶不喻其故,皆起诣曰:"不知诸君何此欢噱?"昌龄等因话其事,诸伶拜曰:"俗眼不识神仙,乞降清重,俯就筵席。"三子从之,饮醉竟日。

妓女所唱诗歌每一首都是唐诗珍品,称得上唐诗知音。

唐代冶游的流行与唐代男女交往的禁忌宽松也有关系。不仅公开狎妓,也不讳言私通,元稹《莺莺传》写相国小姐崔莺莺与赶考书生张珙的床笫(zǐ)幽会;且不讳言婚外情,唐人张籍《节妇吟》:

君知妾有夫,赠妾双明珠。
感君缠绵意,系在红罗襦。
妾家高楼连苑起,良人执戟明光里。
知君用心如日月,事夫誓拟同生死。
还君明珠双泪垂,恨不相逢未嫁时。

甚至不在乎男女辈分,唐太宗的才人武则天做了太宗之子唐高宗李治的皇后,寿王李瑁的妃子杨玉环做了寿王父亲唐玄宗的贵妃。可见唐代两性关系的开放。

第五节　唐僧西游

唐代,佛教兴隆。"崇衷像教,驻念津梁。龙象相望,金碧交映。虽寂寥之山河,实

第八章 唐代旅游

威仪之渊薮。宠光优渥,无逾此时。"① 唐代佛教,宗派诸多,天台宗、法相宗、华严宗,各自鼓吹,理论复杂。为统一理论,判别宗教,佛界人士特别重视佛经的搜求。因此,魏晋以来的西游取经,在唐代更加活跃。

唐僧西游取经的杰出人物是初唐慈恩道场的三藏法师玄奘。

玄奘(600—664),俗姓陈,名袆,洛州缑氏(今河南偃师县陈河村)人。出身儒学世家,"备通经典,而爱古尚贤。非雅正之籍不观,非圣哲之风不习"②。献身佛门后,游历各地,遍访名僧,广阅佛经,穷研佛理,对印度新兴的大乘佛教③,极有兴趣。但初唐佛学缺少大乘经书,说者又多差异,玄奘"莫知适从,乃誓游西方,以问所惑"④。

太宗贞观元年(627),玄奘求取大乘,西游印度。

从长安出发,玄奘取道秦州(今甘肃甘谷东)、凉州(今甘肃张家川),出玉门关,北向伊吾(今新疆哈密),经高昌故地(今新疆吐鲁番县东南),进入阿耆尼国。

阿耆尼是梵文Agnl(火)的音译,又称焉耆,地当今新疆焉耆。玄奘观其地理,"四面据山,道险易守,泉流交带,引水为田";察其民俗,"气序和畅,风俗质直","服饰毡毷,断发无巾";考辨教宗,"伽蓝十余所,僧徒二千余人,习学小乘教说一切有部"⑤。

离开阿耆尼,玄奘西南行,翻过一座山,渡过两条河,越过一块平原,抵达屈支国。屈支,又称龟兹,地当今新疆库车。这里有"诸龙易形,交合牝马,遂生龙驹"的古迹大龙池,有昭怙厘寺院"面广二尺余,色带黄白,

---

① 《唐才子传·道人灵一》。

② 唐·释道宣《续高僧传·玄奘传》。

③ 大乘,(梵文Mahayana)"摩诃衍那"的义译。摩诃是大的意思,衍那是乘载或道路的意思。大乘佛教形成于公元前1世纪左右的印度。自称能运载无量众生从生死大河之此岸达到菩提涅盘之彼岸,成就佛果,而贬称原始佛教和部派佛教为小乘。小乘视释迦为教主,小乘(梵文Hinayana)的意译。追求个人的自我解脱,灰身灭智,证得阿罗汉。大乘提倡三世十方有无数佛,宣传大慈大悲,普渡众生,以成佛渡世,建立佛国净土为最高目标。

④ 《大慈恩寺三藏法师传》。

⑤ 玄奘《大唐西域记》。伽蓝,即寺院。"说一切有部",小乘二十部派之一。《异部宗轮论述记》:"说一切有者,一切有二:一有为,二无为。有为三世,无为离世,其体若有,名一切有。"这一部派把一切有为、无为诸法,视为实有,并一一说明缘由,故称"说一切有部"。在小乘佛教中势力颇大。

状如海蛤"的玉石和玉石之上"长尺有八寸，广余六寸"的佛迹①，有僧徒集会的大会场及两尊高达九十余尺的佛像。玄奘观之，记之。

尔后，从屈支西行六百余里，穿小沙漠，到达跋禄迦国。跋禄迦，梵文Baluka（沙），又称姑墨或亟墨，地当今新疆阿克苏。由此折向西北，行至凌山脚下。

凌山，今新疆温宿县境穆素尔岭，也称托木尔峰。凌山是一座冰山，俗称冰达坂，"山谷积雪，春夏合冻，虽时消泮，寻复结冰。经途险阻，寒风惨烈"。土著告诫，过路人若"赭衣持瓢，大声叫唤"，即刻就会"暴风奋发，飞沙雨石，遇者丧没，难以全生"。但玄奘"冒重险其若夷"，"山行四百余里至大清池"。②

大清池，又名热海、咸海，今吉尔吉斯斯坦伊塞克湖。这座湖，玄奘印象极深，"四面负山，众流交凑，色带青黑，味兼咸苦，洪涛浩汗，惊波汩淴"③，森罗险恶。

再往西，走进窣利地区。窣利，今吉尔吉斯斯坦伊塞克湖以西至塔吉克斯坦阿姆河④以东的广阔地域。在窣利，玄奘游历素叶水城（即碎叶城，今吉尔吉斯斯坦楚河州托克马克市西南）、千泉（今吉尔吉斯斯坦北部吉尔吉斯山脉北麓，库腊加特河上游）、呾逻私城（今哈萨克斯坦江布尔）、小孤城（呾逻私城南）、白水城（今乌兹别克斯坦塔什干东北）、恭御城（白水城西南二百里处）、赤建国（今乌兹别克斯坦塔什干地区）、赭时国（今乌兹别克斯坦塔什干城西）、沛汗国（即古之大宛国、渠搜国，今乌兹别克斯坦与吉尔吉斯斯坦之间）、窣堵利瑟那国（今塔吉克斯坦费尔干纳

①玄奘《大唐西域记》。

②玄奘《大唐西域记》。

③玄奘《大唐西域记》。

④阿姆河是中亚水量最大的内陆河，咸海的两大水源之一，源于帕米尔高原东南部。上源瓦赫基尔河位于阿富汗境内，自东向西流，汇合帕米尔河后，成为阿富汗与塔吉克斯坦界河，并改称瓦汉河。此后，北折南回西流，称喷赤河。接纳来自塔吉克斯坦的瓦赫什河后，始称阿姆河。沿阿、塔两国边境，又经阿富汗与乌兹别克斯坦边境、阿富汗与土库曼斯坦边境，西北入土库曼斯坦，在土库曼斯坦、乌兹别克交界地带蜿蜒穿行，于乌兹别克斯坦的木伊纳克附近入咸海。从瓦赫什（Vakhsh）河和喷赤（Pyandzh）河汇合处算起，到咸海长1 415公里，从东帕米尔的河源起算，全长2 540公里。

盆地）、飒秣建国（今乌兹别克斯坦撒马尔罕北面）、弭秣贺国（今乌兹别克斯坦撒马尔罕西南）、劫布呾那国（今乌兹别克斯坦撒马尔罕之北）、屈霜你迦国（今乌兹别克斯坦撒马尔罕西北）、喝捍国（今乌兹别克斯坦扎木博尔）、捕喝国（今乌兹别克斯坦布哈拉）、伐那国（今乌兹别克斯坦簸尔甫）、货利习弥伽国（今乌兹别克斯坦基华城）、羯霜那国（今乌兹别克斯坦以南沙赫里夏勃兹）。《大唐西域记》回顾窣利见闻，描叙千泉风光：

> 南面雪山，三陲平陆。水土沃润，林树扶疏，暮春之月，杂花若绮，泉池千所。

描叙沙漠险境：

> 绝无水草，途路弥漫，疆境难测，望大山，寻遗骨，以知所指，以记径途。

描叙汉族居民：

> 有小狐城，三百余户，本中国人也，昔为突厥所掠，后遂鸠集同国，共保此城，于中宅居。衣裳去就，遂同突厥，言辞仪范，犹存本国。

描叙窣利异族的人情世态，"形容伟大，志性恇怯，风俗浇讹，多行诡诈，大抵贪求，父子计利，财多为贵，良贱无差"。

离开窣利羯霜那国，玄奘翻山越岭，到达铁门（今乌兹别克斯坦南部达尔本特之西）：

> 铁门者，左右带山，山极峭峻，虽有狭径，加之险阻，两傍石壁，其

色如铁。既没门扉，又以铁锢，多有铁铃，悬诸户扇，因其险固，遂以为名。①

① 玄奘《大唐西域记》。

铁门是帕米尔高原的咽喉要道。过此，玄奘进入睹货逻国故地。睹货逻，或译吐火罗，东陁葱岭（今帕米尔高原），西接波剌斯（即古之波斯，今之伊朗），南拥大雪山（今阿富汗兴都库什山脉），北据铁门，中贯缚刍河（今阿姆河），地域相当宽广，原为一国之地。玄奘到时，吐火罗国已经土崩瓦解，分裂成27个小国，呾蜜国（今乌兹别克斯坦和阿富汗边境阿姆河北岸）、鞠和衍那国（今塔吉克斯坦卡菲尔尼甘河下游）、缚喝国（今阿富汗阿格查东面）等。玄奘穿梭其中，参观僧伽蓝摩②，欣赏"书以横读，自左向右"的书写方式，翻越"山谷高深，峰岩危险，风雪相继，盛夏合冻。积雪弥谷，蹊径难涉"的大雪山③，即兴都库什山，至梵衍那国。

② 僧伽蓝摩，简称伽蓝，佛教寺院。

③ 玄奘《大唐西域记》。

梵衍那国，地当今阿富汗首都喀布尔西面的巴米扬城。其国"人依山谷，逐势邑居"，"气序寒烈，风俗刚犷"，"淳信之心，特甚邻国，上自三宝，下至百神，莫不输诚，竭心宗敬"，有寺院数十座。玄奘参拜了供有辟支佛齿、金轮王齿、大阿罗汉铁钵的小川泽僧伽蓝，供有涅盘卧佛像的卧佛伽蓝，王城东北山阿伽蓝及两尊大立佛。一尊"高百四五十尺，金色黑耀，宝饰焕烂"，一尊"高百余尺，分身别铸，总合成立"④。稍歇，玄奘攀过黑岭（今阿富汗锡雅柯山），至迦毕试国（今阿富汗喀布尔以北），游观质子伽蓝、曷逻怙罗僧伽蓝、霉蔽多伐剌祠城（今阿富汗喀布尔之

④《大唐西域记》。

第八章 唐代旅游

北)、阿路猱山（盖拉莎山脉之西）、大雪山龙池，聆听了许多历史传闻，如质子伽蓝：

> 昔健驮逻国迦腻色迦王，威被邻国，化洽远方，治兵广地，至葱岭东，河西蕃维，畏威送质。迦腻色迦王既得质子，特加礼命寒暑改馆，冬居印度诸国，夏还迦毕试国，春、秋至健驮逻国。故质子三时住处，各建伽蓝。今此伽蓝即夏居之所建也。①

离开迦毕试，玄奘东行600余里，一路山谷陡峭，峰峦逶迤，终于到达印度境内。

印度，是玄奘对南亚次大陆诸国的通称。《大唐西域记》：

> 详夫"天竺"之称，异议纠纷，旧云"身毒"，或曰"贤豆"，今从正音，宜云"印度"。印度之人，随地称国，殊方异俗，遥举总名，语其所美，谓之印度。

印度地大物博，北广南狭，列国众多。玄奘从北印度的滥波国（喀布尔河北岸）开始，到伐剌拏国（今巴基斯坦班努）结束，周游了中印度、东印度、南印度、西印度的82个国家。所到之处，玄奘潜心问法，虔诚取经，深入研究印度佛教，朝拜各国佛门的名胜古迹。最著名的有二处，劫比罗伐窣堵国的王城劫比罗城（今印度北方邦巴斯底县比普拉瓦）佛迹，摩揭陀国（今印度比哈尔邦巴特那、加雅地区）佛迹。劫比罗城是释迦牟尼的本生城，玄奘瞻仰了释迦牟尼的父王净饭王的宫殿遗址，释迦牟尼出生的蓝毗尼花园遗址，释迦牟尼当太

---

① 《大唐西域记》。健驮逻国是亚洲古代史上有名的大国。公元1世纪，迦腻色迦王在位，其国土约包括阿富汗、克什米尔、中国的和阗、莎车及印度的旁遮普、信德等广大地区。但到玄奘时，其国不过"东西千余里，南北八百余里"，且役属迦毕试国。

子时的学堂遗址,太子妃的寝宫遗址以及建于太子坐树荫观耕田之处的佛塔等。摩揭陀国是释迦牟尼大半生所在之地,玄奘四处瞻仰佛祖踪影,如来舍利、如来足迹石、如来为母亲摩耶夫人说法处、如来受二牧女乳糜处、如来受贫老母故衣处、如来所游香象池、如来所浴温泉、如来入定的大石室、如来得道的菩提树、金刚座、如来讲经的伽耶山(今印度加维城南,又称灵山)、如来将成正觉的钵罗芨菩提山(今印度加维城外的莫拉山,唐人称前正觉山)、如来广说妙法的姞栗陀罗矩咤山(其地未详,唐人称鹫峰,或灵鹫峰)。

告别印度伐剌拏国,玄奘回归大唐。向西北,"逾大山,涉广川,历小城邑,行二千余里,出印度境",经漕矩咤国(今阿富汗喀布尔以南至坎大哈途中要冲)、迦毕试国、睹货逻国,东至尸弃尼国(今阿富汗舒格楠),再南下商弥国(今巴基斯坦北端),再东北至波谜罗川(今塔吉克斯坦、阿富汗和中国新疆的帕米尔高原),"登山履险,路无人里,唯多冰雪",到朅盘陀国(今新疆塔什库尔干)。"从此东下葱岭东冈,登危岭,越洞谷"①,经乌铩国(今新疆莎车)、佉沙国(今新疆喀什)、斫句迦国(今新疆叶城)、瞿萨旦那国(今新疆和阗),度大流沙(今新疆塔克拉玛干沙漠)②,取道折摩驮那国(今新疆且末县)、纳缚波故国(今新疆婼羌县),东进阳关(今甘肃敦煌西南古董滩附近),复由敦煌、凉州、兰州、秦州,返抵长安。其时为唐太宗贞观十九年(645)初春正月。来回历时,整整十九年。

始抵长安,玄奘受到唐王朝的隆重欢迎。

①玄奘《大唐西域记》。

②玄奘《大唐西域记》:"沙则流漫,聚散随风,人行无迹,遂多迷路。四远茫茫,莫知所指,是以往来者聚遗骸以记之。乏水草,多热风。风起则人畜昏迷,因此成病。"

第八章 唐代旅游

他所携带回国的657部经卷和大大小小的佛像迎置长安弘福寺。唐太宗亲自接见,详细询问西域状况,玄奘对答如流,太宗非常高兴,希望玄奘撰述见闻,并劝玄奘蓄发归俗,助秉俗务。玄奘辞谢了太宗的后一要求,承诺了前一要求,仅用一年时间,写出了佛游大作《大唐西域记》:

> 所闻所履凡百有二十八国。窃以章彦之所践藉,空陈广柔;夸父之所凌厉,无述土风;班超候而未远,张骞望而非博,今所记述,有异前闻,虽未极大千之疆,颇穷葱外之境,皆存实录,匪敢雕华。谨具编裁,称为《大唐西域记》。①

《大唐西域记》对西域128国特别是对印度列国的社会生活作了细致、全面的考察,涉及疆域、地理、度量、岁时、气候、邑居、衣饰、馔食、文字、语言、教育、族姓、货币、兵术、刑法、礼仪、医药、丧葬、赋税、物产、风俗等,是研究西域历史,特别是印度历史的稀世之珍。历史价值超越晋法显的《佛国记》、南北朝释道安的《西域志》、法维的《佛国记》等②,超越罗马作家阿瑞安的《印度记》③,一定程度地弥补了公元7世纪以前"印度社会根本没有历史"④的缺憾。现代英国专攻印度史的史学家史密斯说,玄奘施予印度历史的恩惠无论怎样估价也不会言过其实。⑤

著述之外,玄奘翻译所取佛经数百部,并登坛讲经,阐发大乘教义,创立佛教法相宗。法相宗,又称唯识宗。与着眼佛性的禅宗不同,法相宗的"法",指佛法的"法",

---

① 《大慈恩寺三藏法师传》卷六。

② 释道安《西域志》、法维《佛国记》皆亡佚。法维,南北朝僧人,梁慧皎《高僧传·道普传》:"有竺法维释僧表,并经往佛国。"

③ 阿瑞安(Arrian),(96—180),罗马人。《印度记》主要记述印度地理。

④ 马克思《不列颠在印度统治的未来结果》。

⑤ 史密斯(Vincent Smith),生当20世纪初期。所引见其著作《牛津印度史》(The Oxford History of India),牛津大学,1928年版。

· 329 ·

着眼佛法，研究佛法，实践佛法。法相宗的"相"，指法的形式，法的流变，法的程序、结构、体制等。"法相"指佛的法相，指法与相的统一，内容与形式的统一。法相宗是以法相立宗的大乘佛法宗派，是中国佛教十三宗之一。

玄奘是中华民族杰出的佛学家，伟大的佛游家。他不但以自己的双脚拓宽了中印友好往来的陆上通道，也不但以他遍及全印的游踪开创了中国人旅行南亚次大陆的最高记录，并且以他丰富详瞻的记闻传播了古印度的物质文明和精神文明，创造了汉魏以来中国僧侣外出游方的最为辉煌的事功。

唐僧西游著名者，玄奘身后，又有义净（635—713）。义净，或称净义，字文明，俗姓张，范阳人（今河北涿县人）。

> 髫龀之时，辞亲落发，编询名匠，广采群藉，内外闻习，今古博通。年十有五，便萌其志，欲游西域，仰法显之雅操，慕玄奘之高风。加以勤无弃时，手不释卷，弱冠登具，愈坚贞志。①

① 《宋高僧传》卷一，《唐京兆大荐福寺义净传》。

唐高宗咸亨元年（670），他在长安寺院听讲，与并州（今山西太原地区）的处一法师，莱州（今山东掖县）的弘袆论师、玄逵律师，约定日期，西行印度。但临行之前，处一、弘袆、玄逵因故不能践约。义净不改初衷，于第二年，咸亨二年（671），同晋州（今山西临汾）小和尚善行结为伙伴，南下番禺（今广东广州），走海路，奔波印度。宋代赞宁《高僧传》说他"初至番禺，得同志数十人，及将登

第八章 唐代旅游

舶，余皆退罢。净奋励孤行，备历艰险"。《全唐诗》收录了义净写于途中的两首绝句：

> 我行之数万，愁结百重思。
> 那教六尺影，独步五天陲。
>
> 上将可陵师，匹士志难移。
> 如论惜短命，何得满长祇。

前一首写"故友索而分飞，印度新知冥焉未会"①的旅途孤独。后一首写西行求法的志向坚不可摧。文辞虽平板，立意诚可嘉。其后，他如愿以偿，到达天竺，游经三十余国，"所至之境，皆洞言音；所遇酋长，俱加礼重。鹫峰、鸡足，咸遂周游；鹿苑、祇林，并皆瞻瞩；诸有圣迹，毕得追寻。"②并在"宝台星列，琼楼岳峙"③的那烂陀寺，古印度摩揭陀国的王舍城东的著名寺院，全印佛教的最高学府，学习大乘和小乘佛教④。光阴荏苒，20多年过去了，异邦的风霜染白了他的须眉，也加深了他对故国的相思。一天，他终于带着四百来部经卷，三百颗舍利，启程回国。一路上，他在夜宿的灯光下，奋笔疾书，写出了《南海寄归内法传》和《大唐西域求法高僧传》这两本较有价值的著作。武则天证圣元年（695）仲夏，义净还至长安，武后"亲迎于上东门外，诸寺缁伍具幡盖歌舞前导，敕于佛授记寺安置焉"⑤。义净乃安于译经，"学侣传行，偏于京洛"⑥。后人并论义净与玄奘，是"东僧往西，学尽梵书，解尽佛义"，"入境观风必闻其政"的"两全通达"者。⑦印度现代史学家马宗达称赞义净、法显、玄奘，"在印度居留了许多年，学习了印度的语言"，"把自己的

---

① 《全唐诗》义净《聊题两绝句》诗序。

② 宋·赞宁《高僧传·唐京兆大荐福寺义净传》。鹿影苑，佛教圣地。属中印度波罗奈国，今印度瓦腊纳西域西北。传为释迦牟尼成道后的最初说法的地点。祇林，即祇园，全称"祇树给孤独国"或"胜林给孤独国"，亦称"祇国精舍"。地当古舍卫国的舍卫城南，今印度塞特马赫特。相传释迦牟尼居此说法35年。与王舍城的"竹林精舍"并称佛教最早的两大精舍。精舍，佛教讲经、修炼之所。

③ 唐·慧立《三藏法师传》。

④ 小乘佛教，与大乘佛教相对而言。小乘主张自我完善与自我解脱。大乘主张普度众生。

⑤ 宋·赞宁《高僧传·唐京兆大荐福寺义净传》。

⑥ 宋·赞宁《高僧传·唐京兆大荐福寺义净传》。

⑦ 宋·赞宁《高僧传》"系曰"。

经历写成厚书,这些书有幸保存,并被翻成英文。"①

① 印度·马宗达(R·C·Majumdar)《印度人民的历史和文化》(The History and Culture of the India People)。

第六节 西人东来

与唐僧西游遥相呼应,丝绸之路,也殷勤来客。西域的佛教、景教、摩尼教、伊斯兰教教徒接二连三,东来中华。

玄宗开元时,密宗②大师善无畏、金刚智、不空等先后来华。

善无畏(637—735),中天竺人,受学瑜伽三密法门。开元四年(716),抵达长安,先住兴福寺,后住西明寺,建灌顶道场,翻译密教经典《大日经》等。

金刚智(669—741),南天竺人,专攻密教。开元七年(719),抵达广州,次年入洛阳,再入长安。玄宗礼为国师,敕住慈恩寺,造毗卢遮那塔,后移大荐福寺。经常跟随玄宗往来两京,广弘密教,建曼陀罗场,立坛灌顶,奉诏行密法求雨。与中国弟子合作,翻译《金刚顶瑜伽中略出念诵法》、《金刚峰楼阁一切瑜伽瑜祇经》等。开元二十九年,敕令归国,途经洛阳卒。

不空(705—774),狮子国(今斯里兰卡)人。随金刚智来华,参与译经,往返两京。开元二十九年(741),经广州,回归师子国。天宝五年(746)不空再来长安;九年,又令回国。行至韶州,因病暂止。天宝十二年(753),河西节度使哥舒翰奏请不空赴河西边陲,"请福疆场",遂至武威,翻译密典,如《金刚顶经》,兼开灌顶,演瑜伽教,置曼陀罗,声达西域四镇。安史乱起,不空身陷长

② 密宗,密教,又称真言宗、瑜伽宗、金刚顶宗、毗卢遮那宗、开元宗、秘密乘,属大乘宗派。主要以金刚顶经为经藏,苏婆呼经为律藏,释摩诃衍论为论藏。密教之经典统称密经。密教与显教相对而言。密教以前的小乘佛教和大乘佛教,统称显教。显教的教主是释迦牟尼(应身佛),而密教的教主是大日如来(法身佛);显教是释迦牟尼针对不同根器的众生说教,是公开的、浅显的、随他意的。密教是大日如来对入门佛徒的关门说教,自说内心证悟的真理,是秘密的、深奥的、随自意的;显教的教法,可以通过自学经典获得,不一定要师资传授,也不必有特定的仪式。而密教的教法,必须通过师资传授,从皈依到成为阿阇梨(导师)要经历一系列的灌顶(用象征如来智慧的甘露水灌浇头顶)仪式:如结缘灌顶,学法灌顶(又称受明灌顶、弟子灌顶),受戒灌顶,传法灌顶(又称付法灌顶、阿阇梨灌顶)等。而其修法,又有种种仪式。所有仪式,须在相应布置的坛场施行。

第八章 唐代旅游

安，仍向时在灵武、凤翔的肃宗问安献忠。及至两京收复，不空连续表贺，并上"虎魄宝生如来像"一尊。肃宗自称"信受奉行，深为利益"。代宗即位，不空又上"白檀摩支像"一尊，译《仁王》、《密严》二经，代宗作序。颁行之日，举朝表贺。永泰元年（765），授不空特进试鸿胪卿，号"大广智三藏"。次年，入五台山传法，修建金阁寺、玉华寺等密教道场。大历五年（770），诏请不空往五台山修功德作法会。大历九年卒，代宗辍朝三日，追赠司空。

太宗贞观九年（635），景教教士阿罗本由波斯（今伊朗）传教长安。景教是基督教的别支，创立者是叙利亚人聂斯脱利斯，特征是不拜圣母。贞观十二年（638），太宗诏令长安起波斯寺。高宗时朝廷又下诏诸州立寺。玄宗时朝廷再下诏，改称景教波斯寺为大秦寺。造成景教"法流十道"，"寺满百城"①。

武则天延载元年（694），摩尼教徒波斯人拂多诞来华。摩尼教或称明教，创立者是波斯人摩尼。教义是，宇宙间有明、暗二宗的斗争。初际天地未分，明暗各殊，势均力敌；中际暗来侵明；后际明暗各复本位；当今世界正处中际，人们应该助明斗暗。凡入教之徒，不饮酒，不茹荤，不祭祖，白衣白冠，死则裸葬。代宗大历三年（768），敕许摩尼教在长安建造大云光明寺。不久，洛阳、太原、荆州、扬州、洪州（治所在今江西南昌）、越州（治所在今浙江绍兴）等地先后建起了摩尼寺院。

唐代，伊斯兰教，落户中国。广州、扬州居留信奉伊斯兰教的阿拉伯人。僖宗李儇在长安接见航海而来的阿拉伯旅行家、伊斯兰教教徒伊

---

① 《大秦景教流行中国碑》。碑立唐德宗建中三年（781年），现存西安碑林。

本·瓦哈伯。中国人杜环,因战争羁留大食(阿拉伯帝国)长达十年,唐肃宗宝应元年(762)乘船东归,撰《经行记》,介绍伊斯兰教的有关情况,是汉族记载伊斯兰教的第一本书。

袄(xiān)教也在大唐安顿。袄教或称火袄教或拜火教,波斯人琐罗亚斯德创立,崇拜火。十六国时涉足东土,唐时渐有气候。唐人为祭祀袄神所修建的袄祠,分布长安、洛阳、凉州(治所在今甘肃张家川)、沙州(治所在今甘肃敦煌)。朝廷并置萨宝[①]主祀袄神及管理袄教教徒。

西域教徒传播宗教,也传播文化。

佛教游僧把印度传经的"唱导"方式带到了中国。"唱导"是用韵散相间的口语,又说又唱地宣传佛教教义,唐人谓之"俗讲"。"俗讲"的底本谓之"变文"。"变文"夹叙夹唱,通俗易懂,是适合大众口味的说唱文体。民间艺人利用它创作作品,讲唱故事。佛经故事,有《降魔变文》;历史故事,有《伍子胥变文》;民间故事,有《孟姜女变文》;本朝人物故事,有《张义潮变文》。这些"变文",是唐代民众喜闻乐见的俗文学。它的韵散结合的结构,影响了其他的文学体裁,如唐人传奇体小说,唐以下的民间说唱形式,诸宫调、弹词、宝卷等。

西域音乐,传入隋唐。以"龟兹乐"最受欢迎。它一则与中原音乐融合为"西凉乐",多用于管弦杂曲;一则又单纯运用于鼓舞曲。在长安大出风头的还有"骠国乐"。唐德宗贞元十八年(802),骠国(古缅甸骠人所建国家)王子亲率乐队到长安表演,白居易《骠国乐》,专叙其事。《新唐书·骠国传》详细记

[①] 萨宝源自叙利亚语saba,意为长者。萨宝一职可上溯至北魏,是朝廷认可的袄教首领。《元和姓纂》:"后魏安难陀至孙盘娑罗代居凉州为萨宝。"

载了"骠国乐"的曲名及乐器。

西域舞蹈也融进隋唐舞蹈。"柘(zhè)枝舞"来自中亚石国（即玄奘所经赭时国，故地在今乌兹别克斯坦塔什干），以莲花形道具，藏二女童，待花瓣开放，闻鼓起舞；舞时，帽上金铃转动作声；所穿衣饰，尽是胡服。唐人章孝标有《柘枝》诗，白居易有《柘枝妓》诗，卢肇有《湖南观双柘枝舞赋》，描写表演，欣赏表演。

第七节　日本游华热

早在周秦，中国已知海外倭国，即今之日本国①。《山海经·海内经》："南倭北倭属燕。" 东汉王充《论衡·儒增》："周时天下太平，越裳献白雉，倭人贡鬯(chàng)草。"② 则中倭交往，渊源古老。

西汉，武帝刘彻兵伐朝鲜，置乐浪（今朝鲜平安南道、平安北道及黄海北道的部分地区）、临屯（今朝鲜咸镜南道大部及北江原道北部）、玄菟（今辽宁东部至朝鲜咸镜北道）、真番（今朝鲜黄海北道大部、黄海南道及京畿道北部）四郡，将半个朝鲜并入大汉版图，声威所及，与朝鲜隔岸相望的倭国遣使来朝。《汉书·地理志》："夫乐浪海中有倭人，分为百余国，比岁时来献见云。"《后汉书·东夷传》说来华倭使多达三十余国：

> 倭在韩（今朝鲜半岛）东南大海中，依山岛为居，凡百余国。自武帝灭朝鲜，使驿通于汉者三十许国。国皆称王，世世传统。其大倭王居邪马

①中国唐以前史籍称日本列岛为"倭"或"倭国"，唐以后史籍改称"日本"。

②鬯草，香草，制酒原料，又名郁金香草。

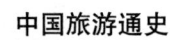

台国。乐浪郡徼去其国万二千里,其西北界狗邪韩国七千余里。

东汉光武帝"建武中元二年(57),倭国奉贡朝贡","光武赐以印绶"。这枚金印,1784年2月,在日本九州志贺岛破土而出,上刻"汉委奴国王"五个大字。足证《汉书》、《后汉书》言之确凿。

三国曹魏时,中倭双方有来有往。《魏略·东夷传》,魏明帝景初三年(239),倭女王卑尔呼派遣大夫难米升到洛阳进贡生口(奴隶)、方物(土产)。第二年,正始元年(240),魏明帝派遣梯隽等人奉诏书、印绶回访倭国,赐倭女王金帛、锦罽(jì,毛皮)、刀镜、采物(锦旗锦衣)。梯隽等人应是第一批观光日本列岛的中国贵宾。正始四年(243),倭女王复派大夫伊声耆、掖邪狗等到洛阳朝贡。正始八年(247),倭女王又派倭载斯乌越到带方郡①谋求政治支持。同年,魏明帝派张政等人赴倭,回国时,倭女王派中郎将掖邪狗等20余人护送。倭方来华路线大抵是由日本九州岛,渡朝鲜海峡,经狗邪锦国(今朝鲜金海地区),至魏属带方郡,再西走辽东,南下洛阳。魏使访倭,也走这条路。

晋代,中国分裂,日本列岛也狼烟四起。中倭聘问一度冷落。

南朝时,倭国处于"大和"时代②。大和朝廷出于远交中国大陆、近攻朝鲜半岛的战略需要,开辟了一条海上航路,横断黄海,沿今山东、江苏海岸,船行建业(今江苏南京),通使南朝。仅刘宋60年间,倭使入贡者,按《宋书·倭国传》已有10次。南朝也派能工巧

① 汉末公孙氏占辽东,分乐浪郡一部为带方郡,今属朝鲜黄海北道。

② 大和时代是日本定都大和地区(今日本奈良)的时代(250—538),也称古坟时代。

第八章 唐代旅游

匠跟随大和使节到倭国传艺。按日本史书，雄略天皇十二年（宋明帝泰始二年，466），倭国使节身狭村主青等携南朝"所献手末才伎、汉织吴织及衣缝兄媛弟媛等，泊于住吉津。"① 这些"手末才伎"大约就是历史上最早的旅日华工了。

有隋，国祚短促，前后不过28年。但倭使访隋见诸《隋书》也有4次，且一改过去贡使外交的立场，采取对等外交的态度，称隋帝为"西皇帝"，称倭皇为"东天皇"，国书称"日出处天子致书日没处天子"②。后世日本学者多以隋日外交作为中日正式外交关系的开端。而隋使访倭，也有一次。《隋书·倭国传》说大业四年（608），隋炀帝派文林郎斐世清等10余人随倭国来使小野妹子赴倭答谢，受到倭国朝廷的盛情款待。斐世清归国，倭国派出使节、通译陪同，又派遣8位留学生到隋朝学习中国文化。这8位留学生当是倭国请中国培养的第一批青年学子，是中国文化在倭国引发的第一次小有震感的潮汐。

唐代，倭国经大化革新③，统一全境，更名日本国④。日本民族对唐朝高度发达的国力和空前繁荣的文化由衷仰慕，从朝廷到民间，漂洋过海，观光华夏者，争先恐后，掀起了日本历史上前所未有的来华旅游风。

日本朝廷积极派出遣唐使。

据《旧唐书》、《新唐书》及日本史书，所派遣唐使至少18次。规模宏大，组织完备，仪容庄重，团队往往多达五六百人，内中常设大使4人、副使4人、判官、录事各数人，以及翻译、医师、阴阳师、船师、工匠、水手等等。玄宗开元二十年（732），日本大使多治

---

① 《日本书纪·雄略纪》。

② 《日本书纪·推古纪》，小野妹子呈奉隋炀帝《图书》。

③ 公元645年6月19日，倭国孝德天皇模仿唐朝建立年号，名曰"大化"。是年，是唐太宗贞观十九年，倭国大化元年。大化二年（646年）正月初一，孝德天皇颁布《改新之诏》，史称"大化改新"，又称"乙巳之变"。大化革新以唐朝律令制度为蓝本，参酌日本旧习，规定了中央集权的封建国家体制，严格实行良贱身份制度，解放了部分生产力，对于日本的国家发展，有非常积极的意义。

④ 《新唐书·日本传》："咸亨元年（670），遣使贺平高丽。后稍习夏音，恶倭名，更号日本。使者自言，国近日所出，以为名。或云日本乃小国，为倭所并，故冒其号。"咸亨，武则天之夫唐高宗李治年号。又，日本一名，盛唐已知，李白《赠晁卿衡》直言"日本晁卿归帝都"。

比广成、副使中臣名代，率592人，分乘四条大船，出使唐朝。多治比广成，在唐改姓丹墀氏，居两年，考察社会，考察文化，于开元二十二年（735）返回日本。

日本朝廷积极派送大唐留学生。

遣唐使几乎每一次都携带留学人员。高宗永徽四年（653），日使访华，同船者有留学生巨势药、冰老人等。玄宗开元四年（716），日使访华，随行留学生有阿部仲麻吕、吉备真备等。德宗贞元二十年（804），日使访华，有留学生橘逸势等。这些留学生一住数年或数十年，言行举止唯华是范，汉学修养往往深厚。

学成回国，大受重用。留学生高向玄理是日本大化革新的新政顾问，留学生南渊请安是大化革新的中坚人物中大兄皇子和中臣谦足的汉学老师，留学生管原梶成是日本朝廷针博士侍医，留学生吉备真备是日本朝廷右大臣。

也有留学生，做官中国，终老中国。阿部仲麻吕，开元五年（717），留学长安，改用中国姓名晁衡或朝衡。因才华挺秀，晋身仕途，历任左补阙、左散骑常侍、镇南都护等。他和文人士大夫交游密切，与李白、王维友情深厚。天宝十二年（753），阿部仲麻吕回国。王维以诗送别，《送秘书晁监还日本国》：

  积水不可极，安知沧海东。
  九州何处所，万里若乘空。
  向国唯看日，归帆但信风。
  鳌身映天黑，鱼眼射波红。
  乡树扶桑外，主人孤岛中。
  别离方异域，音信若为通。

题下小序，盛赞阿部仲麻吕"结发游圣，负笈辞亲。问礼于老聃,学诗于子夏","名成太学,官至客卿。必齐之姜,不归娶于高国;在楚犹晋,亦何独于由余"①,勉励他"三寸犹在,乐毅辞燕而未老;十年在外,信陵归魏而逾尊"。不久,有消息说阿部仲麻吕海上遇难。李白《哭晁卿衡》寄托哀思:

> 日本晁卿辞帝都,征帆一片绕蓬壶。
> 明月不归沉碧海,白云愁色满苍梧。

实际上,阿部仲麻吕遇难幸存,所乘船只被风暴刮到了南海安南(今越南境内),后返回长安,继续供职,代宗大历五年(770)病故。

唐代,日本僧侣佛游中国,研究佛学,史称"学问僧"。

日本佛教,南朝时由中国经朝鲜传入,加之印度离日本遥远,日本僧侣素以大唐为日本佛教的天竺,来华游僧多于留学生,名录史乘者,计有64人。

道昭,高宗永徽四年(653)来华,就玄奘学法相宗,高宗麟德二年(665)归国,在日本建禅院,架桥梁,修道路,行火葬,造福桑梓,功德良多。

空海(774—835),俗姓佐伯,法号遍照金刚。德宗贞元二十年(804)至元和元年(806)留学中国,精通中国文字学与中国诗学。归国后,写作《篆隶万象名义》专论中国文字学。写作《文镜秘府论》专论中国诗学,讲述中国诗歌的声律、辞藻、典故、对偶等形式技巧与创作理论。所引之书,大多在华失传,具有史料保存之功与研究参考价值。

最澄,德宗贞元二十年来华,在天台山学习密教,顺宗永贞元年(805)归国,请准日廷

① 由余,晋国人,其先于西周末年亡入西戎,官西戎之臣。前659年出使秦国,秦穆公留为上卿(即宰相),帮助秦国攻伐西戎,称霸西戎。

开天台宗①。是日本佛教天台宗的创始人。

圆仁，唐开成三年（838），45岁来华。南游扬州，学习梵语；北登五台，参观古刹；西入函谷，居长安青龙寺，拜义真为师，研习密教，收罗访华见闻，撰写《入唐求法巡礼行记》。回国时，圆仁带走经籍诗书584部，802卷，是日本佛教天台宗第三代座主。

唐代，中日贸易频繁。

日本商贾多从九州岛上船，摆渡东海，直趋浙江沿岸的明州（今浙江宁波）和台州（今浙江临海），与当地官府、居民洽谈生意，买卖货物。业务之余，东游游，西逛逛，浏览明、台城乡，享受商业旅游的乐趣。

第八节 唐人东渡风

来而不往非礼也，唐朝的使节、文人、僧侣和商贾也扬帆而东。总体比较，唐人旅日规模稍逊于日人旅华。单项比较商贾，旅日唐商似多于来华日商。按史书，唐末七十年，唐日的商船来往，不下四十次，唐人商船，居其大半。日本民间人士时常搭乘唐人商船往来海上。武宗会昌二年（842），日本学问僧惠连来华，搭乘唐人李处人商船；宣宗大中元年（847）回国，搭乘唐人张支信商船。宣宗大中七年（853），日本学问僧圆珍来华，搭乘唐人钦良晖商船；宣宗大中十二年（858）回国，搭乘唐人李延孝商船。

唐朝访日使节，知名者有沈惟岳。肃宗乾元二年（759），沈惟岳率领船队护送日本遣唐使藤原清河等90多人回国。完成任务，在日本居留两年。肃宗上元二年（761），日本朝

① 天台宗，中国佛教十三宗之一。天台宗以印度人龙树为初祖，以北齐慧文为二祖。实际创始人是陈隋之际的智𫖮（531—597）。智𫖮常住浙江天台山，故称天台宗。天台宗列《法华经》为佛的最高最后的说法，主要观点有"一念三千"（一念之下，三千法界），一念三观（已中、假、空三观观心），圆融三谛（以真、假、中三谛观境），性具善恶（人人具有善恶二性）等。是中国最早出现的、意义完整的佛教宗派。具有相当周全的理论体系和高明的思辨水平。天台宗传于日本，也传于韩国。

第八章 唐代旅游

廷派专使,分乘四船,满载牛角(兵器制造材料),护送沈惟岳归唐,终因风急浪高,不得已折回日本。沈惟岳遂留日做官,官至美作权掾,赐姓清海宿祢。

唐朝旅日文人,较有作为者,有袁晋卿,皇甫东朝等。袁晋卿随日本遣唐使至于日本。日廷因其深谙《文选》、《尔雅》的音韵训诂,任命他为大学言博士、玄蕃头、大学头等职,赐姓清村宿祢。皇甫东朝也因善奏唐乐,担任日廷雅乐员外郎兼花苑司。这两个人与沈惟岳算得上"中国的阿部仲麻吕"。

唐朝旅日高僧,在日本历史书上,有智宗、道荣、道明、法进、慧云、慧良等25人,而以鉴真为翘楚。鉴真,俗姓淳于氏,广陵江阳(今江苏扬州)人。生于武则天垂拱四年(688)。14岁出家扬州大云寺。中宗景龙元年(707)。佛游河渭,"观光两京","言旋淮海",在扬州大明寺"以戒律化诱,郁为一方宗首"。玄宗开元年间,日本学问僧荣睿、普照,慕其声望,专程游扬,谒见鉴真,陈述日本"国在海之中,不知距齐州几千万里,虽有法而无传法人,譬犹终夜有求于幽室,非烛何见乎?"邀请鉴真可否"辍此方之利乐,为海东之导师。"鉴真"观其所以,察其翘勤",答应:"昔闻南岳思禅师生彼为国王,兴隆佛法,是乎?又闻彼国长屋曾造千袈裟来施中华名德,复于衣缘绣偈云:'山川异域,风月同天,亲诸佛子,共结来缘。'以此思之,诚是佛法有缘之地也。"①乃招募僧徒,准备东渡。玄宗天宝二年(743),55岁的鉴真正要出发,被朝廷阻止。但鉴真东渡传法,心志已决。获准后,四次下海,皆因航行不利,无功而返。

① 本节引文均出宋·赞宁《高僧传·唐扬州大云寺鉴真传》。

到天宝十二年（753），66岁且双目失明的鉴真带领座下弟子仁鳞、思讬等20余人，又一次乘风破浪，铤而走险，终于行抵日本鹿儿岛，在秋妻屋浦登陆。次年，游至日本首都奈良，朝野上下，热烈欢迎。鉴真先在日本的佛教总部东大寺开设戒坛，日本天皇亲往受戒。继而，按照鉴真的设计，在奈良兴建一座唐招提寺[①]。鉴真移居寺内，凭着惊人的记忆力，授业解惑，传经弘法。日本天平宝字七年（唐代宗广德元年，763），鉴真圆寂，享年76岁。如今，中日两国人民依然深切怀念这位睿智、慈祥、坚韧的长老。在"淮东第一观"扬州大明寺，鉴真纪念堂糅合了日本奈良招提寺和中国唐代寺院的建筑风格，雕栋画梁，庄重古雅。纪念堂前庭的大理石卧式石碑，镌刻郭沫若题写的"唐鉴真大和尚纪念碑"九个金字，背面镌刻赵朴初撰写的歌颂鉴真献身中日文化交流的功绩与精神的碑文。纪念堂的正殿，日本友人赠送的鉴真座像栩栩如生，平和安详。它的背景则以一片蓝色的惊涛骇浪，指示旅途的艰难危殆，衬托老人的大智大勇。开馆以来，参观者每至座像之下，莫不愀然动容，肃然起敬。

在中日交游的航路上，唐文化源源东去。

当时日本官制多仿唐朝。日廷宫内八省效仿唐廷三省六部。日本税制也取法唐朝。日本大化革新所推行的租、庸、调，模拟唐朝的租、庸、调。日本刑律，日本学制，日本礼制，也有借于唐。日本国学的许多课程及课本，就是唐人的课程与课本：《礼记》、《春秋》、《周易》、《诗经》、《文选》、《尔雅》、《史记》、《汉书》等。日本又推行唐人历法。唐之"元嘉历"、"仪凤历"、"大

[①] 招提，寺院。南朝宋谢灵运《答范光禄书》："即时经始招提，在所住山南。"

第八章 唐代旅游

衍历"、"宣明历"均被日本相继采用。

中国的文学与文字在日本风靡一时。日本旅华的留学生、学问僧大多能写中国诗。白居易的诗歌流传日本,备受日本人民的喜爱。日本人并利用草体汉字表示语音,创造了日文中的平假名,又利用楷体汉字偏旁表示语音,创造了日文中的片假名。

中国的书法在日本竟有传人。携至日本的东晋王羲之和唐朝欧阳询的墨迹,是日本书法范本。出色的日本书法家,有留学生橘逸势①、学问僧空海与天皇嵯峨。嵯峨善卫夫人书②,空海善草书,橘逸势善隶书,并称日本"书法三绝"。

唐朝音乐用于日本宫廷和日本寺院。乐曲有如"太平乐"、"千秋乐"、"万寿乐"、"武德乐"、"庆云乐"、"孔子琴操"、"王昭君"、"打球乐"、"破阵乐"等。开元二十三年(日本天平七年,735),留学生吉备真备将武则天亲自撰写的《乐书要录》③及唐之乐器,铜律管、铁如方响写律管等,携归日本。今藏日本正仓院的琴、筝、笛、箜篌、"阮咸"④等,都是唐代乐器。

日本的建筑与工艺包含唐人智慧。日本新都奈良,时号平城,建筑样式仿照长安。日本织物的织染法与唐人相似,印刷术亦由唐朝传入。日本圣武天皇奉献于东大寺的螺钿紫檀阮咸、木画紫檀棋局及银壶等,本系唐人物品。正仓院收藏至今的唐人古镜,东渡之初,日本人悬诸佛寺,宠若宝贝。日本的工艺雕刻和工艺美术也得到了唐文化的陶冶。唐人军法力等在日本为奈良唐招提寺所刻卢舍那佛,是日本雕刻的样板。正仓院的《树下美人图》,当麻

---

① 橘逸势(782—842),德宗贞元二十年(804)与空海、最澄一起来华留学。汉学修养非凡,极善诗文书法,人称"橘秀才"。

② 嵯峨,名神野,日本第52代天皇,在位时间809年至823年。嵯峨推行"唐化",迷恋汉学,诗赋、书法、音律均有造诣。卫铄(272—349),字茂猗,女,河东安邑(今山西夏县)人,为汝阴太守李矩之妻,世称卫夫人。出生书法世家,师承钟繇,教授过王羲之书法,宋人陈思《书小史》引唐人书评,说卫夫人书法"如插花舞女,低昂美容;又如美女登台、仙娥弄影,红莲映水、碧沼浮霞"。

③ 唐·武曌撰《乐书要录》,上海古籍出版社,1995年出版。

④ 唐代开元年间从阮咸墓出土铜制琵琶一件,名命"阮咸",简称"阮"。结构是直柄木制圆形共鸣箱,四弦十二柱,竖抱手弹。"阮咸",旧称"汉琵琶"。"汉琵琶"与龟兹传华的曲项琵琶不同,为示区别,故称"汉"字。

寺的《极乐变相曼陀罗》，药师寺的《吉祥天女画像》，运笔着色，尽学唐人工艺画的格调与技法。

唐朝的佛教宗派法相宗、密宗、华严宗①、律宗②、天台宗、真言宗、净土宗③，到日本传宗接代。唐朝的佛教经典大量传带日本，仅日本学问僧空海就从中国带去佛经216部，461卷；圆珍带去441部，1000卷；圆仁带去585部，794卷。

唐代，是中日文化交流的历史蜜月。唐文化给予日本文化的影响至今洋溢。

第九节 以文载游

一、记游诗

唐人旅游，以诗为伴，山水城乡，诗歌满地。《全唐诗》中，怀古诗、览胜诗、花木诗、冶游诗、山水诗、田园诗派、边塞诗，……云来雨集，应有尽有。

唐诗临迹怀古

主题或在人事代谢，孟浩然《与诸子登岘山》：

　　人事有代谢，往来成古今。
　　江山留胜迹，我辈复登临。
　　水落鱼梁浅，天寒梦泽深。
　　羊公碑尚在，读罢泪沾巾。④

或志在功业兴废。李白《登金陵凤凰台》：

　　凤凰台上凤凰游，凤去台空江自流。
　　吴宫花草埋幽径，晋代衣冠成古丘。
　　三山半落青天外，二水中分白鹭州。

---

① 华严宗，又称贤首宗、法界宗、圆明具德宗，发源地为陕西西安华严寺。为中国佛教宗派之一。以隋代杜顺和尚即法顺为初祖，依《华严经》立名。

② 律宗，中国佛教宗派之一，发源陕西西安净业寺。因着重研习及传持戒律而得名。实际创始人为唐代道宣。因道宣住终南山，又称南山律宗或南山宗。

③ 净土宗，根源大乘佛教净土信仰，专修往生阿弥陀佛净土法门。中国净土宗的最早祖庭是江西庐山东林寺。祖师东晋慧远。

④ 岘(xiàn)山，在今湖北襄阳。羊公，东晋羊祜(hù)，曾镇守襄阳，流惠于民，死后，百姓立碑祭奠。

第八章　唐代旅游

> 总为浮云能蔽日，长安不见使人愁。①

意境博大开朗，气势充沛浑厚，浮云不蔽雄心，忧愁凸显豪情。或感叹人世无常，杜牧《九日齐山登高》：

> 江涵秋影雁初飞，与客携壶上翠微。
> 尘世难逢开口笑，菊花须插满头归。
> 但将酩酊酬佳节，不用登临恨落晖。
> 古往今来只如此，牛山何必独沾衣。②

世情险恶，一游为快；事业安在？一醉方休。或悼念杰出人物，杜甫《蜀相》：

> 丞相祠堂何处寻？锦官城外柏森森。
> 映阶碧草自春色，隔叶黄鹂空好音。
> 三顾频烦天下计，两朝开济老臣心。
> 出师未捷身先死，长使英雄泪满襟。③

四句写景，幽静肃穆。"三顾"两句，赞颂诸葛亮的雄才大略和赤胆忠心。"出师"两句，痛惋诸葛亮的鞠躬尽瘁，死而后已。诗调沉郁顿挫，诗情悲凉慷慨。或悼念风流人事，李贺《苏小小墓》：

> 幽兰露，如啼眼。
> 无物结同心，烟花不堪剪。
> 草如茵，松如盖，
> 风为裳，水为佩。
> 油壁车，夕相待。
> 冷翠烛，劳光彩。
> 西陵下，风吹雨。

苏小小，南朝歌伎，家住钱塘（今浙江杭州），墓在今杭州西湖西泠桥畔。李贺以罕见的三言诗，同情苏小小，复活苏小小。

---

① 凤凰台在金陵凤凰山上，相传南朝刘宋永嘉年间有凤凰集于此山，乃筑台。明清志书《江南通志》："凤凰台在江宁府城内之西南隅，犹有陂陀，尚可登览。宋元嘉十六年，有三鸟翔集山间，文彩五色，状如孔雀，音声谐和，众鸟群附，时人谓之凤凰。起台于山，谓之凤凰山，里曰凤凰里。"三山，南宋周应合、马光祖撰修《景定建康志》："其山积石森郁，滨于大江，三峰并列，南北相连，故号三山"。陆游《入蜀记》："三山自石头及凤凰台望之，杳杳有无中耳，及过其下，则距金陵才五十余里。"

② 齐山，即牛山，属山东齐国故地。《晏子春秋》有齐景公观赏美景、担忧老死、饮泣牛山的典故。

③ 丞相祠堂，成都武侯祠。

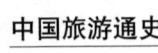

唐诗登楼览胜

首推王之涣《登鹳雀楼》：

> 白日依山尽，黄河入海流。
> 欲穷千里目，更上一层楼。

鹳雀楼在今山西永济黄河东岸。王诗视野浩大，境界博大，胸襟阔大，志向远大，是古今登楼第一诗。崔颢《登黄鹤楼》：

> 昔人已乘黄鹤去，此地空余黄鹤楼。
> 黄鹤一去不复返，白云千载空悠悠。
> 晴川历历汉阳树，芳草萋萋鹦鹉洲。
> 日暮乡关何处是？烟波江上使人愁。

黄鹤楼在今湖北武汉长江北岸。这首诗与李白《登金陵凤凰台》号称登临双璧[①]。但旨意不同，李抒志，崔怀乡。"晴川"二句，风景如画，"日暮"二句，情真意切。杜甫《登岳阳楼》：

> 昔闻洞庭水，今上岳阳楼。
> 吴楚东南坼，乾坤日夜浮。
> 亲朋无一字，老病有孤舟。
> 戎马关山北，凭轩涕泗流。

遥望东南，洞庭浩瀚；老病登楼，人境凄凉；凭栏北眺，狼烟战火；忧国忧民忧己。景出眼底，语出肺腑，情出胸臆，感人至深。

唐人冶游诗

崔护题的《都城南庄》，无人不知。杜牧的《赠别》：

> 多情却似总无情，唯觉樽前笑不成。
> 蜡烛有心还惜别，替人垂泪到天明。

青楼惜别，依依不舍，"蜡烛"两句，生动贴

[①] 按：李诗借凤凰开题，用两句，意思已足。崔诗借黄鹤开题，用四句，而意思同于李诗。李诗高出一筹。严羽《沧浪诗话》："唐人七言律诗，当以崔颢《黄鹤楼》为第一。"评价过当。

切。

唐人羁旅诗

借景抒情，时有绝唱。李商隐《夜雨寄北》：

> 君问归期未有期，巴山夜雨涨秋池。
> 何当共剪西窗烛，却话巴山夜雨时。

旅居巴山，思念妻子，语短情长，情景交融。张继①《枫桥夜泊》：

> 月落乌啼霜满天，江枫渔火对愁眠。
> 姑苏城外寒山寺，夜半钟声到客船。

枫桥，地名，在今苏州市阊门外寒山寺下。月落乌啼，一幅画；江枫渔火，一幅画；城外古寺，又是一幅画；夜半钟声，游子客船，仍是一幅画；宁静、幽美的江边夜景，浮动着淡淡的羁旅忧伤。张继和枫桥一举成名。

唐人山水诗

谢绝六朝玄理，抛弃六朝褥丽，用明快的语言，生动的形象，多变的风格，追求深远意境，把六朝开发的山水诗推向高峰。王维既有刚健之作，《终南山》；又有平淡之作，《辋川绝句》；而以平淡为宗，开王孟韦柳一路。李白既有潇洒之作，《朝发白帝城》；又有安闲之作，《敬亭山》；而以潇洒为宗。杜甫既有沉郁之作，《登高》；又有轻松之作，《江畔独步寻花》；而以沉郁为宗。至于王勃《山中》②，苍凉；白居易《钱塘湖春行》，欢快；杜牧《山行》，温暖；温庭筠《商山早行》，凄清；多姿多彩，都是传世瑰宝。

唐人田园诗

既描写田园风光，又关注农家生活，拓展

---

①张继（约715—779），字懿孙，襄州（今湖北襄阳县）人，天宝进士。唐肃宗时，终官盐铁判官。有《张祠部诗集》。

②王勃《山中》："长江悲已滞，万里念将归。况属高风晚，山山黄叶飞。"

了陶渊明以我为主的田园诗义。王维《渭川田家》：

> 斜阳照墟落，穷巷牛羊归。
> 野老念牧童，倚杖候荆扉。
> 雉雊麦苗秀，蚕眠桑叶稀。
> 田夫荷锄至，相见语依依。
> 即此羡闲逸，怅然吟式微。

刘禹锡《竹枝词》：

> 杨柳青青江水平，闻郎江上踏歌声。
> 东边日出西边雨，道是无情却有情。

主题均在农家乐。特别是刘禹锡的《竹枝词》，通俗、明快、生动，富有民歌风味、民歌格调。

唐人游边诗

或称边塞诗。唐人边游，诗情激越，以丰富的想象力和强大的表现力，描写奇特的边塞风光、记述艰难的军旅生活、抒发复杂的思想情感。初唐杨炯《从军行》，斗志昂扬：

> 烽火照西京，心中自不平。
> 牙璋辞凤阙，铁骑绕龙城。
> 雪暗凋旗画，风多杂鼓声。
> 宁为百夫长，胜作一书生。

盛唐王翰《凉州词》，视死如醉：

> 葡萄美酒夜光杯，欲饮琵琶马上催。
> 醉卧沙场君莫笑，古来征战几人回。

盛唐祖咏《望蓟门》，论功请缨：

> 燕台一望客心惊，笳鼓喧喧汉将营。

> 万里寒光生积雪,三边曙色动危旌。
> 沙场烽火连胡月,海畔云山拥蓟城。
> 少小虽非投笔吏,论功还欲请长缨。

中唐卢纶《塞下曲》,雪夜追敌:

> 月黑雁飞高,单于夜遁逃。
> 欲将轻骑逐,大雪满弓刀。

中唐李贺《潭门太守行》,血战沙场:

> 黑云压城城欲摧,甲光向日金鳞开。
> 角声满天秋色里,塞上胭脂凝夜紫。
> 半卷红旗临易水,霜重鼓寒声不起。
> 报君黄金台上意,提携玉龙为君死。

晚唐陈陶《陇西行》,杀敌捐躯:

> 誓扫匈奴不顾身,五千貂锦丧胡尘。
> 可怜无定河边骨,犹是春闺梦里人。

至于岑参笔下的八月飞雪,五月火山①;王维笔下的长河落日,大漠孤烟②;高适笔下的孤城落日,寒声刁斗③;王昌龄笔下的黄沙穿甲,琵琶起舞④;李益笔下的燕歌塞鸿,牧马边草⑤;更是唐人边塞诗的杰出画卷。

唐代游边诗的作者未必都有边塞之游。有几位诗人,王之涣、李颀(qí)等,似无边塞经历⑥,却创作了边塞杰作。王之涣《凉州词》:

> 黄河远上白云间,一片孤城万仞山。
> 羌笛何须怨杨柳,春风不度玉门关。

背景苍凉壮阔,思绪哀婉含蓄,千百年来,脍炙人口。李颀《古从军行》:

> 白日登山望烽火,黄昏饮马傍交河。

---

①岑参《白雪歌送武判官归京》:"北风卷地白草折,胡天八月即飞雪。"《火山云歌送别》:"火山突兀赤亭口,火山五月火云厚。"

②王维《使至塞上》:"大漠孤烟直,长河落日圆。"

③高适《燕歌行》:"大漠穷秋塞草腓,孤城落日斗兵稀。""杀气三时作阵云,寒声一夜传刁斗。"

④王昌龄《从军行》:"黄沙百战穿金甲,不破楼兰终不还。""琵琶起舞换新声,总是关山旧别情。"

⑤唐·李益《塞下曲》:"燕歌未断塞鸿飞,牧马群嘶边草绿。"

⑥按新旧《唐书》和唐人其他传记,确无游边记录,但也不能因此断定他们从未到过边疆。王之涣(688—742),字季凌,绛州(今山西新绛县)人。自幼聪颖,少时豪侠,中年专心写诗,诗名大振,未走科举,作过冀州衡水县主簿,不久因人诬陷,拂衣去官,长期家居,晚年任文安县尉,病卒官舍。李颀,赵郡(今河北赵县)人,长居颖阳(今河南登封西)。开元二十三年(735)进士。一度任新乡县尉,不久去官,后隐居嵩山。交游广泛,炼丹修道。天宝末去世。

> 行人刁斗风沙暗，公主琵琶幽怨多。
> 野云万里无城郭，雨雪纷纷连大漠。
> 胡雁哀鸣夜夜飞，胡儿眼泪双双落。
> 闻道玉门犹被遮，应将性命逐经车。
> 年年战骨埋荒外，空见葡萄入汉家。

思想深刻，感情沉痛，章法整饬，音韵宛转，真不能相信这样优秀的作品是异地想象之辞。果真如此，未游边塞还热写边塞，足证唐人边游的时髦和魅力。

二、记游赋

唐人赋游，古赋（骚体、散体）、骈赋、律赋、文赋，四体具备。①

初唐王绩游北山（在今山西运城），作骈体《游北山赋》。其序：

> 吾周人也，本家於祁，永嘉之际，扈从江左，地实儒素，人多高烈。穆公感建元之耻，归於洛阳；同州悲永安之事，退居河曲。始则晋阳之开国，终乃安康之受田。坟陇寓居，倏焉五叶；桑榆成荫，俄将百年。绩南山故情，老而弥笃；东陂馀业，悠哉自宁。酒瓮多於步兵，黍田广於彭泽。皇甫谧之心事，陇亩终焉；仲长统之规模，园林幸足。独居南渚，时游北山，聊度日以为娱，忽经年而忘返。西穷马谷，北达牛溪，邱壑依然，风烟满目。孙登默坐，对嵇阮而无言；王霸幽居，与妻孥而共去。窗临水石，砌绕松篁。类田园之去来，亦已久矣；望山林之故道，何其悠哉！诗者志之所之，赋者诗之流

---

① 汉赋称古赋，有骚体、散体。骚体，即楚辞体。散体，韵散相间。魏晋南北朝骈体为赋，讲究对仗、押韵，称骈赋。唐代科举命题作赋，限定对仗、声律、韵脚、句型、句数，称试赋。试赋形式称律赋。唐人或以散文为赋，不拘形式，自由抒写，称文赋。

也，式抽短思，即为赋云。

赋前有序是赋的一般格式。序以说事，赋以体物。这篇小序交待作赋来由，文字流畅，比赋文写得好。赋文议论过多，有悖"赋体物而浏亮"。但凡写景，仍有可观：

> 聊将度日，忽已经秋。菊花两岸，松声一邱。……尔其杂树相纠，长条交茹。叶动猿来，花惊鸟去。……山水幽寻，风云路深。兰窗左辟，菌阁斜临。石当阶而虎踞，泉度牖而龙吟。月照南浦，烟生北林。阅邱壑之新趣，纵江湖之旧心。……白牛溪里，峰峦四峙。……地犹如昨，人多已矣。……北冈之上，东岩之前。讲堂犹在，碑石宛然。……临故墟而掩抑，指归途而叹惜。往往溪横，时时路塞。忽登崇岫，依然旧识。地迥心遥，山高视直。望烟火於桑梓，辨沟塍於乡国。斜临姑射之西，正是汾河之北。怅矣怀抱，悠哉川域。①

"菊花两岸，松声一丘"，"叶动猿来，花惊鸟去"，是绘景雅丽的美文；"地犹如昨，人多已矣"，"讲堂犹在，碑石宛然"，是怀人深切的心声。

盛唐王泠然②，游汝州（今河南汝州），到访薛家竹亭，有感竹林森森，竹亭清雅，作骈体《汝州薛家竹亭赋》：

> 梁颍多士，……惟我薛公。卜幽栖於汝北，夷旧业於河东，……

---

① 沟塍（chéng），沟渠和田梗。姑射（yè）山，山西吕梁山支脉。

② 王泠然，字仲清，太原（今山西太原）人。唐开元五年进士，官太子校书郎。

（筑）亭一所，修竹一丛，萧然物外，乐自其中。其竹也，初栽尚少，未长仍小，杂以乔木，环为曲沼，遵远水以浇浸，编长栏而护绕。向日森森，当风袅袅，劲节迷其寒燠，繁枝失其昏晓，疏茎历历傍见人，交叶重重上闻鸟。其亭也，溪左岩右，川空地平，材非难得，功则易成。一门四柱，石础松棂，泥含淑气，瓦覆苔青。才容小榻，更设短屏，后陈酒器，前开药经。薛公谓予曰："自造此亭，未有兹客。"跪而应曰："自从为客，未见此亭。"既而物且遍好，多能所造，亭（中）坐卧，清户开而向林；门下往来，翠阴合而无草。禁行路使勿伐，命家僮使数埽，游子见而忘归，居人对而遗老。余何为者？累载栖遑，学应成癖，走则非狂。宇宙至宽，顾立锥而无地；公卿未识，久弹铗而辞乡。一见竹亭之美，竟嗟叹而成章。

这篇赋托赋颂亭，托亭颂人。"自造此亭，未有兹客"，"自从为客，未见此亭"，主客互捧，妙语解颐。

中唐刘禹锡游山阳（在今河南焦作），怀念汉朝故事[①]，作骚体《山阳城赋》，通篇议论，不是佳作。

杜牧秋游，作骚体《晚晴赋》：

秋日晚晴，樊川子目于郊园，见大者小者，有状类者，故书赋云：

雨晴秋容新沐兮，忻绕园而细

[①]《三国志》、《后汉书》，东汉末年，曹丕称帝，贬汉献帝刘协于山阳城，"以河内之山阳邑万户奉献帝为山阳公"。

履。面平池之清空兮，紫阁青横，远来照水。如高堂之上，见罗幕兮，垂乎镜里。木势党伍兮，行者如迎，偃者如醉，高者如达，低者如跂。松数十株，切切交崎，如冠剑大臣，国有急难，庭立而议。竹林外裏兮，十万丈夫，甲刃枞枞，密阵而环侍。岂负军令之不敢嚣兮，何意气之严毅。复引舟于深湾，忽八九之红芰，姹然如妇，敛然如女，堕蕊宛颜，似见放弃。白鹭潜来兮，遗风标之公子，窥此美人兮，如慕悦其容媚。杂花参差于岸侧兮，绛绿黄紫，格顽色贱兮，或妾或婢。间草甚多，丛者束兮，靡者杳兮，仰风猎日，如立如笑兮，千千万万之容兮，不可得而状也。若予者则谓何如？倒冠落珮兮，与世阔疏。敖敖休休兮，真徇其愚而隐居者乎！

笔墨在景物，状物多妙喻，是一篇优美的抒情记游赋。

晚唐王棨[①]游江南，作律体《江南春赋》：

丽日迟迟，江南春兮春已归。分中元之节候，为下国之芳菲。烟幂历以堪悲，六朝故地；景葱茏而正媚，二月晴晖。谁谓建业气偏，句吴地僻。年来而和煦先遍，寒少而萌芽易坼。诚知青律，吹南北以无殊；争奈洪流，亘东西而是隔。当使兰泽先暖，苹洲早晴。薄雾轻笼于钟阜，和风微扇于台城。有地皆秀，无枝不荣。远客堪迷，朱雀之航

[①] 王棨，字辅之，福清人。生卒年不详，约唐懿宗咸通末前后在世。咸通三年，（公元八六二年）登进士第。官至水部郎中。黄巢乱后，不知所终。晚唐作赋大家，尤善律赋。

头柳色；离人莫听，乌衣之巷里莺声。于时衡岳雁过，吴宫燕至。高低兮梅岭残白，逦迤兮枫林列翠。几多嫩绿，犹开玉树之庭；无限飘红，竞落金莲之地。别有鸥屿残照，渔家晚烟；潮浪渡口，芦笋沙边。野葳蕤而绣合，山明媚以屏连。蝶影争飞，昔日吴娃之径；杨花乱扑，当年桃叶之船。物盛一隅，芳连千里。斗暄妍于两岸，恨风霜于积水。幂幂而云低茂苑，谢客吟多；萋萋而草夹秦淮，王孙思起。或有惜佳节，纵良游，兰桡锦缆以盈水，舞袖歌声而满楼。谁见其晓色东皋，处处农人之苦；夕阳南陌，家家蚕妇之愁。悲夫！艳逸无穷，欢娱有极。齐东昏醉之而失位，陈后主迷之而丧国。今日并为天下春，无江南兮江北。

这篇赋语言清丽，节奏鲜明，诗化江南，曲终奏雅。清人李调元称："流丽悲倩，而句法处处变化，此为律赋正楷。尤妙于'有地皆秀，无枝不荣'，字字写尽江南春色。"

晚唐皮日休游霍山（今安徽天柱山），作文体《霍山赋》：

淮南之镇，曰霍为尊。……岳之气，其秀为春，其清若秋，其翠如云，云不能丽。其色如烟，烟不能鲜。若雨收气爽，丹青满天。……岳之德，生之，育之，煦之，和之。开花染卉，凄凄迷迷，藻缋数百里。岳之形，有云鹜之，其勃如怒；有泉烈烈，其来如决。叱丰隆，奔列缺，轰然霹雳，天地俱裂。岳之异状，其势如危，或不可支，若不可维。或仰而呀，有如吮空；或俯而拔，有如攫地。其晓而东，有如贯日。其暮而西，有如孕月。有水而脉，有石而骨，有洞而腹，有崿而节。或锐而励，或断而截，或回而驰，或低而折。其经之，怪之，祥之，诡之，千种万类，繁不可得而详记。

夫古有五岳，霍居其一……洎唐虞以降，皆燔柴于霍，我帝用缋其礼。至周旦册而命我，与诸岳星列中国。自汉以后，乃易我号而归于衡。……尔能以文，求执事之达者，易衡之号以归于我。……帝曰："有衡既远，有狩必劳。惟霍之迩，斯号可复。"

形容霍山气象万千，假托神灵，要求天子归还南岳封号。

至今流传的唐人记游赋，还有初唐王勃游庙山，所作《游庙山赋》；许敬宗①游掖庭山，所作《掖庭山赋》；盛唐萧颖士游宜城，所作《登故宜城赋》；张嵩游云中，所作《云中古城赋》；赵冬曦②，游三门，所作《三门赋》；中唐白居易游渭水，所作《泛渭赋》；晚唐周针③游吴岳（在今陕西宝鸡），所作《登吴岳赋》等。

三、记游文

文章记游，以"记"名篇，初见东汉，马第伯《封禅仪记》记游路，写山景。六朝记游，以"记"以"序"，花样渐多，习用骈

①许敬宗（592—672），字延族，杭州新城人，隋时官直谒者台奏通事舍人事。入唐，为著作郎，兼修国史，后迁太子右庶子。高宗时为礼部尚书、中书令、右相。

②赵冬曦，定州鼓城人，进士。开元时官考功员外郎直学士，迁中书舍人内供奉，终国子祭酒。

③周针，湖南人，唐懿宗咸通时以辞赋擅名。

体。初唐，诗赋题序，已有类似记游文者，如王绩《游北山赋序》，赵东曦《三门赋序》。但单独的既写游迹又写景观、游感的文章，所见盖寡。中唐，有识之士提倡古文（散文），批评时文（骈文），以散行单出、自由书写的文章，记写游迹、描写景观、抒发游感，记游文始信马游缰，纵马奔腾。元结①题记景观，舍弃骈偶，作《寒亭记》：

> 永泰丙午中，巡属县至江华。县大夫瞿令问咨曰："县南水石相映，望之可爱。相传不可登临。俾求之。得洞穴而入，栈险以通之，始得构茅亭于石上。及亭成也，所以阶槛凭空，下临长江，轩楹云端，上齐绝颠。若旦暮景气，烟霭异色，苍苍石墉，含映水木。欲名斯亭，状类不得，敢请名之，表示来世。"于是休于亭上，为商之曰："今大暑登之，疑天时将寒。炎蒸之地，而清凉可安。不合命之曰'寒亭'欤？"乃为寒亭作记，刻之亭背。②

《右溪记》：

> 道州城西百余步，有小溪。南流数十步，合营溪。水抵两岸，悉皆怪石，攲嵌盘屈，不可名状。清流触石，洄悬激注。佳木异竹，垂阴相荫。此溪若在山野，则宜逸民退士之所游处；在人间，则可为都邑之胜境，静者之林亭。而置州已来，无人赏爱；徘徊溪上，为之怅然。乃疏凿

①元结（719—772），字次山，号漫叟、聱叟。天宝十二年进士。唐肃宗乾元二年（759），任山南东道节度使史翙幕参谋。代宗时，任道州刺史，调容州，加封容州都督充本管经略守捉使，政绩颇丰。

②寒亭，在唐代道州江华县，今湖南江华县南。永泰，唐代宗的年号，丙午，干支纪年，即永泰二年（766）。巡，视察。属县，辖县。代宗广德元年（763）元结任道州刺史，永泰二年再任道州刺史。

芜秽，俾为亭宇；植松与桂，兼之香草，以裨形胜。为溪在州右，遂命之曰"右溪"。刻铭石上，彰示来者。①

文字简洁，语意流畅，时间、地点、缘由、景观，均有清楚的陈述与描写。白居易《冷泉亭记》：

> 东南山水，余杭郡为最。就郡言，灵隐寺为尤。由寺观，冷泉亭为甲。亭在山下，水中央，寺西南隅。高不倍寻，广不累丈，而撮奇得要，地搜胜概，物无遁形。
>
> 春之日，吾爱其草薰薰，木欣欣，可以导和纳粹，畅人血气。夏之夜，吾爱其泉渟渟，风泠泠，可以蠲烦析酲，起人心情。山树为盖，岩石为屏，云从栋生，水与阶平。坐而玩之者，可濯足于床下；卧而狎之者，可垂钓于枕上。矧（shěn）又潺湲洁沏，粹冷柔滑。若俗士，若道人，眼耳之尘，心舌之垢，不待盥涤，见辄除去。潜利阴益，可胜言哉!斯所以最余杭而甲灵隐也。
>
> 杭自郡城抵四封，丛山复湖，易为形胜。先是，领郡者，有相里君造作虚白亭，有韩仆射皋作候仙亭，有裴庶子棠棣作观风亭，有卢给事元辅作见山亭，及右司郎中河南元藇最后作此亭。于是五亭相望，如指之列，可谓佳境殚矣，能事毕矣。后来者虽有敏心巧目，无所加焉。故吾继之，

① 右溪，唐道州城西的一条小溪。道州治所在今湖南道县。"右"，古以东为左，西为右，此溪在城西，所以作者为之取名"右溪"。营溪，谓营水，源出湖南宁远，西北流经道县，北至零陵入湘水，湘江上游的较大支流。"置州，唐高祖武德四年（612）设置南营州，太宗贞观八年（634）改为道州，玄宗天宝元年（742）改设江华郡，肃宗乾元元年（758）复称道州。

述而不作。长庆三年八月十三日记。

抒情写意，绘景绣物，议论风发。最突出的中唐游记是柳宗元的《永州八记》①。

柳宗元《永州八记》以八篇游记描述永州山水的形态、色态、动态，尽显永州山水的高旷、幽深、峻洁、奇丽，饱含自己贬官南楚寂寞、忧悒、不平、不甘情感，语言生动精致，思绪蕴积婉转。《至小丘西小石潭记》：

> 从小丘西行百二十步，隔篁竹，闻水声，如鸣佩环，心乐之。伐竹取道，下见小潭，水尤清冽。全石以为底，近岸，卷石底以出。为坻，为屿，为嵁，为岩。青树翠蔓，蒙络摇缀，参差披拂。潭中鱼可百许头，皆若空游无所依。日光下彻，影布石上，佁然不动；俶尔远逝；往来翕忽，似与游者相乐。潭西南而望，斗折蛇行，明灭可见。其岸势犬牙差互，不可知其源。坐潭上，四面竹树环合，寂寥无人，凄神寒骨，悄怆幽邃。以其境过清，不可久居，乃记之而去。
>
> 同游者：吴武陵，龚古，余弟宗玄。隶而从者，崔氏二小生：曰恕己，曰奉壹。

观察入微，描摹细致，潭水的空明澄澈和游鱼的形神姿态，惟妙惟肖。《钴鉧潭西小丘记》：

> 以兹丘之胜，致之沣、镐、鄠、杜，则贵游之士争买者，日增千金而愈不可得。今弃是州也，农夫渔父，

① 柳宗元《永州八记》指《始得西山宴游记》、《钴鉧潭记》、《钴鉧潭西小丘记》、《至小丘西小石潭记》、《袁家渴记》、《石渠记》、《石涧记》、《小石城山记》。西山，在今永州粮子岭。钴鉧潭，在今永州芝山区河西柳子街柳子庙愚溪西北。钴鉧潭西小丘，在今柳子街愚溪旁。小石潭，在愚溪旁。袁家渴，在今永州市芝山区沙沟湾村。石渠，袁家渴附近小溪。石涧，在石渠下涧子边杨家。小石城山，在今永州芝山区朝阳乡。

过而陋之，贾四百，连岁不能售。而我与深源、克己独喜得之，是其果有遭乎！书于石，所以贺兹丘之遭也。

议论兹丘之胜，因在永州，仅值四百，若在关中，千金难购，藉以抒发怀才不遇，寄托政治隐痛。《永州八记》是古典山水文情景交融、物我合一的典范。篇篇精彩，系列组合，彻底改观了东汉以来游记文未成大气候、大阵仗的局面，使游记文成为散文领域的堂堂大阵，巍巍大宗。 清人刘熙载《艺概·文概》："柳州记山水，状人物，论文章，无不形容尽致。其自命为'牢笼百态'，固宜。"[①]

四、山水景观铭

魏征为黄河中流砥柱（在今河南三门峡）作《砥柱山铭》；为九成宫（在今陕西麟游县）作《九成宫醴泉铭》。欧阳询为庐山西林寺[②]作《西林寺碑》。颜师古为河南荥阳等慈寺作《等慈寺碑》。等慈碑石原在河南汜水（今河南荥阳县），碑记唐太宗李世民建寺，超度阵亡、颂扬战功。碑文楷书，32行，每行65字，碑侧刻宋之丰、杨孝醇等题名，额篆书"大唐皇帝等慈寺之碑"3行9字，残碑现存郑州博物馆。

五、新创记游词

词，又称长短句，源于民间，初唐，已有文人拟写，长孙无忌《新曲》二首，是长短句；唐玄宗李隆基《好时光》也是长短句。至中晚唐，词体渐成规范，篇有定句，句有定字，字有定声，已是游客常用文体。唐词多写闺阁，时或写景写物写旅游。《敦煌曲子词》有一首《浣溪沙》：

---

① 柳宗元《愚溪诗序》自谓："文墨自慰，漱涤万物，牢笼百态。"

② 西林寺，坐落庐山北麓，建于东晋太和二年（366），创建人太府卿陶范。

> 五两竿头风欲平,长风举棹觉船行。
> 柔橹不施停却棹,是船行。
> 满眼风波多闪灼,看山恰似走来迎。
> 仔细看山山不动,是船行。

乘船旅行,观赏江景。白居易《忆江南》三首:

> 江南好,风景旧曾谙。
> 日出江花红胜火,春来江水绿如蓝。
> 能不忆江南?
>
> 江南忆,最忆是杭州。
> 山寺月中寻桂子,郡亭枕上看潮头。
> 何日更重游?
>
> 江南忆,其次忆吴宫。
> 吴酒一杯春竹叶,吴娃双舞醉芙蓉。
> 早晚复相逢?

追忆江南风光。郑符《闲中好·题永寿寺》:

> 闲中好,尽日松为侣。
> 此趣人不知,轻风度僧扉。

描写僧侣生活的宁静致远。韦庄《思帝乡》:

> 春日游,杏花吹满头。
> 陌上谁家年少,足风流。
> 妾拟将身嫁与,一生休。
> 纵被无情弃,不能羞。

描写春游踏春,有女怀春。

六、记游传奇

传奇特指唐人文言短篇小说。"作意好奇,假小说以寄笔端"[①]。唐人传奇,有冶游题

[①] 明·胡应麟《少室山房笔丛》。六朝小说,记叙传闻,渲染传闻。唐人传奇自编传闻,自创故事,故称"作意好奇"。

材。现存第一篇唐人传奇，初唐张鷟①《游仙窟》，描写出差途中的冶游艳遇。云雨一节：

> 于时夜久更深，情急意蜜。鱼灯四面照，蜡烛两边明。十娘即唤桂心，并呼芍药，与少府脱靴履，叠袍衣，阁幞头，挂腰带。然后自与十娘施绫被，解罗裙，脱红衫，去绿袜。花容满面，香风裂鼻。心去无人制，情来不自禁。插手红裈，交脚翠被。两唇对口，一臂支头。拍搦奶房间，摩挲髀子上。一咶一快意，一勒一伤心。鼻里酸嘶，心中结缭。少时眼华耳热，脉胀筋舒。始知难逢难见，可贵可重。俄顷中间，数回相接。谁知可憎病鹊，夜半惊人；薄媚狂鸡，三更唱晓。遂则被衣对坐，泣泪相看。

首开中国小说描写做爱的记录，是含蓄雅致的色情文学。中唐，白行简《李娃传》、蒋防《霍小玉传》也都是冶游而起的故事。唐人的冶游传奇为中国古代旅游文学增添了一样花式。

七、山水画

比较前代，唐人山水画画风高涨，风格多样，自成一派的画家有李思训、吴道子、王维等。

李思训（651—718），字建，唐宗室。开元初封左武卫大将军，画史称"大李将军"，山水画青绿重彩，精密富丽，唐人推为"国朝山水第一"。唐人张彦远《历代名画记》称赞李思训"画山水树石，笔格遒劲，湍濑潺湲，云霞缥缈"。其子李昭道，官至太子中舍，画

---

①张鷟（约660—740），字文成，自号浮休子，深州陆泽（今河北深县）人。唐高宗年间进士，朝廷凡有应制考试，屡为第一。人喻万选万中的青铜钱，戏"青钱学士"。武后时，擢任御史。

史称"小李将军"。山水画"变父之势，妙又过之"。

吴道子（约680—759），阳翟（今河南禹州）人。以疏体水墨，脱形写意。《历代名画记》说吴道子所画"不滞于手，不凝于心，不知然而然，离、披、点、画、时见缺落"。北宋郭若虚《图画见闻志》"吴道子画山水有笔而无墨"，三百里嘉陵江山水，"一日而毕"。这种洒脱的水墨线描，赋予山水画新的面貌与精神。

王维既善诗，又善画，尤善山水水墨。《唐国史补》："王维画品妙绝，于山水平远尤工。"王维水墨，山水静谧，诗意深远。苏轼《东坡题跋》"味摩诘之诗，诗中有画，观摩诘之画，画中有诗"。王维山水画既有李思训的笔墨雅丽，又有吴道子的水墨风致，并有自家的"破墨"① 特长，人称"南宗画之祖"②。王维作画不拘物象，不问四时，所画雪景芭蕉，"造理入神"③，无理而妙。

又有张璪（或作藻）者，字文通，吴郡（今江苏苏州）人。德宗时作画于长安，技法神似王维水墨，或云"南宗摩诘传张璪"。唐人朱景玄《唐朝名画录》说张璪山水"高低秀丽，咫尺重深，石尖欲落，泉喷如吼"，"其近也，若逼人面寒；其远也，若极天之尽"，形象生动而富有感染力。其人尤工树石。《唐朝名画录》说他双管画松，"一为生枝，一为枯枝，气傲烟霞，势凌风云，槎枿之形，鳞皴之状，随意纵横，应手间出。生枝则润含春泽，枯枝则惨同秋色"。张彦远《历代名画记》说树石之状，"穷于张通（张璪）"。荆浩《笔法记》："张藻员外树石，气韵俱盛，

① 破墨，中国画技法。南朝梁萧绎《山水松石格》："或离合于破墨。"破墨，重复用墨，创造墨色浓淡的变化。

② 明代书画家董其昌以佛教南北宗分山水画为南北宗，把李思训的"青绿重彩"画称为北宗，王维的"水墨"画称为南宗。南宗画，又称文人画。

③ 北宋·沈括《梦溪笔谈》。

笔墨积微，真思卓然，不贵五彩，旷古绝今，未之有也。"张璪自著《绘境》，所存片语"外师造化，中得心源"是画学著名格言。

第十节 唐人论游道

唐人兼收并蓄儒道佛三家旅游观，视旅游为兼济天下与独善其身的生活方式。一般说来，士林游客，博取功名或仕途顺利时，以旅游为进取之途。功名受挫或仕途偃蹇时，以旅游为退避之途。唐人比较全面论及旅游并有所创新的是柳宗元。

一、游观是为政之具

柳宗元认为从政者可以治游观，辅政治。为官一地，如能利用资源，开发游观，有助于官绅百姓化解烦恼、舒畅情志；有助于城邑优美，民风安静，人和政通。《零陵三亭记》①：

> 邑之有观游，或以为非政，是大不然。夫气烦则虑乱，视壅则志滞，君子必有游息之物，高明之具，使之清宁平夷，恒若有余，然后理达而事成。

柳宗元称赞零陵县令薛存义深谙高明游息之道，治理景观，建设文明，引导民风。《零陵三亭记》：

> 乃作三亭，陟降晦明，高者冠山巅，下者俯清池。更衣膳饔，列置备具，宾以燕好，旅以馆舍。高明游息之道，具在是邑。

柳宗元也特别告诫，主政者以游观辅政，旨在

① 零陵，今湖南零陵。三亭，读书亭、湘秀亭、俯清亭。

理政，不在乐己，不能借口辅政，以玩替政，荒废治理：

> 夫观游者，果为政之具欤？薛之志，其果出于是欤？及其弊也，则以玩替政，以荒去理。使继是者咸有薛之志，则邑民之福，其可既乎？

应学习薛存义，利用游观，造福百姓。这个观点是古代旅游的新观点，鼓励地方官员开发城乡旅游资源。

二、游居是为道之具

柳宗元认为"志不愿仕"者游居山水，志在乐道，是修身养性复归老庄自然之道的形式。他议论游居潭州的戴简：

> 志不愿仕。……戴氏以泉池为宅居，以云物为朋徒，摅幽发粹，日与之娱，则行宜益高，文宜益峻，道宜益懋，交相赞者也。[①]

泉池云物，离尘脱俗，行益高，文益峻，道益茂。

三、山水因人增彩

柳宗元说：

> 地虽胜，得人焉而居之，则山若增而高，水若辟而广，堂不待饰而已奂矣。[②]

即便是优美山水，也会因人增高，因人增广，因人增彩。刘禹锡说得更畅快，《陋室铭》：

> 山不在高，有仙则名。
> 水不在深，有龙则灵。

[①] 柳宗元《潭州杨中丞作东池戴氏堂记》。杨中丞，杨凭，潭州（今湖南长沙）刺史。在潭州筑堂授予戴简。戴简，文士，有名声。

[②] 柳宗元《潭州杨中丞作东池戴氏堂记》。

仙，神人；龙，神物；喻指名人名家。这正是中国古代名胜景观的一个特征。许多景观其貌不扬，但因人在彼，名播遐迩。如成都子云居，不过普通民居，因扬雄居之而成一景。

四、景观开发　择恶取美

柳宗元《永州韦使君新堂记》说永州山水原本草漫山石，土湮山泉，树木杂乱，野兽出没，号为"秽墟"：

> 韦公之来，既逾月，理甚无事。望其地，且异之。始命芟其芜，行其涂。积之丘如，蠲之浏如。既焚既釃，奇势迭出。清浊辨质，美恶异位。视其植，则清秀敷舒；视其蓄，则溶漾纡余。怪石森然，周于四隅。或列或跪，或立或仆，窍穴逶邃，堆阜突怒。乃作栋宇，以为观游。凡其物类，无不合形辅势，效伎于堂庑之下。外之连山高原，林麓之崖，间厕隐显。迤延野绿，远混天碧，咸会于谯门之内。①

> 已乃延客入观，继以宴娱。或赞且贺曰："见公之作，知公之志。公之因土而得胜，岂不欲因俗以成化？公之择恶而取美，岂不欲除残而佑仁？公之蠲浊而流清，岂不欲废贪而立廉？公之居高以望远，岂不欲家抚而户晓？夫然，则是堂也，岂独草木土石水泉之适欤？山原林麓之观欤？将使继公之理者，视其细知其大也。"宗元请志诸石，措诸壁，编以为二千石楷法。②

① 釃（shī），疏导，分流。纡余（yūxú），舒缓。伎，歌舞技艺。谯门，有楼城门。

② 二千石，太守之称。汉官秩，郡守年俸两千石。

永州刺史韦宙治景辅政，开发永州山水。开发的原则是"择恶取美"，"蠲(juān)浊流清"。择，剔除。蠲，清除。柳宗元称赞"择恶取美"使"清浊辨质"，"美恶异位"，物以类聚，"合形辅势"，体现君子比德，"择恶而取美，岂不欲除残而佑仁？""蠲浊而流清，岂不欲废贪而立廉？"

五、景观增修　因境制宜

柳宗元说景观之地，大致而言，不外两种境况。其地高出，光明敞亮，天地悠远，是旷境，旷达之境；其地多山丘，多林木，曲折回环，是奥境，奥秘之境。《永州龙兴寺东丘记》：

> 游之适，大率有二。旷如也，奥如也，如斯而已。其地之凌阻峭，出幽郁，寥廓悠长，则于旷宜；抵丘垤，伏灌莽，迫邃回合，则于奥宜。

旷境，可以增修楼台，扩张视野，不忌开敞，"因其旷，虽增以崇台延阁，回环日星，临瞰风雨，不可病其敞也"；奥境，可以增植树木，增添山石，加重隐幽，不忌深邃，"因其奥，虽增以茂树丛石，穿若洞谷，蓊若林麓，不可病其邃也"。①柳宗元并说，旷境增楼台，可为宏观：

> 西序之西，属当大江之流；江之外，山谷林麓甚众。于是凿西墉以为户，户之外为轩，以临群木之杪，无不瞩焉。不徙席，不运几，而得大观。②

奥境增狭室，有利微观：

① 柳宗元《永州龙兴寺西轩记》。

② 柳宗元《永州龙兴寺西轩记》。

> 俯入绿缛，幽荫荟蔚。……水亭狭室，曲有奥趣。……丘之幽幽，可以处休。丘之窅窅，可以观妙。①

奥趣，就是妙处。观妙，就是妙观，微观，贴近观察仔细揣摩景物的精微奥妙。

六、游观审美　聚精会神

柳宗元主张观赏景物，须聚精会神，悉心体察，悉心感悟。《钴鉧潭西小丘记》：

> 枕席而卧，则清冷之状与目谋，潆潆之声与耳谋，悠然而虚者与神谋，渊然而静者与心谋。

谋，会通。要求目到，耳到，神到，心到。耳目，体察景物；心神，感悟景物，达至"心凝形释，与万化冥合"②。

第十一节　基本建设

唐代，相关旅游的基本建设，交通、旅馆、资源开发等，高歌猛进。

一、道　路

国内陆路。长安是陆路总枢纽，唐人李吉甫《元和郡县志》说长安乃"八到"上都。朝廷并在韶州（治所在今广东韶关）开大庾岭，畅通岭南道；歙州（治所在今安徽歙县）开武陵岭，"凿石为盘道"；潭州"自望浮驿开新道，经浮丘，至湘乡"；商州（治所在今陕西商县）筑蓝田至内乡新路7百余里，"迥山取涂，人不病涉，谓之偏路"；余杭"筑甬道，通西北大路，高广径直百余里，行旅无山水之患"③。

---

① 柳宗元《永州龙兴寺东丘记》。
② 柳宗元《钴鉧潭西小丘记》。
③ 《新唐书·地理志》。

国内水路。武后时开凿新漕渠，南至淮水，北通密州（今山东诸城）。睿宗时开凿直河，引淮（淮水）入扬（扬州）。玄宗时开凿贵乡西渠、永济渠至魏州（今河北大名）。宪宗时疏通嘉陵江，自兴州（今陕西略阳）以西三百里。①

① 《新唐书·地理志》。

通向国外的陆路与海路，唐德宗贞元时，宰相贾耽计有七条。一是营州（治所在今辽宁朝阳）入安东道（治所在今朝鲜平壤）。二是夏州（今陕西靖边）塞外入云中道（治所在今山西大同）去蒙古。三是中受降城②入回鹘道，回鹘游牧区在今东北兴安岭至新疆阿尔泰山之间的内蒙、外蒙草原。四是安西入西域道。五是安南入天竺道，经今越南、缅甸入印度。六是登州（治所在今山东蓬莱）海行入高丽与渤海道。七是广州海行通天竺、大食（伊朗）道。这七条道从东南西北四个方向加强了中国与境外列国和境外民族的交往。但贾耽所举仍有遗漏。遗漏了两条通往日本的海上航路。一是北路，又称渤海路，由山东半岛，经黄海或渤海，至日本。这条路，始于隋，沿用于唐。另一是南路，由扬州下长江口，或由宁波一带，经东海，至于日本。这条路，始于唐，繁忙于唐。

② 唐朝，在今内蒙黄河以北、阴山以南修筑了三座受降城，作为屯兵要塞。东受降城，在今内蒙托克托县，中受降城在今包头市西，西受降城在今内蒙乌拉特中旗乌加河乡。

二、舟 船

唐时，海上运载工具，形制丽而宏。唐德宗时广州刺史王锷打造船舶，"日发十余艇，重以犀象珠贝，称商船而出诸境"③。唐宣宗大中年间，阿拉伯人苏莱曼东游中国，说他在大食波斯湾看到不少中国人的大海船，当地官员因其体积大，容量大，所收税额也比其他船舶多得多。④

③ 《旧唐书·王锷传》。

④ 《苏莱曼东游记》。

唐时，内河航运的船只，凡商船趋向大而坚固，载重几十万斤并不稀罕；凡游船客船趋向华丽精致，一般文人官吏及稍有钱财的人都可以雇到空间宽敞、装饰考究的轻舟画舫。

唐人在造船动力与速度上大动脑筋。《旧唐书》说巧匠李皋"常运用巧思，为战舰，挟二轮踏之，翔风破浪，疾若挂帆席"。《新唐书》说李皋"教为战舰，挟二轮踏之，鼓水疾进，驶于阵马"。这种"轮船"充作战舰，大约只能施于短途突击，而不适宜长途作战，也不适宜交通旅行。但毕竟是一项有益的发明。

三、飞 钱

秦代到唐代，货币的主要形式是铜钱。商人外出，携带大量铜钱，既行旅困难，又招惹盗贼，加之唐代铜钱总量缺乏，促使唐人想出了一个新的货币交割方法，一地寄存，异地兑取，寄存和兑取的凭证，称作"飞钱"。《新唐书·食货志》：

> 宪宗以钱少，复禁用铜器。时商贾至京师，委钱诸道进奏院及诸军、诸使富家，以轻装趋四方，合券乃取之，号"飞钱"。

诸道，地方官府。进奏院，诸道在京置邸，称上都留后院，后改称上都进奏院，相当于地方政府驻京办事处。"诸军诸使富家"，指文武官员中的富家。商贾到京，把铜钱交托给进奏院或家庭富有的官员，取得可以合验的并注明所托钱币数量的券证，然后携带合券，到地方做生意，向当地官府开设的柜坊，或诸军诸使的富家，合券取钱。这种取钱的凭证"飞钱"，犹如今天的银行支票。

"飞钱"的使用，方便了商贾，也方便了游客。商贾和游客可以带几张"飞钱"，轻装上路。

四、旅　馆

唐代旅馆①，仍为两类：一类官办，一类民办。

唐代的官办旅馆，一是宾馆，招待国外宾客。一是驿馆，接待出差官员。一是旅馆，接待民间旅客。

官府宾馆，由鸿胪寺管辖的称鸿胪客馆，由中书省管辖的称四方馆。大抵装修豪华，服务殷勤，条件舒适，集中在长安、洛阳，也设置于扬州、广州等口岸城市。

官府驿馆，"本备军速"②，兼作公家旅馆，三十里一置，数量繁多。韩愈夸张："府西三百里，驿馆同鱼鳞。"③《唐六典》④务实：全国驿馆1557所，陆驿1297所，水驿260所，驿务员工20 000多人。

驿馆分等级。《唐六典》称，国都所在的驿站，称都亭驿，每驿配驿夫25人。各道陆驿分六等：第一等配驿夫20人，二等配驿夫15人，三等以下递减，最后一等配驿夫二至三人。水驿也分三等：事繁配驿夫12人，事闲配驿夫九人，更闲水驿配驿夫六人。

唐驿一般一馆数厅。《唐会要》说馆驿有"上厅"，"西厅"，"别厅"等，可容多位官员同时入住。

驿馆迎来送往，开支巨大。唐制，驿馆经费由朝廷定额供给，并配给一定田亩，不足部分，可以租田养驿，也可以放贷养驿。

驿馆统属兵部管辖，责成地方官府照管，住宿制度严格。按《唐律》⑤：住宿验符，凡

---

① 参看山东大学研究生学位论文，冉海河《唐代旅馆业研究》。

② 《唐律疏议》。

③ 韩愈《酬裴十六功曹巡府西驿途中见寄》。府西，洛阳以西。

④ 《唐六典》全称《大唐六典》，是唐朝行政法典，也是我国现有的最早的行政法典。唐玄宗时官修。旧题唐玄宗撰、李林甫等注，实为张说、张九龄等人编纂，成书于开元二十六年（738）。六典之名出自《周礼》，原指治典、教典、礼典、政典、刑典、事典。

⑤ 《唐律》，唐朝法典。主要指《永徽律》。《永徽律》是唐高宗命长孙无忌等人在高祖《建德律》、太宗《贞观律》基础上编定的法典，于永徽二年（651）颁行。全文在长孙无忌《唐律疏议》。

公出官员，准其住宿；凡私出官员，五品以上，准其住宿；若遇特殊情况，身当"边远及无邮店之处"，九品以上，也准住宿；但私出官员住宿驿馆，不能享受免费的饮食供给。规定"不应入驿而入者，笞(chī)四十；辄受供给者，杖一百"。

官府旅馆，因征税而开。鉴于客舍盈利，朝廷禁止官员个人经商，包括经营旅馆或投资旅馆。贞观五年，诏令："五品以上，不得入市。"次年重申："禁五品以上过市。"但准许地方官府开办旅馆，增开税源。《新唐书·食货志》：

> 诸道置邸以收税，谓之塌地钱。

诸道，地方官府。邸，邸舍，旅馆。塌地钱，征收客人住店税，不征客人货物税。这也是中国古代的税收传统。《礼记·王制》"市廛而不税"，汉人郑玄注："廛，市物邸舍，税其舍不税其物。"孔颖达疏"廛谓公（官府）有邸舍，使客人停物于中，直税其所舍之处价，不税其在市所卖之物。"

唐代的民间旅馆，或称客舍、旅馆、邸舍。王维《送元二使安西》："渭城朝雨浥清尘，客舍青青柳色新。"高适《除夜作》："旅馆寒灯独不眠，客心何事转凄然？"唐人沈既济《枕中记》："道士有吕翁者，得神仙术，行邯郸道中，息邸舍。"

唐代民间旅馆，集中城市，唐人杜佑《通典》：

> 东起宋（宋州，辖境约当今之河南商丘、安徽砀山、山东曹县）

汴（汴州，辖境约当今之河南开封、兰考、杞县），西至岐州（约当今陕西宝鸡、岐山），夹路列店肆待客，酒馔丰溢……南诣荆（荆州，约当今湖北松滋、石首）襄（襄州，约当今湖北襄阳、谷城），北至太原，范阳（约当今北京、天津、保定地区），西至蜀川、凉府（约当今甘肃永昌、天祝地区），皆有店肆，以供商旅，远适数千里，不持刀刃。

但杜佑的概括囿乎中原，不及岭南、江浙。江浙、岭南是唐代对外交流的门户，客舍之沿街列巷定是应有之义。唐人钟辂《前定录》，括州（今浙江温州）刺史冯昭泰"告疾言归，景龙三年六月十三日，终于苏州之逆旅"。即如偏远象郡（今广西西部、越南西北部），虽人烟稀少，市面仍有馆舍，"及象郡之属邑，里市馆舍，悄然无一人，投宿于旅馆"①。

①北宋・李昉等《太平广记・水族》。

唐代民间旅馆，散于乡村。走山路，山边有店，温庭筠《商山早行》：

  晨起动征铎，客行悲故乡。
  鸡声茅店月，人迹板桥霜。

这茅店就是山中旅馆。走水路，岸边有店。张籍《宿江店》：

  夜点临江浦，门前有橘花。
  停灯待贾客，卖酒与渔家。

这江店就是江边旅馆。

民办旅馆相当发财。北宋李昉等《太平广记》说商人邹凤炽"邸店园宅，遍满海内，四

方物尽为所收"。长安西市,有窦义者:

> 造店二十间,当其要害,日受利数千,甚获其要,店今存焉,号窦家店。

有些客舍专接外国商贾,赚取外商旅费。定州(治所在今河北定州市)人何明远在边境为官府料理驿站,乘机开设自家旅馆,"专以袭胡为业",几年下来,"资财百万,家有绫机五百张"①。

外国人也在中国经营客货栈。《太平广记》说长安"波斯邸",扬州"波斯店",广州"波斯邨",就是旅华阿拉伯人开办的既存货又宿客的货栈旅馆。

民办旅馆大多兼营酒食。门面较大的使用女招待。李白《金陵酒肆留别》"风吹柳花满店香,吴姬压酒劝客尝"。

唐代官府管理民办旅馆比较到位。中央由尚书省户部司户参军统管。《唐六典》:"司户参军掌户籍、记账、道路、逆旅、田畴、六畜、过所、蠲符之事。"② 实行旅馆纳税制度。唐代宗大历四年(769),诏令:

> 其百姓有邸店、行铺及炉冶,应准式合加二等税者,依次税数,堪加征纳。

法令并且规定,城中客舍只能开设在设有院墙的坊市(商业区)内,不得在大街上单独直接开门。

唐代寺院,提供住宿。寺院干净,清净。有头有脸的人往往借住寺院。元稹《莺莺传》说相国夫人和相国小姐借住普救寺(今山西运

---

① 唐·张鷟《朝野佥载》。袭,赚取。胡,胡商。

② 过所,交通证明,即通行证。蠲符,免除赋役的证明。

城永济）。寺院看似免费，其实，借住者或者花费香火，或者有所施舍。许多进京赶考的书生找不到或住不起旅馆，也投奔寺院。寺院免费招待，也是人才投资，谋取后报。

五、旅游城

唐代旅游大都，除开传统城市，又有新兴的成都、太原等。

成都

夏商周时，四川有古蜀国。东周春秋时，古蜀国从广都樊乡（今四川双流）迁都成都（今四川成都）①。成都始有城池。

战国秦惠王27年（前316），秦国攻占蜀国（首府成都），在成都设蜀郡。东晋常璩《华阳国志》说张仪"筑成都，以象咸阳，修整里阓，市张列肆，规制广备"，"周回十二里"。汉武帝元封五年（前106），成都置益州刺史部。西汉末年，成都是公孙述成家国国都。东汉灭成家，成都为益州治所。三国时，成都为蜀汉国都。三国归晋，成都为益州治所。十六国时，成都为李特、李雄成汉国国都。东晋，成都复为蜀郡治所。南朝时，蜀郡为梁武陵王萧纪封地，后降西魏，再归北周。隋代，文帝封其子杨秀为蜀王，杨秀在成都大造宫室。唐肃宗至德二年（757），蜀郡升成都府，府治成都。

唐代成都经济发达。农业、商业、丝绸业、造纸业、印刷业长足发展。成都最著名的丝织品是蜀锦，号称锦官城②。成都长于雕版印刷，唐代后期的大部分印刷品出自成都。成都市场繁荣，城中有繁忙的菜市、蚕市、药市、花市，郊外有"草市"等各种各样的乡间集市。

① 西汉·扬雄《蜀王本纪》："蜀王据有巴蜀之地，本治广都樊乡，徙居成都。"

② 西汉朝廷在成都设"锦官"管理织锦。

第八章 唐代旅游

唐代成都满城锦绣，号称"南京"。李白《上皇西巡南京歌》总揽形胜："九天开出一成都，万户千门入画图。草树云山如锦绣，秦川得及此间无？"

南城之胜，有石室讲堂，"文翁倡其教，相如为之师"①。初唐卢照邻游之，作《文翁讲堂》。石犀寺，寺在石牛门市桥，"桥下谓之石犀渊，李冰昔作石犀五头，以厌水精，穿石犀渠于南江，命之曰犀牛里，后转犀牛二头在府中，一头在市桥，一头沉之于渊也。"②"今寺正殿阶左，有石蹲处，状若犀然。"③盛唐岑参游之，作《石犀》。严君平故宅，严是西汉道家宅中有井。初唐郑世翼游之，作《过严君平古井》。江渎祠，《汉书郊祀志》："秦并天下，立江水祠于蜀，至今岁祀之。"初唐李泰《括地志》："江渎祠在成都县南上四里。"七星桥，成都西南有七桥，扬雄《蜀王本纪》："星桥上应七星，李冰所造。"东晋李膺《益州记》："一，长星桥，今名万里。二，员星桥，今名安乐。三，玑星桥，今名建昌。四，夷星桥，今名笮桥。五，尾星桥，今名禅尼。六，冲星桥，今名永平。七，曲星桥，今名升仙。"岑参游之，作《万里桥》。蜀先主庙，即蜀汉昭烈帝刘备庙，刘备葬惠陵，《周地图》："先主祠在府西南八里惠陵东七十步。"④岑参游之，作《先主庙》。武侯祠，祭诸葛亮。"蜀先主祠，在成都锦官门外，西夹即武侯祠，东夹即后主祠。"⑤杜甫游之，作《蜀相》。

西城之胜，有张仪楼，"张仪楼，高百尺。初，张仪筑城，虽因神龟，然亦顺江山

---

① 西晋·陈寿《三国志·蜀书·秦宓传》引《地理志》。文翁（前156—前101），西汉蜀郡太守。相如，西汉司马相如（约前179—前118）。

② 北魏·郦道元《水经注》。

③ 明·曹学佺《蜀中名胜记》。

④ 明·曹学佺《蜀中名胜记》引。

⑤ 南宋·吴曾《能改斋漫录》。

之形，以地势稍偏，故筑楼已定南北。"① 中唐段文昌游之，作《晚夏登张仪楼呈院中诸公》。石笋街，"武担石，俗名石笋，在州城西门大街中。"② 杜甫游之，作《石笋行》。琴台，西汉司马相如琴台，西汉王褒《益州记》："司马相如宅，在州笮桥北百许步。"东晋李膺《益州记》："市桥西二百步，得相如旧宅。"旧宅有相如琴台故墟。盛唐高适游之，作《同群公秋登琴台》。子云宅，西汉扬雄故居，在城西南。王勃游之，作《赠李十四》：

  乱竹开三径，花华满四邻。
  从来扬子宅，别有尚玄人。

浣花溪，"在城西五里，一名百花潭。"③ 杜甫游之，作《卜居》："浣花溪水水西头，主人为卜林塘幽。"旋盖草堂，定居溪畔。青羊宫，扬雄《蜀王本纪》："老子为关令尹喜着《道德经》，临别曰：'子行道千日后，于成都青羊肆寻吾。'"道教中人据此筑青羊道观。盛唐，天宝十五年（775），唐玄宗避安史之乱，奔蜀驻观。中和元年（881），晚唐僖宗避黄巢之乱，也奔蜀驻观。后僖宗下诏，赐钱百万，大建殿堂，改观为宫，令翰林承旨乐朋龟作《西川青羊宫碑记》：

  冈阜崔嵬，楼台显敞，齐东溟圆峤之殿；抗西极化人之宫，牵剑阁之灵威，尽归行在；簇峨眉之秀气，半入都城。烟粘碧坛，风行清磬。

净众寺，建于盛唐。《高僧传》："僧无相，新罗国人。开元十六年，至成都，募化檀越，

① 北宋·赵抃《古今集记》。

② 北宋·乐史《太平寰宇记》。武担石，武担山之石。山在成都西北。

③ 南宋·祝穆《方舆胜览》。

造净众寺。"中唐郑谷游之，作《西蜀净众寺松溪八韵兼寄小华崔处士》。

东城之胜，有锦江合江亭，建在锦江合流处。成都有两条河流穿行成都东南市区，一是汶江，或称大江；一是永平江，或称郫江；二河统称锦江，在成都东南合流，由此东去再南经乐山、宜宾汇入长江。锦江是成都大观，杜甫《登高》："锦江春色来天地，玉垒浮云变古今。"合江亭，是锦江一景。中唐符载游之，作《九日陪刘中丞贾常侍宴合江亭序》，称"一都之奇胜"。散花楼，又称东门楼，《舆地纪胜》："散花楼，隋开皇建。"李白游之，作《登锦城散花楼》。

北城之胜，有武担山，一名武都山。实为一小丘。传为古蜀国王妃墓，"上有一石，圆五寸，径五尺，莹沏，号曰玉镜"①。初唐王勃游之，作《游武担山序》。盛唐杜甫游之，作《题石镜》。金马碧鸡祠，西汉起祠，汉宣帝闻益州有金马碧鸡之神，敕令王褒主祭，王褒作《祭金马碧鸡》。《蜀中名胜记》疑金马碧鸡祠，是金马祠和碧鸡坊。金马祠在北门石马巷。碧鸡坊，杜甫游之，作《西郊》："时出碧鸡坊，西郊向草堂。"升仙桥，《华阳国志》："城北十里，升仙桥，有送客观。"岑参游之，作《升仙桥》。万岁池，《方舆胜览》："万岁池在府北十里。"《华阳国志》："张仪筑城取土处，去城十里，因以养鱼，谓之万岁池。"中唐司空曙游之，作《晦日益州北池陪宴》，益州北池即万岁池。玉局观，有洞穴，"玉局观洞，（晚唐）高骈帅蜀时，取罪人以绳绊其腰，令探深浅，绳两月方绝，出青城山洞天观门矣"②。

① 北宋·乐史《太平寰宇记》。

② 宋人笔记《续博物志》。

中城之胜,有摩珂池,隋杨秀蜀王宫液。《蜀中名胜记》:"蜀汉昭烈即位与武担之南,当在城之正中,今蜀藩是也。隋之摩珂池,伪蜀之宣华苑,皆在其内。"《方舆胜览》:"隋蜀王秀取土筑广子城,因为池。有胡僧见之,曰:'摩诃官毗罗'。盖梵语呼摩诃为大宫,毗罗为龙,谓此池广大有龙耳。"泛舟其上,盛唐杜甫作《晚秋陪严郑公摩珂池泛舟》,薛涛作《摩诃池赠萧中丞》。

太原

今太原之地,殷商时为古国北唐。周成王"桐叶封弟"①,封叔虞于唐,其子燮夫改国号为晋,地称晋阳。东周威烈王二十三年(前376),韩、赵、魏"三家分晋",赵国以晋阳为都。秦始皇设天下三十六郡,其一太原郡,以晋阳为郡治。汉代,设天下十三州,其一为并州,治所仍在晋阳。是故太原古称晋阳,又称并州。北朝时,晋阳为东魏别都、北齐别都②。隋代,晋阳复为太原郡治。唐初,晋阳复为并州治所。因太原郡是李唐龙兴之地,又是武则天的故乡,武后天授元年(690)颁诏:"其并州宜置北都,改州为太原府。"并州晋阳,由此称为北都太原,与京都长安、东都洛阳并称"三都"。唐玄宗天宝元年(742)改北都为北京,与西京长安、东京洛阳并称"三京"。

太原城建,始于春秋末期,晋定公十二年(前500),晋国执政赵简子修筑晋阳城邑,定公十五年(前497)竣工。城周4里,青石砌基,夯土筑墙,墙高4丈,城周各开一门,城四周开挖壕沟。城内建宫室、家庙、粮库等,是为最初的晋阳古城。赵简子死,晋国由知伯执政。晋出公二十二年(前453),知伯

① 《史记·晋世家》:"晋唐叔虞者,周武王子而成王弟。……武王崩,成王立,唐有乱,周公诛灭唐。成王与叔虞戏,削桐叶为圭以与叔虞,曰:'以此封若。'史佚因请择日立叔虞。成王曰:'吾与之戏耳。'史佚曰:'天子无戏言。言则史书之,礼成之,乐歌之。'于是遂封叔虞于唐。唐在河、汾之东,方百里,故曰唐叔虞。"

② 东魏、北齐都邺,今河南安阳市北。东魏实际当权派高欢居晋阳,晋阳是东魏实际上的政治中心。北齐以邺城、晋阳两地为政治中心。

联合晋国韩、魏家族攻打赵襄子（简子子）所据晋阳，三月不克，从悬瓮山开渠（今知伯渠），引晋水（一说汾水或汾、晋二水）灌城，"城不浸者三版"①，城墙却屹立不倒。"城中巢居而处，悬釜而饮，财食将尽，士卒病羸"②。坚守三年，赵襄子策反韩、魏，里应外合，大败知伯，尽分其地。但经此一役，晋阳毁坏严重。西晋时，并州刺史刘琨大修大扩晋阳，"高四丈，周二十七里"，"建府朝，造市狱"，修复寺庙、住房③。北朝，北魏权臣后为东魏皇帝高欢经营晋阳，于北魏太昌元年（532），建大丞相府；东魏武定三年（545），置晋阳宫，起晋阳宫城垣。《新唐书·地理志》："晋阳宫，在都（唐之北都太原府晋阳城）之西北。宫城周二千五百二十步，崇四丈八尺。"北齐天统三年（567），后主高纬在晋阳建大明宫，再加扩建，称大明城。城高4丈，周回4里。隋文帝杨坚改称晋阳宫城为新城，又于开皇十六年（596），在新城外建仓城，城高4丈，周回8里。构成大明城、新城、仓城三城相连的格局。

唐代，太原城建日新月异。唐初，修筑太原府城墙，包罗原来三城，称卅城，或府城、都城。城内建筑层层叠叠。贞观十一年，并州大都督府长史李责力，镇守太原，在汾河东岸增筑东城，原太原府城在汾水河西称西城，贞观十三年，因汾东地多碱卤，架引晋水入东城，是为晋渠。武则天时，并州长史崔神庆跨汾水筑中城，连接东西二城，使太原（晋阳）东、中、西三城一体。《新唐书·地理志》：

都城（府城）左汾右晋，潜

① 筑版夯土为墙，水淹城墙，只剩三版。

② 《战国策·赵策》。

③ 清·顾祖禹《读史方舆纪要·都邑记》。

丘在中，长四千三百二十一步，广三千一百二十一步，周万五千一百五十三步，其崇四丈。汾东曰东城，贞观十一年长史李责力所筑，西城之间有中城，武后时筑，以合东城。

若算上原来的老三城，太原（晋阳）可称六城一体。唐人李璋《晋阳记》："都城，周四十二里，东西十二里，南北八里二百三十二步，门二十四。"①规模非常宏大。

太原富有煤铁资源，铸造业自古闻名。春秋的晋阳古城，城门之饰与宫室之柱均为青铜铸造。赵国时，晋阳是赵国货币"晋阳布"的铸造地。北齐时设"晋阳冶"，所铸铜镜、铁镜列为贡品。到唐代，太原是全国铸币中心之一，太原打造的刀剪铮亮锋利。杜甫《戏题画山水图歌》："安得并州快剪刀，剪取吴淞半江水。"太原的硝石、瓷器、琉璃瓦，市场广阔。晋阳的葡萄酒、汾清，远近畅销。据说唐太宗李世民爱用的扇子就是并州扇。当时，太原已有对外贸易。考古出土了唐时太原来自波斯萨珊王朝的银币。

太原至唐，富积人文景观，主要是佛教建筑。《旧唐书·裴休传》："太原……近名山，多佛寺。"金人元好问《威德院功德记》："并州，唐以来图经所载，佛踏庙处示他郡为尤多。"

太原城外蒙山有大佛像，始建于北齐高纬天统五年（569），完成于北齐幼主高恒承光元年（577），历时26年。像为坐姿，依山开凿，高约66米，比四川乐山大佛早162年，是世界上现存时代最早的石刻大佛。大佛像所

① 《永乐大典》引唐宣宗时河东节度使李璋《晋阳记》。

在处是东魏所建蒙山大庄严寺。北齐天保二年（551），高洋赐额"开化"，称开化寺。隋文帝为大佛建阁，寺额改题"净明"。武德三年（620），高祖李渊巡游晋阳，复名开化寺。显庆五年（660），唐高宗李治与武则天巡游晋阳，赠大佛像大袈裟，披戴典礼，万众云集。

城外龙山有童子寺。"北齐天保七年（556），宏礼禅师建，时有二童子见于山有大石，似世尊，遂镌佛像，高一百七十尺，因名童子寺。前建燃灯石塔，高一丈六尺。复凿二石室，以处众僧。"[1] 显庆五年，唐高宗与武则天游览龙山，参观童子寺。

城外虎狼山有北魏冶平寺。崛围山有唐贞元二年（786）所建三教堂，后称多佛寺。天龙山有天龙寺，原为北齐高欢避暑行宫。

城西南有晋祠。晋祠纪念周初受封晋唐之地（晋阳）的唐叔虞，北魏时已有。郦道元《水经注》："昔智伯遏晋水以灌晋阳。其川上溯，后人踵其遗迹，蓄以为沼，沼西际山枕水，有唐叔虞祠。"唐叔虞祠就是晋祠。北齐文宣帝高洋天保年间（550—559），扩建晋祠，"大起楼观，穿筑池塘"，结亭架桥，种树织荫。唐太宗游晋祠欣然命笔，作《晋祠之铭并序》，亲自书写制碑[2]。李白游晋祠，激赏其水。《忆旧游寄谯郡元参军》：

> 时时出向城西曲，晋祠流水如碧玉。
> 浮舟弄水萧鼓鸣，微波龙鳞莎草绿。
> 兴来携妓恣经过，其若杨花似雪何。
> 红装欲醉宜斜日，百尺清潭写翠娥。
> 翠娥婵娟初月辉，美人更唱舞罗衣。
> 清风吹歌入空去，歌曲自绕行云飞。

[1] 清道光六年（1826）《太原县志》。

[2] 原碑清初剥落，有拓本流传。

晋祠水面的清澈、开阔，于斯足徵。

晋祠附近有奉圣寺。唐武德五年（622），鄂国公尉迟恭将自己的别墅捐为佛寺，高祖赐名"十方奉圣禅寺"。又有龙兴寺，寺有高阁。唐人欧阳詹《和严长官秋日登太原龙兴寺阁野望》："百丈化城楼，君登最上头。九霄回栈路，八到视并州。"

太原城北有崇福寺。建于唐高宗咸亨元年（670），原名太原寺，是武则天为纪念母亲、太原郡王妃杨氏，在长安、洛阳、太原、扬州、荆南府（今湖北荆州）所建"太原五寺"之一，长安所建称西太原寺，扬州所建称东太原寺，太原所建称北太原寺，荆州所建称南太原寺，洛阳所建称中太原寺。① 至则天称帝，追封母亲为魏王妃、周忠孝太后，北太原寺也随之改名为魏国北寺、大周北寺、崇福寺。

太原城内有普光寺，建于东汉建安年间，唐初赐名普照寺，中宗时避武则天讳改名普光寺。有定国寺，北魏高欢建。有大基圣寺，原为并州尚书省，高纬改邸为寺。有穆皇后大宝林寺，北齐高纬建。有隋代大佛寺，寺内铸像完工，主持其事的澄空和尚在万众瞩目的仪式中跳入沸腾铁水，用生命迎接大佛。

城内有北魏高欢所建晋阳宫，唐玄宗游晋阳宫，感其雄伟，作《晋阳宫》诗五首。有北齐晋阳十二院，承光元年（577）幼主高恒建造，"壮丽逾于邺下（北齐都城，今河北临县）"②。有纪念李渊起兵的受瑞坛，据说李渊举事晋阳，此处现瑞石，上刻"李理万吉"。有纪念李渊起兵的起义堂，开元中，玄宗北巡太原，作《起义堂颂》，书为碑文，立于太原府南街。有汾上阁，架于汾河之上。有飞龙

①宋·长水子睿《起信论疏笔削记》。

②《北齐书》。

阁，建于显庆五年，迎接唐高宗、武则天及文武大臣，眺望太原全景。

六、景观名胜

唐代开发的旅游景观，分布广泛，数量众多，类型丰富。

山水景区

北有蓝田，中有九华，南有桂林。

蓝田山水。蓝田，今陕西西安蓝田，地处陕西秦岭北麓，其地盛产美玉，"玉之美者曰球，其次曰蓝"①。故称蓝田。蓝田山灵水秀。蓝田玉山，又称蓝田山，两峰并峙，涧水奔流。杜甫《九月蓝田崔氏庄》："蓝水远从千涧落，玉山高并两峰寒。"蓝田白鹿原，茂林幽胜，是唐室游猎场。蓝田多古迹。绣岭今称横岭，有上古华胥氏②华胥渚，有西汉李广射雁台、挂弓树。三里镇有东汉时才女蔡文姬墓。蓝田多佛寺。水陆庵原是六朝古刹，四面环水，宏伟静穆，唐时尉迟恭奉命维修。悟真寺建于隋代，唐初扩建，分上下寺，上寺又名竹林寺，建筑数十里，盛时住院僧高达千人，著名者有高僧法诚、归真、日本遣唐僧空海等。白居易游观，特作长诗《游悟真寺》。蓝田山水，最美辋川。辋川位于蓝田峣山之口，青山逶迤，峰峦叠嶂，诸谷水流，如幅满车轮，故称辋川。唐时，宋之问、王维、裴迪、杜甫、白居易、张九龄、钱起、李嘉佑、卢纶等官人、诗人或在辋川修建别墅，度假休闲；或在辋川会友聚朋，对酒当歌。王维《辋川集序》：

> 余别业在辋川山谷，其游止有孟城坳、华子冈、文杏馆、斤竹岭、鹿

① 《太平寰宇记》卷29引《周礼》注。

② 一说华胥，神女，伏羲之母，人之祖。《太平御览》引《诗含神雾》："大迹出雷泽，华胥履之，生宓牺。"《山海经·海内经》郭璞注："华胥履大人迹，于雷泽生伏羲。"一说华胥是伏羲之母，也是女娲之母。清人梁玉绳《汉书人表考》引明人吴国伦《春秋世谱》："华胥生男为伏羲，女子为女娲。"一说华胥是上古理想国的酋长。《列子》："黄帝梦游华胥国。其国无帅长，自然而已；其民无嗜好，自然而已；不知乐生，不知恶死，故无夭殇；不知亲己，不知疏物，故无所爱憎；不知背逆，不知向顺，故无所利害。"地望或在今陕西蓝田华胥镇。

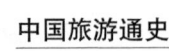

柴、木兰柴、茱萸泮、宫槐陌、临湖亭、南垞、欹湖、柳浪、栾家濑、金屑泉、白石滩、北垞、竹里馆、辛夷坞、漆园、椒园等。

是唐代旅游的热门景区。

九华山。在今安徽池州青阳县。山势嵯峨，深涧峡谷，流泉飞瀑，木秀林幽，奇峰九座，原称九子山。天宝中，李白游山与友人联句唱和，《改九子山为九华山联句并序》：

> 青阳县南有九子山，山高数千丈，上有九峰如莲花。按图征名，无所依据，太史公南游略而不书。事绝古老之口，复缺名贤之纪，虽灵仙往复，而赋咏罕闻。予乃削其旧号，加以九华之目。时访道江汉，憩于夏侯回之堂，开檐岸帻，坐眺松雪，因与二三子联句，传之将来。

> 妙有分二气，灵山开九华。（李白）
> 层标遏迟日，半壁明朝霞。（高霁）
> 积雪曜阴壑，飞流贲阳崖。（韦权舆）
> 青莹玉树色，缥缈羽人家。（李白）

九子山因此称九华山。九华是地藏①应化胜地。缘起外来和尚新罗国（地在朝鲜半岛）金乔觉（696—794）。玄宗开元年间，金乔觉来华求法，经南陵，上九华，栖居修行。青阳地主闵员外赠山修庙，金乔觉自称地藏比丘（受戒和尚），主释《地藏经》②。《送童子下山释地藏》：

> 空门寂寞汝思家，礼别云房下九华。

① 地藏，地藏菩萨（梵语Ksitigarbha），"安忍不动，犹如大地，静虑深密，犹如秘藏"，尊称"大愿地藏王菩萨"，是汉传佛教四大菩萨（文殊、普贤、观音、地藏）之一。

② 全称为《地藏菩萨本愿经》，又称《地藏本愿经》、《地藏本行经》、《地藏本誓力经》。记载释迦牟尼佛在天宫为母亲摩耶夫人说法，赞扬地藏菩萨"地狱不空，誓不成佛，众生度尽，方正菩提"的宏大誓愿，介绍地藏菩萨修行的典型事例。

第八章　唐代旅游

爱向竹栏骑竹马，懒于金地聚金沙。
瓶添涧底休拈月，钵洗池中罢弄花。
好去不须频下泪，老僧相伴有烟霞。

贞元十年（794），九十九岁圆寂，肉身置函，三年，颜色如生。僧众以为地藏菩萨化身，建石塔供奉肉身。九华山遂成地藏菩萨道场，与五台山（文殊道场）、峨眉山（普贤道场）、普陀山（观音道场）并称佛教四大名山。

桂林山水。桂林名称古老，《山海经》："桂林八树，在贲禺东。"①但在唐朝之前，天生丽质，深藏不露，知名游客只有南朝文士颜延之②。唐代，桂林山水头角峥嵘，高人韵士，纷至沓来。颜真卿、韩云卿、韩愈、柳宗元、元晦、裴行立、李商隐、李渤、元晦、李阳冰、李靖、赵格、张浚、沈彬、曹邺、刘崇龟、刘虚白、郑叔齐等，游于桂林，赞美桂林。柳宗元《桂州裴中丞作訾家洲亭记》：

桂州多灵山，发地峭竖，林立四野。……凡岭南之山川，达于海上，于是毕出，而古今莫能知。

韩愈《送桂州严大夫》：

江作青罗带，山如碧玉簪。

精妙地概括了桂林地区清澈萦绕的江水，碧绿挺拔的峰峦，是桂林山水甲天下的最简洁最生动的广告。裴行立、李渤、元晦，不仅以诗文宣传之，并以政令开发之。宪宗元和时，裴行立任桂管观察使，开发桂林訾家洲，"南为燕亭，延宇垂阿，步檐更衣，周若一舍。北有崇轩，以临千里。左浮飞阁，右列闲馆"③。穆

① 《山海经》郭璞注："贲禺今番禺也，桂林郡因取此为名。"

② 颜延之，南朝刘宋人。在文坛与谢灵运齐名，人称"颜谢"。曾游桂林独秀峰，作诗"未若独秀者，峨峨郭邑间"。

③ 柳宗元《桂州裴中丞作訾家洲亭记》。

宗长庆时，李渤任桂管观察使，在桂林西面一座四面环水的山峰上，筑石铺路，种花植木，修台造亭，题名隐山。武宗会昌时，元晦任桂州刺史，组织民工，将境内的于越、四望、仙鹤、明月诸峰，拓为一景，总称"叠彩山"。桂林山水，是唐人发掘的一块魅力无穷、前途无量的旅游资源和旅游宝地。

历史遗迹

春秋姑苏台。在今江苏苏州灵岩山。相传东周时吴王夫差筑姑苏台，高三百丈，宽八十四丈，横亘五里，台周栽四季之花，八节之果，有九曲路，拾级而上。工程劳尽民力，吴王欢娱声色，后兵败亡国，自尽台上，勾践付之一炬。李白游观废墟，感慨系之，作《苏台览古》：

旧苑荒台杨柳新，菱歌清唱不胜春。
只今惟有西江月，曾照吴王宫里人。

又作《乌栖曲》：

姑苏台上乌栖时，吴王宫里醉西施。
吴歌楚舞欢未毕，青山欲衔半边日。
银箭金壶漏水多，起看秋月坠江波。
东方渐高奈乐何！

陈羽，江东人，德宗贞元进士，官乐宫尉佐。游于姑苏，作《姑苏台怀古》：

忆昔吴王争霸日，歌钟满地上高台。
三千宫女看花处，人尽台崩花自开。

经唐人渲染，姑苏台遗址成为吊古胜迹。

秦陵汉墓。唐时长安周围集中了秦汉两代的皇家墓葬：临潼县境秦始皇嬴政的秦陵，咸阳郊区汉高祖刘邦的长陵、汉惠帝刘盈的安陵、汉景帝刘启的阳陵、汉武帝刘彻的茂陵、汉昭帝刘弗的平陵、汉成帝刘骜的延陵、汉平帝刘衍的康陵、汉元帝刘奭的渭陵、汉哀帝刘欣的义陵、汉平帝刘衎的康陵，以及长安郊区汉文帝刘恒的灞陵、汉宣帝刘询的杜陵等。这些陵墓择地而修，原本风景独好。但在西晋十六国和北朝，兵荒马乱，秦陵汉陵，冷冷清清，沉寂荒凉。唐代，西风残照的秦汉皇陵成为游观名胜。尤其是灞陵茂陵，游人密集。灞陵一带，流水潺潺，古道婉蜒，有亭翼然。李白《灞陵行送别》：

送君灞陵亭，灞水流浩浩。
上有无花之古树，下有伤心之春草。

茂陵，埋着一代雄主刘彻。"茂陵刘郎"，约定俗成，家喻户晓。李贺《金铜仙人辞汉歌》：

茂陵刘郎秋风客，夜闻马嘶晓无迹。
画栏桂树悬秋香，三十六宫土花碧。

是以"诗鬼"之才虚拟的关于"茂陵刘郎"的神话。

三国赤壁。在今湖北赤壁市长江北岸。是孙权、刘备联合抗曹的古战场。李白游之，作《赤壁歌送别》：

二龙争战决雌雄，赤壁楼船扫地空。
烈火张天照云海，周瑜于此破曹公。
君去沧江望澄碧，鲸鲵唐突留馀迹。
一一书来报故人，我欲因之壮心魄。

杜甫游之，作《过南岳入洞庭湖》：

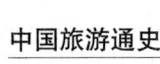

> 悠悠回赤壁，浩浩略苍梧。
> 帝子留遗憾，曹公屈壮图。

杜牧游之，作《赤壁》：

> 折戟沉沙铁未消，自将磨洗认前朝。
> 东风不与周郎便，铜雀春深锁二乔。

杜牧这首诗流传极广，《赤壁》与赤壁声名大振。

六朝故都金陵。今江苏南京，更是旅游热地。石头城、秦淮河、乌衣巷，人来客往。刘禹锡游乌衣巷（今江苏南京秦淮河南），伤怀东晋，作《乌衣巷》：

> 朱雀桥边野草花，乌衣巷口夕阳斜。
> 旧时王谢堂前燕，飞入寻常百姓家。①

杜牧游秦淮河，伤怀南陈，作《夜泊秦淮》：

> 夜泊秦淮近酒家，烟笼寒水月笼沙。
> 商女不知亡国恨，隔江犹唱后庭花。②

罗隐，春天登石头城，见野花满地，山鸟惊啼，思王气黯然，极目伤心："万里伤心极目春，东南王气只逡巡。野花相笑落满地，山鸟自惊啼傍人。"③

楼台

因唐人称扬而大红大紫的楼台景观至少有四座：鹳雀楼、岳阳楼、黄鹤楼、滕王阁。

鹳雀楼。又名鹳鹊楼，在河中府（今山西永济），楼高三层。《蒲州（今山西永济）府志》："鹳雀楼旧在城西河洲渚上，（北）周（557—571）宇文护造。""前瞻中条，下瞰大河"④，"迥标碧空，影倒横流"⑤，视野开

① 王、谢，东晋名臣王导、谢安。

② 后庭花。王灼《碧鸡漫志》："吴蜀鸡冠花有一种小者，高不过五六寸，或红，或浅红，或浅白，世曰后庭花。"《南史》："陈后主（南朝陈后主陈叔宝）每行宾客，对张贵妃等游宴，使诸贵人及女学士与狎客，共赋新诗相赠答，采其尤丽者为曲调，其曲有《玉树后庭花》。"

③ 罗隐《春日登上元石头故城》。

④ 宋·沈括《梦溪笔谈》。

⑤ 唐·李瀚《河中鹳雀楼集序》。

阔。盛唐时，王之涣登楼赋诗，一曲《登鹳雀楼》，楼因诗大盛，来访者不绝，"留诗者甚众"①。

①宋·沈括《梦溪笔谈》。

黄鹤楼，在今武昌蛇山。造于三国，扬名于唐。黄鹤楼雄伟，唐人阎伯理《黄鹤楼记》："耸构巍峨，高标巃嵸，上倚河汉，下临江流，重檐翼馆，四闼霞敞，坐窥井邑，俯拍云烟。"天下游客咸以一睹为快，一登为荣。宋之问、王维、孟浩然、崔颢、李白、白居易、刘禹锡、杜牧等，都在黄鹤楼遥襟甫畅，逸兴遄飞。

> 昔人已乘黄鹤去，此地空余黄鹤楼。
> 黄鹤一去不复返，白云千载空悠悠。
> 晴川历历汉阳树，芳草萋萋鹦鹉洲。
> 日暮乡关何处是，烟波江上使人愁。

崔颢的这首《黄鹤楼》借仙去楼空的传说，写世事苍茫的感慨，又以芳草晴川的景色，发游子思乡的情怀，起承转合，从容潇洒。《唐才子传》说李白上黄鹤楼读崔诗，叹服："眼前有景道不得，崔颢题诗在上头。"崔颢与黄鹤楼名气俱增。

岳阳楼。楼在岳州（今湖南岳阳），是唐人张说谪居岳州时在洞庭湖畔建造的一座三层楼。张说（667—730），字道济，籍贯洛阳，封燕国公。写诗，"句格成就，渐入盛唐"②；写文，辞章彪炳，和许国公苏颋并称"燕许大手笔"；造岳阳楼，选址绝妙，构景壮丽，洞庭波涛，巴陵胜状，尽收眼底。张说和他的诗朋酒侣常常聚会楼中，观四时变幻之景，抒览物互异之情，文采风流，传为佳话。尔后，杜甫登临，大笔如椽，"昔闻洞庭水，今上岳阳

②明·胡应麟《诗薮》。

楼。吴楚东南坼，乾坤日夜浮。"岳阳楼又斐其声望。至北宋，滕子京增其旧制，刻唐贤今人诗赋于其上。范仲淹作《岳阳楼记》，特写"先天下之忧而忧，后天下之乐而乐"，岳阳楼更身价百倍。

滕王阁。地在南昌，飞峙赣江，始建于唐高宗显庆四年（659），建造者是唐太宗的弟弟、滕王李元婴，重修者是唐高宗上元二年（675）洪州（治所南昌）都督阎伯屿。"初唐四杰"①王勃作《滕王阁序》，描述台阁景观：

> 层峦耸翠，上出重霄；飞阁流丹，下临无地。鹤汀凫渚，穷岛屿之萦回；桂殿兰宫，即冈峦之体势。披绣闼，俯雕甍，山原旷其盈视，川泽纡其骇瞩。闾阎扑地，钟鸣鼎食之家；舸舰迷津，青雀黄龙之舳。云销雨霁，彩彻区明。落霞与孤鹜齐飞，秋水共长天一色。渔舟唱晚，响穷彭蠡之滨；雁阵惊寒，声断衡阳之浦。

韩愈《滕王阁题记》赞曰："江南多临观之美，而滕王阁独占第一。"与黄鹤楼、岳阳楼并称江南三大名楼。

园林

园林构造起于汉代。汉代园林，以广大为胜。皇家的上林苑，私家的梁冀苑，养禽狩猎，筑馆游宴，造山造水，占地多，劳民剧，伤财重，朝野怨刺。司马相如《上林赋》批评武帝上林"大奢侈"。六朝时，皇家园林和私家园林不再狩猎，规模渐缩。西晋石崇金谷园名气很大，占地不大，筑于洛阳城外的一条小

---

① 王勃、杨炯、卢照邻、骆宾王，于诗坛并称"王杨卢骆"。

山谷。到唐代，园林创作基本小型化。

唐代皇家的最大园林骊山园林，依山而筑，尽量避开了山下田野。唐懿宗李漼的园林利用隋炀帝所造西苑的其中一块地皮，移花接木，构石垒山。私家园林，宋之问的蓝田别墅、李德裕的平泉山庄、王维的辋川别业、裴度的午桥庄、白居易的履道里，皆小巧玲珑而妙趣横生。白居易的洛阳履道里，"地方十七亩，屋室三之一"①，竟能竹州花坞，波光柳烟，人工景物，臻于天工。他的另一座别墅庐山草堂，"三间两柱，二室四墉"，因善于借助自然景色，"仰观山，俯听泉，旁睨竹树云石"，"古松老杉"、"层崖"、"瀑布"，使人"外适内和，体宁心恬"②。艺术构思已有相当水平。

花木

游观花木是唐人时尚。

唐时花景，长安第一。孟郊"春风得意马蹄疾，一日看尽长安花"③。牡丹是长安花魁。刘禹锡《赏牡丹》：

> 庭前芍药妖无格，池上芙蓉静少情。
> 唯有牡丹真国色，花开时节动京城。

长安牡丹，种养成风，上至宫廷，下至百姓，"家家习为俗，人人迷不悟"④。旧题柳宗元《龙城录》说唐玄宗特招洛阳宋单父在骊山大种牡丹，颜色各异。唐人段成式《酉阳杂俎》：

> 兴唐寺有牡丹一窠，元和中着花一千二百朵，其色有正晕、倒晕、浅红、浅紫、紫白、白檀等，独无

① 白居易《池上篇》序。

② 白居易《草堂记》。

③ 唐·孟郊《登科后》。

④ 白居易《秦中吟·买花》。

深红，又有花叶中无抹心者，重台花者，其花面七、八寸。

唐人苏鹗《杜阳杂俎》：

穆宗皇帝殿前种千叶牡丹，花始开香气袭人，一朵千叶，大而且红。

长安牡丹，又买卖成风，"帝城春欲暮，喧喧车马度。共道牡丹时，相随买花去"；且价值昂贵，"一丛深色花，十户中人赋"。①对酒赏花、吟咏牡丹是文人时髦。唐人李濬《松窗杂录》：

① 白居易《秦中吟·买花》。

大和、开成中，有程修己者，以善画得进谒。……会春暮内殿赏牡丹花，上颇好诗，因问修己曰："今京邑传唱牡丹花诗，谁为首出？"修己对曰："臣尝闻公卿间多吟赏中书舍人李正封诗曰：'天香夜染衣，国色朝酣酒。'"上闻之，嗟赏移时。

桃花也是长安一景。刘禹锡《元和十年，自朗州召至京，戏赠看花诸君子》：

紫陌红尘拂面来，无人不道看花回。
玄都观里桃千树，尽是刘郎去后栽。

玄都观，长安道观，春天里桃花怒放，游人如织。

温泉

唐代开辟的骊山温泉，在今陕西临潼骊山西北麓。太宗贞观十八年（644），修筑汤泉宫，专供皇室享用。唐高宗咸亨二年（671），改名温泉宫。玄宗天宝六年（747），再行扩建，改称华清宫，温泉蓄水池称为华清池。每年冬春，玄宗与杨贵妃在骊山温泉，戏水出浴，"春寒赐浴华清池，温泉水滑洗凝脂"①。

长安附近又有蓝田石门温泉。传为西汉昭帝姊长公主汤沐邑②，唐时赐名大兴汤院。

名人祠庙

汉魏已为名人建祠立庙。《三国志·诸葛亮传》说蜀汉后主刘禅于景耀元年（263），"诏为亮立庙于沔阳"（今陕西勉县），称"汉丞相诸葛武侯祠"。约五十年后，十六国之一的成国皇帝李雄，又在成都（今四川成都）建武侯祠。西晋怀帝永嘉年间（307—313），时人在司马迁墓地（今陕西韩城芝川镇南门外梁山东麓）扩建司马迁祠。这些祠庙大约就是古代最早的一批名人祠庙。

唐代，前代名人祠庙吸引游客。成都武侯祠，乃入川文人必游之地。杜甫"丞相祠堂何处寻，锦官城外柏森森"③。唐人并于祠中树立"汉丞相诸葛亮武侯祠堂碑"。由裴度撰文，文法精练简洁；由柳公绰书写，书法浑厚笃实；由鲁建刻石，刀法刚挺遒劲；世称"三绝碑"。

且唐人爱造名人祠庙，如周公庙、屈原祠、青莲祠等。周公庙，在今陕西岐山县南凤凰山南麓，祭祀周公旦，立有唐宣宗钦赐的"润德泉"刻石及凤翔节度使崔琪的奏状刻石。屈原祠，在今湖北秭归县东向家坪，祭祀屈原，建于唐宪宗元和十五年（820）。秭归的香炉坪有女嬃庙，祭祀屈原之姊女嬃，也是唐宪宗元和十五年建造。青莲祠，又名谪仙楼、太白楼、太白祠，在今安徽马鞍山市采石矶，是宪宗元和年间（806—820）修筑的李白祠堂。

① 白居易《长恨歌》。

② 《汉书·昭帝纪》："帝姊鄂邑公主益汤沐邑，为长公主。"这汤沐邑或在蓝田。

③ 杜甫《蜀相》。

道观

道教至唐，因皇家支持，如烈火烹油，鲜花着锦，道观建筑也似满天星斗，遍布大都小邑，深山幽谷。

洛阳玄元皇帝庙。始建于唐高祖李渊武德三年（620），初名老君庙[1]。高宗李治乾封元年（666）追尊太上老君为玄元皇帝，遂称玄元皇帝庙。其庙雄峙北邙山，远看"山河扶绣户，日月近雕梁"；近看则碧瓦铜柱，露井银床，翠柏红梨，蟠桃香草；更兼吴道子壁画增辉，"五圣联龙衮，千官列雁行。冕旒皆秀发，旌旆尽飞扬"[2]；气势格外宏伟。

长安太清宫。雍容肃穆，安置高达两丈的太上老君白玉雕像，其旁又有一座唐玄宗李隆基白玉雕像，神形似在侍奉太上老君，李家王朝私淑的老祖宗。

天台山桐柏观。在今浙江天台县西北，原址为三国葛玄所建法轮院，唐景云二年（711），睿宗下诏建观。"连山峨峨，四野皆碧，茂树郁郁，四时并清"，"双峰如阙，中天豁开，长涧南泻，诸泉合漱，一道瀑布，百丈悬流"[3]，环境格外壮美。

茅山白鹤庙。在今江苏句容。庙外丘陵映彩，三峰耸翠，庙内古木葱茏，仙乐嘹亮。几百道士终年长聚，操劳神仙家务。唐人柳识《茅山白鹤庙记》"每岁春冬，皆有数千人洁诚洗念，来朝此山。"是一座香火弥盛的道观。

佛寺佛塔石窟

佛寺与佛塔、石窟并称佛教三大建筑。

唐人善于改造前代佛寺。

号称佛教丛林"天下四绝"的浙江天台国清寺、齐州（今山东济南）灵岩寺、润州（今

[1] 唐·封演《封氏闻见记》。

[2] 杜甫《冬日洛城北谒玄元皇帝庙》。

[3] 唐·崔尚《唐天台山新桐柏观颂序》。

江苏镇江）栖霞寺，荆州（今湖北江陵）玉泉寺①，本是前代寺庙，国清寺建于隋开皇十七年（597），灵岩、栖霞、玉泉三寺，建于南北朝，原貌粗疏简陋，唐人重修增广，大见辉煌。

五台山佛光寺，北魏始建，唐宣宗大中十一年（857）重建。重建的主要佛殿是东大殿。东大殿居高临下，俯瞰全寺。殿基片石垒护，牢不可破。殿身宽度七间，进深四间，门窗洞开，横梁飞檐，结构精巧，彩绘依稀。殿中佛坛，彩塑罗列，比例适度，躯体自如。佛坛两角，金刚怒目，威武勇猛。至今，东大殿完好无缺，是现存唐代木构建筑的典型。

五台山南禅寺大殿，创建未详，唐德宗建中三年（782）重修。大殿单檐歇山式屋顶，殿前月台宽敞，台柱斗拱强健，殿内无柱，四条椽栿贯通前后，梁架结构简练，屋顶举折平缓，匠作水平很高。佛坛彩塑，气韵生动，神态安闲，是公认的唐塑精品。

唐人佛塔，造得多，造得好。

佛塔，又称"浮屠"、"浮图"、"窣堵坡"等。梵文本义指瘗埋佛骨的坟墓。传至中国，佛塔或埋骨，或藏经，或供佛，通常建于寺内。北魏时洛阳永宁寺的九级浮屠是隋唐以前的佛塔楷模。隋代著名佛塔是天台山国清寺小丘塔，砖木结构，六面九级，高近60米，自隋以来，风雷震荡，居然不倒。唐代著名佛塔，有长安慈恩寺的大雁塔和荐福寺的小雁塔。

长安慈恩寺大雁塔，又称慈恩塔。慈恩寺是唐太宗贞观二十一年（647）纪念文德皇后建造的宏大寺院，共有建筑物1897间。入住译经的玄奘大师建议朝廷在寺内造塔，贮藏

① 北宋·敕修《元丰九域志》。

佛教经典。这座藏经塔始建于唐高宗永徽三年（652），初名雁塔，后因不远处的荐福寺，也修了一座塔，塔身小于雁塔，乃称慈恩雁塔为大雁塔，称荐福塔为小雁塔。大雁塔高64米，平面正方形，七层楼阁式。塔的底层嵌有唐代大书法家褚遂良书写的两块碑文。一块是唐太宗亲撰的《大唐三藏圣教序》，一块是唐中宗亲撰的《圣教序纪文》。褚遂良书法工整娟秀，世称"美女簪花"①。塔的周边，环境优美，"十亩开金地，千林发杏花"②。塔的顶层，四望无碍，关中如画。岑参赋诗盛赞：

> 塔势如涌出，孤高耸天宫。
> 登临出世界，蹬道盘虚空。
> 突兀压神州，峥嵘如鬼工。
> 四角碍白日，七层摩苍穹。
> 下窥指高鸟，俯听闻惊风。
> 连山若波涛，奔走似朝东。
> 青松夹驰道，宫观何玲珑。
> 秋色从西来，苍然满关中。
> 五陵北原上，万古清蒙蒙。③

自开元起，新科进士常常登临塔上，题名塔下。白居易27岁中榜，与同榜进士同游大雁塔，得意题诗："慈恩塔下题名处，十七人中最少年。"④大雁塔，古为长安象征，今为西安象征。

荐福寺小雁塔。荐福寺初建于唐睿宗李旦文明元年（684），寺中小雁塔筑于唐中宗李显景龙元年（707）。塔共15级，高约45米，密檐式锥状造型，抗震能力极强。明人王鹤《小雁塔题记》："荐福寺塔，肇自唐，历宋、元二代。明成化末，长安地震，塔自顶至足，中裂

---

①清·王昶《金石萃编·杨震碑跋》："昔人谓褚登善（褚遂良）书，如美女簪花，或谓其出于汉隶。"

②唐·沈亚之《慈恩杏花发》。

③岑参《与高适、薛据登慈恩寺浮图》。

④五代·王定保《唐摭言·慈恩寺题名游赏赋咏杂记》。

尺许，明彻若窗牖，行人往往见之。正德末，地再震，塔一夕如故，若有神比合之者。"如此奇迹，实难以想象。

唐代石窟，数量质量，空前绝后。

当时开凿石窟的区域，已由南北朝的黄河流域扩展到了长江流域。今四川大足县西北的北山摩崖造像就是晚唐昌州刺史韦君靖于唐昭宗景福元年（892）倡议营造。但唐人石窟的精华仍在北方的莫高窟与龙门石窟，唐人新增雕塑为莫高、龙门锦上添花。

敦煌莫高窟，唐泥塑与唐壁画光彩耀眼。莫高窟唐塑眉清目秀，慈祥温和，世俗情味浓厚。一尊初唐塑造的大佛坐像，高达33米，是中国古代泥塑佛像排名第一的大个子。莫高窟唐画多数描绘佛经故事，有些描绘社会生活，画面铺张，技巧纯熟，如《贵族夜宴图》灯火辉煌，歌舞从容，富贵豪奢；《张义潮统军出行图》旌旗招展，铠甲鲜明，威风凛凛。莫高窟龛顶、莲座、藻井上的图画也煞是好看，尤其是唐人"飞天"，身段服饰类同汉族宫女，飘拂的衣带，凌空的舞姿，温馨的微笑，昭示极乐世界的无限幸福。

洛阳龙门石窟，唐人也贡献巨大。龙门万佛洞凿于唐高宗永隆元年（680）。南北两壁林立着佛像一万五千尊。正壁，八角莲花端坐阿弥陀佛，庄严安祥。它的背后又刻下52支莲花，每支莲花上又端坐一位菩萨或一位人物。洞口刻观世音，右手执麈尾，左手提净瓶，风度绰约，体态娇媚。龙门奉先寺是龙门规模最大的露天石龛，凿于唐高宗上元二年（675）。南北宽36米，东西长41米。刻有天王、力士等九尊雕像。主像卢舍那佛高过17米，面容丰

腴，眉目修长，神情专注，流露出救世的关怀与怜悯。

第十二节　图志增广

一、大地图

唐代，热制地图。武则天长安三年（703）绘《十道图》，唐玄宗开元三年（715）绘《十道图》，唐宪宗元和十年（815）李吉甫绘《十道图》，都是全国地图。唐德宗时贾耽所绘《陇右山南图》是解剖大西北的边疆地图：

> 以洮、湟旧墟，连接监牧；甘、凉右地，控带朔陲；歧路之侦候，交通军政之备御冲要，莫不匠竟就实，依稀像真。①

所绘《海内华夷图》是总括宇宙的世界地图：

> 广三丈，纵三丈三尺，率以一寸折百里。别章甫左衽，莫高山大川，缩四极于纤缟，分百郡于作绘。宇宙虽广，舒之不盈庭；舟车所通，览之咸在目。②

贾耽是唐代地图大师，《旧唐书·贾耽传》说他："好地理之学，凡四夷之使及四夷还者，必与之从容讯其山川土地终始，是以九州岛之险夷，百蛮之土俗，区分指划，备究源流。"李该、马敬实也是唐人善画地图者。李该为他的《地志》配制《地志图》：

> 粉散百川，黛凝群山，元气剖判，成乎笔端。任土之毛，有生之

① 唐·贾耽《上陇右山南图表》，《旧唐书·贾耽传》。

② 贾耽《上海内华夷图表》，《旧唐书·贾耽传》。

第八章 唐代旅游

> 类，大钧变化，不出其意。然后列以成郭，罗乎陬落，内自五侯九伯，外自要荒蛮貊。禹迹之所穷，汉译之所通，五色相宣，万邦错峙……见苍梧、涂山，则思舜、禹恤民之艰；覩穷荒大漠，则悟秦、汉劳师之弊；览齐墟晋壤，则想桓、文勤王之霸；观洞庭、荆门，则知苗、蜀恃险之败。①

大约是一卷彩色的中国历史地图。马敬实的《诸道行程血脉图》是一套唐代的全国交通总图。②

二、总地志

唐代的总地志，较之隋代，又有长进。唐太宗贞观十二年（638），魏王李泰"奏撰《括地志》，引著作郎萧德言、秘书郎顾胤、记室参军蒋亚卿、功曹谢偃，苏勗撰次，卫尉供帐，光禄给食。分道计州，缮缉疏录，凡五百五十篇，历四年成。诏藏秘阁，赐物万段"③。《括地志》又名《坤元录》。清代孙星衍《括地志》辑本序：

> 称述经传山川城冢，皆本古说，载六朝时地理书甚多，以此长于《元和郡县图志》，而在其先。隋、唐志载舆地志《永初山川记》诸书目，凡数十种，今惟《水经注》存，大抵亡于宋南渡时，《括地志》亦竟散佚。其残文时时见于传记所引。张守节作《史记正义》，不能博考书传，独恃此疏证古地名。《通典》、《太平御览》、《太平寰宇记》亦引之，或称《坤元录》……按泰等以四年成此

---

① 唐《吕和叔文集》卷三《地志图序》。

② 《新唐书·艺文志》记马敬实《诸道行程血脉图》一卷。

③ 《玉海》卷十五《唐括地志》、《坤元录》。

书，当极精博。

唐德宗时，史馆修撰孔述睿又编了一部总地志，《旧唐书》说孔氏"精于地理，在馆乃重修《地理志》，时称详究。"贾耽也有总地志两部，一部是《贞元十道录》，简叙中唐政治地理；一部是《古今郡国道县四夷述》，详论古今的地理沿革。

> 相国魏公（贾耽）……以为言区域者阔略未备，传疑失实，于是献《海内华夷图》一幅，《古今郡国道县四夷述》四十卷，尽瀛海之地，穷鞮译之词，陈农不获之书，朱赣未条之俗，贯穿切劘，靡不详究，开卷尽在，披图朗然。又提其要会，切于今日，为《贞元十道录》四卷。其首篇自贞观初，以天下诸州分隶十道，随山河江岭，控带迂直，割裂境界，而为都会。在景云为按察，在开元为采访，在天宝以州为郡，在干元复郡为州。六典地域之差次，四方贡赋之名物，废置升降，提封险易，因时制度，皆备于编。而又考及疆理，以正谬误，采获其要害，而陈开置。若获单于府并马邑而北，理榆林关外，宜隶河东；乐安自干元后，河流改故道，宜隶河南；合州七郡，北与陇、坻，南与庸、蜀，回远不相应，宜于武都设都府以恢边备；大凡类是者，十有二条。制万方之枢键，出千古之耳目。故今之言地理者，称魏公焉。①

① 唐《权载之文集·魏国公"贞元十道录"序》。

现存较为完好的唐人总地志是宪宗时李吉甫的《元和郡县志》,"凡四十七镇,成四十卷,每镇皆图在篇首,冠于叙事之前,并目录两卷,总四十二卷。"今图画已失,文字幸存。

唐代,是中国旅游史上千载难逢的黄金时代。其富庶开放的旅游环境,普及浩荡的旅游队伍,多姿多彩的旅游活动,乐观浪漫的旅游格调,宝贵丰盛的旅游遗产,友好密切的中西、中日旅游风潮,以及个性突出,游迹突出的旅游大家李白、王维、玄奘等,使历代游客心向往之。

第九章

五代旅游

　　唐末，藩镇割据，战乱不已。哀宗天佑四年（907），朱温（朱全忠）废唐建国，国号梁（907—923），都开封，史称后梁；后梁末帝龙德三年（923），李存勖灭梁称帝，国号大唐（923—936），都洛阳，史称后唐；后唐末帝清泰三年（936），石敬瑭引契丹攻灭后唐，国号大晋（936—947），都开封，史称后晋；后晋亡于契丹，刘知远称帝太原，建立大汉（947—950），都开封，史称后汉；后汉干佑四年（951）郭威上台，国号周（951—960），都开封，史称后周；是为五代。同时，西南有王建所建蜀国（907—925），都成都，史称前蜀；孟知祥所建大蜀（934—965），都成都，史称后蜀；东南有杨行密所建吴国（892—937），都扬州；徐知诰（李昪）所建唐国（937—975），都金陵，史称南唐；钱镠所建吴越国（907—978），都杭州；王审知所建闽国（909—945），都长乐（今福建福州）；南方有马殷所建楚国（897—951），都潭州（今湖南长沙）；刘隐所建汉国（917—971），都番禺（今广东广州）；高季兴所建南平国（907—963），又称荆南，都荆州；北方有刘崇所建汉国（951—979），都晋阳；是为十国①。《新五代史》合称五代十国。

五代十国，北方板荡，经济衰败；南方相对安定，经济状况良好。与此相应，旅游活动，北方略有声响，南方饶有动静。

第一节　动乱亦游

北方好游猎。后梁密王朱友伦，太祖朱温之侄，"幼聪悟，喜笔札，晓声律，及长，好骑射"。后梁彬王朱友裕，太祖长子，"幼善射御"②。后梁右金吾卫上将军赵有节，天水人，"既冠，好书籍。及壮，工骑射"③。后唐京兆尹索自通，太原人。《旧五代史·唐书·列传》：

> 少能骑射，尝于山墅射猎，庄宗镇太原时，遇之于野，讯其姓名，即补右番厅直军使。后因从猎，射中走鹿，转指挥使。

后唐北面行营马都指挥使康思立，晋阳人，"少善骑射"。后晋检校太尉景延广"少骑射，以挽强见称"。后晋检校太师皇甫遇"少好勇，及壮，虬髯，善骑射"。

北方好游侠。游侠，行侠重义、仗剑贾勇的交游之士。游侠之风，起于先秦，沿流历代。《韩非子·五蠹》："废敬上畏法之民，

---

① 另有定难军割据西北（881—1038），后建大夏，史称西夏（1038—1227），直至元朝统一。静海军割据安南（866—968），今越南，939年称王，968年建立丁朝。

② 宋·薛居正《旧五代史·梁书·宗室》。

③ 《旧五代史·梁书·列传》。

而养游侠私剑之属。"《东观汉记·光武帝纪》①："高才好学，然亦喜游侠。"《后汉书·段颎传》："颎少便习弓马，尚游侠，轻财贿。"王维《少年行》："新丰美酒斗十千，咸阳游侠多少年。"至五代，风气依然。后汉侍卫亲军都指挥使史宏肇"少游侠无行，拳勇健步，日行二百里，走及奔马"②。

北方官僚也好山水。后唐镇州（今河北石家庄周围地区）节度使王镕，回纥人，"崇饰园池，植奇花异木"，"裒（póu）衣博带，高车大盖，以事嬉游"，"登山临水，访求仙迹，每一出，数月方归"③。后唐吏部侍郎崔贻孙"营别墅于汉上之谷城，退居自奉。清江之上，绿竹遍野，狭径深密，维舟曲岸，人莫造焉"④。后周太子太保杨凝式（873—954），华阴（今陕西华阴）人，书法大家。晚唐入仕，后周致仕，六朝元老。《别传》⑤说他：

> 久居洛，多遨游佛道祠，遇山水胜概，辄留连赏咏，有垣墙圭缺处，顾视引笔，且吟且书，若与神会。

> 每旦起将出，仆请所之。杨曰："宜东游广爱寺。"仆曰："不若西游石壁寺。"凝式举鞭曰："姑游广爱。"仆又以石壁为请，凝式乃曰："姑游石壁。"闻者抚掌。

后周扈载，幽州安次（今河北廊坊）人。"游相国寺，见庭竹可爱，作《碧鲜赋》题其壁。世宗闻之，遣小黄门就壁录之，览而称善，因拜水部员外郎知制诰"⑥。

① 《东观汉记》，东汉官修史书。

② 《旧五代史·汉书·列传》。

③ 《旧五代史·唐书·列传》。

④ 《旧五代史·唐书·列传》。谷城，地在今湖北襄阳西部、汉江中游西岸、武当山脉东南麓。

⑤ 《旧五代史》注引。

⑥ 《旧五代史·周书·列传》。

第二节　偏安亦游

南方旅游，盛行前蜀、后蜀、南唐。

前蜀后蜀兴冶游。蜀地偏安，避战火，享富庶，士林游客，冶游花间，浅斟低唱，倚红偎翠，"家家之香径春风，宁寻越艳；处处之红楼夜月，自锁嫦娥"①。前蜀后主王衍（899—927），许州舞阳（今河南舞钢）人，在位七年，特好冶游。"以佞臣韩昭等为狎客，杂以妇人，以恣荒宴，或自旦至暮，继之以烛"②。满朝官僚，靡然向风。后蜀赵崇祚所编《花间集》其实就是一本冶游集。王衍《醉妆词》：

> 这边走，那边走，只是寻花柳。
> 那边走，这边走，莫厌金杯酒。

前蜀枢密院事毛文锡，高阳（今河北保定）人。《甘州遍》："春光好，公子爱闲游，足风流。"《西溪子》："听弦管。娇妓舞衫香暖。不觉到斜晖，马驮归。"前蜀秘书监牛峤，陇西狄道（今甘肃临洮）人。《杨柳枝》："金羁白马临风望，认得羊家静婉腰。"后蜀中书舍人欧阳炯（896—971），益州（今四川成都）人。《南乡子》：

> 嫩草如烟，石榴花发海南天。
> 日暮江亭春影渌，鸳鸯浴，
> 水远山长看不足。
>
> 洞口谁家，木兰船系木兰花。
> 红袖女郎相引去，游南浦，
> 笑倚春风相对语。

① 后蜀·欧阳炯《花间集序》。

② 《旧五代史·僭伪列传》。

二八花钿，胸前如雪脸如莲。
耳坠金镮穿瑟瑟，霞衣窄，
笑倚江头招远客。

路入南中，桄榔叶暗蓼花红。
两岸人家微雨后，收红豆，
树底纤纤抬素手。

袖敛鲛绡，采香深洞笑相邀。
藤杖枝头芦酒滴，铺葵席，
豆蔻花间坐晚日。

春游踏青，既有女子陪游，又有村姑殷勤，是软绵绵的冶游晚照。

南唐三世，先主李昪、中主李璟、后主李煜。先主时，地跨今安徽、江苏、江西、湖北、湖南、福建，是南方诸国国土最大的一国。为政休兵罢战，敦睦邻国，轻徭薄赋，环境和平；设太学，兴科举，重文艺，"北土士人闻风至者无虚日"；更兼山水秀丽，"宦游之士，率以东南为善地，每刺一郡，殿一邦，必留其宗属子孙，占籍于治所，盖以江山泉石之秀异也"①。因而传统游风，盛于南唐：清游、隐游、道游、冶游。

清游，执事闲暇，游山游水，适意适情，愉悦身心。

徐铉（916—991），字鼎臣，广陵（今江苏扬州）人。官至南唐吏部尚书。位高权重，偷闲出游。在徐州城头、常州馆驿、瓜州渡口、京口水际，极目山长水阔；在玉笥山、落星山、紫岩山、伏龟山、天阙山，揽观风云气象；在文静墓、景阳台、雷公井，凭吊古人古迹；在甘露寺、白鹤庙、紫阳观，访僧访道

①北宋·王禹偁《柳府君墓碣铭》。

访烟霞；每至花季，苹花、牡丹、茱萸、木芙蓉，必至林园；即遇野花，也爱停足山路，细心观赏。①

李中（约920—974），字有中，江西九江人。年青时游学庐山，读书白鹿洞。仕于南唐，任淮西②某县令，陷于后周。不久，以兄弟亡故，两亲在堂，请归南唐。历任吉水（今江西吉水）尉、新喻（今江西新喻）、安福（今江西安福）、晋陵（今江苏常州）、新淦（今江西新干）县令。为官之余，清游山水，游风高洁。喜月下论诗，"一秋同看月，无夜不论诗"③。喜林中对弈，"藓色花阴阔，棋声竹径深"④。

隐游，不仕而隐，隐于山水，游于山水。

陈贶（kuàng），南闽（闽南）人，隐居庐山三十年。南唐元宗李璟聘至金陵，陈贶献诗《景阳台怀古》，元宗称善，授以官，固辞，赐粟帛遣还。

刘洞，庐陵（今江西吉安）人。少游庐山，学诗陈贶。陈贶去世，刘洞独居庐山二十年。

廖凝，字熙绩，湖南衡山人。初隐南岳衡山，常登祝融峰啸歌骋怀。一度被迫做官，不久辞归，再隐衡山。

道游，即仙游，道教门徒，游于山水，锤炼道骨。

道士谭峭，字景升，泉州（今福建泉州）人。自幼崇道。年轻时，辞家游山，遍历终南山、太白山、太行山、王屋山、嵩山、华山、泰山。清人吴任臣《十国春秋》说他嵩山学道，夏穿皮袭，冬着布衫，倒卧霜雪，闽王王昶引以为师，赐号"金门羽客正一先生"。南

① 南唐·徐铉《奉和王相公早春登徐州城》、《常州驿中喜雨》、《回至瓜洲献侍中》、《京口江际弄水》、《玉笥山留题》、《九日落星山登高》、《春日紫岩山期客不至》、《题伏龟山北隅》、《天阙山绝句》、《谢文静墓下作》、《景阳台怀古》、《题雷公井》、《登甘露寺北望》、《题紫阳观》、《题白鹤庙》、《秋日泛舟赋苹花》、《严相公宅牡丹》、《茱萸诗》、《题殷舍人宅木芙蓉》、《山路花》。

② 淮西，淮河上游，今安徽、湖北和河南三省聚合地区。唐代置淮南西道，治蔡州（今河南汝南）。

③ 南唐·李中《寄庐山白大师》。

④ 李中《访蔡文庆处士留题》。

唐灭闽，谭峭退隐庐山栖隐洞，道徒逾百。南唐后主李煜召至金陵，赐名"谭峭真人"，并赐财产。谭峭固辞不受，辞归泉州，住清源山紫泽洞。时人赞之：

  先生双鬓华，深谷卧云霞。
  不伐有巢树，多移无主花。
  石泉春酿酒，松火夜煮茶。
  因问山中事，如君有几家。①

① 南唐·孟贯《赠栖隐洞谭先生》。

百岁尔后，无疾而终。

  道士许坚，字介石，庐江（今安徽庐江）人。或寓庐山，或居茅山，南唐李璟召之不至。时常芒鞋布衣，穿梭山林，出没烟雨，好纵酒，善吟咏，"荒碑字没莓苔深，古池香泛荷花白"②，"茅氏井寒丹已化，玄宗碑断梦仍劳。分明有个长生路，休向红尘叹二毛"③，高蹈世外，情深志坚。

② 许坚《游溧阳霞泉寺限白字》。

③ 许坚《题茅山观》。

  冶游。

  冯延巳（903—960）又名延嗣，字正中，广陵（今江苏扬州）人。在南唐侍奉先主、中主，三度入相，官终太子太傅。他的两首《踏鹊枝》是代妓抒情的冶游名作。"独立小桥风满袖，平林新月人归后"，是相思佳句；"百草千花寒食路，香车系在谁家树"，也是相思佳句；"撩乱春愁如柳絮，悠悠梦里无寻处"，又是相思佳句。

  韩熙载（902—970），字叔言，潍州北海（今山东潍坊）人。后唐进士，仕南唐，先主时任秘书郎，中主时拜中书舍人，后主时官兵部尚书。韩熙载素有大志，投奔南唐，尝言"用我为相，当长驱以定中原"。但南唐党争激烈，壮志难酬，乃佯狂自放，纵情声色，

第九章　五代旅游

常夜宴于家，冶游于外，招妓养妓狎妓咏妓。《书歌妓泥金带》：

> 风柳摇摇无定枝，阳台云雨梦中归。
> 他年蓬岛音尘断，留取尊前旧舞衣。

画家顾闳中受命李煜，夜察韩家，绘其宴乐、人物、歌舞，生动精致。这就是著名的《韩熙载夜宴图》。

第三节　美化杭州

五代十国的环境建设，吴越首善。

吴越国土，地辖杭州、越州、湖州、苏州、秀州、婺州、睦州、衢州、台州、温州、处州、明州、福州等十三州，约今浙江全省、江苏东南和福建东北。

吴越太祖钱镠（liú，852—932），字具美，临安（今浙江杭州）人，谥号武肃。主政四十年（907—932），审时度势，对外称臣，免却干戈；对内勤政，深得民心。期间，治理杭州，居功至伟。

杭州发迹秦代。秦设会稽郡钱塘县，"县在灵隐山下"[①]，是杭州根基。南朝陈代（557—589），设钱塘郡，以钱塘县为郡治，小县的地位上升一格。隋文帝平定江浙（589），改钱塘郡为杭州郡，始有杭州地名。大隋的杭州州治起初在余杭（今属杭州），文帝开皇十一年（591）迁于柳浦（今属杭州），在柳浦凤凰山麓营造一座方圆三十六里的州城，是为杭州城的雏形。隋炀帝也为杭州立下大功，炀帝凿京杭大运河，北至大都，南至钱塘江，杭州的交通与商业由此发达。唐初，杭

[①] 南朝·刘道真《钱塘记》。

州城已有十几万人口。中唐时，杭州刺史李泌在城里开掘六口大井，导引西湖水入城饮用，居住条件得到改善。唐穆宗长庆二年（822），杭州刺史白居易在钱塘门外兴修了一道人称"白堤"的长堤，防止钱塘倒灌。唐人李华说当时杭州，"骈樯二十里，开肆三万家"[①]。初具商业重镇的规模。

吴越时，钱镠在杭州凤凰山筑子城，内建宫殿，又在外围筑罗城，周围70里。北宋钱俨《吴越备史》说吴越的杭州都城，西起秦望山，沿钱塘江，临钱塘湖（西湖），至宝石山，到东北艮山门。形似腰鼓，称"腰鼓城"。《旧五代史》称钱镠在杭州："悉起台榭，广郡郭周三十里。邑屋之繁会，江山之雕丽，实江南之胜概也。"

钱镠在杭州城内筑井，供居民饮用。其子世宗元瓘引西湖水入城，建涌金池，亲题涌金门，刻石池边；另置龙山、浙江二闸。南宋《咸淳临安志》："以大小二堰，隔绝江水，不放入城，则城市专用西湖水，水既清澈，无由淤塞"。

钱镠治理钱塘江潮《旧五代史》：

> 钱塘江旧日海潮逼州城，镠大庀（pǐ备）工徒，凿石填江。又平江中罗刹石。

采用立幌柱、打竹笼的方法，筑起一道长达33万丈的捍海石塘，根治钱塘江潮的浸城之患；凿平钱塘江中的暗礁，疏通杭州内外河道，保障通航。使"闽海商贾，风帆浪泊，出入于烟涛杳霭之间"[②]。

钱镠保护西湖。明人张岱《西湖寻梦·钱

[①] 唐·李华《杭州刺史厅壁记》。

[②] 欧阳修《有美堂记》。

王祠》：

> 时将筑宫殿，有望气者言："因故府大之，不过百年；填西湖之半，可得千年。"武肃笑曰："焉有千年而其中不出真主者乎？奈何困吾民为。"

并置"撩湖兵"，疏浚西湖。

吴越五帝（太祖钱镠，世宗钱元瓘，忠献王钱佐，忠逊王钱倧，忠懿王钱俶）笃信佛教。杭州内外，西湖周围，佛寺环绕，佛塔参差，石窟依山。《咸淳临安志》说吴越杭州有佛寺150多所。杭州灵隐寺、南高峰荣国寺、孤山玛瑙寺、南屏山净慈寺、龙井显严寺、余杭大涤山天柱观、杭州六和塔、临安功臣塔、雷峰塔、保俶塔、闸口白塔、慈云岭石窟佛像、烟霞洞石窟佛像、天龙寺石窟佛像、飞来峰佛像等，都是吴越建筑。杭州西湖从此晨钟暮鼓，塔影悠长。

北宋太平兴国三年（978），钱俶献土开封，投降赵宋，保全了杭州与浙江一代的繁荣富庶。欧阳修《有美堂记》：

> 若乃四方之所聚，百货之所交，物盛人众，为一都会，而又能兼有山水之美以资富贵之娱者，惟金陵、钱塘。然二邦皆僭窃于乱世。及圣宋受命，海内为之一，金陵以后服见诛，今其江山虽在，而颓垣废址，荒烟野草，过而览者，莫不为之踌躇而凄怆。独钱塘自五代时知尊中国，效臣顺。及其亡也，顿首请命，不烦干

戈，今其民幸富完安乐。

高度肯定了钱镠五帝为政吴越、治理杭州、自归统一的历史功绩。

五代，南方相对于北方，有效保护了旅游环境。